Jean-Baptiste Labat

Pater Labats Sklavenbericht

Abenteuerliche Jahre in der Karibik 1690–1705

Herausgegeben
von
Heinrich Pleticha

Mit 27 zeitgenössischen Illustrationen und 4 Karten

Thienemann
Edition Erdmann

Die Abbildungen auf den inneren Umschlagseiten
zeigen die Stadt Santo Domingo und eine
zeitgenössische Karte der Insel Santo Domingo (Haiti).

Herausgeber und Verlag danken der Universitätsbibliothek Würzburg
und der Württembergischen Landesbibliothek Stuttgart für die
freundliche Bereitstellung eines Teils der Bildvorlagen.

CIP-Kurztitelaufnahme der Deutschen Bibliothek
Labat, Jean-Baptiste:
[Sklavenbericht]
Pater Labats Sklavenbericht: abenteuerl. Jahre in d. Karibik 1690–1705
Jean-Baptiste Labat.
Hrsg. von Heinrich Pleticha. – Stuttgart:
Thienemann Edition Erdmann, 1984.
(Alte abenteuerliche Reiseberichte)
ISBN 3-522-60220-X

Umschlag- und Einbandgestaltung besorgten Hilda und
Manfred Salemke in Karlsruhe.
Gesetzt in der Garamond, neun Punkt, von Utesch in
Hamburg, gedruckt auf Salzer-Werkdruckpapier 90 g/qm
und gebunden in Cotona-Leinen von Welsermühl in Wels/
Oberösterreich.

INHALT

EINLEITUNG

Leben und Welt des Pater Labat

Über das Leben Jean-Baptiste Labats wissen wir nicht allzuviel. Über 15 Jahre sind wir zwar sehr genau informiert, um so weniger dagegen über die restlichen 55. Er wurde 1663 in Paris geboren und trat im Alter von zwanzig Jahren in das Kloster der Dominikaner in der Rue Saint-Honoré in seiner Vaterstadt ein.

Die Angehörigen des 1215 von dem Spanier Dominikus gegründeten Klerikerordens sollten sich nach dem Willen ihres Stifters in erster Linie der Seelsorge und der Predigertätigkeit widmen. Dementsprechend legten sie ihre Klöster vor allem in die aufblühenden Städte und gewannen auch starken Einfluß an den Universitäten, wo sie durch ihre Forschungs- und Lehrtätigkeit brillierten. Kaum ein anderer Orden hat so viele bedeutende Gelehrte und Prediger hervorgebracht, unter ihnen Männer vom Range eines Albertus Magnus und eines Thomas von Aquin. Schon seit dem Ausgang des 13. Jahrhunderts erlangten sie aber auch einen gewissen traurigen Ruhm als eifrige Vorkämpfer der geistlichen Inquisition, was den Mönchen in dem für sie charakteristischen weißen Ordensgewand (Habit) und dem weiten schwarzen Mantel den Spitznamen »domini canes« – Spürhunde des Herrn – eintrug. Auch in den überseeischen Gebieten nahmen sie seit dem 16. Jahrhundert Missionsaufgaben, aber auch Kontrollfunktionen im Gefolge der Inquisition wahr. Zu den großen Vertretern des Ordens in dieser Zeit gehörte Bartholomé de Las Casas, der Vorkämpfer für die Rechte der mittelamerikanischen Indianer, dessen aufrüttelnder Bericht über die »Verwüstungen der Westindischen Länder« heute zu den bedeutendsten humanitären Anklageschriften der Weltgeschichte zählt.

Als Labat 1683 in den Orden eintrat, hatte dieser seine Glanzzeit bereits überschritten. Die Zahl seiner Mitglieder war zurückgegangen, und in Europa wie in Übersee war ihm in dem Jesuitenorden eine ernste Konkurrenz erwachsen. Labat legte nach der üblichen Vorbereitungszeit am 11. April 1685 seine Profeß ab. Er hat dieses Gelübde eingehalten und blieb dem Orden bis zu seinem Tode treu. Seine Oberen, die wohl die Fähigkeiten des jungen Mannes rasch erkannten, schickten

ihn an die damals noch junge Universität nach Nancy in Lothringen, wo er Philosophie und Mathematik studierte. Seine Begabung lag ganz offensichtlich im naturwissenschaftlich-technischen Bereich, was ihm später in den Kolonien sowohl beim Bau von Zuckerraffinerien und Klostergebäuden wie auch bei der Anlage von Befestigungen sehr nützlich war.

Einige Jahre verbrachte Labat dann als Prediger und Lehrer auf dem Land, doch bereitete ihm das anscheinend wenig Freude; denn im Alter von 30 Jahren entschloß er sich, in die Mission auf die Westindischen Inseln zu gehen, ein bei dem offensichtlichen Temperament des jungen Mannes durchaus verständlicher Entschluß, konnte er doch nur auf diese Weise aus der Enge des Klosterlebens und -alltags ausbrechen. Ende 1693 verließ er zusammen mit einigen anderen Ordensangehörigen Frankreich und kam Anfang des Jahres 1694 in Westindien an, wo er nun die nächsten zehneinhalb Jahre seines Lebens bis zum Herbst 1705 auf verschiedenen Inseln verbrachte, dann kehrte er wieder nach Frankreich zurück.

Nach diesen teilweise höchst turbulenten Jahren mochte ihm nun das Leben im Konvent zu Toul in Lothringen wie im Gefängnis erscheinen. Immerhin wurde er 1705 Beichtvater des berühmten Festungsbaumeisters Vauban, und die beiden Herren dürften sicher nach den Beichten ihre Erfahrungen im Festungsbau ausgetauscht haben. 1709 ging er im Auftrag seines Ordens nach Spanien und Italien. Die Reise dauerte drei Jahre und gewährte ihm gute Einblicke in die Landesverhältnisse. Nach seiner Rückkehr 1712 verbrachte er die nächsten 26 Jahre seines Lebens im Kloster in Paris. Hier nutzte er die Zeit, um seine Erinnerungen an Westindien und an die Reisen in die beiden Mittelmeerländer in umfangreichen mehrbändigen Werken niederzulegen und schrieb außerdem noch zwei weitere Werke über die Verhältnisse in Afrika. Er starb im Kloster zu Paris am 6. Januar 1738 im Alter von 75 Jahren.

Seine Reiseberichte geben uns nicht nur Einblicke in seine Lebensverhältnisse und manchmal aufregenden Erlebnisse, sondern lassen auch manchen Rückschluß auf seine Persönlichkeit zu. Er war ein gläubiger Mensch, der auch die Gebote der Kirche und seines Ordens ernst nahm, aber er war kein Fanatiker, wie manche seiner Ordensbrüder. Im Gegenteil, deutlich spürt man in seinen Berichten eine gewisse intellektuelle Distanz, gepaart mit einer für die Zeit erstaunlichen Toleranz. Kirchlichen Institutionen konnte er, wie etwa seine Berichte über den

Las Casas

Kirchenstaat beweisen, durchaus kritisch gegenübertreten. Der Ordenszucht fügte er sich, was ihn aber nicht hinderte, seinen Vorgesetzten gegenüber höchst energisch aufzutreten, wenn er sich im Recht fühlte. Äußerlichkeiten, wie z. B. überstrenge Fastengebote, nahm er gelegentlich gar nicht so ernst, wie man eigentlich erwarten sollte, wenn der Zwang der »fremden Tische« oder deren Verlockungen zu groß waren, und auch vor kleinen Notlügen schreckte er nicht zurück, wenn er sich etwa als angeblicher Kommissar der Inquisition in der Haft der Spanier einige Vorteile verschaffen konnte.

Mit seinem großen Ordensbruder Las Casas läßt er sich nicht vergleichen. Die karibischen Indianer waren für ihn nur völkerkundliche Studienobjekte. Seine Negersklaven behandelte er durchweg freundlich und mild, aber man hat das Gefühl, daß ihn dazu weniger die christliche Nächstenliebe als praktische Erwägungen veranlaßten; denn zufriedene Sklaven waren bessere Arbeiter als unzufriedene. Stets legte

er aber großen Wert auf die Bekehrung der neueingetroffenen Sklaven, und gelegentlich scheute er auch nicht vor hartem Durchgreifen und Strenge zurück. Wenn er aber einen Negerdoktor bis aufs Blut auspeitschen ließ, dann nicht aus irgendwelchen religiösen Gründen, sondern weil dessen Auftreten und Aberglaube zur Gefahr für das Leben der anderen werden konnte.

Stets war er ein ungemein wißbegieriger Beobachter, es gab kaum etwas, was ihn nicht interessierte, vor allem naturwissenschaftliche und völkerkundliche Fakten registrierte er sehr gewissenschaft und verarbeitete sie in seinen Büchern. Gewöhnlich war er dabei auch sehr genau, und nur vereinzelt registriert man Behauptungen mit Befremden und muß sie aus der Zeit heraus zu deuten suchen.

Er muß ein ebenso guter Organisator wie technisch begabter Laien-Architekt gewesen sein, dessen Dienste sich die Ordensoberen ebenso gern bedienten wie die staatlichen Behörden. Bei der Verteidigung von Guadeloupe gegen den Angriff der Engländer spielte er deshalb auch eine maßgebende Rolle. Wehe aber, wenn man diese Qualitäten nicht anerkannte, dann konnte er schmollen wie ein kleines Kind und sich selbst in prekären Situationen in die Krankheit flüchten, wie etwa eine Episode mit dem Statthalter von Guadeloupe beweist.

Mit leichtem Befremden registriert der Leser sein für einen Mönch gar nicht passendes Draufgängertum. So scheute er beim Kampf gegen die Engländer nicht davor zurück, im Ordenshabit die Kanonen zu richten und sich ein Duell mit feindlichen Kanonieren zu liefern, die ihrerseits anscheinend dieses seltsame Vergnügen entsprechend genossen. Von den Kaperfahrten der Flibustier berichtet er voller Begeisterung, und auch hier merkt man, daß er bei derartigen Unternehmungen gern dabei war. Das wesentlich harmlosere Kartenspielen lehnte er dagegen erstaunlich prüde ab!

Bemerkenswert ist schließlich auch seine Eßlust, die durchaus mit seinen naturwissenschaftlichen Interessen konkurrieren konnte. Ob Schildkrötenbraten oder »bukaniertes« Schwein, marinierte Holztauben oder Konfekt aus Kakaomandeln, alles wird sorgfältig beschrieben, und man spürt direkt das Vergnügen, das ihm noch nachträglich die Niederschrift über derartige Genüsse bereitete. Selbst Schlangenbraten probierte er, und fast bedauernd registriert er, daß er gebratene Hunde nicht versucht habe. Seine Eßlust scheint allerdings auch nicht ohne Folgen auf seinen Leibesumfang geblieben zu sein, wenn ein zeitge-

nössischer Kupferstich mit seinem Porträt der Wirklichkeit entspricht.

Man kann den folgenden Reisebericht Labats nicht richtig verstehen, wenn man ihn nicht vor dem Hintergrund der Zeit sieht. Die sogenannten Westindischen Inseln in der Karibik, zu denen die Großen und die Kleinen Antillen sowie die südamerikanischen Küsteninseln gehören, hatten ein wechselvolles Schicksal. Schon Kolumbus entdeckte sie auf seinen Reisen, die Spanier nahmen sie in Besitz und entwickelten dort bald ein so brutales System der Ausbeutung, daß innerhalb von wenigen Jahrzehnten die indianische Urbevölkerung der Kariben – oder Karaiben – infolge von Zwangsarbeit in den Zuckerplantagen oder in den Bergwerken fast völlig ausgerottet wurde. Während beispielsweise bei der ersten genauen Zählung auf Haiti 1508 noch sechzigtausend Indianer lebten, waren es 1548 nur noch fünfhundert! Die Bemühungen des schon erwähnten Dominikanerpaters Las Casas verzögerten nur für kurze Zeit diese Ausrottungspolitik und führten im Gegenteil zu einer anderen Art menschlicher Ausbeutung; denn als Las Casas in Spanien auf die schwächliche Konstitution der Indianer hinwies und angeblich äußerte, daß die Bewohner Schwarzafrikas den Strapazen solcher Arbeiten besser gewachsen seien, griffen Kaufleute und Plantagenbesitzer derartige Anregungen gern auf und begannen mit der Einfuhr von Negersklaven auf den Inseln. Die Bilanz des Grauens spricht von etwa zwanzig Millionen Menschen, die innerhalb von 350 Jahren aus Afrika verschleppt und nach Amerika gebracht wurden. Die meisten dieser Sklaven stammten aus Westafrika, die Guineaküste war dabei Hauptlieferant, und an dem Handel beteiligten sich beinahe alle west- und mitteleuropäischen Nationen, wobei die englischen Gesellschaften bald den Hauptanteil hielten.

Seit der zweiten Hälfte des 16. Jahrhunderts begannen die Schätze Mexikos und Perus viele der spanischen Kolonisten anzulocken. Vor allem die kleineren Inseln entvölkerten sich und boten nun geeignete Schlupfwinkel für Seeräuber, unter denen sich viele Franzosen befanden. Diese Flibustier, wie man sie auch nannte, wurden allmählich immer dreister, setzten sich erst auf der Insel Saint-Christoph und dann im Norden von Haiti fest, wo sie mit dem Zentrum Tortuga einen eigenen berüchtigten Seeräuberstaat gründeten. Fast gleichzeitig begannen auch verschiedene europäische Staaten sich für die Inseln zu interessieren. Franzosen, Engländer, Niederländer, Dänen und Schwe-

den machten sie den Spaniern streitig und bekämpften sich dann gegenseitig. Jede kleine Insel hatte dabei ihre besonderen Schicksale, wie die Geschichte der von Labat besuchten Insel S. Martin deutlich beweist. In Kuba konnten sich die Spanier halten, Jamaika wurde schon 1655 von den Engländern erobert und 1670 offiziell an sie abgetreten. Aus der Flibustierrepublik auf Tortuga und im Nordwesten Haitis entstand seit dem Frieden von Rijswijck 1693 offiziell eine französische Kolonie (Saint-Domingue) während der Hauptteil der Insel unter dem Namen Santo Domingo ebenso wie Porto Rico spanisch blieb.

Gleichermaßen verworren waren auch die Verhältnisse auf den Kleinen Antillen. Die beiden Hauptschauplätze von Labats Bericht, die Inseln Martinique und Guadeloupe, waren im Mai 1635 erstmals von Coline und Duplessis besetzt worden, die endgültige Besitznahme Martiniques durch die Franzosen erfolgte dann im Juli 1637 von der Insel Saint-Christoph aus. Lange bildeten noch die Seeräuber im gesamten karibischen Raum ein Problem. Auf der einen Seite bekämpften zwar die europäischen Nationen offiziell die Piraterie, auf der anderen wirkten sich aber die europäischen Kriege auch insofern auf diese Kolonien aus, als nun Flibustier und solche, die es sein wollten, offiziell »Commission« von ihren Regierungen erhielten und Kaperbriefe bekamen, die den Seeraub legalisierten. Er verlor damit zwar etwas von seiner Brutalität und seinem Schrecken, wurde manchmal sogar, wie Labat berichtet, geradezu ritterlich und mit vollendeter Höflichkeit geführt, erbrachte aber deswegen nicht weniger Gewinn – von dem dann meistens auch die Kirche ihren bescheidenen Anteil abbekam.

Weltpriester, wie in der Heimat, gab es auf den Inseln nicht. Die Seelsorge oblag mehreren geistlichen Orden, den Dominikanern, den Jesuiten, den Kapuzinern, die ihre Sprengel streng gegeneinander abgrenzten. Die Barmherzigen Brüder (Charité) wirkten nur in den Spitälern. In ihrer Versorgung waren die Missionare einerseits auf die Mildtätigkeit ihrer Gemeindemitglieder angewiesen, zu denen eben auch Flibustier gehörten, andererseits erhielten sie aber auch reiche Schenkungen und betrieben Plantagenwirtschaft wie alle anderen Grundbesitzer. Ganz selbstverständlich kauften und verkauften sie dabei auch schwarze Sklaven, wie Labat ausführlich berichtet.

Während Labats Aufenthalt in Westindien veränderten sich die politischen Verhältnisse in Europa, was nicht ohne Auswirkungen auf

die Kolonien blieb. 1692, ein Jahr vor Labats Abreise, hatte die vereinigte englisch-holländische Flotte bei La Hogue über die Franzosen gesiegt und diese als Seemacht auf den zweiten Platz verwiesen. Im Frieden von Rijswijck 1697 waren die französischen Besitzungen in Westindien bestätigt worden. Nach dem Tode des letzten spanischen Habsburgers Philipp IV. gelang es Ludwig XIV. von Frankreich, den spanischen Thron für seinen Enkel Philipp von Anjou zu gewinnen. Aus Spaniern und Franzosen, den jahrelangen erbitterten Gegnern in Westindien, wurden damit überraschend politische Verbündete. Labat dürfte einer der ersten gewesen sein, der von dieser neuen Konstellation profitierte; denn sonst hätte er nach seiner Gefangennahme durch spanische Kaperer möglicherweise lange in deren Gewahrsam schmachten müssen. In dem durch die Thronfolge ausgelösten sogenannten Spanischen Erbfolgekrieg, der 1701 ausbrach, verbündeten sich England, Holland und das Reich gegen Frankreich, und die Engländer suchten, soweit es ihre Kräfte zuließen, auch in den Kolonien zu operieren. Eine Folge davon war der von Labat beschriebene vergebliche Angriff auf Guadeloupe.

Labat hat ihn in allen Einzelheiten festgehalten. Er scheint ein Tagebuch geführt zu haben, das ihm dann als Grundlage für seine Niederschrift diente, die er kurz vor 1722 vollendete. In diesem Jahr erschien erstmals sein Werk in sechs Bänden unter dem ausführlichen Titel: »Nouveau voyage aux Isles de l'Amerique, contenant l'histoire naturelle de ces pays, l'origine, les moeurs, la religion et le gouvernement, des habitans anciens et modernes. Les guerres, et les evenements singuliers qui y sont arrivés pendant le sejour que l'auteur y a fait.« Obgleich es keineswegs das erste Werk über Westindien war, fand es doch wegen der farbigen Schilderungen und der vielen Details eine wohlwollende Aufnahme. Schon 1724 kam eine erste holländische Ausgabe in Den Haag, 1738, im Jahr von Labats Tod, die zweite französische, der noch 1742 eine dritte Auflage in acht Bänden folgte, die wiederum als Grundlage für die erste und einzige deutsche Übersetzung diente, die 1782–88 unter dem Titel »Des Pater Labat aus dem Orden der Predigermönche, Reisen nach Westindien oder den im amerikanischen Meer liegenden Inseln. Nach der neuesten Pariser Ausgabe übersetzt, auch mit nötigen Anmerkungen und vollständigem Register versehen« von Georg Friedrich Casimir Schad übersetzt und bei Gabriel Nicolaus Raspe in Nürnberg herausgebracht wurde. Außer

zwei umfangreicheren, aber weniger bedeutsamen Werken über die Verhältnisse in Afrika veröffentlichte Labat 1730 unter dem Titel »Voyages en Espagne et en Italie« noch einen ausführlichen Bericht über seine Reisen durch Spanien und Italien in acht Bänden, der bereits 1760 unter dem Titel »Reisen nach Welschland« ins Deutsche übertragen wurde und der es an Farbigkeit und Informationswert durchaus mit den berühmten »Vertrauten Briefen aus Italien« seines Landsmannes De Brosse aufnehmen konnte, leider aber zu Unrecht bei uns in Deutschland sehr rasch in Vergessenheit geriet.

Die siebenbändige deutsche Ausgabe von 1782/88 diente als Grundlage für die vorliegende Bearbeitung. Sie umfaßt etwa 1000 Seiten des Originals. Weggelassen wurde der ganze erste Band, der sich ziemlich breit mit der historischen Entwicklung und der frühen Kolonisation der Franzosen in der Karibik beschäftigt. Die weiteren Kürzungen betreffen vor allem sehr ausführliche naturkundliche Schilderungen, Beschreibungen von Pflanzen und Tieren, die keine historische Bedeutung haben, sowie Beschreibungen einiger kleiner Inseln, die Labat im Laufe seines Aufenthalts besuchte. Übernommen wurden dagegen alle wesentlichen Textstellen mit den persönlichen Eindrücken und Erlebnissen Labats, sowie seine Beschreibungen der Karaiben, der Mulatten und der schwarzen Sklaven, die in ihrer Art eine einmalige ethnologische und kulturhistorische Fundgrube darstellen. Der gesamte Text wurde dabei sprachlich behutsam modernisiert, jedoch der Grundton der Originalausgabe beibehalten. Bei Zweifelsfragen, Ungenauigkeiten und Namensschreibungen wurde zum Vergleich auf die französischen Bearbeitungen zurückgegriffen.

In einem modernen Reisebuch über die Karibik erzählt Edith Oppens, wie lebendig der Name des Paters auf den Inseln geblieben ist. Bei uns geriet er zu Unrecht völlig in Vergessenheit. Die folgenden Seiten wollen deshalb eine neue, lebendige Begegnung mit ihm vermitteln.

Heinrich Pleticha

1. Kapitel

Reise des Verfassers von Frankreich nach den Westindischen Inseln

Eine ansteckende Krankheit hatte den größten Teil der auf den französischen Inseln in Amerika lebenden Missionare weggerafft. Die Oberen der dort eingeführten Orden sandten Rundschreiben nach Frankreich, in denen sie ihre Ordensbrüder um Hilfe ansprachen. Von diesen Schreiben fiel mir zufällig eines in die Hände und war der Anlaß, den schon seit einiger Zeit gefaßten Entschluß auszuführen, mich der Mission als einer meinem Stand vollkommen angemessenen Beschäftigung zu weihen.

Ich war damals 30 Jahre alt, wovon ich 11 Jahre teils in unserem Kloster, teils aber auch auf dem Lande mit Predigen und Unterrichten zugebracht hatte. Ich bat daher um Erlaubnis, nach den Inseln reisen zu dürfen, die ich auch, wie man sich vorstellen kann, ganz leicht erhielt. Hierauf ließ ich mir auf das bei meinem Eintritt in den Orden vorbehaltene Jahrgeld etwas vorschießen und reiste am 5. August 1693 von Paris ab.

Ich hoffte, ein paar Religiosen aus dem gleichen Kloster als Reisegefährten zu bekommen, die ich bis nach Rochelle hätte freihalten müssen, da der Missionskommissar damals nur die Erlaubnis zur Reise nach Indien erteilte, ohne sich um Herbeischaffung der dazu erforderlichen Kosten zu kümmern. Unsere Oberen und gemeinschaftlichen Freunde wandten aber so viele Mühe an, uns von diesem Vorhaben abzubringen, daß sich meine beiden Reisegefährten überreden ließen, zurückzubleiben, und ich genötigt war, lediglich in Gesellschaft eines Mannes abzureisen, der auf drei Jahre für die Mission in Dienst genommen worden war.

Dieser Mensch war 38 Jahre alt, betrug sich gut und diente mir auf der Reise mit viel Treue. Sein Name war Wilhelm Massonier, ich nannte ihn aber nur Meister Wilhelm und werde Gelegenheit haben, seiner in diesem Bericht noch öfters zu gedenken.

Am 7. August kamen wir nach Orléans, und am 11. abends langten wir zu Saumur an. Eine Meile von dieser Stadt entfernt lebte Pater

Julienne, mein Kamerad sowohl auf Schulen als auch im Kloster, bei einem ihm verwandten Edelmann, um sich von einer langen Krankheit wieder zu erholen. Diesem ließ ich meine Ankunft melden, worauf er sich sogleich bei mir einfand, um mich zu seinem Vetter abzuholen, wo ich, ungeachtet meiner Einwendungen, bis zum 21. bleiben mußte, bis mir endlich erlaubt wurde, meine Reisen fortzusetzen.

Wir kamen am 24. August gegen drei Uhr nachmittags in Rochelle an, wo ich im Kloster meines Ordens abstieg. Hier vernahm ich, daß Pater Imbert, mit dem ich während meines Aufenthaltes in Nancy sehr guten Kontakt gehabt hatte, Prior war. Das erfreute mich ungemein, da er ein vortrefflicher Mann war, von dem ich alle nur möglichen Freundschaftsbezeugungen erwarten durfte. Die ihm untergebenen Religiosen waren gleichfalls rechtschaffene Leute, mit denen ich ohne große Mühe Freundschaft hielt, die noch dauern würde, wenn sie der Tod nicht weggerafft hätte. Sie erwiesen mir viele Gefälligkeiten und Zeichen einer aufrichtigen Zuneigung.

Man sagte mir, daß ein Händler aus Limoges, der sich gewöhnlich in Rochelle aufhielt, Agent unserer Mission sei. Ich besuchte ihn gleich am folgenden Tag und übergab ihm den Meister Wilhelm, damit er für seinen Unterhalt bis zur Einschiffung sorge.

Ich fand aber keinen Missionar im Kloster, sondern vernahm bloß von Herrn Boudor, wie sich der Kaufmann nannte, daß er verschiedene erwarte, unter denen sich auch Pater Jakob Gassot, mein gewesener Schulfreund, befände, der aus Verdruß darüber, so lange auf die Einschiffung warten zu müssen, inzwischen eine Wallfahrt unternommen hatte und darüber die Gelegenheit versäumte, mit seiner Flotte abzureisen, die den 18. dieses Monats unter Segel gegangen sei. Nunmehr bedauerte ich meinen langen Aufenthalt bei Pater Julienne; denn hätte ich meine Reise gleich fortgesetzt, so wäre ich noch rechtzeitig genug gekommen, mich mit einschiffen zu können. Allein ich mußte Geduld haben und mich beizeiten daran gewöhnen.

Im Kloster zu Rochelle befand sich ein junger Religiose aus der Gascogne, der bisher die Stelle eines Kaplans auf einem königlichen Schiff versehen hatte. Dieser bat mich, ihm die Erlaubnis zu verschaffen, ein Missionar zu werden. Auf das Zeugnis der Religiosen im Konvent von seiner guten Führung schrieb ich auch sogleich nach Paris an den Pater Commissarius, der die Freundlichkeit hatte, mir das verlangte Patent zu schicken.

Am 29. erhielt ich einen Ballen, in dem neben meinen Schriften, mathematischen Instrumenten, einem Teil meiner Bücher und verschiedenen anderen Dingen auch die Empfehlungsschreiben waren, die mir vornehme Personen an den Herrn Grafen von Blenac, Generalstatthalter der Inseln, den Herrn Befehlshaber und Generalleutnant von Guitaut, an den Statthalter zu Martinique und an einige andere mitgegeben worden waren.

Am 8. September kamen einige Schiffe von den Inseln, und auf einem von ihnen befand sich Pater Johann Tempel aus dem Kloster zu Nîmes. Der alte Missionar kehrte zurück, um sich von der Roten Ruhr heilen zu lassen, mit der er seit einigen Jahren behaftet war. Er berichtete uns viel Neues von den Inseln, insbesondere, wie sehr es dort an Religiosen fehlte. Seine Krankheit nahm ab, sobald er nur an Land war, und nach 15 Tagen fühle er sich derart hergestellt, daß er nach Hause reisen konnte. Er gab mir Briefe nach Amerika mit und erteilte mir verschiedene gute Ratschläge, die ich auch befolgte und für die ich ihm sehr verbunden war.

Am Sonnabend, dem 24., kam Pater Gassot von seiner Wallfahrt zurück. Er brachte Vater Johann Jakob Romanet aus dem Kloster zu Limoges mit, den er unterwegs getroffen hatte und der ebenfalls zu den Westindischen Inseln reisen wollte. Sie waren beide sehr tüchtige Leute, von denen der letztere die rühmliche Vorsicht gebraucht hatte, sich mit einem kleinen Jungen zu versehen, der bei der Messe aufwarten sollte.

Am Sonntag, dem 25., kamen noch ein paar andere Missionare, verdiente Männer und gute Prediger. Tags darauf erschien noch ein anderer aus dem Kloster zu Coutance; allein seine Kränklichkeit ließ uns vermuten, daß er nicht lange bei der Mission bleiben könnte. Tatsächlich wurde er auf dem gleichen Schiff, das ihn nach den Westindischen Inseln gebracht hatte, wieder nach Frankreich zurückgeschickt.

Am 30. wurde unsere Gesellschaft durch zwei weitere Missionare verstärkt. Der erste, Pater Eustachius Dumai, war ein Mann von mehr als 50 Jahren und bereits in Westindien gewesen. Er schien mißvergnügt zu sein, so viele Missionare anzutreffen, und gab sich alle Mühe uns zu überreden, in unsere Klöster zurückzukehren, indem er versicherte, daß wir auf den Inseln nicht würden bestehen können, weil dort ein unbeschreibliches Elend herrsche und weder Pfarreien genug vorhanden seien, um uns unterzubringen, noch Klöster, um uns zu erhalten.

Ich merkte gleich anfangs, daß dieser gute Mann nur fürchtete, er könnte keine Pfarrei bekommen, wozu er auch Ursache hatte, da die meisten, die nach den Inseln gingen, dazu geschickter als er zu sein schienen. Deswegen nahm ich mir die Freiheit, ihm im Namen der anderen zu antworten, daß wir alle gleich ihm genug Arbeit zu finden hofften und nicht müßig sein würden. Indessen stünde ihm frei, wieder heimzugehen, wenn er das bevorstehende Elend scheue.

Am 1. Oktober kam auch ein flämischer Laienbruder namens Johann an, ein sehr dienstfertiger Religiose, der uns bei den Krankheiten, von denen wir später alle befallen wurden, überaus nützlich war.

Nachdem wir nun endlich unserer zehn beisammen waren und man keinen mehr erwartete, versammelten wir uns, um einen zu erwählen, der alle Erledigungen für unsere Einschiffung übernehmen und Vertreter der übrigen sein sollte. Dieses Amt wurde mir übertragen. Ich bemühte mich sogleich, uns die nötigen Geräte machen zu lassen und die Überfahrt auf den Schiffen festzusetzen. In dieser Absicht ging ich nach Rochefort, wo mir der Oberseeintendant versicherte, daß er zwar Befehl habe, uns alle entweder auf dem Königsschiff oder auf Handelsschiffen unterzubringen, denen der König unsere Reise bezahlen würde, aber uns Geld zur Anschaffung der Reiseausrüstung vorzuschießen, sei ihm nicht anbefohlen.

Diese Antwort nötigte mich, an den Staatssekretär für das Seewesen und die Westindischen Inseln zu schreiben und ihn untertänigst zu bitten, er möge uns das Geschenk angedeihen lassen, das der König zu unserer Einschiffung jederzeit allergnädigst bewilligt hätte. In Erwartung der Antwort übergab ich dem Kaufmann Boudor ein Verzeichnis aller Dinge, die jeder Missionar benötigte, damit er dafür sorgen möge. Die Zahlung wurde ihm teils auf das Geschenk, das wir vom König zu erhalten glaubten, teils aber auch auf die von der Mission einlaufenden Gelder angewiesen.

Die Reiseausrüstung, die ich für jeden Religiosen verlangte, bestand aus einer Matratze und Kopfpolster, ein paar Bettlaken, einer Decke, einem weißen Habit, einem Überrock oder schwarzen Mantel, sechs Hemden und ebensovielen Schlafhosen, zwölf Schnupftüchern, ebensovielen Nachthauben, einigen Paaren Leinenstrümpfe und Fußsocken, einem Hut, drei Paar Schuhen und einer Kiste. Da mir einige sagten, daß wir auch Bücher benötigten, so gab ich jedem noch 50 Francs, sich die nötigen dafür anzuschaffen, desgleichen die Kosten für

andere kleine Ausgaben, die sie bis zur Einschiffung allenfalls noch bestreiten müßten.

Nach kurzer Zeit bemerkte ich, daß unser Herr Boudor nicht eben aufrichtig zu Werk ging, und da er sich von den Aufträgen unserer Mission sehr viel versprechen mochte, alles nach seinem Nutzen einzurichten suchte. Er überredete auch in der Tat einige von unseren Missionaren, Waren mitzunehmen, um sie auf den Inseln wieder zu verhandeln, und er erbot sich, jedem eine Kiste voll auf halben Gewinn, wie man es bei Matrosen zu machen pflegt, zusammenzupacken. Diesem lächerlichen, unserem Amt höchst abträglichen Geschäft widersetzte ich mich zwar aus allen Kräften, gleichwohl hatte ich keinen vollen Erfolg; denn drei oder vier unserer Väter ließen sich überreden, den Vorschlägen dieses Mannes Gehör zu schenken, und nahmen Steck-, Strick- und Nähnadeln, Knöpfe und andere kleinere Waren mit, die er gern loswerden wollte. Er verkaufte ihnen alles zum doppelten Preis und ließ sich danach von der Mission mit Wucher dafür bezahlen.

Am 20. empfing ich ein Schreiben, in dem mir gemeldet wurde, daß ich nach Rochefort kommen und dort 450 Taler in Empfang nehmen solle, die der König für neun Priester bewilligt habe. Was aber den Laienbruder anlange, so habe dieser nichts als freie Fahrt zu hoffen. Ich brach deshalb am 22. nach Rochefort auf und nahm eine Vollmacht unserer Väter mit, daß ich die Summe in Empfang nehmen dürfte. Um sie auch sicher heimzubringen, sollte mich Meister Wilhelm begleiten. Ein paar Meilen von Rochelle entfernt begegneten wir zwei Kapuzinern und einem Bauern, der ein paar mit Flaschen und anderem Proviant beladene Esel führte. Die beiden baten Meister Wilhelm, er möge den Kapuzinern, die er unterwegs treffen würde, sagen, sie sollten sich die Zeit nicht lang werden lassen, da sie bald zu ihnen kommen würden.

Endlich erreichten wir Rocher, ein auf halbem Weg zwischen Rochelle und Rochefort gelegenes Wirtshaus, wo ich abstieg, um mich etwas zu erfrischen und unsere erhitzten Pferde verschnaufen zu lassen. Wie sehr erstaunte ich aber, dort im ersten Raum 15 bis 16 Kapuziner anzutreffen, die ganz sittsam dasaßen und tiefes Stillschweigen beobachteten. Sie standen auf, um mich zu grüßen. Ein schwarzer Reiserock, der meinen weißen Habit zum Teil verdeckte, und der Bediente hinter mir verführten sie wohl, mich wenigstens für einen Prämonstratenser-Abt zu halten.

Ich trat in das zweite Zimmer und fand noch einen ehrwürdigen

Kapuziner mit einem langen, weißen Bart, der seinen Kopf und Hals mit Tüchern umwickelt hatte und ganz allein herumspazierte. Wir grüßten einander, man brachte Wein, und ich ließ ihm durch Wilhelm ein Glas davon überreichen, das er nach einiger Weigerung austrank, worauf wir uns in lateinischer Sprache unterhielten. Er glaubte, ich wäre ein fremder Provinzial, ich aber hätte ihn niemals für den General der Kapuziner angesehen, wenn mir nicht etliche Kapuziner, die uns später auf dem Weg nach Rochefort begegneten, gesagt hätten, es sei ihr General, dem sie entgegengingen und der noch an diesem Tag seinen Einzug in die Stadt halten würde.

Gleich nach meiner Ankunft empfing ich dort von einem Beamten des Königs die Anweisung auf 450 Taler, sowie die für unsere Einschiffung nötigen Befehle. Ihnen zufolge sollten sieben Missionare auf königlichen Schiffen untergebracht werden, zwei weitere und der Laienbruder auf einem Kauffahrerschiff reisen. Danach ging ich zum Zahlmeister, und als dieser mich auf den folgenden Tag bestellte, spazierte ich vor das Tor, um den Einzug des Kapuziner-Generals mitanzusehen.

Tags darauf ging ich in aller Frühe an Bord der »Hartnäckigen«, wie das Schiff genannt wurde, um dort dem Schiffshauptmann, Herrn de Sainte-Marie, aufzuwarten und ihn zu bitten, mir und meinem Gefährten zu gestatten, die Reise auf seinem Schiff zurückzulegen. Er hatte die Gefälligkeit, mir zu versichern, daß es ihm sehr angenehm wäre und er sich, ungeachtet der bereits vorhandenen großen Zahl von Reisenden, alle Mühe geben werde, uns bequeme Plätze zu verschaffen. Danach ließ ich mir das Geld auszahlen und stieg wieder zu Pferde, um nach Rochelle zurückzukehren, wohin ich noch zeitig genug kam und über meine Reise ganz vergnügt war.

Dagegen fand ich unsere Missionare alle in der größten Verwirrung, weil sie während meiner Abwesenheit mit den Insassen des Klosters in Streit geraten waren. Das an und für sich arme Kloster wurde nämlich durch die hier wartenden Missionare beachtlich geschädigt. Nach vielen Jahren drangen endlich die Oberen darauf, daß die Mission für jeden sich dort aufhaltenden Missionar außer dem Betrag der Messe, die er zum Nutzen des Klosters lesen mußte, noch zwölf Sous am Tage bezahlen sollte. Mit dieser Einrichtung war man seit acht oder zehn Jahren stets zufrieden gewesen. Aber dieses Jahr waren die Lebensmittel so hoch im Preis gestiegen, daß ein Pfund Brot sechs bis sieben Sous

kostete, und im gleichen Verhältnis waren auch Wein und andere Lebensmittel teurer geworden. In dieser kummervollen Zeit hatte die Andacht des gemeinen Volkes so sehr abgenommen, daß kein Geld mehr für Messen einging, und obwohl das Kloster noch für zehn fremde Ordensangehörige jeweils zwölf Sous am Tage erhielt, reichte das kaum hin, sie mit Brot zu versehen. Der Syndikus des Klosters hatte bereits mit uns darüber gesprochen, und ich mußte ihm recht geben. Jedoch waren wir nicht in der Lage, die einmal getroffene Verabredung zu verändern. Endlich ließ der Prior an dem Tag, als ich verreiste, unseren Missionaren sagen, daß in der Sache Abhilfe geschaffen werden müsse; denn bei täglich zunehmender Teuerung der Lebensmittel könne sie das Kloster unmöglich für eine so geringe Summe, die man nicht einmal bezahle, länger unterhalten.

Sie waren so unbedacht, bei Herrn Boudor ihre Zuflucht zu nehmen, wo die meisten schliefen. Das hätte aber großes Aufsehen erregt, wenn ihnen nicht der Pater Prior durch zwei Klosterangehörige hätte ausrichten lassen, sie möchten sich nur wieder im Konvent einfinden, wo man nach meiner Rückkehr schon Mittel und Wege finden würde, alle zufriedenzustellen. Nur wenige Minuten später kam ich im Kloster an. Man erzählte mir alsbald, was sich zugetragen hatte. Ich hörte das äußerst ungern und sprach deswegen mit dem Prior und seinen Mönchen, die keineswegs die Absicht gehabt hatten, unsere Missionare zu vertreiben, sondern sie bloß bewegen wollten, an den Kommissar der Mission zu schreiben, daß er ihnen die zum Unterhalt der Missionare bestimmte geringe Summe von 12 Sous in bar auszahlen möge, damit sie leben könnten.

Es fiel mir sehr leicht, diesen Streit beizulegen, obgleich der Kaufmann Boudor sich dagegen wandte. Ich gab dem Syndikus etwas von dem auf Rechnung unserer Ausgaben mitgebrachten Geld und nötigte alle unsere Missionare, einen Schriftsatz zu unterschreiben, in dem wir bezeugten, daß es dem Konvent dieses Jahr unmöglich sei, die Person um zwölf Sous zu erhalten, und wir uns alle erboten, nach unserer Ankunft auf den Westindischen Inseln uns zu bemühen, daß der Generalsuperior der Mission das Kloster schadlos halte. Dadurch wurden Ruhe und Frieden wiederhergestellt, den die Hitze einiger Väter unterbrochen hatte, und das war ein Glück für uns, da wir alle miteinander, sowohl die Missionare wie auch die Klosterangehörigen, innerhalb von fünf oder sechs Tagen von einer schweren Krankheit

überfallen wurden. Nur der Pater Prior, ein weiterer Pater und der Laienbruder blieben gesund und pflegten die anderen mit großer Liebe und Eifer.

Den Rest des Monats verwendete ich darauf, alles Nötige für unsere Reise anzuschaffen. Am 2. November schrieb mir Herr de Sainte-Marie, man habe ihn seit unserer Unterredung mit so vielen Reisenden überhäuft, daß es unmöglich sei, mich in seinem Schiff mitzunehmen. Er bedauere dieses zwar von Herzen, habe mir aber beizeiten davon Nachricht geben wollen, damit ich mich nach einer anderen Gelegenheit umsehen könne.

Dafür war nun keine Zeit zu verlieren; denn die Schiffe lagen auf der Reede und erwarteten nichts als guten Wind und die letzten Verhaltensbefehle vom Hof. Ich sah mich also genötigt, am nächsten Tag nach Rochefort zu gehen und mit dem königlichen Kommissar zu sprechen. Er ließ sogleich den Kapitän zu sich holen, den er nicht allein tüchtig ausfilzte, sondern ihm auch, ungeachtet aller angeführten Gründe, das Versprechen abnötigte, mich und meinen Gefährten auf sein Schiff zu nehmen, da er bereits die Mundportionen für uns empfangen habe und keine Zeit mehr sei, sich nach einem anderen Schiff umzusehen.

Obwohl der Herr de Sainte-Marie aus Zwang versprochen hatte, uns mitzunehmen, so hielt ich es doch nicht für gut, sein Schiff zu besteigen, da ich nicht ohne Grund fürchtete, er würde mir den empfangenen Verweis entgelten lassen. Ich eröffnete deshalb dem Kommissar meine Befürchtungen und bat ihn, mir einen Befehl mitzugeben, daß ich zusammen mit meinem Kameraden auf die »Loire« übernommen werden solle, da Pater Karl, wie es den Anschein hatte, wegen seiner Krankheit wohl doch nicht mitreisen konnte. Er erklärte sich einverstanden und gab mir den verlangten Befehl.

Tags darauf kam ich wieder nach Rochelle zurück und ging gleich zum Kapitän der »Loire«, dem ich den Befehl überreichte. Er empfing mich ungemein höflich und versprach uns einen Platz. Weil er aber mit Herrn de Sainte-Marie wegen der Herausgabe unseres Proviants nichts zu schaffen haben wollte, bat er mich, an den Kommissar zu schreiben, daß man mir erlauben solle, alles Nötige aus den hiesigen Magazinen zu nehmen. Ich schrieb noch am gleichen Tage und erhielt am folgenden schon die entsprechende Genehmigung, die ich dem Kapitän überbrachte, der sich sehr zufrieden darüber zeigte, obwohl ich noch weit vergnügter war, mich aus dieser Verlegenheit gezogen zu haben.

Am 10. erhielten wir die Nachricht, uns zur Einschiffung bereitzuhalten. Pater Dastez, der die Seeluft schon gewöhnt war, übernahm es, unsere Reisekisten und Matratzen auf die Schiffe zu bringen, und wir selbst folgten ihm am Abend. Da sich aber der Wind veränderte, mußten wir uns am nächsten Tag wieder an Land setzen lassen, und nur Pater Gassot blieb auf seinem Schiff, was ihn jedoch teuer genug zu stehen kam, da in der folgenden Nacht ein entsetzlicher Sturm aufkam. Fast alle Schiffe, die auf der Reede lagen, trieben vor Anker, einige stießen aneinander, andere verloren sogar ihre Anker. Die Schiffe im Hafen waren der Gefahr nicht weniger ausgesetzt, und einige, die zwischen Damm und der Kette vor Anker lagen, wurden sogar an die Stadtmauern geworfen und scheiterten.

Der arme Pater Gassot wurde am 14. mehr tot als lebendig an Land gebracht. Das Fieber hatte ihn erneut überfallen, trotzdem kam er mit drei oder vier Anfällen davon. Am gleichen Tag kam ein Religiose aus dem Kloster von Toulouse bei uns an, der die Vollmacht hatte, nach den Westindischen Inseln zu gehen, wo er Prokurator unseres Ordens sein sollte, so wie er es einige Jahre in seinem Kloster gewesen war. Aber die Furcht vor der Seereise und die Hoffnung, sein bisheriges Amt wieder zu erhalten, ließen ihn einige Tage später wieder nach Hause reisen.

Herr de Sainte-Marie hatte einen Kapuziner zum Schiffsprediger gehabt, dessen Gehalt bereits für drei Monate im voraus bezogen und für das Geld verschiedene Anschaffungen getätigt. Als nun der Kapuziner krank wurde, geriet der Kapitän in schwere Bedrängnis, da er sich der Gefahr ausgesetzt sah, entweder ohne Geistlichen abzureisen oder den dreimonaten Vorschuß aus eigenen Mitteln einem anderen zurückzuzahlen, der mit ihm gehen wollte. Aus dieser Verlegenheit glaubte er sich ziehen zu können, indem er mir und meinem Gefährten die Aufnahme auf seinem Schiff anbot, wenn ich bis nach Westindien das Amt eines Schiffspredigers versehen wollte. Ich dankte ihm für seinen Antrag, da ich nicht beabsichtigte, mich dem Unwillen auszusetzen, den er haben mochte, wenn er an das zwischen uns Vorgefallene denken sollte. Da aber Pater Romanet nicht wußte, wie er den kleinen Jungen fortbringen sollte, den er mit nach den Inseln nehmen wollte, so erklärte er sich bereit, auf den Vorschlag einzugehen, wenn der Junge bei ihm bleiben dürfe. Seitdem vernahm ich aber, daß er von dem wunderlichen Sinn dieses Kapitäns nicht wenig habe ausstehen müssen.

Am 17. überfiel mich ein anhaltendes heftiges Fieber, das so stark

zunahm, daß man befürchtete, ich würde eine Reise antreten müssen, zu der kein Schiff nötig wäre, oder wenigstens dem Pater Karl Gesellschaft leisten, der wegen seiner Krankheit sich nicht mit einschiffen konnte. Der Prior und die Klosterangehörigen, die selbst gesund genug waren, um mich zu pflegen, taten es mit aller nur möglichen Liebe und Zärtlichkeit, und mit göttlicher Hilfe nahm meine Krankheit am 16. doch merklich ab. Am Sonnabend, dem 28., meldete mir Pater Dastez, daß man sich gegen Abend einschiffen müsse und er mein Bett und die Kiste an Land schaffen wolle, da ich noch zu krank sei, um an der Reise teilzunehmen. Ich aber bat ihn, es nicht zu tun, weil ich mich stark genug fühlte, ihm Gesellschaft zu leisten, und hoffte, von der Seeluft vollends wieder hergestellt zu werden. Ohne mich an seine Einwendungen zu kehren, stand ich in der Tat auf und ließ mich gegen vier Uhr nachmittags in die Schaluppe tragen.

Hier traf ich den hochwürdigen Pater Karl Holley, einen Jesuiten, der gleichfalls als Missionar nach den Inseln ging. In der Schaluppe fing es an, mich zu frösteln. Der würdige Pater bedeckte mich darauf sogleich mit seinem Mantel, und der Leutnant gab den seinen noch dazu. Dieser Schauder war aber bald wieder vorbei, und wir kamen gegen sieben Uhr abends zum Schiff. Als mich der Kapitän so rot im Gesicht sah, weil ich eben damals eine Fieberhitze empfand, glaubte er, ich sei wiederhergestellt, und wünschte mir deshalb Glück. Ich hütete mich aber, ihm das Gegenteil zu versichern, und hatte auch bereits den Leutnant und die übrigen gebeten, ihm nichts zu sagen, da ich befürchten mußte, er könnte mich wieder an Land schicken, meine Gesundheit und ein anderes Schiff abzuwarten. Wir nahmen ein gutes Abendessen zu uns, ich trank Wein und Aquavit, worauf ich mich in der Konstablerkammer niederlegte, wo man mir zwischen ein paar Kanonen ein sehr bequemes Bett zubereitet hatte.

Kurz darauf gingen wir unter Segel, und ich schlief, ungeachtet des Lärms, der bei solchen Gelegenheiten zu entstehen pflegt, so fest, daß ich erst am nächsten Tag gegen neun Uhr wieder erwachte. Mittags speiste ich mit gutem Appetit, bekam aber ein paar Stunden darauf so heftige und rasch aufeinander folgende Fieberanfälle, daß die Wundärzte schon glaubten, man würde mich, wenn sie noch etwas länger anhielten, in die See werfen müssen.

Als das dem Kapitän gemeldet wurde, kam er sogleich zu mir herunter und besuchte mich. Er ließ Tücher um mein Bett herum

breiten und befahl seinen Wundärzten, mich sorgfältig zu pflegen, dem Hausmeister aber, mir alles auf das Pünktlichste reichen zu lassen, was die Wundärzte verordneten. Er gab mir einen Schiffsjungen als Aufwärter, der Tag und Nacht bei mir bleiben mußte, und besuchte mich, solange ich das Bett hütete, täglich vier bis fünf Mal, brachte auch zuweilen ganze Nachmittage bei mir zu. Niemals werde ich die Güte dieses großmütigen Kapitäns vergessen, da ich nächst Gott mein Leben und Gesundheit seiner Sorgfalt zu danken habe, die so gesegnet war, daß mich das Fieber am 6. Dezember verließ.

Unser Geschwader bestand aus 37 Schiffen und einer Korvette. Das königliche Schiff »Die Hartnäckige« mit 34 Kanonen und 200 Mann Besatzung, sowie etwa 30 Passagieren, war unser Flaggschiff und diente zu unserer Bedeckung. Es wurde, wie ich bereits gesagt habe, von Herrn de Sainte-Marie kommandiert. Die »Loire«, auf der ich mich befand, hatte den Herrn de la Héronnière zum Befehlshaber, sein Leutnant hieß Masson. Wir verfügten nur über 20 Kanonen, obwohl Plätze für 40 vorhanden waren. Unser Schiffsvolk bestand aus 80 Köpfen, 30 neu angeworbenen Soldaten für die Westindischen Inseln und 25 Reisenden, unter denen sich vier Priester befanden, nämlich der Pater Holley, die Patres Dastez und ich und der Schiffsprediger, ein ehrlicher Bretone.

»Die Maus« wurde von Herrn Chevalier kommandiert, sie hatte etwa 80 Mann, sowohl an Matrosen als auch an Reisenden, und 10 Kanonen. Auch hier befanden sich zwei Patres sowie der Meister Wilhelm, dem der Kapitän freie Fahrt bewilligt hatte. Diese beiden Schiffe gehörten dem König. Sie waren mit Kriegs- und Mundvorrat für die Magazine der Inseln beladen sowie mit einer ansehnlichen Menge Waffen und Uniformen für die Soldaten. Zwei Kauffahrerschiffe sollten die Meerenge passieren, drei andere gingen nach Guinea und die übrigen nach Martinique und Guadeloupe.

Am 8. Dezember, dem Fest Mariä Empfängis, predigte Pater Holley. Kurz darauf wurde dem Kapitän gemeldet, das Flaggschiff habe Zeichen gegeben und der Korvette befohlen, ein Segel zu verfolgen, das aufgetaucht war. Die Korvette segelte zwar gut, trotzdem hielt das Schiff, das uns vier Meilen über den Wind war, seinen Kurs, ohne sich dem Geschwader zu nähern oder auf die Korvette, wie man hoffte, Jagd zu machen. Das bewog Herrn de Sainte-Marie, diese durch einen Kanonenschuß wieder zurückzurufen und unsere Fahrt fortzusetzen.

Am 10. näherten wir uns der »Ruhigen« auf Stimmweite und hörten, daß Pater Sere tags zuvor gestorben sei und man bei seinem Leichenbegängnis drei Kanonen abgefeuert habe. Unsere Patres erkundigten sich nach meinem Befinden, und die Offiziere, die mir nicht erlauben wollten, mich an Deck sehen zu lassen, antworteten, ich sei von allem Übel befreit. Durch diese zweideutige Antwort glaubten die Patres, daß ich gestorben sei, und haben vermutlich Gott für meine Seelenruhe angerufen.

Am gleichen Tag ließ unser Kapitän das Boot aussetzen und ging zusammen mit einigen Passagieren an Bord der »Hartnäckigen«, um dort zu speisen. Als sie gegen Abend wieder zurückkehren wollten, hätten sie sich bald verirrt; denn es kam ein so starker Nebel auf, daß sie das Schiff nicht mehr sehen konnten. Endlich fanden sie es mit Hilfe der Kanonen, die alle Minuten bei uns abgefeuert wurden. Sie waren aber kaum wieder an Bord, als sich ein schrecklicher Sturm erhob, der die ganze Nacht und beinahe noch den folgenden Tag bei starkem Nebel fortdauerte. Die Schiffe sahen sich also genötigt, Laternen aufzustecken und Kanonen abzufeuern, aus Furcht, aneinander zu stoßen und sich zu beschädigen.

Sonnabend bekamen wir endlich schönes Wetter, und unsere zerstreuten Schiffe vereinigten sich wieder bis auf das Flaggschiff, das nicht mehr zum Vorschein kam. Wir vermuteten, daß es nach Madeira gesegelt sein könnte, von wo wir nicht allzuweit entfernt waren, da uns die Südwestwinde dorthin getrieben hatten. Weil uns befohlen war, nicht von unserem Kurs abzuweichen, setzten wir ihn fort. Mein Kapitän wurde zum Befehlshaber der ganzen Flotte gewählt. Am nächsten Tag verließen uns die Schiffe, die nach Guinea und nach Cayenne segelten. Wir bekamen günstigen Wind und konnten unseren Kurs halten. Das schöne Wetter und die gute Behandlung, die ich vom Kapitän erfuhr, trugen viel dazu bei, daß ich bald wieder vollkommen gesund wurde und von der ganzen Krankheit nur eine leichte Schwäche zurückblieb.

Unsere Mannschaft und die Reisenden waren ebenfalls mit dem Kapitän sehr zufrieden. Er liebte Einigkeit und Vergnügen und bemühte sich darum, daß Kranken und Gesunden nichts abging. Wir speisten zu zwölft an einer hervorragenden Tafel, wo er gleich am ersten Tag einem jeden von uns seinen Platz anwies und uns bat, diesen niemals zu wechseln, damit wir von den Bedienten immer die gleichen Servietten

bekämen, die zweimal wöchentlich ausgewechselt wurden. Alle Tischgäste ermahnte er, den vier auf dem Schiff reisenden Geistlichen jeden nur möglichen Gehorsam und Respekt zu beweisen, und schärfte das auch dem Schiffsvolk auf das Nachdrücklichste ein. Pater Holley und ich saßen zwischen dem Kapitän und dem Leutnant, uns gegenüber, zwischen dem Schreiber und dem Oberwundarzt, saß der Schiffsprediger mit meinem Gefährten, die beiden Enden der Tafel besetzten vier Passagiere.

Das Gebet wurde ziemlich früh verrichtet, hierauf lasen an Werktagen der Schiffsprediger oder mein Kamerad die Messe. An Sonn- und Festtagen aber lasen wir sie alle vier, wenn es die Zeit erlaubte. Sobald die Messe beendet war, setzte man sich zum Frühstück an den Tisch. Gewöhnlich wurden Schinken oder Pastete mit Ragout, Frikassée, Butter und Käse aufgetragen, besonders aber morgens und abends vortrefflicher Wein und frisches Brot. Mittags speiste man erst, nachdem die Piloten die Position aufgenommen hatten. Das Mittagessen bestand aus einer kräftigen Suppe mit gesottenem Fleisch, meistenteils Geflügel, irischem Rindersteak, jungem, gesalzenem Schweinefleisch, frischem Hammel- oder Kalbfleisch, dem noch ein Frikassée von jungen Hühnern folgte. Nach diesen Gerichten kamen eine Schüssel mit Gebratenem, zweierlei Ragoûts und Salat, zum Nachtisch aber hatten wir Käse, abgekochtes und frisches Obst sowie einige Süßigkeiten.

Vielleicht wird man sich wundern, daß jeden Tag Salat serviert wurde, aber wir hatten einen guten Vorrat von roten Rüben, Portulac, Kresse, eingemachten Gurken, zwei großen Kästen voll Endivienpflanzen, bei denen Tag und Nacht eine Schildwache stand, aus Furcht, die Ratten oder Matrosen möchten ihnen Schaden zufügen. Wenn dann einer von diesen Kästen leer war, säte man Lattich oder Rettiche hinein, und wir hatten das Vergnügen, beides noch vor unserer Ankunft zu Martinique nicht nur aufgehen zu sehen, sondern auch verzehren zu können. Auf diese Art fehlte es uns also niemals an Salat, den man auf einer langwierigen Reise gewiß nicht verachten wird.

Das Abendessen glich beinahe der Mittagsmahlzeit. Eine gute Suppe mit Hühnern, ein paar Schüsseln gebratenes Fleisch, zweierlei Ragoûts, Salat und Nachtisch. Da wir nun mit Aquavit gut versehen waren, sparten wir nicht. Unser Kapitän hatte zwei Kisten voll, jede mit 24 Flaschen. Als er nun eines Tages bemerkte, daß sein Diener eine davon, deren man sich eben bedient hatte, wieder wegschloß und die Schlüssel

einsteckte, rief er ihn, befahl ihm, beide Flaschenfutterale zu öffnen, und warf dann die Schlüssel ins Meer. Er sagte, seine Aquavits sollten jedem, der an seiner Tafel speiste, zu Diensten stehen, und deshalb sei es eine unnötige Vorsicht, sie wegzusperren, zumal ja niemand außer uns in das Zimmer käme. Ein so schönes Beispiel wurde unverzüglich von allen nachgeahmt. Wir öffneten unsere Flaschenkeller und warfen danach die Schlüssel ebenfalls ins Meer. Niemand schloß sich davon aus als der Schiffsschreiber, der allerlei fadenscheinige Entschuldigungen vorbrachte. Aber diese Sparsamkeit zog ihm nicht allein viele Spöttereien zu, sondern unsere jungen Leute fanden auch Gelegenheit, sein Flaschenfutteral aufzumachen und die Flaschen mit Seewasser zu füllen, nachdem sie den Aquavit vorher unter die Mannschaft ausgeteilt hatten.

Ich hatte in Rochelle ein Schachspiel gekauft, wovon auch Herr du Roy bereits etwas verstand. Als er mich bat, es ihn vollends zu lehren, wollten die anderen gleichfalls spielen. Um also jeden zu befriedigen, mußte der Zimmermann, so gut er konnte, noch zwei andere Schachspiele verfertigen, ich aber sie nach Tisch zur Erholung darin unterweisen. Das Kartenspiel war aus unserer kleinen Republik gänzlich verbannt. Der Befehlshaber liebte es nicht und wollte auch die Zwistigkeiten, die daraus zu entstehen pflegten, vermeiden. Das Schachspiel war aber nicht das einzige, worin ich Unterricht zu geben hatte. Herr de la Héronnière, der einmal dazugekommen war, als ich eben in der Konstablerskammer den Piloten einigen Unterricht in der Geometrie erteilte, ersuchte mich, ihn die Anfangsgründe davon zu lehren, was ich bis zum Ende der Reise mit Vergnügen tat und ihn in die Lage versetzte, daß er nach unserer Trennung ohne Lehrmeister fortfahren konnte.

Die anderen Herren studierten ebenfalls, so daß also der Tag mit vielerlei Beschäftigungen viel zu rasch verstrich. Obgleich ich mit anbrechendem Morgen das Bett verließ, kam die Mittagsstunde doch eher herbei, als ich es gewahr wurde, da mich das Gebet, das Brevier, die Messe, das Frühstück, ein kleiner Spaziergang auf Deck und die Lehrstunde in der Geometrie während dieser Zeit abwechselnd beschäftigten. Nach Tisch spielte man eine Stunde und bisweilen noch länger, dann katechisierte ich die Schiffsjungen und Matrosen, da mir der Schiffsprediger diese Verrichtung seit meiner Genesung herzlich gern überlassen hatte. Eine Stunde, die wir mit dem Brevier und eine andere mit dem Unterricht in der Geometrie und mit Bücherlesen zubrachten,

beschäftigte uns bis zum gemeinschaftlichen Gebet. Während die Matrosen ihre Abendmahlzeit einnahmen, ging man spazieren und speiste hierauf zur Nacht. Dann spielten wir entweder Schach oder gingen aufs Verdeck und sahen die Matrosen tanzen. Auf solche Art verbrachten wir die Zeit bis zur Betstunde, die jederzeit vor Ablösung der Wache gehalten wurde, und legten uns dann sofort nieder. Wenn aber der Kapitän die Wache hatte, leisteten wir ihm noch ein paar Stunden Gesellschaft, die eben nicht übel angewendet waren, weil es jederzeit Schokolade oder etwas Ähnliches gab.

Freitags, als dem Christtag, las Pater Holley die Mette, wobei der Kapitän, viele Matrosen und Passagiere das Heilige Abendmahl empfingen. Dann folgte ein großes Frühstück, danach las ich die Frühmesse, und nach mir kam die Reihe an meinen Kameraden. Dem Schiffsprediger dagegen wurde das Hochamt übertragen, das wir beinahe ebenso feierlich absangen, wie es in einer Domkirche zu geschehen pflegt. Nachdem die Vesper vorüber war, hielt ich eine Rede. Um dem Schiffsprediger sein Amt zu erleichtern, hatten wir drei Patres die Predigten an Sonn- und Feiertagen wechselweise untereinander verteilt.

Unsere Piloten hatten festgestellt, daß wir bereits unter dem Wendekreis des Krebses waren, wo man diejenigen, die zum ersten Mal den Äquator passierten, zu hänseln oder, nach der Schiffssprache, zu taufen pflegte. Ein solches Fest veranstaltete man am Sonnabend nachmittag. Unser Obersteuermann, der zu der Zeremonie possierlich angekleidet war, hielt ein großes hölzernes Schwert in der Hand und hatte eine Seekarte vor sich ausgebreitet liegen. Ihn umstanden zehn bis zwölf seiner »Offiziere« in der gleichen Kleidung. Vor ihrem Richtstuhl mußten wir nun erscheinen. Nach vielem Streit zwischen Pater Holley und mir, wer den Vorrang haben solle, fiel das Los auf ihn, und der Kapitän war sein Taufpate. Als er zurückkam, wurde ich abgeholt, wobei der Kapitän gleichfalls meinen Paten vorstellte. Ich fand den Steuermann auf einer Art Thron sitzen, der mit einem Schaffell bedeckt war. Ihm zur Seite standen seine Offiziere und der Sekretär, der die Geschenke aufschrieb, die man nach geschehener Taufe gab. Vor ihm stand ein großer, mit Seewasser angefüllter Zuber, über den man der Breite nach eine eiserne Stange gelegt hatte. Auf diese Stange nun ließ man mich setzen, und nachdem ich die Hand auf die Seekarte des Steuermanns gelegt hatte, mußte ich versprechen, alle diejenigen, die in Zukunft mit mir den Wendekreis passieren würden, nach Möglichkeit

auf die gleiche Weise taufen zu lassen. Als ich dieses Versprechen gegeben hatte, erhob sich der Steuermann gravitätisch von seinem Sitz und fragte meinen Paten, welchen Namen er mir zu geben beabsichtige. Ich wurde »der Prediger« genannt, das ist ein Felsen auf der Insel Martinique, der einem Prediger auf der Kanzel gleicht. Dann näherte sich mir der Steuermann, nahm Wasser aus einer silbernen Tasse und benetzte meine Stirn mit der Spitze seines Fingers. Alsdann setzte er sich wieder auf seinen Thron und fragte, was ich der Gesellschaft zu verehren gedenke? Ich gab für mich und meinen Gefährten drei Taler und ein kleines Fäßchen von ungefähr sechs Maß Branntwein, mit dem ich mich für diese Zwecke schon versehen hatte.

Nun führte man mich mit Gedränge wieder aufs Kastell und holte meinen Kameraden. Sein Pate war der Leutnant, und man behandelte ihn auf die gleiche Art, worauf er mit ebensolcher Höflichkeit zurückgeführt wurde. Der Schiffsschreiber, an den nach uns die Reihe kommen sollte, wandte alle Mühe an, davon befreit zu bleiben, aber es half nichts, er mußte sich dazu bequemen, und Hauptmann Kerkoue, der mit uns getauft worden war, wurde sein Pate. Er konnte sich auch leicht vorstellen, daß man ihn tüchtig naß machen würde, und wollte deshalb mit ihnen verhandeln, als er auf der Stange saß. Es wurde ihm aber geantwortet, man stelle alles seiner Freigiebigkeit anheim. Er wurde nun auf den Namen »Ochsen-Vorgebirge« getauft, einem Berg in Martinique, dem er wegen seines Körperumfangs glich. Dann stieg der Pilot von seinem Thron, anstatt ihm aber das Wasser aus der Tasse auf den Kopf zu gießen, schüttete er es ihm in die Augen, was ihn zwang, mit den Händen ins Gesicht zu langen und dabei die Stange fahren zu lassen, die ihm als Halt gedient hatte. Augenblicklich wurde sie unter ihm weggezogen und er in die Kufe geworfen, daß man nichts als Kopf und Füße sah und der ganze übrige Körper mit Wasser bedeckt war. Die Matrosen aber, die ringsherum standen, begossen ihn nun länger als eine Viertelstunde tüchtig mit Wassereimern. Unterdessen schrie und fluchte er wie ein Besessener, aber je mehr er fluchte, desto stärker befahl der Steuermann, ihn zu begießen. Endlich mußte er noch vier Flaschen Branntwein versprechen, sonst, so glaube ich, würde man ihn bis nach Martinique getauft haben; denn da er von niemandem geliebt wurde, gab man sich auch weiter keine Mühe, für ihn zu bitten. Der Oberwundarzt, der nun an die Reihe kam, wurde das »Kahle Gebirge« genannt, ein Beiname, der wegen seines kahlen Kopfes und der schlecht

sitzenden Perücke sehr gut zu ihm paßte. Er wurde beinahe ebenso gewaschen wie der Schreiber. Etwas gelinder verfuhr man mit dem zweiten Wundarzt, vielleicht weil die Matrosen ausruhen wollten, um danach den Faktor um so mehr zu begießen. Unter diesem Zeitvertreib ging der Tag vollends herum, und schließlich waren alle durchnäßt, nur wir blieben davon verschont, denn wir hatten uns beizeiten zurückgezogen, aus Furcht, wir könnten ungeachtet unseres Loskaufs doch noch unseren Teil abbekommen.

Diese Zeremonie, deren eigentlichen Ursprung man nicht anzugeben vermag, wird schon seit undenklichen Jahren auf der See beobachtet. Es kann sein, daß man sich bei der Windstille, die hier am Wendekreis häufig auftritt, die Langeweile vertreiben und das Volk ermuntern wollte. Aber meines Erachtens ist sie von den Steuerleuten eingeführt worden, um ein Geschenk zu erhaschen. Es ist auch am ratsamsten, sich dieser Gewohnheit ohne Widerrede oder vieler Umstände zu unterwerfen. Selbst für ein Schiff, das zum ersten Mal über den Wendekreis fährt, muß der Kapitän die Taufe bezahlen, sonst sind die Matrosen berechtigt, den Schiffsschnabel abzusägen.

Am Sonntag, dem 27., kam gegen Abend ein so heftiger Sturmwind auf, daß unsere ganze Flotte zerstreut wurde. Sie vereinigte sich aber am Montag wieder, bis auf drei Schiffe, die nicht mehr zu uns fanden, nämlich zwei Kauffahrerschiffe und das königliche Schiff »Die Ruhige«. Wir glaubten, daß sie uns vorausgesegelt seien, was sich auch bei den beiden Kauffahrern bestätigte. »Die Ruhige« entdeckten wir am Morgen des folgenden Tages weit unter Wind mit der roten Flagge auf dem großen Mast, ein Zeichen, daß sie Hilfe benötigte. Unverzüglich steuerten deshalb alle Schiffe auf sie zu. Wir erreichten sie gegen neun Uhr und vernahmen, daß sie während des Sturmes durch den Anprall einer Welle ihr Steuerruder verloren habe. Man schickte sogleich alle Zimmerleute hinüber, die mit Erstaunen feststellten, daß die See nicht allein das Steuerruder weggerissen hatte, sondern auch die eisernen Bänder, womit es ans Schiff befestigt war. Es war ein Wunder, daß bei der großen Gewalt, mit der dieses Eisenwerk losgerissen wurde, das Schiff am Heck keinen Schaden erlitten hatte. Nun wurden auf der ganzen Flotte alle eisernen Bänder zusammengesucht, um den Schaden auszubessern, man konnte aber unmöglich genügend finden, die sich dazu geeignet hätten. So mußten wir also den restlichen Tag mit verminderten Segeln fahren, bis ein neues, wenngleich notgedrungen

leichtes Steuerruder verfertigt war, daß so gut wie möglich befestigt wurde. Das Schiff aber mußte sich wegen dieses schwachen Ruders mit dem Besan-Segel behelfen.

Am 30. setzte eine Windstille ein, die länger als 12 Tage dauerte. Da nun die Hitze sehr groß war, vertrieben sich die Matrosen die Zeit mit Baden. Es war ein ununterbrochenes Vergnügen, ihre Sätze und Luftsprünge zu sehen, bis endlich der Kapitän sich genötigt sah, diesen Zeitvertreib zu verbieten, weil sich ein Haifisch blicken ließ und man vermutete, es könnten sich in diesen Gewässern noch mehrere aufhalten.

Am Freitag, dem ersten Tag des Jahres 1694, begrüßten wir am Morgen unseren Kapitän und wünschten ihm ein Neues Jahr. Er ließ daraufhin 15 Kanonen abfeuern, um allen zugleich zu danken. Die meisten Kapitäne kamen an Bord, hörten die Messe und wurden zum Mittagessen eingeladen. Dazu hatten unsere Matrosen Fische gefangen, die ihnen Herr de la Héronnière reichlich bezahlte. Tags darauf ließ uns der Kapitän durch sein Boot an Bord der »Ruhigen« bringen. Es ist unmöglich, das Erstaunen des Kapitäns und der Missionare zu beschreiben, als sie mich erblickten. Sie hatten mich seit einem Monat unter den Toten gerechnet, und das Vergnügen, uns wiederzusehen, war so groß, daß wir den ganzen Tag sehr angenehm zubrachten. Gegen Abend holte uns das Boot wieder ab und brachte zugleich ein Billet von Herrn de la Héronnière, mit dem der Kapitän und die Patres auf den folgenden Tag zur Mittagstafel geladen wurden. Sie wurden herrlich bewirtet und beim Abschied von Herrn de la Héronnière gebeten, wenn es das Wetter erlaube, auch den Dreikönigstag bei uns zu feiern.

Am Vorabend des Festes kamen auch nicht nur diese, sondern auch andere Hauptleute und Reisende bei uns an, so daß wir 24 Personen waren. Wir verrichteten das Abendgebet zeitiger als sonst und verteilten uns dann an zwei Tafeln unter einem Zelt, das auf dem Verdeck stand. Nun losten wir um den Kuchen, den man an diesem Tag mit einer Bohne zu backen pflegt, und diesen gewann unser Kapitän. Sogleich schickten die Kapitäne der Kauffahrer eine Schaluppe zu ihren Schiffen, mit dem Befehl, seine Königliche Hoheit zu begrüßen, sobald man ihnen das Signal dazu geben würde. Als nun eine Viertelstunde später alle Herren aufgestanden waren, um auf die Gesundheit des neuen Bohnenkönigs zu trinken, hörten wir zu unserem Erstaunen einen Böller auf der hinter unserem Schiff liegenden Schaluppe abfeuern und auf dieses Signal hin

die Kanonen der so benachrichtigten Schiffe, denen die unsrigen keine Antwort schuldig blieben. Das schöne Wetter und die gute Bewirtung erhöhten unsere gute Laune. Der Kapitän ließ der ganzen Mannschaft doppelte Weinrationen reichen und seinen Leuten und den Matrosen 15 bis 20 Kannen Branntwein austeilen. Alles, was man von der Tafel abtrug, wurde unter die Seeoffiziere verteilt, kurz, es ist niemals eine Königswahl vergnügter und prächtiger auf See gefeiert worden.

Auf die Gesundheit wurde unter Abfeuern der Kanonen getrunken; weil man das öfters wiederholte, wurde auch viel Pulver verbraucht. Pater Holley und ich entfernten uns gegen zehn Uhr abends, um am folgenden Tag die Messe lesen zu können, da der Schiffsprediger glaubte, er müsse seine Gäste bedienen. Er war ein Bretone und fand unter den Gästen einige seiner Landsleute, und deshalb tranken sie um die Wette auf den Kapitän und des Königs Gesundheit und wiederholten dies so oft, daß sie bald mehr den Schlaf als das Trinken benötigten. Unsere Gäste entfernten sich erst lange nach Mitternacht, und als sie nach Hause fuhren, ließ man ihnen zu Ehren Kanonen abfeuern, worauf ihre Schiffe antworteten, und damit waren die Feierlichkeiten beendet.

Am Dreikönigstag lasen Pater Holley und ich ziemlich spät die Messe, da unsere ganze Mannschaft nach den Strapazen der vorigen Nacht dringend die Ruhe benötigte. Wir vernahmen, daß einer der neuangeworbenen Soldaten und ein Matrose geschlossen lägen, weil ersterer seinen Kameraden mit einem Messer am Arm verwundet, der Matrose hingegen seine Wache versäumt hatte. Ich wollte zwar um Gnade für sie bitten, der Kapitän versicherte mir aber, er habe es sich zum Gesetz gemacht, niemals eine Gotteslästerung ungestraft hingehen zu lassen, und beide wären überführt worden, den heiligen Namen Gottes mißbraucht zu haben. Er wollte sie aber nach 24 Stunden wieder loslassen, nachdem sie vorher ihre Strafe erhalten hätten. Tags darauf wurde der Matrose nach der Messe auf eine Kanone gebunden, wo er mit kurzen Tauen 50 Hiebe erhielt. Der Soldat hingegen wurde verurteilt, durch die Seile zu laufen, was den Spießruten auf dem Land entsprach. Man hatte zu diesem Zweck vom Vorkastell bis zum Hinterkastell ein Tau gespannt. Dann wurde dem Soldaten der Rock ausgezogen und ein Strick um den Leib gebunden, an dessen Ende ein eiserner Ring gezogen war, der seinerseits längs des ausgespannten Seiles lief. Die ganze Mannschaft stand zu beiden Seiten des Seiles und

hatte Beschlagleinen in den Händen, das sind kleine und flach zusammengedrehte Stricke, deren man sich bedient, die Segel einzuziehen. Er sollte siebenmal laufen. Nachdem er aber dreimal durchgelaufen war, baten wir um Gnade für ihn, die der Kapitän auch bewilligte. Ich glaube nicht, daß er Lust hatte, auf der weiteren Reise noch einmal zu fluchen, da alle, die ihn bestrafen mußten, ihre Schuldigkeit aufs beste getan hatten.

Am gleichen Tage fingen unsere Matrosen einen Hai, der sich schon seit drei Tagen bei unserem Schiff hatte sehen lassen. Man brauchte ziemlich lange Zeit, bis man ihn an Bord brachte, da er mehr als zehn Fuß lang war. In seinem Bauch fand sich alles, was man, seit er uns begleitete, aus dem Schiff geworfen hatte, darunter sogar des Zimmermanns Hammer. Nachdem er lange Zeit bei uns herumgestrichen war, hatten die Matrosen Lust bekommen, ihn zu fangen und deswegen eine daumensdicke Angel ausgeworfen, an der eine eiserne Kette und ein starkes Tau befestigt waren. Er betrachtete lange Zeit das Stück Speck, das an der Angel hing, bis er endlich sah, daß man es bewegte, als wolle man es wieder zurückziehen. Da machte er einen Satz danach und verschlang den Speck so begierig, daß er zugleich einen Teil von der Kette mit hinunterschluckte. Sogleich zog man das Seil an, damit die Angelspitze eingreife. Hier nun verschafften uns die Sprünge und Gewalt, die er anwandte, sich wieder frei zu machen, ein unendliches Vergnügen. Als er nun beinahe aus dem Wasser war, warf man einen Strick mit einer Schleife um den Unterteil des Schweifes, zog ihn in das Schiff und warf ihn auf das Verdeck, wo ihm ein Matrose sogleich mit der Axt einen Hieb ins Rückgrat versetzte, damit er sich nicht mehr so heftig bewegte. Einige Bauchstücke wurden am folgenden Freitag eingesalzen, doch fanden wir keinen Geschmack daran. Ich glaube, daß ihn uns die anderen Fische, die wir im Überfluß hatten, verleideten. Dafür ließen ihn sich die Matrosen um so besser schmecken.

Am Sonntag, den 10. Januar, spürten wir noch Ostwind. Da man hoffen durfte, daß er sich verstärken und eine Zeitlang dauern würde, ersuchten die Kapitäne der Kauffahrerschiffe Herrn de la Héronnière um die Erlaubnis, die Fahrt fortsetzen zu dürfen, ohne auf die »Ruhige« zu warten, die wir begleiten mußten. Sie wandten ein, daß es ihnen an Wasser zu fehlen beginne und die Verzögerung ihrer Reise durch dieses Schiff von höchst nachteiligen Folgen für sie sein würde. Unser Kapitän erlaubte ihnen, nach Gutdünken zu handeln, worauf sie sich sogleich

anschickten, ihre Fahrt zu beschleunigen, nachdem sie uns vorher mit ihrem Geschütz gegrüßt hatten. Ehe noch diese Flotte uns verließ, näherte sich ein kleines Fahrzeug aus Nantes, dessen Kapitän an Bord kam und den unsrigen mit einem Fisch beschenkte, der mehr als sieben Fuß lang war. Er bat um etwas Holz und Wasser, und Herr de la Héronnière gab ihm nicht nur zwei große Fässer, sondern auch die Hälfte eines Hammels und riet ihm zugleich, vier seiner hölzernen Kanonen zu Brennholz zu machen, nur die zwei eisernen, die ungefähr ein Pfund schießen mochten, zu behalten. Ihr Vorrat an Holz und Wasser mußte sehr gierig gewesen sein, da sie nur 11 Personen waren und ihn in so kurzer Zeit verbraucht hatten.

In der Nacht verloren wir alle unsere Schiffe aus dem Gesicht, so daß wir uns also mit der »Ruhigen« allein befanden, die öfters wegen ihres defekten Steuerruders falsche Wendungen machte und uns nötigte, die Untersegel einzuziehen und bloß mit unseren Marssegeln am Top zu fahren. Von diesem Tag an bis zum 26. geschah weiter nichts Merkwürdiges. Wir hatten genug zu tun, uns bei der »Ruhigen« zu halten, auf sie zu warten oder alle Morgen nach ihr zu steuern, wenn die Flut oder eine unvermutete Wendung sie von uns getrennt hatte. Obgleich diese Aufenthalte die Vorräte unseres Kapitäns strapazierten, wurde doch seine gewöhnliche Tafel um nichts schlechter; als wir ihm Einsparungen vorschlugen, versetzte er nur, es sei genug, wenn ihm bei seiner Ankunft auf den Westindischen Inseln nur ein Huhn übrigbliebe. Er war vormals Kommissar in Kanada gewesen, hatte aber wegen Streitigkeiten mit verschiedenen Geistlichen dieses Landes sein Amt verloren. Mit Hilfe von Beziehungen war es ihm gelungen, die Kapitänsstelle der »Loire« zu erlangen und so wieder bei der Seefahrt unterzukommen, die ihm ohnehin besser als der Landdienst gefiel.

Am 26. kam abends ein Sturmwind auf, der unsere liebe Gefährtin, die »Ruhige«, von uns trennte. Finstere Nacht und das stürmische Meer trieben uns so weit auseinander, daß wir sie am folgenden Morgen nicht mehr erblicken konnten. Wir lavierten den ganzen Tag, um sie wieder anzutreffen, und fuhren die Nacht über nur mit dem Schönfahrsegel, es war aber alles vergeblich.

Zwei Tage später erblickte man bei Anbruch des Tages ein Schiff. Anfänglich glaubten wir, daß es das verlorene sei, und freuten uns auch nicht wenig, setzten auch alle Segel, es zu erreichen. Zur gleichen Zeit zeigte sich uns das Land, und wir erkannten Martinique. Darüber

waren besonders unsere Steuermänner höchst erfreut, die schon seit acht Tagen Land vermutet hatten und deshalb befürchteten, man sei bereits in der Nacht an den Inseln vorbeigesegelt. Nun kam so etwas zwar höchst selten vor, dennoch schien es nicht unmöglich. Wir erkannten aber sehr bald unseren Irrtum im Hinblick auf das Schiff und sahen, daß es dem unsrigen an Größe wenig nachgab, gut besegelt war und uns den Wind abzugewinnen suchte. Sogleich wurde befohlen, unter Deck die Hängematten abzunehmen, in denen normalerweise das Schiffsvolk schlief, man lud die Kanonen und schaffte mehrere mit Flinten gefüllte Kisten, die für die Magazine auf den Inseln bestimmt waren, auf das Kastell. Nachdem alles in Bereitschaft gebracht war, wurde den Leuten Frühstück und Mittagessen zugleich angerichtet, unterdessen setzte man alle Segel bei, um an Land zu gelangen. Gegen Mittag endlich näherte sich uns das Schiff auf einen Kanonenschuß, wir sahen genau, daß es 54 Kanonen führte, und vermuteten, es würde uns auf der Stelle angreifen. Als es aber unsere geschlossenen Stückpforten sah, glaubte es wohl, man suche es durch diese List nur anzulocken, und hielt unser Schiff für ein Kriegsschiff, bei dem nichts als Stöße zu holen seien. Es entfernte sich wieder von uns und wartete ab, ob wir es verfolgen würden. Wir aber setzten mit allen Segeln unseren Lauf fort.

Gegen drei Uhr nachmittags wendete es sich wieder gegen uns, und eine Stunde darauf war es auf der Höhe etwa eine Meile hinter uns und konnte aus unserem Bemühen, alle Segel zu setzen und landwärts zu steuern, wohl merken, daß wir uns lieber durch die Flucht zu retten als zu schlagen suchten. Es beschloß also, sein Heil an uns zu versuchen, ließ aber den Versuch aus unbekannten Ursachen bis zur Nacht anstehen.

Nach sechs Uhr gab es einen plötzlichen Regenguß, und wir mußten die Gewehre unter das Kastell in Sicherheit bringen. Man verrichtete das Gebet und ließ dem Schiffsvolk die Nachtsuppe reichen, während wir ebenfalls zum Abendessen gingen. Da wir nun bemerkt hatten, daß uns dieses Schiff seit beinahe drei Stunden nicht viel näher gekommen war, so vermuteten wir, es könne eben nicht besser segeln, und glaubten, mit Anbruch des Tages in Sicherheit zu sein, wenn wir die ganze Nacht unsere Segel voll beigesetzt ließen. Als das Abendessen vorüber war, spielte man Schach. Der Mond, der erst seit drei oder vier Tagen aufgegangen war, konnte uns noch wenig leuchten, so daß wir also bei dem regnerischen Wetter bald eine stockfinstere Nacht hatten.

Die Matrosen fingen schon an, ihre Hängematten wieder aufzuhängen, als die Schiffswache, die im Hinterteil stand, zu rufen anfing: »Ein Segel, ein Segel, neben uns zur Seite!«

Das Spiel hatte sogleich ein Ende. Wir traten aus der Kammer und verwunderten uns, das Schiff nur einen viertel Kanonenschuß von uns zu sehen. Da es kein anderes Mittel gab, als sich zu schlagen, ließ man die Bramsegel einnehmen und nur die vier größeren Segel aufgezogen. Einige Minuten darauf ließ er ein Stück gegen uns abfeuern und auf alle Schießpforten Laternen setzen, womit er uns vermutlich einen Schrekken einzujagen glaubte. Als er nun beinahe hinter uns war, wurden noch drei Kanonen abgefeuert und, wie er seitwärts kam, die volle Lage gegeben. Dann fingen wir ebenfalls an zu feuern und begleiteten unsere ersten Lagen mit einem oft wiederholten »Vive le Roi«, um das Hurra der Engländer zu beantworten. Da wir landwärts steuerten und der Feind uns den Weg abzuschneiden suchte, lagen wir bald Bord an Bord. Zur gleichen Zeit bekam er drei Schüsse unter Wasser. Wir hatten 45 bis 50 Musketiere, vor denen ganze Pyramiden mit geladenen Flinten standen, und sie eröffneten ein so anhaltendes und heftiges Feuer, daß sie in kurzer Zeit nahe an die 60 Mann töteten oder verwundeten, wie wir später erfuhren. Dieser Verlust und die drei Löcher unter Wasser verminderten seine Hitze um vieles, er nahm also die Segel ein, damit wir vorbeifahren konnten. Wir segelten auch so nahe vorüber, daß ihm die Grenadiere auf den Mastkörben mit ihren Granaten zahlreiche Leute töteten, und wenn unsere Achtzehnpfünder auch noch gefeuert hätten, so würde man wohl seine Leute im Wasser haben auffischen müssen. Aber entweder verstand unser Leutnant, der zwischen den Verdecken kommandierte, sein Handwerk nicht, oder er erfüllte nicht seine Schuldigkeit, da er sich mit seinen Leuten nur verschanzt hatte, statt die Kanonen spielen zu lassen. Der Kapitän wunderte sich, daß seine untere Batterie nicht feuerte, und schickte Herrn Kerkoue dorthin, um nachzusehen. Da er den Leutnant für einen Matrosen hielt, der sich verbergen wollte, hätte er ihm beinahe das Gesicht entzweigeschnitten. Er ließ unser schweres Geschütz an Steuerbord abfeuern, als der Engländer uns auf dieser Seite angreifen wollte. Da er hier jedoch ebensowenig auf seine Rechnung kam, zog er die Segel auf und legte sich vor uns. Da wir über keine Kanonen im Vorderteil verfügten, konnten wir keinen Schaden bei ihm anrichten und versuchten überdies nur, unsere Fahrt fortzusetzen. Daraufhin unternahm er nochmals eine

kleine Wendung und legte sich zwischen uns und das Land, wurde aber noch viel besser empfangen, als er dachte. Unsere Leute waren nun einmal durch das Feuer und durch den Wein erhitzt, den sie erhalten hatten, auch gab es in dem anderthalb Stunden dauernden Gefecht nur drei Leichtverwundete. Unsere Batterien spielten vortrefflich, und das Feuer aus den Musketen konnte weder heftiger noch geschwinder sein. Wir fochten auf diese Art etwa eine halbe Stunde fast aneinandergeklammert weiter und bekamen während dieser Zeit noch drei Verwundete, viele Kugeln ins Holz, und einer Kanone wurde das Mundstück weggeschlagen. Unsere Segel wurden durch die Musketenkugeln und Kartätschenschüsse völlig durchlöchert, da die Engländer ganze Stücke voll Kugeln und Pakete mit gehacktem Eisen auf uns schossen, als sie sahen, welchen Schaden unsere Musketiere ihnen anrichteten. Den Besanmast trafen zwei Kugeln, wovon eine darin steckenblieb.

Endlich wunderten wir uns, als das englische Schiff zu feuern aufhörte, und glaubten schon, daß es Anstalten mache, uns zu entern. Nach Verlauf einiger Minuten, da wir immer noch nebeneinander lagen, wurde unser Feuer stärker als jemals zuvor. Schließlich gewann der Engländer einen Vorsprung, da unsere Segel nicht mehr ausgespannt werden konnten, weil sie ganz durchlöchert waren. Während des Ausbesserns lagen wir seitwärts und bestrichen sein Heck mit unseren Kanonen, bis er sich zuletzt außer Schuß legte und das Gefecht durch eine schändliche Flucht beendete. Wir hatten unsere Schlacht etwa zwei Meilen vor Land angefangen. Das letzte Mal, als sich der Engländer zwischen uns und das Ufer legte, waren wir so nah an Land, daß unsere Kugeln bis dorthin flogen. Es war neun Uhr, als der erste Schuß erfolgte, und das Gefecht hatte erst eine Stunde nach Mitternacht sein Ende erreicht. Wie wir später erfuhren, verfügte der Engländer über 54 Kanonen und 250 Mann Schiffsvolk. Er hatte 67 Tote und mehr als 80 Verwundete. Sein Vormarssegel, die große Raa und ein Stück Steuerruder gingen verloren. Wie schon erwähnt, hatte er drei Schuß unter Wasser erhalten, seine Boote waren entzweigeschossen, und er konnte kaum nach den Barbados zurückkehren, wo er von einem Gefecht gegen ein Schiff mit 72 Kanonen erzählte! Man kann sich leicht vorstellen, welchen Eindruck es auf die Engländer gemacht haben muß, als sie später durch einige ihrer Leute, die in unsere Hände gefallen und wieder zurückgeschickt worden waren, von der tatsächlichen Größe unseres Schiffes erfahren hatten.

Auf die Nachricht von unserem Gefecht hin hatten sich die Küstenbewohner bewaffnet. Jedermann befürchtete nicht ohne Grund, daß wir hätten geentert werden können. Kurze Zeit, nachdem wir zu feuern aufgehört hatten, entdeckten wir ein Boot, das uns anrief, und ein Leutnant kam an Bord, der sich mit noch vier anderen herausgewagt hatte, um zu erforschen, welches von den zwei im Gefecht begriffenen Schiffen die »Loire« war. Er kam zu uns an Bord, wo man ihn aufs Beste empfing, und schickte sogleich sein Boot an Land. Nach einer halben Stunde kam es mit einer Ladung Früchte wieder zurück und wurde noch von drei weiteren großen Booten begleitet, die uns etwa 60 wohlbewaffnete Einwohner als Hilfstruppe mitbrachten, falls etwa der Engländer das Gefecht wieder anfangen wollte. Dieser aber begnügte sich mit dem ihm zuteil gewordenen Empfang und wollte uns keine weiteren Unkosten mehr verursachen.

Auch einige Verwandte und gute Freunde des Herrn du Roy kamen an Bord, die uns Früchte und Fische brachten. Sein Vater schickte uns ein ansehnliches Mittagsmahl mit Fischen, neu gebackenem Brot mit vielen Früchten, da er vermutete, wir würden nach einem vierstündigen Gefecht andere Sorgen haben als zu kochen. Damit hatte er auch nicht unrecht; denn die Küche war durch einige Kanonenschüsse zertrümmert worden, wovon ich als Augenzeuge berichten kann; denn als ich während des Gefechts hinunterstieg, einem Verwundeten beizustehen, den man eben zum Wundarzt brachte, wurde die Leiter unter meinen Füßen weggeschossen, und die zur gleichen Zeit ebenfalls zerschossene Küche bedeckte mich mit ihren Trümmern.

Sobald der Tag anbrach und wir uns dem Land näherten, konnte ich mein Erstaunen nicht verbergen, wie man sich nur auf dieser Insel hatte niederlassen mögen, die mir nur ein schreckliches, mit steilen Küsten durchschnittenes Gebirge zu sein schien. Nichts gefiel mir daran als das grüne Laub, das man allenthalben hervorstechen sah und mir im Hinblick auf die gegenwärtige Jahreszeit etwas Unerwartetes und Neues war. Allmählich kamen auch die Häuser, Zuckermühlen, und endlich tauchte das Kastell Saint-Pierre, das mir anfangs bloß wie eine lange Reihe der am Fuß des Gebirges hängenden Häuser erschien, da ich den Abstand des Gebirges vom Meeresufer noch nicht unterscheiden konnte. Es kamen viele Neger zu uns an Bord, deren ganze Bekleidung aus einer leinenen Unterhose bestand, wozu etliche noch eine Mütze oder einen alten Hut trugen. Viele hatten auf ihren Rücken noch die

Striemen der empfangenen Peitschenhiebe, die aber nur bei uns Neulingen Mitleid erregten und die man bald nicht mehr beachtete.

Wir speisten frühzeitig zu Mittag, danach ließ ich mir den Bart abnehmen, legte einen neuen Habit mit schwarzer Chorkappe an und gab den Wundärzten, dem Hausmeister, dem Koch und dem Jungen, die mich bedient hatten, ein kleines Geschenk. Bei dem Kapitän dagegen bedankte ich mich für die während der langen Reise von ihm empfangene Höflichkeit und nahm Abschied.

2. Kapitel

Ankunft auf der Insel Martinique und Beschreibung der dortigen Verhältnisse

Am Freitag, dem 29. Januar des Jahres 1694, ging ich, 63 Tage nach unserer Einschiffung, gegen drei Uhr nachmittags an Land. Einige Passagiere und Leute, die an Bord gekommen waren, leisteten uns Gesellschaft. Am Ufer fanden sich drei bis vier unserer Gefährten ein, die vor uns angelangt waren. Wir gingen gemeinsam in die Kirche, um Gott für unsere glückliche Reise zu danken, dann aber ins Kloster, das damals ein paar hundert Schritte von der Kirche entfernt lag. Pater Ignaz Cabasson, der als Superior über die Insel gesetzt war, empfing uns ungemein höflich und ließ den Herren, die uns begleiteten, eine Erfrischung auftragen. Nach kurzer Unterbrechung mußten wir unsere Chorkappen ablegen, deren man sich hierzulande nur auf der Kanzel bedient. Dann führte er uns zum Intendanten, zum Befehlshaber und zum eigentlichen Statthalter von Martinique, damit wir ihnen die Aufwartung machen konnten. Von allen diesen Herren wurde ich aufs beste empfangen und übergab ihnen die an sie gerichteten Briefe, die größtenteils von ihren Anverwandten geschrieben waren und durch die sie ersucht wurden, mir bei Gelegenheit zu helfen. Sie versprachen es mir aufs freundschaftlichste und haben auch ihre Zusage erfüllt.

Nachdem wir die Besuche beendet hatten, gingen wir zu den Jesuiten. Ihr Haus steht außerhalb des Fleckens ganz am Ende, gegenüber dem unsrigen. Wir fanden dort den Superior ihrer Mission, Pater Gombault, der sich mit Pater Holley eben anschickte, uns zu besuchen. Sogleich traten wir ein und begrüßten alle dort lebenden Jesuiten. Die Väter empfingen uns mit außerordentlicher Freundschaft und Vertraulichkeit, sie bewirteten uns mit Erfrischungen und zeigten ihren schönen, gepflegten Garten, ihr Kollegium und ihre Hauskapelle. Nach unserer Rückkehr gingen wir in die Pfarrkirche von St. Peter, wo sie den Gottesdienst versehen.

Inzwischen blieben Pater Cabasson und ich allein beisammen. Er sagte mir, Pater Martelli, sein Verwandter, habe mich sehr gelobt, er wolle mein Freund sein und ich solle nur in Martinique bleiben, wo er den Generalsuperior ersuchen würde, mir solange eine bequeme Pfarre zu geben, bis ich Lust hätte und man mich auswärts einsetzen könne. Auch berichtete er mir verschiedenes vom Zustand unserer Mission und gab mir die nötigen Ratschläge, wie ich mich, besonders anfangs, zu verhalten hätte. Dann gingen wir zu den Barmherzigen Brüdern, unseren nächsten Nachbarn, und von da aus zu der Witwe des Herrn Lemerle, einer der ältesten Bewohnerinnen der Insel, die beinahe 80 Jahre alt war. Sie hatte einen verheirateten Sohn im Obertribunal der Insel und noch weitere zwei oder drei Kinder, die schon ziemlich bejahrt waren. Ihre Töchter machten uns Limonade von kleinen Zitronen mit außerordentlich dünner Schale.

Wir besuchten vor unserer Rückkehr in das Kloster auch noch Herrn Pinel, einen Kapitän der Miliz zu Saint-Christoph, der nach der Eroberung dieser Insel mit seiner Familie und einigen Sklaven, die er davonbringen konnte, nach Martinique geflüchtet war. Er hatte ein Stück unseres Landes gepachtet und da ein wohleingerichtetes hölzernes Haus bauen lassen. Zu dieser Zeit waren nämlich alle Häuser aus Holz, und nur das der Jesuiten und die beiden Zuckerraffinieren in Mauerwerk aufgeführt. Herr Pinel kreuzte damals eben auf der See und kommandierte die Korvette »Die Fliegende«, das beste Schiff, das jemals nach Amerika gekommen war, wo es zahlreiche Prisen machte. Madame Pinel empfing uns mit ihren Kindern und einer Nichte ihres Mannes aufs beste. Pinel war ein vertrauter Freund unserer Mission und seine Familie uns sehr ergeben.

Im Konvent traf ich den Pater Chavagnac aus dem Kloster im

Limousin, den ich noch nicht gesehen hatte, weil er bei unserer Ankunft ausgegangen war, um einem Kranken außerhalb des Fleckens die Beichte zu hören. Er war ein junger, aber sehr vernünftiger Mann, ein guter Prediger, und er versah zugleich mit Pater Cabasson die Pfarrkirche. In unserem Kloster befand sich noch ein Bruder aus der Bretagne, namens Pater Loyer. Er hatte ursprünglich den Gottesdienst auf der Insel Grenada zu versehen, war dort bei seiner Ankunft von einer ansteckenden Krankheit überfallen und von den Ärzten schon aufgegeben worden. Man hatte ihn vier oder fünf Mal für tot gehalten und bereits sein Grab gerichtet, doch er kam davon. Pater Cabasson verbot uns aus Furcht, wir könnten von seiner Krankheit angesteckt werden, ihn zu besuchen.

Diese Krankheit nennt man das Siamesische Übel oder die Siamesische Krankheit, weil sie durch ein königliches Schiff nach Martinique gebracht wurde, das auf der Rückreise von Siam in Brasilien angelandet war und diese Krankheit hier eingeschleppt hatte, die seit sieben bis acht Jahren große Verwüstungen anrichtete. Gewöhnlich zeigen sich zu Anfang heftige Kopf- und Nierenschmerzen, zu denen bald ein starkes Fieber kommt. Dazu gesellt sich öfters ein Blutfluß aus allen Leibesöffnungen, zuweil gehen sowohl durch den Mund als auch durch den Stuhl ganze Klumpen von Würmern ab. Einige Kranke bekommen große Beulen unter den Achseln und an den Schamleisten, die teils mit schwarzgestocktem und stinkendem Blut, teils aber mit Würmern gefüllt sind. Die meisten Kranken werden in sechs oder höchstens sieben Tagen hinweggerafft, Pater Loyer ist meines Wissens der einzige, der es auf 32 Tage gebracht hatte und wieder genesen ist. Einige Personen, die nur etwas Kopfschmerzen empfanden, starben sogar plötzlich auf der Straße, während sie spazierengingen, um frische Luft zu schöpfen. Fast alle wurden eine Viertelstunde nach ihrem Tod so schwarz und faulend, als wären sie bereits vier bis fünf Tage lang verstorben. Die Engländer, die unseren Kaperkapitänen fast täglich in die Hände fielen, brachten diese Krankheit auch nach ihren Inseln. Auf die nämliche Art verbreitete sie sich unter den Spaniern und Holländern und wütete noch stark, als ich im Jahre 1705 die Inseln verließ. Ich wurde zweimal davon angegriffen und kam das erste Mal mit einem vier Tage anhaltenden Fieber und Blutauswurf davon, das zweite Mal hingegen war ich sechs bis sieben Tage lang in Gefahr.

Die Stadt Saint-Pierre verdankt ihren Namen dem Kastell, das 1665

durch den königlichen Statthalter auf den Antillen gebaut wurde. Man errichtete es aber mehr, um die häufigen Empörungen der Einwohner zu steuern, als Angriffe einer feindlichen Armee abzuwehren. Es ist ein längliches Viereck, dessen eine Länge am Meerufer steht, viele Schießlöcher für Kanonen hat und die Reede bestreicht. Die andere Seite geht auf den Paradeplatz und ist mit zwei runden Türmen besetzt, wovon ein jeder vier Schießscharten für Kanonen aufweist. Die Mauer, die an diese Türme stößt, hat zwar viele Schießlöcher, jedoch weder Gräben, noch bedeckte Wege oder Palisaden. An der Schmalseite gegen Westen zu läuft der Roxelane-Fluß vorbei, der auch Festungsfluß genannt wird. Auf dieser Seite stehen einige Kanonen, welche die Reede beschießen können. Der Eingang zum Kastell liegt an der östlichen Seite und wird von einem langen, ummauerten Hof umgeben, der gegen die See mit Schießscharten versehen ist. Die dem Festungstor gegenüberliegende Seite des Hofes ist mit einer Wachstube, einer Kapelle und kleinen Zimmern für den Kaplan versehen, falls jemals einer dorthin kommen sollte. Der im Jahr 1695 wütende Orkan und das Meer rissen die Hälfte des Kastells gegen die Seeseite weg. Es wurde aber damals bloß die Mauer wieder aufgebaut.

Man kann diesen Ort in drei Quartiere einteilen. Das mittlere oder eigentlich sogenannte Quartier Saint-Pierre nimmt seinen Anfang am Kastell und der Pfarrkiche dieses Namens, die von den Jesuiten bedient wird, und erstreckt sich bis zur westlichen Seite des Gebirges. Dort ist auch eine Batterie zu 11 Kanonen errichtet, die man Nikolaus-Batterie nennt, nach dem Statthalter, Herrn von Gabaret, unter dessen Regierung sie wieder hergestellt und verbessert wurde.

Von hier bis zur Robert-Batterie, die am Ende der westlichen Seite steht, erstreckt sich das sogenannte Ankerquartier, in dem alle Schiffe ihre Anker auszuwerfen pflegen. Der Ankergrund ist vortrefflich und die Schiffe liegen hier viel besser und sicherer als vor dem Kastell Saint-Pierre. Die Unserer-Lieben-Frau-vom-guten-Hafen geweihte Kirche der Jakobiner oder Predigermönche dient diesem Quartier zur Pfarrkirche. Das dritte Quartier wird die Galeere genannt und ist eine lange Straße am Meerufer, die beim Kastell Saint-Pierre beginnt und sich bis zu einer kleinen Schanze oder geschlossenen Batterie erstreckt, die an der Mündung des Jesuiten-Flusses steht. Im Jahr 1695 hat ein Orkan mehr als 200 Häuser in diesem Quartier niedergerissen und nur drei oder vier und das Magazin der Guineischen Kompagnie stehen lassen,

das eine stark gemauerte Brustwehr hatte und dadurch vor der Wut des Meeres geschützt wurde. Man begann, die Häuser wieder aufzubauen, als ich die Insel verließ. Übrigens gehörte es zum Kirchspiel der Jesuiten. In beiden Kirchspielen dieser drei Quartiere waren ungefähr 2.400 Kommunikanten und ebenso viele Neger und Kinder, wie Soldaten und Flibustier noch zur ersten Zahl gerechnet. Die Pfarrkirche zu Saint-Pierre ist aus Mauerwerk errichtet; Altäre, Bänke und Kanzel sind prächtig, und der Gottesdienst wird mit viel Aufwand und Feierlichkeit verrichtet. Das Haus des Intendanten, der Gerichtshof, die Gefängnisse, Backöfen und Vorratshäuser, die königlichen Domänen, das Kloster der Ursulinerinnen, die Raffinerie der Frau Marquise de Maintenon, die Häuser der vornehmsten Kaufleute, all diese liegen im Kirchspiel Saint-Pierre.

Unsere Klosterkirche, die gleichfalls aus Stein errichtet ist, dient der Reede zur Pfarrkirche. Sie hat ein ganz einfaches Portal und mißt 90 Fuß in der Länge und 30 in der Breite. Ihre Erbauung hat man den Offizieren der königlichen Schiffe, insbesondere aber dem Herrn Grafen de Grancey und dem Herrn de la Clocheterie zu danken. Ungeachtet dessen, daß der letztere ein Calvinist war, bezeugte er sich gleichwohl unseren Vätern so gewogen und förderte die Errichtung ihrer Kirche mit solchem Eifer, daß er selbst seine Leute mit jenen arbeiten ließ, die von den anderen Schiffen abgeschickt wurden, um Bruchsteine, Kalk, Holz und alle übrigen Baumaterialien herbeizuschaffen. Aus Dankbarkeit ließen unsere Väter am vornehmsten Platz der Kirche einen eigenen zierlichen und bequemen Sitz für die Seeoffiziere aufstellen und ihnen auch eine Begräbnisstätte anweisen. Die Kirche steht mitten im Gottesacker, der ummauert ist und dessen Tor auf die Hauptstraße des Ankerplatzes hinausführt. Von unserem Kloster bis zur Straße, ungefähr 300 Schritt weit, waren zu beiden Seiten Orangenbäume gesetzt. Das Kloster, das am Ende dieser Allee lag, bestand aus einem Hauptgebäude aus Holz, 30 Fuß im Quadrat, das einen Saal, drei kleine Zimmer und eine Treppe enthielt. Das zweite Stockwerk war in drei Zimmer untergeteilt. Hinter dem Hauptgebäude und den beiden Flügeln standen noch zwei besondere Gebäude, wovon eines als Küche und Hühnerhaus, das andere dagegen als Speisesaal diente.

Man kann sich leicht vorstellen, daß wir neun Religiosen in einem solch engen Kloster wenig Platz für eine Liegestatt und für Bequemlichkeiten fanden. Am nächsten Morgen besuchten uns verschiedene

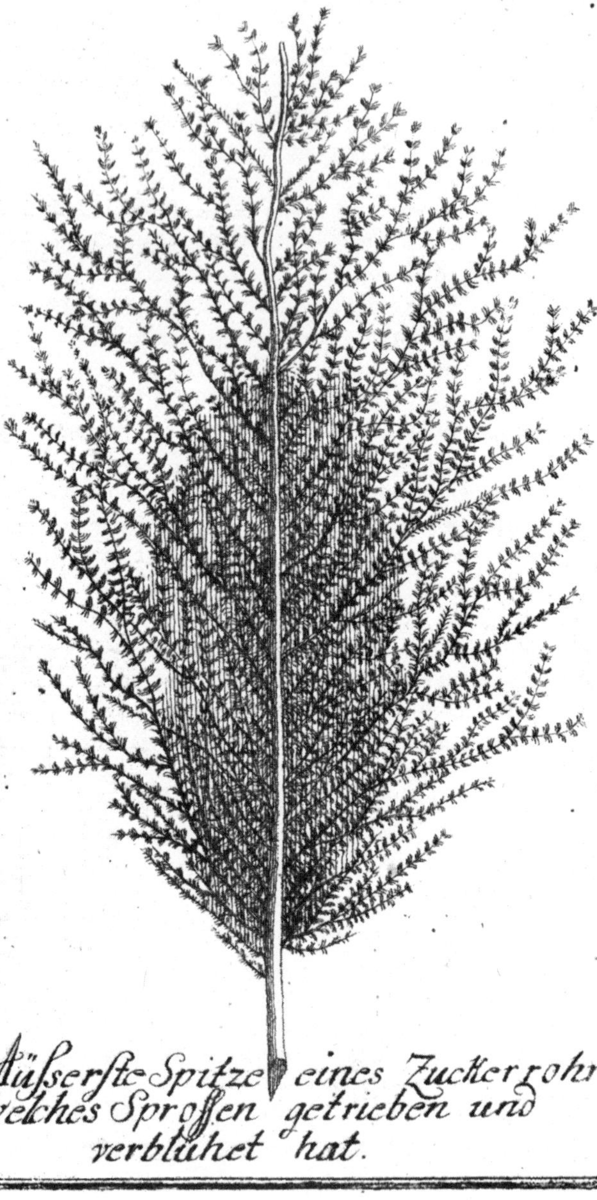

Äüsserste Spitze eines Zuckerrohrs welches Sprossen getrieben und verblühet hat.

Herren Patres und kurz darauf der Intendant Dumez mit zwei Begleitern. Er nahm mich und Pater Martelli zur Mittagstafel mit sich nach Haus, da er gern einige Neuigkeiten vom Hofe und aus Paris zu wissen verlangte und von mir gute Auskunft zu erhalten glaubte.

Neben dem Garten des Herrn Intendanten steht ein Nonnenkloster der Ursulinerinnen, die Kostjungfern aufnahmen und alle kleinen Mädchen des Fleckens unterrichteten. Sie stehen unter der Aufsicht der Jesuiten. Dieses Kloster gehörte ehemals den Nonnen unseres Dritten Ordens. Es war durch die Ordensfrau Margareta aus dem Konvent zu Toul in Lothringen erbaut und der Platz dazu von ihr gekauft worden. Mit Vollmacht von ihrer Ordensobrigkeit und einem zu Paris im Monat Dezember des Jahres 1653 ausgefertigten königlichen Patent versehen, hatte sie sich selbst mit drei Novizenschwestern, unter denen die Schwester de Clemy die vornehmste war und 4.000 Francs zur Aussteuer mitbrachte, nach Martinique begeben. Diese Summe und einige vom Hof empfangene Almosen wurden zum Ankauf des Platzes, auf dem das Kloster zu stehen kam, und zur Errichtung der Klostergebäude und der Kapelle verwendet. Die ehrlichen Nonnen brachten es auch durch ihre gute Einrichtung so weit, daß sie eine kleine Zuckerfabrik mit drei Kesseln und 19 Sklaven kaufen konnten.

Die Schwester de Clemy legte ihr Gelübde ab, die beiden anderen Novizen wurden aber von den Jesuiten abgehalten, da sie nicht sonderlich in den Gebräuchen unseres Ordens erfahren waren. Da die Mutter Margarete und die Schwester de Clemy beide noch vor Abschluß dieser Angelegenheit starben, wurde den beiden Novizen angedeutet, daß sie nun niemanden mehr hätten, bei dem sie ihre Gelübde ablegen könnten. Es bliebe ihnen daher nichts übrig, als das Nonnengewand abzulegen und das Kloster zu verlassen. Sie mußten sich damit abfinden, nachdem sie ihrer Pflicht gemäß gegen alle diese erlittenen Gewalttätigkeiten protestiert hatten. Ihre Proteste geschahen am 4. Juli des Jahres 1663 vor dem Notar der Insel. Sie hatten aber das Ordensgewand länger als neun Jahre getragen.

Sogleich nach Vertreibung der Novizen nahm der hochwürdige Pater Lafocarde als Generalsuperior unserer Missionen solange Besitz vom Kloster, bis die Stelle der Verstorbenen ersetzt und neue Nonnen aus Toul geschickt wären. Als sich aber das dortige Kloster dazu außerstande sah, überließen sie alle Güter unserer Mission.

Ungeachtet dieser förmlichen Abtretung und unserer Besitznahme

von den Gütern, wurden von den Jesuiten die Hospitalierinnen zu Dieppe an Stelle unserer Schwestern berufen. Wir setzten uns zwar dagegen zur Wehr, es kam auch zur Klage, und ihre Forderungen wurden durch ein Schlußurteil des Obersten Rats der Insel abgewiesen. Davon ließen sich aber die Jesuiten nicht abhalten und appellierten an den Königlichen Rat, wo nach vielen beiderseits gewechselten Schriften endlich die Abtretung unserer Nonnen zu Toul für ungültig erkannt und das Kloster mit allen seinen beweglichen Gütern den Ursulinerinnen zu St. Denis in Frankreich übergeben und geschenkt wurde. Auf solche Art also ist dieses Kloster in die Hände jener ehrlichen Nonnen geraten. Die Ursulinerinnen beschäftigten sich wie unsere Nonnen mit dem Unterricht der Jugend ihres Geschlechts. Es haben sich auch verschiedene Kreolinnen bei ihnen einkleiden lassen und eine beträchtliche Aussteuer gebracht, so daß dieses Kloster, wie es scheint, dereinst sehr reich werden kann.

Als ich wieder ins Kloster zurückkam, vernahm ich, daß ein alter Schulkamerad mich hatte besuchen wollen. Ich hatte ihn schon seit 16 Jahren nicht mehr gesehen, jedoch niemals geglaubt, ihn auf der Insel anzutreffen, und ersuchte also Pater Chavagnac, mich zu ihm zu bringen. Wir fanden ihn in der Zuckersiederei der Reede bei seinem Schwiegervater, Herrn Dubois. Er war schon einige Jahre auf der Insel und seinem älteren Bruder und einer von seinen Schwestern dahin gefolgt, die sich mit Herrn Dubois verheiratet hatte. Ihr älterer Bruder, Einnehmer der königlichen Domänen, war vor kurzem gestorben und hatte seine Rechnungen in ziemlicher Verwirrung hinterlassen, und um sie zu ordnen, hielt sich also Herr Houdin im Kastell Saint-Pierre auf. Er war damals Königlicher Prokurator und erhielt seitdem das Amt eines Königlichen Zivil- und Kriminalrichters über die ganze Insel. Als ich ihn besuchte, war er Witwer und hatte nur zwei Kinder, einen Sohn, den er studieren ließ, und eine Tochter, die eine Nonne geworden war und bei den Ursulinerinnen zu Martinique Profeß getan hatte. Inzwischen hatte er sich wieder an die Tochter eines sehr reichen Einwohners von Martinique verheiratet und mit ihr eine so zahlreiche Nachkommenschaft erlangt, daß im Jahr 1704 teils von ihm, teils aber von seinen Kindern 55 Seelen entsprossen waren.

Sonntags wohnten wir dem Gottesdienst in unserer Kirche bei, und ich war über die Andacht und den großen Zulauf des Volkes ungemein erbaut. Pater Chavagnac predigte und erklärte das Evangelium. Danach

speisten Pater Martelli und ich bei Herrn de Guitaut zu Mittag. Nach der Vesper verfügten wir uns auf die »Loire« und machten dort dem Herrn de la Héronnière unsere Aufwartung. Er behielt uns zur Abendtafel, nachdem er bei unserem Superior vorher um Erlaubnis hatte anhalten lassen.

Montags wurde ich von Pater Chavagnac zur Schokolade bei Herrn Braguez abgeholt, der so höflich war, mir ein Pferd zu leihen, damit ich diesen Pater bei seinen Beichtverrichtungen auf den Vorgebirgen begleiten könne, wo mich der Anblick des Feldes, der voller Früchte hängenden Bäume und der Blüten nicht wenig ergötzte. Wir speisten mittags bei einem Einwohner, der uns Rebhühner aus dem Land und Holztauben vorsetzte. Die letzteren waren ungemein fest und fett und hatten einen sehr angenehmen Geschmack von Gewürznelken und Muskat. Als ich nach der Ursache dieses Geschmacks fragte, sagte man mir, es sei jetzt die Zeit, da es Körner vom Indianischen Holz gäbe, wovon diese Vögel sich ernährten und daher den Geschmack bekämen. Man legte uns auch Ananas und Wassermelonen vor, von denen mir die ersteren herrlich zu sein schienen, desto schwerer aber konnte ich mich an den Geschmack der letzteren gewöhnen. Von den roten und grünen Melonen, die man auch die spanischen zu nennen pflegt, hatten wir seit unserer Ankunft täglich gespeist. Sie haben hier die gute Eigenschaft, daß man nämlich nach Belieben davon genießen darf, ohne die mindeste Beschwerde zu empfinden.

Gegen Abend kehrten wir in das Kloster zurück, und ich bedankte mich bei Herrn Braguez. Er und seine Gemahlin überhäuften mich mit Höflichkeiten und erboten sich zu allen Freundschaftsdiensten. Er hatte einen Bruder in unserem Orden, der nach beinahe 25jähriger Tätigkeit in der Mission wieder nach Frankreich zurückkehren mußte. Dieser zwar sehr verständige, gelehrte und in allen Dingen höchst erfahrene Mönch hatte es nicht vermeiden können, bei dem Grafen de Blenac in Ungnade zu fallen, der einen königlichen Befehl auswirkte, wodurch er an den Hof zurückberufen wurde. Das Podagra und andere Krankheiten, die er auf seinen Missionen davongetragen hatte, erlaubten ihm nicht mehr die Strenge und enthaltsame Lebensart unserer reformierten Klöster in Frankreich. Er trat also mit Erlaubnis der Oberen in den großen Orden des Heiligen Benedikt, wo er einige Jahre ungemein gottselig lebte. Als aber infolge der Kälte sein Podagra und die anderen Krankheiten immer mehr zunahmen, rieten ihm die Ärzte,

wieder nach den Inseln zurückzukehren, wo das heiße Klima, wie sie behaupteten, nicht wenig zur Linderung seiner Schmerzen beitragen würde.

Er kam auch tatsächlich im Monat Juni im Jahre 1698 wieder nach Martinique und wurde von seinem Bruder und der Schwägerin mit größter Freude aufgenommen. Er war nicht nur bei allen Herrschaften sehr beliebt, sondern auch unsere Väter schätzten ihn, obwohl er nicht mehr ihrem Orden angehörte, und sie unternahmen wenig, ohne vorher seine Gutachten darüber einzuholen. Die Jesuiten baten ihn, eine Pfarrei anzunehmen, die sie nahe bei Fort Royal zu bedienen hatten. Dort blieb er so lange, bis ihn das Podagra zwang, wieder zu seinem Bruder zurückzukehren, wo ich ihn 1705, von jedermann geehrt und hochgeschätzt, verließ.

Am Donnerstag, dem 4. Februar, lasen wir in aller Frühe die Messe, nahmen unsere Schokolade ein und bestiegen dann ein paar elende, sehr abgemattete, schlecht gesattelte Pferde, wobei uns zwei Neger begleiteten, die uns den Weg zu unserem Kloster in Capesterre im S. Jacobsgrund zeigen sollten. Sie mußten zwei Matratzen und ebenso viele Decken mitnehmen, da wir sonst an dem Fort, zu dem unsere Reise ging, eine üble Lagerstätte gehabt hätten. Man rechnet vom Kastell Saint-Pierre bis nach S. Jacobsgrund, wo unsere Wohnung war, acht Meilen. Sobald wir den Flecken Saint-Pierre verlassen hatten, kamen wir in eine schöne Allee von Orangenbäumen, die eine gute Viertelstunde lang war und zwischen den Plantagen der Frau Marquise de Angennes und des Herrn Levassor hindurchführte. Diese Frau Marquise war eine Tochter des Kapitäns Geraut von der Insel Saint-Christoph. Als man im Jahr 1666 die Engländer von dieser Insel verjagte, hatte er sich mit einigen anderen Offizieren ungemein hervorgetan und war daher in den Adelsstand erhoben worden.

Als der Marquis de Maintenon nach den Inseln gekommen war, um die Seeräuber zu vertreiben, die den ganzen Handel unterbrachen, heiratete er hier eine von den Töchtern des Herrn Geraut, ein Fräulein von ausnehmender Schönheit. Dann wurde er Statthalter, überließ aber nach einigen Jahren dieses Amt einem anderen und kaufte sich eine Plantage. Bald danach starb er und hinterließ zwei Kinder, nämlich den Marquis de Angennes, Kapitän unseres Kronregiments, und ein überaus schönes Fräulein, das im Jahre 1705 noch unverheiratet war.

Auf dieser Plantage befanden sich mehr als 300 Sklaven, zwei

Zuckerfabriken, bei denen die Mühle der ersteren von Wasser, der zweiten dagegen von Pferden angetrieben wurden, und im Flecken eine Raffinerie und einen sehr schönen Kakaogarten. Am Ende dieser Allee fanden wir die Wassermühle, in die ich eintrat, um sie zu besichtigen.

Eine halbe Stunde weiter sahen wir das Haus und den Kakaogarten des Herrn Bruneau, Königlicher Richter der Insel. Dieser Kakaogarten und der Platz, auf dem die beiden Zuckersiedereien des Richters standen, hatte vorher dem Juden Benjamin Acosta gehört, der mit Spaniern, Engländern und Holländern Handel trieb. Durch Verbindung mit einigen Herrschaften der Insel, unter deren Namen er die Ländereien kaufte, die nunmehr Herr Bruneau besitzt, glaubte er, sich mächtigen Schutz erworben zu haben. Er legte dort den Kakaogarten an und ließ die beiden noch jetzt vorhandenen Zuckersiedereien bauen. Als aber die Gesellschaft von 1664 befürchtete, sein Handel könne dem ihrigen schädlich sein, bewirkte sie einen Befehl vom Hof, wonach der Jude von der Insel vertrieben wurde, und seine Gesellschafter hatten

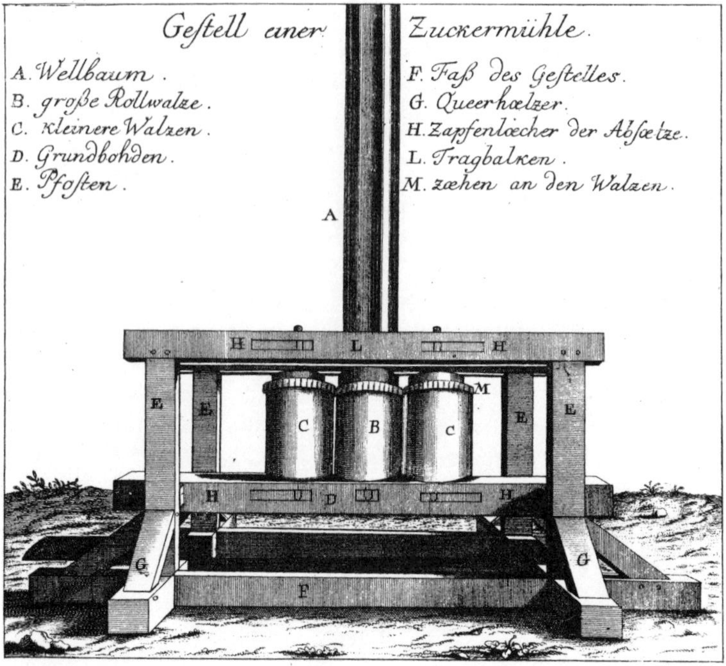

keine Bedenken, ihn auszuzahlen und seine Güter unter sich zu teilen. Nach dem Frieden von Rijswijck erhielten zwar die Erben des Juden und einige andere Bevollmächtigte vom König die Erlaubnis, wieder nach den Inseln zurückzukehren und das Ihrige einzufordern. Allein ihre Reise war so vergeblich wie die eines holländischen Agenten, dem man beträchtliche Summen zu bezahlen hatte.

Unser Weg führte uns nun durch eine lange Allee, neben der die Zuckerrohrfelder und eine von den Zuckersiedereien des Richters lagen. Nachdem wir ein anderes kleines Gebirge überstiegen hatten, sahen wir die zweite Zuckerfabrik und kamen einige hundert Schritte weiter in ein Gehölz, das sich beinahe auf drei Meilen hin erstreckte. An seinem Eingang sahen wir das Kreuz, das von einem unserer ersten Missionare aus der Provinz des Heiligen Ludwig aufgerichtet war. Die Mönche dieser Provinz, deren vornehmstes Kloster in der Straße S. Honoré zu Paris befand, waren die Stifter unserer Missionen auf den Inseln, weshalb auch die Vorgesetzten jederzeit aus diesem Kloster

genommen wurden. Die rechtschaffenen Mönche begleiteten die Einwohner, als sie gegen die Wilden im Jahre 1658 zu Feld zogen, um sie aus Capesterre zu vertreiben. Einige andere Einwohner hatten sich in der gleichen Absicht eingeschifft und sollten sich mit jenen vereinigen, die zu Lande auf das Hauptquartier der Wilden losgingen, um es so zu Lande und zu Wasser anzugreifen. Zu den Angreifern von See hatten sich die Jesuiten gesellt, die nicht daran zweifelten, als erste anzukommen, um so die Seelsorge über Capesterre zu erlangen. Man hatte nämlich vereinbart, daß diese jenem Orden gehören sollte, dessen Angehörige als erste an Ort und Stelle sein würden. Gleichwohl sahen sie sich in ihrer Hoffnung betrogen; denn ein gehöriger Wind hielt sie auf und ermöglichte es so dem Trupp, bei dem sich auch einer unserer Missionare befand, als erster an das Ziel zu gelangen, die Wilden zu schlagen und dort das Kreuz aufzurichten, ehe die Jesuiten einen Fuß an Land setzen konnten. Auf diese Art sind uns also die Kirchspiele von Capesterre zugefallen.

Das Kreuz, das wir am Eingang des Gehölzes fanden, war auf den gleichen Platz gesetzt worden, an dem der Trupp die erste Nacht verbracht hatte. Am nächsten Morgen war dort eine Messe gelesen und den Teilnehmern das Heilige Abendmahl gereicht worden.

Ich konnte Höhe und Stärke der Bäume in diesem Walde nicht genug bewundern, besonders die Gummibäume, die ein weißes und wohlriechendes Harz absondern, wenn man in die Rinde Einschnitte macht. Da unsere zwei schwer beladenen Neger und die schlechten Pferde nur langsam marschieren konnten und es auch immer bergauf ging, konnte ich alles mit Ruhe betrachten. Im Vorbeiziehen sahen wir auf einem Hügel die Wohnung der Mönche vom Orden der Barmherzigkeit (Charité), die dort Vieh zogen und Kakaobäume gepflanzt hatten. Zwei Kaufleute hatten ebenfalls begonnen, neben diesen Missionaren Plantagen anzulegen, und inzwischen haben sich noch viele andere Personen wegen der Viehzucht und des Kakaobaumes dort niedergelassen, da beide Artikel gute Abnahme finden.

Kurz vor Mittag gelangten wir zu dem sogenannten Kalebassenhügel. Das schöne und helle Wetter erleichterte das Vergnügen, einen beträchtlichen Teil von Capesterre zu überblicken. Es schien uns von dieser Anhöhe aus ein flaches, ebenes Land zu sein, das um vieles schöner war als die bergige Landschaft, die wir verlassen hatten. In diesen Berg hatte man einen schmalen Weg gehauen, der auf dieser ganzen Seite die

einzige Straße bildet, die von einem Teil der Insel zum andern geht. Nachdem wir den rauhesten Teil dieses Hügels überschritten hatten, ruhten wir bei einer kleinen Quelle, die linkerhand am Wege lag. Unsere Neger zäumten die Pferde ab und ließen sie längs dem Gehölz weiden, inzwischen verzehrten sie ihr Maniocmehl und einige gesalzene Fische, die wir ihnen gekauft hatten. Wir hingegen speisten von dem geringen, mitgeführten Vorrat.

Meine Begierde war außerordentlich groß, mich bei den Negern über vieles zu erkundigen, was ich gern wissen wollte. Doch mußte ich dieses Vergnügen entbehren, weil es frisch eingetroffene Neger waren, die eine mir unverständliche, verdorbene Sprache redeten, an die man sich aber inzwischen bald gewöhnt. Die Furcht, Schlangen anzutreffen und von ihnen gebissen zu werden, hielt mich davon ab, tiefer ins Gehölz zu gehen und dort die Pflanzen zu untersuchen. Nachdem wir eine gute Stunde bei dieser Quelle ausgeruht hatten, stiegen wir wieder zu Pferde und setzten unsere Reise fort, ohne weder die Pferde noch die Neger hart anzustrengen. Wir gedachten aber, bei einem Mitglied unseres Ordens, dem Pfarrer im Kirchspiel der Großen Bucht, das nur noch ein paar Meilen von uns entfernt war, über Nacht zu bleiben.

Ungefähr dreiviertel Meilen von der Quelle entfernt fanden wir abermals ein Kreuz und vernahmen von einigen Leuten, die uns begegneten, daß es von Pater Paulus, einem unserer Missionare, vor einigen Jahren aufgerichtet wurde. Rund um dieses Kreuz war ein kleines Stück Feld eingeebnet und geweiht zum Begräbnisplatz für Christenneger einiger Plantagen. Etwas weiter stiegen wir dann auf einem schmalen, in den Abhang des Felsens gehauenen Weg zu dem Fluß Falaise hinab und kamen, nachdem wir ihn überquert hatten, in eine Allee von Orangenbäumen, die einen Kakaogarten umgab. Endlich fanden wir fast beim Ausgang des Holzes ein drittes Kreuz, das neben der Straße steht, die in den Flecken von Basse-Pointe führt. Wir ließen es linker Hand und setzten unseren Weg fort bis zur Savanne des Herrn Courtois, wo wir über den Capot-Fluß setzten.

Alle diese Flüsse sind eigentlich nichts als Bäche, die vom Gebirge herabkommen, beim geringsten Regen anschwellen, sonst aber häufig nur zwei bis drei Fuß Wasser haben.

Der Capot ist einer der ansehnlichsten auf der Insel, etwa neun bis zehn Ruten breit und in der Mitte zwei oder drei Fuß tief. Er führt ein sehr gutes, helles Wasser, große Steinklumpen und eine Menge Kiesel

erschwerten aber seine Durchquerung, sobald er nur ein wenig angestiegen ist.

Von diesem Fluß bis zur Pfarrkirche der Großen Bucht hat man nur noch eine kleine Meile. Das bewog uns, die Pferde eine halbe Stunde lang auf einer Weide grasen zu lassen, die einem Einwohner dieses Kirchspiels gehört. Der Weg von hier bis zur Großen Bucht ist angenehm und fast überall mit Pomeranzenbäumen gesäumt, aber wegen des ungleichen Bodens beschwerlich, da man immer bergauf und bergab steigen muß, und so gelangten wir erst eine Stunde vor Sonnenuntergang ins Pfarrhaus.

Pater Imbert, der Pfarrer aus dem Kloster des Heiligen Maximin, stammte wie mein Gefährte aus der Provençe, so daß sich dieser eine gute Aufnahme versprach und hier Nachtquartier zu finden glaubte, damit unsere Neger und Pferde, die kaum mehr laufen konnten, ausruhten. Seine Hoffnung schlug ihm aber fehl, denn der gute Pfarrer war verdrießlich wegen der häufigen Durchreise unserer Ordensbrüder, die zu seiner nicht geringen Belastung bei ihm einkehrten, und weilte daher, es mochte absichtlich oder Zufall sein, nicht zuhause. Sein Neger, den er zurückgelassen hatte, sagte uns, daß sein Herr, dem unsere Ankunft schon bekannt gewesen war, ihm befohlen habe, uns zwar das Nötige an Speise und Trank vorzusetzen, uns gleichzeitig aber auch aufzufordern, unseren Stab weiterzusetzen, da es ihm an Gelegenheit fehle, jemanden über Nacht zu behalten. Dieser Willkomm schien mir etwas seltsam zu sein, ich sagte also Pater Martelli, daß wir uns dadurch nicht eben abschrecken lassen dürften und dableiben wollten, wozu er aber nicht bereit war. Unsere Reise ging also weiter, nachdem wir vorher unseren Negern einen tüchtigen Schluck Branntwein hatten reichen lassen.

Von der Großen Bucht bis zum S. Jacobsgrund waren noch zwei Meilen. Hier ermüdeten unsere Pferde vollends, da sie zwei oder drei hohe und steile Hügel hinauf und dann bis zum Lorenzfluß hinuntersteigen mußten, den wir unter großen Beschwerden durchquerten, weil er stark angeschwollen war. Das Pferd von Pater Martelli, das stark hinkte, wollte nicht mehr fort, und er mußte es deshalb mehr als 1000 Schritt am Zügel führen. Zu allem Unglück überfiel uns die Nacht, ehe wir noch die Pfarrkirche zu Marigot erreichten, und ein plötzlicher Regenguß nötigte uns, unter den Bäumen in der Savanne Zuflucht zu suchen. Als der Regen vorbei war, setzten wir uns wieder in Marsch.

Unsere Neger trugen ihre Packen, wir aber führten die Pferde am Zaum. Pater Martelli, weil das seine kaum mehr laufen konnte, ich dagegen, um ihm Gesellschaft zu leisten und gleichzeitig auch meinem Tier einige Erleichterung zu verschaffen, damit es uns wenigstens über die Bäche trug, die wir bis zu unserem Quartier noch überqueren mußten. Wenn unsere Neger Verstand gehabt hätten, würden sie uns zu irgendeinem der Einwohner gebracht haben, denen es sicher ein Vergnügen gewesen wäre, uns aufzunehmen und zu bewirten, da die ganze Insel auf eine sehr christliche und höfliche Art die Gastfreundschaft pflegt.

Endlich kamen wir zur Kirche von Marigot, doch da es dort noch keinen ordentlichen Pfarrer gab, konnten wir auch nichts erhalten. Inzwischen trösteten wir uns, daß unsere Behausung von hier nur noch eine kleine Meile entfernt war. Ungefähr ein paar hundert Schritte weiter sahen wir die brennenden Öfen einer Zuckersiederei. Ich schlug Pater Martelli vor, dorthin zu gehen und um ein Nachtlager zu bitten. Er ließ sich aber nicht dazu bereden. Unsere Neger gaben uns indessen zu verstehen, daß sie das hinkende Pferd und ihre Packen dort zurücklassen wollten, damit sie uns den restlichen Weg um so leichter führen könnten. Wir erlaubten es ihnen und warteten auf sie. Nach ihrer Rückkehr setzten wir unsere Reise fort und ritten abwechselnd auf dem noch vorhandenen Pferd. Einer unserer Neger führte es mit einem Stück Liane, das er am Zaumzeug befestigt hatte. Der andere leitete auf fast die gleiche Weise denjenigen von uns, der zu Fuß gehen mußte, da der Himmel trüb und die Nacht sehr finster war, der Regen aber die Straße überaus schlüpfrig gemacht hatte.

Zufällig fiel es mir ein, den Neger, der mich führte, zu fragen, ob unterwegs auch Schlangen anzutreffen seien, und in seiner kauderwelschen Sprache antwortete er sogleich: »Tenir mouche.« Ich verstand, daß er mir sagen wollte, es gäbe hier eine ganze Menge davon, wodurch die Furcht, die ich damals vor diesen Geschöpfen hegte, nicht wenig vergrößert wurde. Ich ärgerte mich über Pater Martelli, daß er uns nicht erlaubt hatte, in dieser Zuckerfabrik, in der unsere Neger sein Pferd gelassen hatten, um ein Nachtlager anhalten zu dürfen.

Inzwischen kamen wir zum Zimmermannsfluß, der zwar nicht groß, aber sehr gefährlich ist, da er über Treibsand läuft, aus dem man sich häufig nur mit großer Mühe befreien kann. Unsere Neger versuchten zuerst, ob man durchkommen konnte, und führten dann das Pferd und

Pater Martelli hinüber, danach holten sie mich gleichfalls zur Überfahrt ab. Ich blieb zu Pferde sitzen, weil die Reihe just an mir war und kümmerte mich wenig mehr um Pater Martelli, der aus Leibeskräften zu schreien anfing, sooft ihm einige Baumäste unter die Füße kamen oder sich nur das mindeste regte, da er stets glaubte, daß ihm alle Schlangen im ganzen Land nachliefen.

Wir mußten einen hohen Berg besteigen, wobei mein Pferd öfters strauchelte und zuweilen gar mit den Vorderfüßen niederfiel. Pater Martelli, der es an Höflichkeit noch übertreffen wollte, erwiderte solches doppelt, und beide konnten es nicht besser machen, da der lehmige Boden nach solchem Regen, wie er eben niedergegangen war, sogleich ungemein schlüpfrig wird. Nachdem wir endlich oft genug hingefallen waren, überquerten wir endlich schimpfend den Gipfel des Berges. Ich spürte, daß mein Pferd besser zu laufen anfing, und vermutete deshalb, wir müßten nicht mehr weit von unserem Haus sein. Ich befragte daher meinen Neger, der es auch bejahte, aber hinzufügte, daß wir noch einen schlimmen Weg vor uns hätten. Als wir den Schlagbaum, mit dem diese Savanne versperrt wird, passiert hatten, stieg ich vom Pferd und ließ es durch einen unserer Neger am Zaum führen. Ihnen folgte Pater Martelli, der das Tier beim Schweif hielt, dann kam ich, während der zweite Neger den Zug beschloß. Abgesehen von der Tatsache, daß wir einige Male hinfielen, war dann die Ankunft bei unserem Kloster ganz glücklich.

Der Generalsuperior unserer Missionen war nicht zugegen und wurde erst am folgenden Tag wieder zurückerwartet. Die Patres wunderten sich über unsere Ankunft zu einer so ungewöhnlichen Stunde, da es beinahe schon neun Uhr abends geschlagen hatte und wir von Kopf bis auf die Füße naß und mit Kot bespritzt waren. Man tadelte uns, daß wir nicht bei Pater Imbert trotz der Einwendungen seines Negers übernachtet oder wenigstens bei einem der Anwohner unseren Abritt genommen hätten, da uns dann die ausgestandene Beschwerlichkeit erspart geblieben wäre.

Nachdem man uns andere Kleider und Wäsche gegeben hatte, setzten wir uns zur Tafel, wo Pater Raimond, der Klostersyndikus, die Fremden zu unterhalten pflegte. Dieser aus der Provinz von Toulouse gebürtige Mann war bereits über 56 Jahre alt und versah das Amt erst seit einigen Monaten, da er unter allen Ordensangehörigen allein soviel von der Rechenkunst verstand, daß er über den Betrag des bei uns

hergestellten Zuckers die Rechnung führen konnte. Der ehrwürdige Pater Romanet war gleichfalls anwesend. Es hatte ihn nicht wenig Mühe gekostet, sich von Herrn de Sainte-Marie, dem Kapitän der »Hartnäckigen«, loszuwinden und seinen Koffer von Schiff zu bekommen, da besagter Offizier durchaus verlangte, er solle ihm vorher einen anderen Schiffsprediger beschaffen, obwohl sich der Pater dazu niemals anheischig gemacht hatte. Außerdem war noch ein anderer Religiose aus dem Konvent zu Montauban anwesend, der seine Pfarre in Trinitätsrevier niedergelegt hatte, weil sie für einen so dicken Mann wie ihn viel zu beschwerlich war. Seit Ankunft unserer Gesellschaft hatte der Pater Generalsuperior die alten Missionare wenig geschont. Darüber wurden sie verdrießlich, wie unter anderem auch dieser ehrliche Mann, der seinen Abschied bei ihm forderte, um wieder nach Frankreich zurückzukehren, was nach Verlauf einiger Monate tatsächlich geschah.

Mein Reisegefährte, Pater Dastez, wartete auf eine Gelegenheit, nach Saint-Domingue, dem Ort seiner Bestimmung zu gehen, und Pater Dumay versah die Pfarrkirche zu Marigot. Aus den Erzählungen unserer Väter, die vom Ankerplatz zurückgekommen waren, wußte ich bereits von der großen Armut dieses Klosters. Allein so schlecht, wie ich es antraf, hatte ich es mir niemals vorgestellt. Kaum war das nötige Tischzeug vorhanden, die Servietten waren insgesamt zerrissen, und das Tischtuch, auf dem wir speisten, war so schlecht, daß man ein paar Servietten darüberlegen mußte, um nur die Löcher zu verdecken. Nichts desto weniger ließen wir uns die Abendmahlzeit vortrefflich schmecken und ruhten danach wegen unserer großen Ermüdung recht gut, obwohl die Betten abscheulich waren und wir unsere Matratzen unterwegs zurückgelassen hatten. Sie waren nämlich in der Zuckersiederei des Herrn Lecomte liegengeblieben, und da dieser überaus großmütig und ein guter Freund der Mission war, verwunderten sich die Patres, daß er uns nicht hatte bitten lassen, bei ihm die Nacht über zu bleiben. Am folgenden Tag schickte uns Herr Lecomte in aller Frühe das hinkende Pferd und die Matratzen und schrieb in einem Brief an Pater Dumay, er habe von unserer Durchreise zu seinem nicht geringen Ärger erst zwei Stunden später erfahren und schon seinen Aufseher fortjagen wollen, weil dieser ihm nicht eher Nachricht gegeben hätte.

Meinen Reisegefährten von Paris nach Rochelle, den Meister Wilhelm Massonier, fand ich höchst unzufrieden über das ihm von unserem Agenten verschaffte Amt. Er hatte nämlich gehört, daß die Dienstleute

auf den Inseln in strenger und höchst mühseliger Leibeigenschaft gehalten würden, die sich von den Negern nur darin unterscheide, daß sie nicht länger als drei Jahre dauere. Diese Vorstellung hatte sein Gemüt derart verdüstert, daß er sich ganz abhärmte, obwohl es ihm bei uns ziemlich gut ging. Dabei hatte er nur aus Sirup und Zuckerschaum Branntwein herzustellen. Ich tröstete ihn und versprach ihm, mich seiner anzunehmen, sobald ich dazu nur imstande wäre.

3. Kapitel

Der Verfasser übernimmt eine Pfarre, Beschreibung verschiedener einheimischer Plagen

AM Sonnabend, dem 13. Februar 1694, übertrug mir der Generalsuperior die Pfarre Macouba, die vier Meilen westlich vom S. Jacobsgrund entfernt liegt. Man gab mir zur Bedienung einen 16jährigen Negerburschen, der Robert Popo hieß, und ein Pferd namens Corossol, weil es von der so genannten Insel kam, die von Holländern bewohnt wird. Die Erdbeschreibungen nennen sie aber Curaçao. Man versah mich auch mit Brot und einer Flasche Wein. Wegen meines Unterhalts und Auskommens verließ sich der Generalsuperior vorerst auf die Vorsehung und meine Geschicklichkeit.

Der Neger, den man mir gab, hatte schon in anderen Pfarren gedient. Er kannte das Revier und sprach französisch. Ich reiste sogleich nach der Mittagsmahlzeit ab und ging durch die Große Bucht, wo ich den Pater Imbert unter seiner Kirchentür stehen fand. Nach der Begrüßung bat ich um seine Freundschaft, worauf er mich umarmte und mit Höflichkeiten überhäufte. Was bei unserer Durchreise geschehen war, schob er auf seinen Neger und nötigte mich, bei ihm einzukehren und einige Erfrischungen zu nehmen. Ja, er wollte mich sogar bis auf den anderen Tag bei sich behalten, wo ich alsdann in mein Kirchspiel gehen und dort Messe lesen könne. Von nun an wurden wir gute Freunde und

blieben es auch beständig. Ich aber setzte mich wieder zu Pferde, um meine Reise zu vollenden.

Die Strecke vom Capot-Fluß bis zum Großen Strom, der die Pfarrei Macouba von der Mission der Jesuiten trennt, ist unstreitig die schönste, beste und sicherste Landschaft auf der ganzen Insel. Fast alle Plantagen werden hier durch kleine Bäche oder tiefe Gräben voneinander getrennt, was die Straßen sehr gefährlich macht. Desto bequemer ist aber solche Grenzziehung für das Land und auch zur Verteidigung in Kriegszeiten gut geeignet.

Eine Stunde vor Sonnenuntergang kam ich in Basse-Pointe an und fragte sogleich nach Pater Breton, der hier Pfarrer war. Als man ihn aber nicht zuhause antraf, ließ ich ihm durch einen Neger meine Empfehlungen bestellen und zugleich sagen, daß mir aufgetragen sei, die Pfarre zu Macouba zu versehen. Endlich traf ich an Ort und Stelle ein und sah neben der Kirche ein kleines, aus Planken gefertigtes Haus von 16 Fuß im Geviert, mit einem winzigen Schuppen zur Seite, neben dem noch ein anderes kleines Häuschen mit einem Backofen stand, das mit Stroh gedeckt war, wovon eines, wie ich vermutete, des Pfarrers Wohnung, das andere hingegen dessen Küche sein mochte. Der Schulmeister logierte am Seeufer und hatte den Schlüssel zum Haus, da sich diese Kirche schon seit einigen Monaten ohne Pfarrer befand und von Pater Breton neben der seinigen mitversehen wurde.

Aus der nahegelegenen Zuckersiederei kam eine Negerin und sagte, daß ich mit der Glocke ein Zeichen geben solle, um den Schulmeister herbeizurufen. Er kam auch einige Minuten später und brachte die Schlüssel zur Kirche und zum Pfarrhaus. Als er nun im Begriff war, Eier zur Abendmahlzeit herbeizuholen, fand sich auch der Mesner ein. Da er hatte läuten hören, kam er und fragte, was es Neues gäbe. Er war ungemein höflich und ersuchte mich, diesen Abend bei ihm zu speisen und zu schlafen, auch so lange bei ihm zu logieren, bis das Pfarrhaus eingerichtet sei.

Diese gute Aufnahme bereitete mir viel Vergnügen, und ich willigte mit Freude in seinen Vorschlag ein. Ich bestieg also wieder mein Pferd, und er das seinige, worauf wir den Berg hinunterritten, um an das Meeresufer zu gelangen. Ich gestehe, dieser Steig setzte mich und, wie ich glaubte, auch mein Pferd nicht wenig in Ängste. Die Straße war schmal und in den Felsen gehauen, dessen Höhe mehr als 45 Ruten betrug, und wenn das Pferd gestürzt wäre, würde man hundertmal den

Hals gebrochen haben. Ich wollte absteigen, aber der Küster hielt mich davon zurück und versicherte, die Pferde im Lande seien solche Steige schon gewöhnt, ja, ich würde nicht mehr daran denken, wenn ich ihn nur drei- oder viermal passiert hätte.

Am Ufer des Meeres lagen außer dem Schulhaus noch die Wohnung eines Wundarztes und einige Magazine, in denen die Einwohner dieses Reviers ihren Zucker und andere Kaufmannsgüter verwahrten, bis die Barken ankamen, um sie abzuholen. Nun betraten wir eine breite Öffnung zwischen ein paar steilen und fast senkrecht abgeschnittenen Felsen, zwischen denen der Fluß Macouba läuft. Unter diesen Klippen findet man große Gewölbe, wie natürliche Schwippbögen, mit runden Löchern in ihrer Krümmung, die sich sehr tief hineinerstrecken und Kaminröhren ähneln. Die Entstehungsart dieser Löcher habe ich niemals ergründen können, da sie nicht von den Baumwurzeln herzustammen schienen, sondern in den harten Felsen gehauen waren. Der Macouba ist hier ungefähr 40 Fuß breit und gewöhnlich zwei Fuß tief. Auf der anderen Seite des Flusses schien mir der Weg bequemer und besser zu sein, obwohl das Gebirge die gleiche Höhe hat.

Endlich kamen wir zu der Behausung des Küsters. Er nannte sich Dauville, war aus der Normandie gebürtig und vorher Oberhauptmann der Miliz zu Marie-Galante gewesen, ein sehr rechtschaffener, höflicher Mann, der gut zu leben wußte. Das hatte er auch beim Herrn Staatsrat de Champigny lernen können, dessen Haushofmeister er gewesen war. Er hatte auch eine Kammerfrau seiner ehemaligen Gebieterin geheiratet, aber diese Frau konnte sich weder an die Landesart gewöhnen, noch sich mit ihrem Mann vertragen, und so ging sie nach Verlauf einiger Jahre wieder nach Frankreich zurück und ließ sich in Honfleur nieder.

Herr Dauville war einer der wohlhabendsten Einwohner in Marie-Galante geworden und hatte dort die Majorsstelle versehen. Als nun diese Insel zweimal von den Holländern geplündert und zuletzt im Jahre 1692 von den Engländern weggenommen worden war, die dabei große Grausamkeit verübten und 23 Einwohner, die sich ergeben hatten, vor der Kirchentüre hängten, wäre Herrn Dauville beinahe das gleiche Schicksal zuteil geworden, wenn nicht Herr Codrington als General das Kommando der Engländer übernommen hätte. Er bewunderte den Mut und die Klugheit, die der Statthalter der Insel mit seinen wenigen Leuten im Kampf gegen seine Truppen an den Tag gelegt hatte. Daher ließ er ihm durch einen Trompeter sagen, daß er sich mit seinem

tapferen Widerstand Ruhm genug erworben habe, es nicht weitertreiben und jetzt an die Übergabe denken solle. Zum Beweis dafür, wie hoch er seine Verdienste schätzte, wollte er die Bestimmungen der Übergabe seinem eigenen Belieben anheimstellen. Der Statthalter, der nur noch über 60 bis 70 Mann verfügte und auch schon Mangel am Kriegs- und Mundvorrat litt, ließ sich diesen Vorschlag gern gefallen. Er verfügte sich also zum General, der seine Tapferkeit lobte und ihn mit der bewaffneten Mannschaft nach Martinique bringen ließ. Auf diese Art war Herr Dauville zusammen mit seinem Statthalter nach Martinique geraten. Er hatte einige Neger in Sicherheit gebracht und etwas Ware versteckt, die er nachkommen ließ, und schloß sich mit einem anderen Franzosen auf halben Gewinn und Verlust in einer Gesellschaft zusammen.

Wenn die Einwohner in dieser Gegend eine feindliche Plünderung befürchten und etwas verbergen wollen, tun sie es auf folgende Art. Sind es Dinge, die unter der Feuchtigkeit keinen Schaden leiden, wie zum Beispiel Tischgerät, eisernes Werkzeug, Küchengeschirr, Fleisch, Wein und Branntweinfässer, so wird am Meeresufer eine acht bis zehn Fuß tiefe Grube ausgehoben, damit die Soldaten nichts Härteres als den gewöhnlichen Sand finden, wenn sie mit ihren Degen nachsuchen. Wenn man nun die Dinge, die man verbergen will, in die Grube getan und sie mit dem gleichen Sand wieder zugefüllt hat, wird der übrige ins Meer geworfen, damit keine Erhöhung bleibt. Man besprengt auch den Platz mit Wasser, um alles desto fester zu machen, und vergißt vor allen Dingen nicht, sich in der Gegend zwei oder drei Bäume oder einige große Felsen zu merken, damit man später das verborgene Gut um so leichter finden kann, wenn man sich nach diesen Merkmalen umsieht.

Können aber die Waren nicht ans Meeresufer gebracht werden, gräbt man auf einem trockenen Platz oder dort, wo Schilf steht, Löcher in den Boden. Wenn das auf einer Wiese geschieht, muß man die erste Lage geschickt aufheben, als ob man Rasen stechen wollte. Dann wird rings um den Ort, an dem man graben will, ein Tuch ausgebreitet und die herausbeförderte Erde darauf geworfen, damit sie sich nicht auf den Grasboden verbreitet. Die Öffnung wird oben so eng gehalten, wie es nur sein kann, nach unten zu aber erweitert. Nachdem man hineingelegt hat, was verborgen werden soll, füllt man das Loch wieder mit Erde voll und tritt es fest zusammen. Man gießt auf den ausgehobenen Rasen oder das Schilf Wasser, und nachdem man ihn so gut wie möglich wieder

eingesetzt hat, trägt man das übriggebliebene Erdreich hinweg. Ebenso wird das umliegende Feld und das niedergetretene Gras angefeuchtet, damit es wieder grünt.

Leinwand, Spitzen, seidene Stoffe, Papier und andere Dinge, die unter der Feuchtigkeit Schaden leiden könnten, steckt man in große Coyemboucs. Das sind dicke Flaschenkürbisse, die auf den vierten oder fünften Teil ihrer Länge abgeschnitten werden. Diese Öffnung bedeckt man mit einem anderen solchen Kalebassenstück, und beides wird durch einen Faden wieder zusammengefügt, fast auf die Art wie bei einem Rauchfaß der untere Teil an den oberen. Beide also zusammengefügte Kalebassenstücke nennt man Coyembouc, ein Name und eine Erfindung, die von den Wilden herstammt. Wenn nun der Coyembouc mit den Waren gefüllt ist, die hineinkommen sollen, befestigt man den Deckel mit der Schnur und hängt ihn zwischen die Äste der Kastanien oder anderer Bäume, die breite Blätter haben und gewöhnlich noch von Lianen umschlungen sind. Über den Coyembouc zieht man noch einige Lianen und läßt ihre ein wenig zusammengedrehte Spitzen hervorstechen. Sie werden dadurch so gut verborgen, daß man sie unmöglich sehen kann, und die Blätter, mit denen sie bedeckt sind, halten den Regen ab, so daß nicht die mindeste Feuchtigkeit hineingelangt. Auf solche Art also bringen die Einwohner ihre besten Sachen in Sicherheit. Man muß aber den Schatz selbst verbergen, ohne jemanden dabeizuhaben, wenigstens keine Neger; denn wenn diese von Feinden gefangen werden, setzt man sie der Tortur aus, um sie zu nötigen, den versteckten Schatz ihrer Herren anzuzeigen. Manchmal kommt es auch vor, daß die Sklaven die verborgenen Sachen stehlen und damit entfliehen, während ihre Herren im Gefecht begriffen sind. Man kann also bei dieser Sache nicht Sorgfalt genug anwenden.

Wir kamen also in die Wohnung des Herrn Dauville. Ich wurde von der ganzen Familie aufs beste empfangen, und man ließ sogleich das Abendessen und ein Bett richten, damit ich ausruhen konnte. Unsere Abendmahlzeit war sehr gut, und nach einer kurzen Unterhaltung legte ich mich schlafen.

Am Sonntag ließ Herr Dauville gleich mit Tagesanbruch durch ausgeschickte Neger den Einwohnern die Ankunft des neuen Pfarrers melden, während andere die Pfarrwohnung und die Küche reinigen mußten. Nachdem ich mein Brevier gelesen hatte, setzte ich mich zu Pferde, um in Begleitung des Herrn Dauville die Kirche zu besichtigen,

die ich überaus niedlich fand. Sie war erst vor kurzem fertiggeworden, der Chor war aufgemauert und mit einem Leistenwerk von Quaderstücken versehen. An der Seite gab es ein paar Fenster und den Eingang zu der erst angelegten Sakristei. Dieser Chor war 20 Fuß tief und 24 breit, die gleiche Breite wies auch der übrige Teil der Kirche auf. Ihre Länge betrug 60 Fuß, sie hatte noch zwei Kapellen von 16 Fuß im Quadrat. Das ganze war in Holz ausgeführt und hatte ringsherum ein Geländer anstatt der Fensterstöcke. Die Kirche war der Heiligen Anna gewidmet, deren Gemälde auf dem Hochaltar stand. Die Kapelle rechter Hand hatte man dem Rosenkranz, jene zur linken dem Heiligen Antonius von Padua geweiht, sie diente vorerst als Sakristei, während der Beichtstuhl in der anderen stand. Nachdem ich das Heilige Sakrament angebetet und die Kirche besichtigt hatte, ging ich in das Pfarrhaus, wo die Einwohner, so wie sie eintrafen, mich willkommen hießen und mir ihre Behausungen nebst allem, was ich auch immer bedürfte, anboten und mich zugleich baten, alles ohne Scheu anzunehmen.

Ich kann versichern, daß ich niemals Leute angetroffen habe, die besser ihrem Pfarrer gesinnt gewesen wären oder ihm mit größerer Bereitwilligkeit Gutes getan hätten. Adrian Michel, der Kapitän des Bezirks, war einer der ersten, der mich besuchte und mir sein Haus mit allem Zubehör anbot. Obwohl ich ihn inzwischen an Beobachtung seiner Schuldigkeit erinnern mußte, blieb er mir trotzdem sehr gewogen und zeigte sich bei jeder Gelegenheit als mein aufrichtiger Freund. Es wäre unbillig, sagte er zu Herrn Dauville, daß ihm allein die Sorge um die Kirche und den Pfarrer zugleich auf dem Hals liegen solle. Mithin wolle er ihm die Kirche überlassen, den Pfarrer dagegen zu sich nehmen. Überdies sei ja auch das Haus für seine Familie und mich viel zu klein, und er hoffe also, daß ich meine Logis bei ihm nehmen würde, bis meine Wohnung eingerichtet sei. Da nun ein jeder gleichermaßen in mich drang, glaubte ich, daß dem Kapitän der Vorzug gebühre, und ließ mir daher seinen Vorschlag auf einige Tage gefallen, inzwischen aber auch mein Haus herrichten. Pater Breton, mein Nachbar, hatte, wie man mir sagte, verschiedenes Gerät aus der Pfarrwohnung zu sich genommen, das ich nun wieder zurückfordern sollte. Zugleich versicherte man, daß das Haus nach meinen Wünschen vergrößert und eingerichtet werden solle, wenn ich auf dieser Pfarre zu bleiben gedächte. Ich dankte meinen neuen Pfarrkindern wegen ihres Anerbie-

tens und ersuchte sie zugleich, nach Ostern daran zu denken, da sie mich meines Erachtens bis zu dieser Zeit erst einmal kennenlernen und sehen sollten, ob ich das mir zugedachte Geschenk auch verdiene.

Der Küster meldete uns sogleich, daß es Zeit sei, den Gottesdienst anzufangen. Ich ging also mit allen in meiner Wohnung Anwesenden in die Kirche, wo ich das Weihwasser einsegnete und das Volk damit besprengte. Man entschuldigte sich, daß noch kein Brot zum Weihen vorhanden sei, da niemand an diesem Tag ein Hochamt vermutet hätte. Ich las dann die Messe, die vom Küster, der zugleich das Amt des Kantors mitversah, und allen übrigen Einwohnern gesungen wurde. Beim Altar dienten mir ein paar Knaben mit roten Leibröcken und sehr reinlichen Chorhemden. Nachdem ich das Evangelium verlesen hatte, betrat ich die Kanzel und predigte. Dann ersuchte ich alle Einwohner, mir die Kinder zu melden, die Kommunionsunterricht erhalten sollten, und ein Verzeichnis jener Neger zu geben, die zwar bereits erwachsen, aber noch nicht getauft waren. Desgleichen bat ich sie, mir Nachricht zu geben, wenn jemand krank sei, und versicherte ihnen, daß ich allemal und bei jedem Wetter, sobald man mich nur rufen würde, zu ihren Diensten bereitstünde. Wenn ich einiger Geschäfte wegen verreisen müßte, sollte ihnen jederzeit davon Nachricht gegeben werden und der Küster den Ort meines Aufenthalts wissen, damit man mich holen lassen könnte.

Diese Rede erweckte, soviel ich bemerken konnte, bei jedermann Vergnügen. Als die Messe beendet war, vollzog ich eine Taufe, an der Kirchentür fand ich alle meine Pfarrkinder, die sich wegen der ihnen gemachten Versprechungen bei mir bedankten. Sie versicherten mir, daß sie allen meinen Wünschen wegen der Kommunionkinder und der zu taufenden Neger nachkommen würden. Die meisten unter ihnen begleiteten mich wieder ins Pfarrhaus, wo ich die Schokolade trank, die Herr Dauville hatte zubereiten lassen. Inzwischen beredete sie Herr Michel, ihre Einwilligung zur Vergrößerung meines Pfarrhauses, der Küche und des Gartens zu geben. Die Herren erklärten sich mit allem einverstanden und entschieden, die Baumaterialien von der noch stehenden alten Kirche zu nehmen. Dachschindeln und das übrige Holz sollte man, ebenso wie die Bezahlung und Kost für die Handwerksleute, mittels einer Umlage von allen Einwohnern herbeizuschaffen suchen.

Herr Michel versprach etwas Holz und 40 Taler an Geld, um den

Latan-Baum.

Grosse Cocosnuss.

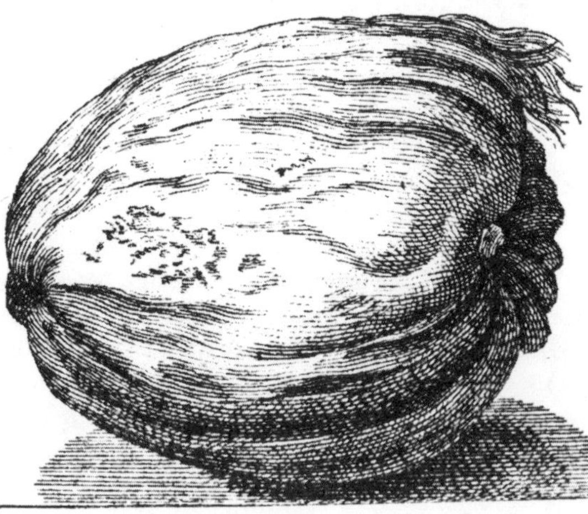

übrigen mit gutem Beispiel voranzugehen, die sogleich ihren Teil sehr freigiebig beitrugen. Da aber nicht alle Pfarrkinder anwesend waren, beschloß man, sie am ersten Sonntag in der Fastenzeit zu versammeln. Dann bestiegen wir unsere Pferde, um das Mittagessen bei Herrn Michel einzunehmen. Dieser ersuchte Herrn Dauville, seinen Fähnrich und zwei bis drei andere, mir Gesellschaft zu leisten. Damit ich nicht in Gefahr geriet, nahm er mein Pferd und gab mir das seinige, das die beschwerlichen Hohlwege schon öfters passiert hatte. Der Abhang bis Macouba hatte mich tags zuvor erschreckt, nun aber ritt ich ein Pferd, das solche Steige schon gewohnt war und so sicher wie im flachen Feld dahinschritt.

Nachdem wir die Wohnung des Herrn Dauville passiert hatten, kamen wir zu einem Fluß, der wesentlich tiefer und beschwerlicher als der Macouba war. Die in den Felsen ausgehauene Straße zeigte auf der einen Seite eine senkrechte Mauer, auf der anderen aber einen schrecklichen Abgrund. Sie war nur sieben bis acht Fuß, an manchen Stellen nicht mehr als fünf breit. Auf meinem Pferd würde ich ohne Zweifel große Furcht ausgestanden haben und abgestiegen sein, das Tier aber, das ich ritt, war daran gewöhnt, daß es diese Hügel auf- und abstieg. Endlich erreichten wir das Haus des Kapitäns, wo uns seine Gemahlin, die wegen ihrer Schwangerschaft die Messe nicht hatte besuchen können, aufs höflichste empfing. Der Tisch war schon gedeckt, und man brachte gleich nach unserer Ankunft die Speisen. Das Abendessen war noch nicht ganz vorbei, als uns ein Neger meldete, daß sich Pater Breton nähere. Man brachte sogleich ein Gedeck für ihn, und einige Minuten später traf er selbst ein. Ich begrüßte und umarmte ihn, wobei ich nicht unterließ, ihm mein Vergnügen zu bezeugen, daß er mein Nachbar sei. Auch er überhäufte mich mit Freundschaftsbezeugungen und setzte sich zu Tisch. Die Herren berichteten ihm sogleich von meiner Predigt und erzählten, wie zufrieden das ganze Kirchspiel darüber sei und daß man den Entschluß gefaßt habe, Pfarrhaus und Garten zu vergrößern. Ein Mitglied der Gesellschaft bemerkte, daß Pater Breton über dieses Lob keine allzu große Freude bekundete, und sagte mir dieses, jedoch stellte ich mich so, als ob ich nichts davon bemerkte. Die Mittagstafel dauerte lange und war sehr kostbar.

Nach der Tafel brachte man Karten und wollte mich zum Spiel überreden. Als ich mich aber entschuldigte, daß sich dergleichen Zeitvertreib nicht für meinen Stand schicke, glaubte mein Wirt, es fehle

mir an Geld und legte daher eine ganze Handvoll an meinen Platz. Ich ersuchte ihn, sein Geld wieder einzustecken, und versicherte, daß ich kein Spiel verstünde, worauf man nicht weiter in mich drang. Herr Michel sagte aber, daß er auf halben Gewinn für mich spielen wolle und wenn ich Bedenken trüge, den ihm vom Glück zugeschickten Nutzen anzunehmen, würde er ihn beiseite legen und Hausrat für meine Wohnung davon anschaffen. Das ließ ich mir gefallen und war Zuschauer des Spiels. Nach einiger Zeit stand ich auf, um mein Brevier zu beten. Pater Breton folgte und wir sprachen ein wenig miteinander. Er war ein Mann von 48 bis 50 Jahren und stammte aus einem Flecken an der Rhône, ein guter Prediger, und schien ganz aufrichtig zu sein. Er führte auch ein sehr exemplarisches Leben und war eifrig in Erfüllung seiner Pflichten.

Nach Beendigung des Spiels kam die Gesellschaft zu uns. Mein Wirt hatte sie insgesamt zum Abendessen eingeladen, nur der Küster allein wollte nach Hause gehen. Demoiselle Michel, die bemerkte, daß es mich an den Füßen juckte, weil ich öfters mit der Hand dahinlangte, erriet sogleich die Ursache, ich sei gewiß in den Savannen des Ankerplatzes spazieren gegangen und habe dort die Roten Tiere aufgelesen. Ich gestand, daß ich in der Tat an diesem Ort gewesen sei und seitdem ein so heftiges Jucken empfände, daß meine Beine ganz aufgekratzt seien. Sie befahl sogleich einer ihrer Mägde, Knospen von Weinstöcken und Monbainbäumen zu holen, desgleichen Orangenblätter und andere wohlriechende Blätter zu sammeln, sie zu kochen und mir vor dem Schlafengehen die Beine damit zu waschen.

Diese kleinen Geschöpfe, die man Rote Tiere zu nennen pflegt, nehmen ihren Aufenthalt gewöhnlich in den etwas trockenen Savannen. Ich muß bemerken, daß Savanne und Wiese und Weide das gleiche bedeuten und das Wort aus dem Spanischen kommt. Die Roten Tierchen haben etwa die Größe eines Stecknadelkopfes und sind ganz rot oder vielmehr pures Feuer; denn sobald sie nur durch den Strumpf schlüpfen und sich an die Haut hängen, verursachen sie ein schmerzhaftes Brennen. Die Pferde und andere Tiere, die auf die Weide gehen, haben zuweilen ihre Schnauze und den Kopf ganz damit bedeckt, so daß sie völlig rot sind und sich an Steinen oder Baumstämmen reiben, als wollten sie sich zerreißen. Diese kleinen Insekten sind aber nicht die einzigen; es gibt hier auch noch andere Gattungen, die nicht weniger zahlreich und weit gefährlicher sind: Man nennt sie Chiquen.

Nach einem ziemlich langen Spaziergang und Gespräch setzten wir uns zum Abendessen. Es ähnelte der Mittagstafel, und an wohlzugerichteten Speisen und guter Aufwartung war kein Mangel. Nach Beendigung setzten sich die Herren wieder zum Spiel, dem ich einige Zeit lang zusah und mich dann entfernte. Ich fand, daß man mir über dem Speisesaal ein herrliches Bett zubereitet hatte. Ein Neger brachte einen Kessel mit Wasser und Kräutern gefüllt, die man hatte darin kochen lassen, dann wusch er meine Füße und Beine ab, die voller Roter Tiere und ganz aufgekratzt waren. Man hatte ihm auch befohlen, genau darauf zu achten, ob ich Chiquen hätte. Er sah sich also danach um und entdeckte, daß ich bereits von einigen befallen war. Die Chique, die von den Spaniern Nigas genannt wird, ist anfangs ein sehr kleines, schwarzes Tierchen, das man überall antrifft, wo Asche oder Unrat liegt. Dieses Insekt schlüpft leicht durch die Strümpfe und setzt sich gewöhnlich unter die Nägel, an die Fußgelenke oder an solche Stellen der Haut, die etwas erhaben sind. Ihr Stich durch die Haut oder vielmehr nur deren Oberfläche schmerzt nicht ärger als ein mittelmäßiger Flohbiß. Sobald sie sich aber festgesetzt hat, nagt sie gemächlich das Fleisch um sich weg und erregt dadurch ein ganz geringes Jucken, fast wie ein leichtes Kitzeln. Allmählich wächst sie, breitet sich aus und wird endlich so groß wie eine Erbse. Dann legt sie Eier und brütet sie aus, und diese jungen Chiquen nisten sich um ihre Mutter herum ein und ernähren sich auf die nämliche Art. Wenn man sie nicht herausnehmen läßt, vermehren sie sich dermaßen, daß sie alles Fleisch herum in Fäulnis bringen und bösartige Geschwüre erregen, aus denen zuweilen Krebs entsteht.

Es ist aber nicht schwierig, wenn man sie entweder gleich spürt oder erst später bemerkt, ein Mittel gegen sie zu finden. Die Chique kann wegen ihrer schwarzen Farbe leicht zwischen Haut und Fleisch entdeckt werden. Man nimmt also eine Stecknadel oder ein spitzes Messer, macht ganz vorsichtig ein Loch und löst die Haut rings um sie ab, bis diese ganz offen daliegt, dann zieht man sie heraus und verklebt die Öffnung wieder mit Unschlitt, Ohrenschmalz oder, noch viel besser, mit Tabakasche. Wenn man aber diese Chique nicht beachtet oder sie nicht rechtzeitig herauszieht und zwischen Haut und Fleisch stecken läßt, kann man leicht Geschwüre bekommen und lange Zeit in die Hände der Wundärzte geraten. Wenn eine Chique durch ein Vergrößerungsglas betrachtet wird, zeigt sie einen runden Rücken mit schwarz-

braunen Haaren bewachsen. Der schwarze Fleck, an dem man sie erkennt, ist ihr Kopf. Sie hat unter ihrem Bauch verschiedene kleine Füße und Haare, an denen ihre Eier hängen, bis sie ausschlüpfen und ebensovielen kleinen, ganz schwarzen Flecken ähneln. Wie man mir erzählte, wollte ein Kapuziner ein solches Tierchen nach seiner Heimkehr in Frankreich vorzeigen. Er hatte eine am Fußknöchel, die sich aber während dieser Reise so stark vermehrte, daß es zu spät war, als er sie herausnehmen wollte. Es hatte sich bereits ein bösartiges Geschwür angesetzt, endlich kam Krebs dazu, und man mußte ihm das Bein abnehmen, um den übrigen Körper zu retten. Fürwahr eine wohlbelohnte Neugier!

Der Neger des Herrn Michel befreite mich von allen meinen Chiquen und Roten Tieren, mit denen die Beine bis über die Knie hinauf bedeckt waren, und schaffte mir so das Vergnügen, daß ich die ganze Nacht vollkommen ruhig schlafen konnte. Am nächsten Tag kehrte Pater Breton gleich in aller Frühe nach Hause zurück, versprach aber, abends wiederzukommen. Ehe ich aufstand, wurden mir nochmals die Beine gewaschen, und man wiederholte diese Prozedur zwei bis drei Tage lang jeden Abend und Morgen, um die kleinen Geschwüre abzuheilen, die ich durch das Kratzen bekommen hatte.

Nachdem ich mein Brevier gebetet und Schokolade getrunken hatte, besah ich gemeinsam mit Herrn Michel seine Plantage und die Zuckersiederei. Von da aus gingen wir zu den Zimmerleuten, die ihm das Holzwerk zu einem Haus behauten, das er bauen lassen wollte. Wir nahmen auch einen Platz in Augenschein, an dem ich ihm riet, dort einen Garten anzulegen. Wir fanden einige unserer Nachbarn zu Hause, die mich besuchen wollten. Er behielt sie mittags bei Tisch, worauf wir uns zu Pferde setzten, um bei anderen unsere Besuche abzustatten. Zu ihnen gehörte auch ein gewisser Laboissière, ein überaus guter, geschickter und in sehr vielen Dingen höchst erfahrener Einwohner, der aber bei allen guten Eigenschaften eine dermaßen starke Neigung zum Wein hatte, daß er selten nüchtern angetroffen wurde. Er hielt zusammen mit seinem Schwager Lozol eine beachtliche Anzahl Neger, baute Kakao und zog auch allerlei Vieh und Geflügel. Dieser Lozol war ein Sägemüller, konnte aber auch im Notfall einen Zimmermann abgeben. Obwohl er als Leibeigener nach den Inseln gekommen war, hatte er doch schon begonnen, sich einiges Vermögen zu erwerben, und als ich abreiste, wurde er auf 100.000 Francs geschätzt. Er war ein

guter, aufrichtiger Mann, der sich aber berechtigt glaubte, die französische Sprache mißhandeln zu dürfen, und die besondere Gabe zeigte, jedermann zum Lachen zu bringen.

Bei unserer Rückkehr trafen wir wieder Pater Breton an. Er wollte mich am nächsten Tag mit nach Hause nehmen, mein Wirt machte ihm aber Vorhaltungen, daß ich noch einen Tag ausruhen müsse, bis meine abgeschundenen Beine vollends geheilt seien. Er versprach ihm zugleich, daß wir Mittwoch den ganzen Tag bei ihm zubringen und alles Wild mitbringen wollten, das unsere beiden Neger erjagen würden, die man in den Wald geschickt hatte. Es kostete aber große Mühe, ihn zu diesem Entschluß zu bewegen. In einer kleinen Kapelle auf der anderen Seite des Flusses lasen wir die Messe. Diese Kapelle untersteht den Jesuiten. Man hatte sie zur Bequemlichkeit der beiden Plantagen bauen lassen, die auf dieser Seite lagen, und ein Jesuitenpater liest hier jährlich zwei- bis dreimal die Messe. Den Nachmittag verbrachte ich damit, den Platz zum Garten abzustecken und den Boden herzurichten. Ich war eben beschäftigt, als man mich holte, um einen Neger am Großen Fluß beichten zu lassen, den kurz zuvor eine Schlange gebissen hatte. Herr Michel war so höflich, mich dorthin zu begleiten. Der Zustand, in dem ich diesen Neger antraf, erregte mein Mitleid. Er war drei Finger über dem Fußknochen von einer Schlange gebissen worden, die sieben Fuß in der Länge aufwies und ungefähr so dick war wie ein Mannsschenkel. Man hatte sie getötet, zeigte sie mir und hoffte nun, daß ihr Gift nach ihrem Tod auf den gebissenen Neger eine geringere Wirkung ausüben werde. Als ich den Grund für diese Ansicht zu wissen verlangte, konnte man keinen angeben. Die Neger beriefen sich nur auf ihre lange Erfahrung, die in der Sympathie gegründet war; ob ihnen aber diese Kraft bekannt ist, weiß ich nicht zu sagen. Der arme Mensch lag auf einem Bett in seiner Hütte mitten zwischen ein paar Feuern, mit einigen groben, wollenen Tüchern zugedeckt. Ungeachtet dieser Hitze und der Zudecke, sagte er, daß ihn der Frost bald umbringe, und verlangte trotzdem immer zu trinken, da ihn, wie er versicherte, ein inneres Feuer verzehre, wobei er außerdem noch einen starken Schlafdrang empfand. Das sind gewöhnliche Wirkungen des Giftes, das die Bewegung und den Blutkreislauf hemmt, daher auch der außerordentliche Frost in den vom Herzen abstehenden Teilen und zugleich jene unnatürliche Schläfrigkeit, während die zurückkehrenden Lebensgeister jene innerliche Hitze bewirkten, die ihn zum häufigen Trinken nötigte.

Ich verlangte, seinen Schenkel zu sehen, und fand ihn oben und unterhalb des Knies fest mit einer Liane abgebunden. Bein und Fuß waren schrecklich aufgeschwollen und auch das Knie trotz der Abbindung betroffen. Ich ließ ihn beichten, danach hielt ich seine Hand, die ich unaufhörlich schüttelte, um den Schlaf zu vertreiben. Er war 19 bis 20 Jahre alt und zeigte einen guten Verstand. Sein Vater, seine Mutter und die übrigen Verwandten, die in die Hütte traten, nachdem ich mein Amt verrichtet hatte, bedauerten ihn aufs höchste. Dann ließ ich den Neger rufen, der ihn verbunden hatte, und befragte ihn heimlich, was er von diesem Biß hielte. Er antwortete, daß allerdings Gefahr bestünde, man jedoch erst nach etwa 24 Stunden Zuverlässiges sagen könne, bis der zweite Verband abgenommen sei. Unterdessen hoffe er das Beste, weil die auf den Biß gesetzte Ventouse bereits eine Menge Gift herausgesogen habe. Als ich ihn aber befragte, auf welche Art er solche Wunden behandle und welche Mittel er dazu gebrauche, entschuldigte er sich, daß er mir unmöglich sagen könne, wie alle Kräuter hießen und woraus seine Arznei bestünde. Überdies ernähre er sich mit diesem Geheimnis und wolle es selbst mir nicht bekannt machen. Er versprach aber, wenn ich jemals von einer Schlange gebissen werden sollte, mich auf das sorgfältigste zu behandeln. Ich dankte ihm für sein Erbieten und wünschte von Herzen, seiner niemals zu bedürfen.

Sobald aber jemand gebissen wird, erklärte er, muß das verletzte Glied sieben bis acht Finger breit unterhalb des Bisses und, wenn einige Gelenke dazwischenliegen, auch oberhalb abgebunden werden. Dann soll man schleunigst ohne den mindesten Aufenthalt nach Hause gehen, auch sich davor hüten, etwas zu trinken, es sei denn den eigenen Urin, der unter solchen Umständen das stärkste Gegengift bildet. Wenn der Biß ins Bein gegangen ist, sei es zwar überaus schwierig, damit fortzukommen, weil es zugleich ganz steif wird und gleichsam abgestorben erscheint. Trotzdem muß man sich rasch zu helfen wissen und allen Mut zusammennehmen. Wenn man ihm einen Verwundeten brächte, untersuche er zuerst einmal, ob die Schlange mit ihren beiden Hackenzähnen oder nur mit einem allein zugebissen habe. Wie er mir nämlich im Rachen der getöteten Schlange zeigte, hat diese nur zwei Giftzähne, die man ihrer krummen Form wegen Hackenzähne zu nennen pflegt. Sie sind zehn- bis zwölfmal länger als die anderen Zähne und stecken in ihrem Gaumen. Ich ließ einen davon ausbrechen und bemerkte, daß er von der Wurzel an bis auf zwei Drittel seiner Länge

hohl war und seitwärts eine kleine Öffnung aufwies. Diese Zähne sind beweglich und haben an dem Platz, an dem sie im Zahnfleisch stecken, ein kleines, mit Gift angefülltes Häutchen, wie eine Blase. Wenn nun die Schlange beißen will, neigt sie den Kopf und beißt seitwärts, durch diese heftige Bewegung drückt sie die Bläschen zusammen und spritzt durch die Höhlung der Zähne das Gift heraus. Durch das kleine Loch am Ende der Höhlung verbreitet es sich in der Wunde, und der Schlangenbiß ist um so gefährlicher, je tiefer die Zähne ins Fleisch gedrungen und je länger sie darin verblieben sind. Sobald nur der Biß gefühlt wird, zieht man ganz unwillkürlich den Arm oder Schenkel geschwind zurück und damit zugleich auch die Schlange, die infolge ihrer gebogenen Zähne und der Lage, die sie während des Beißens angenommen hat, das Fleisch, in dem sie steckt, nicht so leicht fahren läßt. Zuweilen reißt man die Zähne sogar heraus, da man sich mit außerordentlicher Gewalt zurückzieht.

Sind nun die Löcher der zwei Hackenzähne ziemlich nahe beieinander und an einer Stelle, an der sie ein Schröpfkopf alle beide bedecken kann, setzt man nur einen, sonst aber mehrere. Nachdem der Schröpfkopf seine Wirkung getan hat, preßt und drückt man sehr stark mit beiden Händen die umliegenden Teile der Wunde, um das Gift zugleich mit dem Blut herauszuschaffen. Öfter wird auch das Ansetzen der Schröpfköpfe zwei- bis dreimal wiederholt, je nachdem man einen stärkeren oder schwächeren Ausfluß des Giftes wahrnimmt. Besonders aber sorgt man dafür, dem Verwundeten ein tüchtiges Glas voll Wein oder Zuckerbranntwein einzugeben, in dem eine Unze Theriak aufgelöst wurde. Inzwischen zerstößt man in einem Mörser eine Knoblauchzehe, eine Handvoll Stecklianen, wilden Portulac und noch verschiedene Kräuter oder Wurzeln, die mir aber mein Gewährsmann nicht nennen wollte. Darin vermengt man Schlangenkopfpulver und ein wenig Branntwein und gibt diesen Saft dem Gebissenen nach der Behandlung mit den Schröpfköpfen zu trinken. Die ausgepreßten Kräuter legt man statt eines Umschlags auf die Wunde und sucht den Kranken so warm wie möglich zu halten, läßt ihn aber 24 Stunden lang nicht einschlafen, gestattet ihm auch kein anderes Getränk als den Saft dieser Kräuter mit Wasser, Zitronensaft oder einem Drittel Branntwein vermengt. Nach zwölf Stunden wird der erste Verband abgenommen und ein neuer, ähnlicher Umschlag aufgelegt, den man zwölf Stunden später ebenfalls wieder abnimmt. Danach zeigt sich aus der verminder-

ten oder zugenommenen Geschwulst und der Menge des Giftes, die durch den Umschlag herausgezogen wurde, ob der Verwundete genesen oder sterben wird. In drei bis vier Tagen ist alles vorbei, vorausgesetzt, daß die Schlange mit ihren Zähnen keine Pulsader oder ein sonstiges wichtiges Blutgefäß verletzt hat. In einem solchen Fall sind nämlich alle Arzneimittel vergeblich und der Gebissene muß zwölf bis fünfzehn Stunden später der Natur den Tribut bezahlen.

Es gibt aber noch eine andere Behandlungsart von Schlangenbissen, die sich rascher durchführen läßt als die eben beschriebene. Ich würde sie sogleich billigen, wenn sie nicht so gefährlich für denjenigen wäre, der auf diese Art zu behandeln wagt. Sie besteht darin, daß man solange an dem verwundeten Teil des Körpers saugt, bis alles Gift, das die Schlange eingeflößt hat, herausgesogen wurde. Wer soviel Mut oder christliche Liebe besitzt, eine solche Behandlung zu wagen, spült sich vorher den Mund gut mit Branntwein aus und saugt aus Leibeskräften, nachdem die Wunde vorher geschröpft wurde. Was man herausgesaugt hat, wird von Zeit zu Zeit ausgespuckt, und der Mund jedesmal wieder gespült, auch muß das Fleisch rund um die Wunde stark mit beiden Händen zusammengedrückt werden. Man hat mit dieser Behandlungsart sehr gute Erfolge erzielt, doch ist sie sehr gefährlich für den Behandelnden, der einen raschen Tod befürchten muß, wenn er nur die geringste Schramme im Mund hat oder von dem ausgesaugten Gift etwas hinunterschluckt; denn dann kann keine Arznei ihn mehr retten. Nachdem ich diesen armen, verwundeten Neger getröstet hatte, ersuchte ich den Plantagenaufseher, mir am folgenden Morgen ausrichten zu lassen, wie sich der Kranke befände, damit ich ihm nötigenfalls mit meinem Zuspruch beistehen könne. Nach unserer Heimkehr wusch man mir abends vor dem Schlafengehen die Beine, und ich fand sie, ohne ein weiteres Jucken zu empfinden, geheilt. Der Neger, der im Wald auf der Jagd gewesen war, hatte 14 bis 15 Rebhühner und ebensoviele Holztauben, sowie vier Dutzend Krammetvögel mitgebracht. Wir speisten abends etwas von diesem Wildbret, das übrige wurde soweit zugerichtet, daß man es nur an den Spieß stecken mußte, und am folgenden Tage mit einigen anderen Eßwaren zu Pater Breton gebracht, bei dem wir das Mittagsmahl einnehmen wollten.

Am Mittwoch, dem 17., kehrte Pater Breton in aller Frühe nach Hause zurück, um die gehörigen Anstalten für seinen Mittagsschmaus zu treffen. Ich aber ging mit der ganzen Gesellschaft zur Kirche, wo ich

die Messe las. Der Plantagenaufseher schrieb mir, daß sich der von der Schlange gebissene Neger außer Gefahr befände, und man auch, ohne die Abnahme des zweiten Verbandes abwarten zu müssen, seiner Genesung sicher sein könne. Diese Nachricht war mir sehr angenehm und beruhigte mich.

Endlich kamen wir zu Pater Breton. Wir gingen sogleich in die Kirche, um das Allerheiligste anzubeten. Ohne die Kapelle mochte sie ungefähr 60 Fuß lang und 24 breit sein. Sie bestand ganz aus Mauerwerk, und der Dachstuhl war ziemlich sauber, aber etwas zu niedrig. Der Flecken Basse-Pointe bestand damals nur aus 15 bis 20 Häusern, die von einigen Kaufleuten, Handwerkern und Wirten bewohnt wurden. Das Pfarrhaus war klein, aber bequem und ganz artig. Es besaß einen sorgfältig angelegten Garten und eine gegen den Flecken hin umzäunte Weide, damit der Pater dort sein Pferd grasen lassen konnte. Der von meinem Wirt vorausgeschickte Vorrat reichte mit dem, was seine Pfarrkinder noch dazugeliefert hatten, gut aus, um uns zu bewirten. Man hatte ihm Tischzeug, Geschirr und Bediente geliehen, so daß die 14 oder 15 Personen, die an der Tafel teilnahmen, an nichts Mangel litten.

Nach Tisch stieg ich mit einigen Begleitern zu Pferde, um Herrn Pocquet, den Kapitän des Reviers und Mitglied des Obersten Rats zu Martinique, aufzuwarten. Er stammte aus Paris und hatte sich einige Jahre an der Koromandelküste im Dienste der Ostindischen Kompagnie aufgehalten und dabei ein großes Vermögen erworben. Nach seiner Rückkehr wurde er zum Aufseher der Domänen und Vorratshäuser auf den Inseln bestellt. Hier hatte er sich mit einer Tochter eines Edelmannes vermählt und von verschiedenen Privatpersonen das Landgut gekauft, wo er noch wohnte. Es war etwa 1.200 Schritte lang und 3.000 breit, und er hatte an die 200 Neger. Er empfing uns aufs beste und erbot sich zu allen nur möglichen Gefälligkeiten, wollte uns auch zum Abendessen behalten, wir aber entschuldigten uns, da wir uns schon bei einem von Pater Bretons Gästen angesagt hatten. Bei diesem trafen wir dann die ganze Tischgesellschaft wieder an und wurden aufs herzlichste bewirtet. Nach der Abendmahlzeit schlief ich bei Pater Breton. Die ganze übrige Gesellschaft aber verblieb an dem Ort, an dem wir gespeist hatten.

Am nächsten Morgen las ich erst in der Kirche meine Messe, besuchte dann auf dem Rückweg einige meiner Pfarrkinder und verfügte mich schließlich zu meinem Wirt. Samstags las ich die Messe in der Kapelle

Pistaciennuss.
Piment oder Indianischer Pfeffer.

am Großen Strom, um danach den Neger zu besuchen, der von der Schlange gebissen worden war. Ich fand ihn in einem sehr guten Zustand, sein Schenkel, in dem er keine Schmerzen mehr empfand, war nur noch ein wenig geschwollen. Der Negerarzt hatte ihn dem Wundarzt des Hauses übergeben, der die beiden Löcher von den Hackenzähnen der Schlange und die darauf gemachten Einschnitte des Schröpfschneppers mit einem gewöhnlichen Pflaster verschloß.

Bei dieser Plantage machte ich nun den Anfang mit dem Aufzeichnen meiner Pfarrkinder. Ich fand dort 110 Neger, große und kleine, unter ihnen acht Erwachsene, die noch nicht getauft waren. Alle Neger unterstanden einem Verwalter, der schon ganz grau war, obgleich er noch keine 35 Jahre zählte, auch war er ein so professioneller Spieler, wie es sonst kaum einen gab. Ich empfahl ihm nachdrücklich, genau darauf zu achten, daß früh und abends allezeit Betstunden und Katechismuslehre gehalten und mir die Neger an Sonn- und Festtagen gleich frühmorgens in die Kirche geschickt würden, damit ich sie zum Empfang der Taufe und der übrigen Sakramente vorbereiten könnte. Das gleiche geschah in allen Plantagen meines Kirchspiels, und ich kann die Genauigkeit meiner Pfarrkinder in diesem Punkt nicht genug rühmen.

Am Sonntag ging ich schon mit Tagesanbruch in die Kirche, wo ich eine große Zahl Neger und weiße Kinder antraf, die ich im Katechismus unterrichtete. Viele Personen beichteten bei mir, die ihre Andacht verrichten wollten. Nach der Messe vollzog ich noch zwei Taufen. Inzwischen kam Pater Breton ebenfalls zu uns, wir stiegen zu Pferde und ritten gemeinsam zu Herrn Michel, wo sich eine Gesellschaft von etwa 20 Personen einfand. Ich muß wohl nicht erst wiederholen, daß wir sowohl mittags als auch abends herrlich bewirtet wurden. Die meisten Gäste blieben hier über Nacht, und man darf sich eben nicht wundern, daß in ziemlich kleinen Häusern trotzdem Platz ist, so viele Personen unterzubringen, da fast alle in Hamacks schlafen, die wenig Platz einnehmen und ein Haus nicht beschweren.

Am Dienstag, den 22., besuchten wir nach der Messe Herrn Pocquet, wo sich auch noch weitere Gäste einfanden. Allein zu allem Unglück fiel dieser Fleischtag auf den Vorabend des Heiligen Matthias und war folglich ein Kirchenfasttag. Dessen ungeachtet tranken die meisten Schokolade, wobei sie sich an den Ausspruch einiger Missionare hielten, die ihn von Rom zu haben behaupteten und wonach man, ohne

die Fasten dadurch zu brechen, Schokolade genießen dürfe, wenn nur keine Eier oder Milch, wie fast allenthalben auf den Inseln üblich, dazugenommen würden. Wir diskutierten lange Zeit für und gegen diesen Ausspruch. Ich für meine Person war zwar der entgegengesetzten Meinung und bezog mich auf das Urteil einiger spanischer Ärzte, die darin übereinstimmten, daß eine Unze Schokolade mehr Nahrungskraft enthalte als ein halbes Pfund Rindfleisch. So behauptete ich, man könne, ohne die Fasten zu brechen, schlechterdings keine Schokolade trinken, sollte sie auch nur nach spanischer Art mit Wasser zubereitet sein. Die Gewohnheit, Eier, Milch oder Madeirawein darunterzumengen, ist eine Erfindung der Engländer, die dergleichen in ihre Getränke mischen. Die ganze Gesellschaft, die aus vernünftigen und tugendhaften Personen bestand, oder doch wenigstens dafür angesehen werden wollte, gab mir Beifall. Man schickte Tee und Kaffee zurück und suchte die Zeit bis zum Mittagessen auf andere Art zu vertreiben. Ich gesellte mich zu Herrn Pocquet, der mir seinen Garten und die Einrichtung des Gebäudes zeigte, wo er anfing, weißen Zucker herstellen zu lassen. Es war ein großes steinernes Haus, 130 Fuß lang und 80 Fuß breit, mit noch einem Stockwerk unter dem Dach, wo man die Zuckerformen aufhebt, wenn sie in der Fabrik abgekühlt worden sind. Hier muß der Zucker in Gärung kommen, sich läutern und weiß werden. Auf der einen Seite steht der Kühlofen, wo die Zuckerformen getrocknet werden, wenn sie ihre weiße Farbe gewonnen haben. Zwischen dem Kühlofen und der Zuckersiederei liegt noch ein anderer Platz, wo die Zuckerformen gestoßen werden, wenn sie trocken sind, damit die Tonnen, in welchen der Zucker nach Europa transportiert wird, eine größere Menge fassen können.

Im Garten sah ich weiße und rote Frangitanen, die einen lieblichen und angenehmen Duft aufweisen, Nelken und Rosen in großer Menge, Feigenbäume wie unsere in Frankreich, die aber das ganze Jahr tragen, wenn sie nur behackt, unten am Stamm gedüngt und während der Dürre fleißig gegossen werden. Er versprach, meinen Garten mit allen Pflanzen, Bäumen und Kräutern zu versehen, die mir in dem seinigen gefielen, und erbot sich zu allem, was nur in seinem Vermögen stünde.

Herr Pocquet hatte schon damals sechs Kinder. Seine beiden ältesten Söhne studierten in Paris und die älteste Tochter war im Ursulinenkloster des Kastells Saint-Pierre. Als ich von der Insel wieder abreiste, hatte er 13 lebende Kinder, und seine Frau war noch jung genug, um

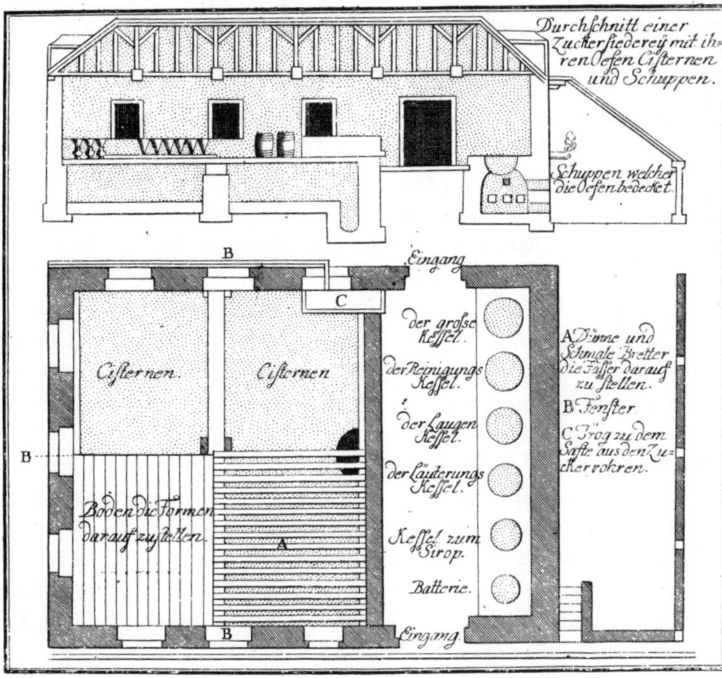

weitere zu bekommen. Er war in allen seinen Geschäften ein sehr ordentlicher Mann, der einen herrlichen Tisch und prächtiges Hausgerät liebte. Seinen Kindern eine gute Erziehung zu verschaffen, sparte er keine Kosten. Dabei war er ein guter Christ und ein aufrichtiger Freund, dem es Vergnügen bereitete, wenn er einem Notleidenden zu helfen vermochte. Kurz vor Mittag setzten wir uns zu Tisch, und man konnte weder besser und ordentlicher, noch mit einem größeren Überfluß kostbar zugerichteter Speisen bedient werden, als es hier geschah. Unter anderem wurde auch ein Schildkrötenbruststück aufgetragen, das mehr als zwei Fuß lang und anderthalb Fuß breit war. Ich hatte zwar, seitdem ich mich auf den Inseln aufhielt, schon mehrfach von Schildkröten gespeist und diese auch jederzeit sehr gut gefunden, dieses aber schien mir ein herrlicher Leckerbissen zu sein.

Das Bruststück einer Schildkröte besteht aus der ganzen Bauchschale dieses Tieres, an der noch drei bis vier Finger hoch Fleisch und alles Fett

gelassen wird. Dieses Fett sieht grün aus und hat einen herrlichen Geschmack. Man setzt das Bruststück, das vorher mit Zitronensaft, Piment, Pfeffer, Salz und gestoßenen Nelken bestreut wurde, ganz in den Ofen, der aber nicht heißer sein darf, als zum Backwerk erfordert wird, da das überaus zarte Fleisch der Schildkröte bei einem langsamen Feuer gebraten werden muß. Während es im Ofen steht, wird das Fleisch von Zeit zu Zeit mit hölzernen Gabeln durchstochen, damit es von der darin enthaltenen Brühe allenthalben saftig werde. Man setzt dann das ganze Bruststück auf die Tafel, schneidet alles daran befindliche Fleisch in dünnen Scheiben herunter und legt es mit etwas Brühe vor. Niemals habe ich etwas Besseres genossen. Dieses Fleisch hat auch noch die vortreffliche Eigenschaft, daß man, ohne die mindeste Beschwernis zu empfinden, nach Belieben davon essen kann. Es gibt Suppen, die so kräftig sind, als ob sie von Rinder- oder Hammelfleisch wären. Man brät es am Spieß, ißt es gedämpft, in Ragoûts, Frikassée, auch die Eingeweide sind sehr gut, noch weit besser aber die Pfoten. Trotzdem kann man sich leicht vorstellen, daß die Schildkröte nicht das einzige Fleischwerk auf der Tafel des Herrn Pocquet war. Man fand noch eine erstaunliche Menge anderes, auch See- und Meerfische.

Unter dem Konfekt, der zum Nachtisch aufgesetzt wurde, war der eingemachte Kakao das köstlichste Zuckerwerk, das man sich nur vorstellen konnte, und übertraf meines Erachtens die besten europäischen Konfitüren. Es war, wie alles übrige, das Werk einer gewissen Mamsell von der Insel Saint-Christoph, namens Maria Anna Menegaut. Nach der Verheerung und Einnahme dieser Insel war sie als eine Waise und ihres ganzen Vermögens beraubt nach Martinique gekommen, wo Madame Pocquet, die ihre Familie und Verdienste kannte, sie als Gesellschafterin und Erzieherin der Kinder zu sich ins Haus genommen hatte.

Man muß es den Einwohnern von Martinique zum Lob nachsagen, daß sie schwerlich an Großmut, Eifer und christlicher Liebe zu übertreffen wären, die sie den Einwohnern von Saint-Christoph und den übrigen Inseln zuteil werden ließen, deren sich die Engländer bemächtigt hatten. Ein jeder Hausvater nahm sie zu sich und richtete sich dabei mehr nach der Größe seiner Barmherzigkeit, als nach seinen Mitteln. Ja, sie ließen öfters eher die Ihrigen notleiden, als daß es diesen armen Vertriebenen an etwas mangeln sollte. Auf der ganzen Insel wurde für sie gesammelt, was beinahe 50.000 Francs einbrachte,

wodurch man viele solche armer Leute hätte versorgen können, wenn diese Geldsumme gerecht aufgeteilt worden wäre. Gewisse Familien wurden indessen so gut bedacht, daß für die übrigen, die es verdient hätten oder doch wenigstens ebenso bedürftig waren, fast nichts mehr übrigblieb. Ja, ich habe Familien gekannt, die durch diese häufigen Almosen sogar noch einen großen Vorteil gewannen.

Nachdem man von der Tafel aufgestanden war, ersuchte ich Mamsell Maria Anna, mir doch zu lehren, wie diese Art Konfitüren gemacht werde. Sie weigerte sich nicht im geringsten und führte mich sogleich in die Konditorei, wo einige noch nicht fertige lagerten, deren Zubereitung sie mir erklärte. Der Kakao, den man einmachen will, muß einige Zeit, ehe er reif wird, abgebrochen werden. Die Reife der Frucht erkennt man, wenn die Zwischenhaut der Schoten, in denen sie steckt, gelb zu werden beginnt. Die einige Tage vor der Reife abgebrochenen Kakaomandeln sind weiß, zart und von köstlichem Geschmack. Man läßt sie fünf bis sechs Tage lang in süßem, klaren Wasser weichen, das man jeweils morgens und abends erneuert. Dann spickt man sie an fünf oder sechs Stellen mit kleinen Stückchen Zitronenschalen und dünnen Zimtspitzen. Danach wird ein Sirup aus schönem, dünnem Zucker hergestellt, und nachdem man ihn vom Feuer genommen und abgeschaumt hat, legt man die Mandeln 24 Stunden lang hinein. Danach siedet man einen weiteren, aber etwas dickeren Sirup, in dem sie wieder 24 Stunden bleiben müssen. Dieses Verfahren wird sechs Tage wiederholt, und jedesmal mehr Zucker dazugenommen. Sie werden aber niemals aufs Feuer gesetzt und erhalten auch keine andere Bräunung, als die sie in den verschiedenen Arten von Sirup erlangen. Zuletzt wird noch ein dickerer Sirup gesotten, in den man etwas Ambra-Essenz oder andere wohlriechende Gewürze mengt, und in ihm hebt man sie zum Verbrauch auf. Wenn man sie nun trocken haben will, nimmt man sie aus dem Sirup und dunkelt sie in einem mit dickem Sirup angefüllten kupfernen Becken. Dann werden sie sogleich in den Kühlofen gesetzt, wo sie sich erst kandieren müssen. Wie man sieht, erfordert diese Konfitüre große Mühe und kostet viel Zucker. Die Zuckerbäcker auf den Inseln machen sie daher nur selten, das Pfund nicht unter einem Taler. Überdies sind sie nicht einmal imstande, damit richtig umzugehen.

Am Aschermittwoch weihte ich die Asche in meiner Kirche, sang danach die Messe und predigte. Herr Dauville, mein Küster, bat mich

zum Mittagessen. Ich las drei Tage hintereinander in meiner Kirche Messe und vollendete inzwischen das Seelenverzeichnis meines Kirchspiels, besuchte auch die Kinder und Neger, die zur ersten Kommunion und zur Heiligen Taufe vorbereitet werden sollten. Freitag speiste Pater Breton mittags bei meinem Wirt und brachte meinen Reisegefährten, Pater Dastez, mit dorthin. Dieser wurde vom Generalsuperior unserer Mission in das Kastell Saint-Pierre entsandt und sollte dort eine Gelegenheit abwarten, um sich nach der Mission Saint-Domingue als dem Ort seiner Bestimmung zu begeben. Ich behielt ihn bei mir, und wir wollten gemeinsam am kommenden Montag nach Basse-Terre reisen, wo meine Gegenwart erforderlich wurde.

Am Sonntag begab ich mich sehr früh in meine Kirche, wo viele bei mir beichteten und danach während der stillen Messe, die ich las, kommunizierten. Ich ließ Pater Dastez den Vorzug, die ordentliche Kirchenmesse zu singen, und predigte dann über das Evangelium von der Notwendigkeit und eigentlichen Beschaffenheit des Fastens. Dabei erinnerte ich daran, daß es erlaubt sei, Eier zu essen, wer sich aber des Fleischessens nicht enthalten könnte, sollte sich vorher gut vor Gott prüfen und sogleich mich, als den Seelsorger, deswegen um Erlaubnis fragen, um so durch den der Kirche bezeugten Gehorsam wenigstens das Gewissen zu beruhigen. Zugleich ersuchte ich sie, mir an Sonn- und Feiertagen morgens bei guter Zeit die noch ungetauften Neger zu senden, damit ich diese noch vor der Katechismuslehre besonders unterrichten könnte, wobei ich wünschte, daß sich ihre Kinder, Dienstboten und Neger ebenfalls dazu einfinden möchten, noch ehe das Hochamt seinen Anfang nimmt. Dann benachrichtigte ich sie, daß ich diese Woche zeitweilig abwesend sein würde, um dem Generalstatthalter zu Fort Royal meine Aufwartung zu machen. Pater Breton würde aber unterdessen für mich das Amt versehen. Ich schloß endlich mit der Bitte, daß sie sich nach dem Hochamt im Pfarrhof einfinden sollten, da ich ihnen verschiedenes vorzutragen hätte.

Nachdem sich alle Familienältesten im Büßerhaus versammelt hatten, machte ihnen Herr Michel gebührende Vorstellungen, wie nötig es sei, diese Behausung zu vergrößern, und zeigte ihnen zugleich auch, auf welche Art das ohne große Unkosten am leichtesten geschehen könnte. Jedermann bewilligte seine Vorschläge und steuerte sehr freigiebig nach seinen Vermögensumständen bei. Dem Küster hingegen wurde aufgetragen, das Versprochene zu übernehmen und ohne Verzögerung die

nötigen Dielen, Schindeln und alles übrige Holzwerk, von dem ihm die Zimmerleute das Verzeichnis gaben, schneiden zu lassen, damit bis auf Pfingsten alles in Bereitschaft sei, da die beiden Zimmerleute des Kirchspiels versprochen hatten, zu diesem Zeitpunkt mit ihrer Arbeit zu beginnen.

Da ich nun aber auch den Garten so rasch wie möglich anzulegen beabsichtigte, erboten sich alle meine Pfarrkinder, daß ein jeder von ihnen eine gewisse Anzahl Palisaden zur Umzäunung liefern würde, und sie versprachen mir, alles unverzüglich herbeizuschaffen. Nachdem ich ihnen für alles gedankt hatte, stieg ich zusammen mit Pater Dastez und Herrn Michel zu Pferde, um das Mittagsmahl bei einer Witwe namens Madame Roche einzunehmen, deren Plantage mein Kirchspiel von Basse-Pointe schied. Diese damals 75jährige Frau stammte aus Dieppe und hatte die dortige grobe Landessprache und die Lebensart so unverändert beibehalten, als hätte sie niemals einen Fuß aus dieser Stadt gesetzt. Ihr Mann hatte sein Leben in einem Gefecht zwischen den königlichen Truppen und den Einwohnern von Capesterre verloren, als diese im Jahre 1664 die Landeshoheit der Gesellschaft, die das Eigentumsrecht der Insel verkauft hatte, nicht anerkennen wollten. Als dieses Gefecht schon drei Monate zurücklag, hatte man sich immer noch nicht um die Beisetzung der Toten gekümmert. Indessen wollte Madame Roche den Leichnam ihres Mannes in der Kirche von Macouba begraben lassen. Sie machte sich also mit zwei ihrer Neger auf den Weg, um ihn zu suchen, und glaubte, nur noch seine Gebeine dort vorzufinden. Damals hatte sich nämlich einer der beiden sie begleitenden Neger bei ihrem Mann befunden und ihn neben der Straße hinter einen Felsen getragen und dort liegenlassen. Sie erstaunte aber nicht wenig, die Körper sowohl ihres Mannes als auch der übrigen Einwohner, die dort erschlagen worden waren, ganz unversehrt anzutreffen. Ihre Erhaltung aber mochten sie der außerordentlichen Kälte verdanken, die auf diesem hohen Gebirge herrschte. Die Gegend machte aber auch den Abtransport der Leiche fast unmöglich, da die schmalen Wege es nicht erlaubten, daß zwei Personen, die zugleich eine Last trugen, nebeneinander gehen konnten. Dieser Umstand würde jeden anderen in Verlegenheit gesetzt haben, nur Madame Roche nicht, die sich als beherzte Frau schon zu helfen wußte. Sie ließ nämlich den Körper ihres Mannes in Stücke teilen, und nachdem sie ihre beiden Neger damit beladen hatte, brachte sie ihn auf solche Art nach

Macouba, wo er begraben wurde. Ich hätte dieser Geschichte niemals Glauben geschenkt, wenn sie mir die gute Witwe nicht selbst erzählt hätte, und zwar mit einer solchen Freimütigkeit, die mich allein von ihrer Wahrheit überzeugte.

Pater Breton, der diesen Mittag mit bei Tisch gewesen war, führte mich nachher mit meinem Gefährten zu Herrn Verrier, wo wir zu Abend speisten und über Nacht blieben. Ich ließ mir diesen Vorschlag um so eher gefallen, da ich auf diese Weise dem Kastell Saint-Pierre immer näher kam. Außer meinem Neger hatte ich noch einen anderen von Herrn Michel bei mir, der meine Wäsche und einige andere notwendige Sachen tragen mußte, bis die See erlaubte, ein Boot zu schicken und meinen Koffer, Bett und die vom Superior unserer Mission verlangten Lebensmittel abzuholen.

4. Kapitel

Reisen des Verfassers auf der Insel Martinique und Bericht über die Flibustier

Am Montag, dem 1. März, verließ ich vor Tagesanbruch die Behausung des Herrn Verrier, wo ich über Nacht geblieben war, und kam gegen neun Uhr morgens ins Kastell Saint-Pierre. Hier fand ich unseren Generalsuperior, der sich über die gute Gesinnung meiner Pfarrkinder höchst zufrieden zeigte. Dann besuchte ich unter anderen auch noch den Herrn de la Héronnière, der eben einen Streit mit dem Grafen de Blenac, dem Generalstatthalter der Insel, wegen sechs Gewehrkisten gehabt hatte, die sich nicht im Schiff befanden, obgleich sie auf dem Verzeichnis der Ladung angemerkt waren. Der Statthalter bedrohte Herrn de la Héronnière mit einer rechtlichen Klage, da er den Empfang dieser sechs Kisten zwar bescheinigt, zugleich aber behauptet hatte, sie seien wieder ins Zeughaus in Rochefort zurückgeschickt worden, da man sie im Schiff nicht unterbringen konnte. Darüber sei auch vom

Schiffsschreiber ein schriftliches Zeugnis ausgestellt worden. Dieser aber, dessen boshafte Gemütsart bekannt war, leugnete den ganzen Vorgang, obwohl er vom Schiffsleutnant, den Seeoffizieren und allen Matrosen bestätigt wurde. Da aber wurde dieser gottlose Mensch von der Siamesischen Krankheit überfallen und in wenigen Tagen hinweggerafft. Man fand unter seinen Briefschaften die vom Magazinverwalter zu Rochefort unterschriebene Empfangsquittung über diese sechs Kisten. Herr de la Héronnière war erst vor ungefähr ein paar Stunden aus Fort Royal zurückgekehrt, wohin er dem Generalstatthalter die Quittung überbracht hatte. Dieser aber legte ihm die Rücksendung der Gewehrkisten als neues Unrecht aus und behauptete, es fehle dadurch der Festung an Waffen, obwohl er zehnmal mehr Leute mit Gewehren versehen könnte, wie überhaupt auf den Inseln lebten. Ich versäumte nicht, Herrn de la Héronnière zum guten Ausgang seines Handels Glück zu wünschen, und hatte um so mehr Ursache dazu, da ich ihm wegen der vielen von ihm empfangenen Höflichkeiten verbunden zu sein glaubte. Dem Neger des Herrn Michel übergab ich, was von meinen Sachen ins Quartier geschafft worden war, und ersuchte den Superior unserer Mission, mir den nötigen Proviant zu verschaffen.

Dann mietete ich einen Platz im Boot eines freien Negers namens Louis Galere, der in einem Tag von Saint-Pierre nach Fort Royal und wieder zurück fährt und sich von der Person einen Taler, für das ganze Boot aber sechs Taler bezahlen läßt. Dieses Fahrzeug ist bequem. Man rechnet zwar zu Lande nur sieben Meilen vom Kastell nach Fort Royal, aber der Weg ist sehr schlimm und beschwerlich, da das ganze Land aus felsigem Boden besteht und man daher immerfort auf- und absteigen muß.

Diese Fahrten hatte Louis Galere nun schon vor zwei oder drei Jahren angefangen und soviel damit gewonnen, daß er, obwohl sich seitdem schon mehrere Nachahmer gefunden hatten, bei meiner Abreise mehr als 20 Sklaven und drei bis vier große Boote besaß, nebst einem Zugnetz zur Fischjagd, was in der Tat kein geringer Reichtum war. Das Boot ist mit einem groben, geteerten Tuch bedeckt, das über den Platz gezogen wird, an dem die Passagiere sitzen. Ein Neger steuert, und vier oder fünf andere rudern.

Die Abreise vom Kastell erfolgt drei bis vier Stunden vor Tagesanbruch, und die Ankunft in Fort Royal morgens nach sieben Uhr. Umgekehrt verläßt man letzteres um vier Uhr nachmittag, um gegen

sieben Uhr oder, wenn der Wind sich legt und die Schwarzen daher rudern müssen, noch etwas später nach Saint-Pierre zurückzukommen. Meine Abfahrt erfolgte Dienstag gegen zwei Uhr nach Mitternacht. Wir waren fünf Personen im Boot, sowie fünf Neger, die uns führten. Wenn man einen Bedienten bei sich hat, er mag nun schwarz oder weiß sein, reist derselbe frei. Wir bekamen heftigen, mit Regen begleiteten Sturmwind und mußten daher in eine zwei Meilen vom Kastell entfernte Bucht einlaufen und uns in Sicherheit bringen, nachdem der Wind das geteerte Tuch vom Boot mit sich fortgeführt hatte. Als der Sturm vorüber war, setzten wir uns wieder in das Boot und wurden nach kurzer Unterhaltung einer um den anderen vom Schlaf überfallen, und ich erwachte nicht eher, als bis man zu Fort Royal aussteigen sollte.

Man rechnet zur See vom Kastell bis nach Fort Royal neun Meilen, und es war ungefähr sechseinhalb Uhr, als wir dort anlangten. Ich machte sogleich den ehrwürdigen Kapuzinern meine Aufwartung und las die Messe bei ihnen.

Sie waren die ordentlichen Pfarrer in der Stadt und die Kapläne im Kastell, bedienten auch alle Pfarrkirchen vom Fort Royal bis zu einer Inselspitze im Osten, die Salzspitze genannt wird und durch die ihre geistliche Gerichtsbarkeit von der unsrigen geschieden wird. Danach ging ich zu Herrn Houdin, der damals seine Wohnung in der Stadt hatte. Er setzte mir Schokolade vor und bat mich, bei ihm mittags zu speisen, nachdem ich vorher dem Grafen de Blenac meine Aufwartung gemacht hätte, was ja der einzige Grund zu dieser Reise gewesen war. Ich ging sogleich fort in die Festung und fand dort den Herrn de Gagny, der eben die Wache hatte. Diesen ersuchte ich, mich dem General vorzustellen, der mich überaus gnädig empfing. Nachdem er die Briefe gelesen hatte, die ich ihm überreichte, sagte er, daß ihm meine Person schon bekannt sei, und wenn ich zu Fort Royal bleiben wolle, könnte ich die Aufsicht über den Festungsbau bekommen, da er ein für alle Mal glaube, daß ich nicht allein in der Lage sei, die begangenen Fehler zu verbessern, sondern auch die täglichen Veruntreuungen abzustellen. Ich dankte ihm für diesen so vorteilhaften Antrag, sagte aber, daß ich von meinen Vorgesetzten abhinge, denen es zwar höchst angenehm sein würde, ihm ihre Ehrfurcht und ihren Gehorsam zu beweisen, indem sie mir erlaubten, seine Befehle zu vollziehen, doch meinte ich, daß er mich nicht nötig habe, da der ihm vom Minister zugeschickte Ingenieur alle nur erforderliche Wissenschaft und Redlichkeit besitze, um seine

Landschaft auf den karibischen Inseln (La Vega)

Schuldigkeit tun zu können. Danach blieben wir beinahe noch zwei Stunden beieinander, endlich ließ er Herrn de Gagny rufen und befahl ihm, mich durch die Festung zu führen und dann wieder zur Mittagstafel zu bringen, was ich, ungeachtet aller dagegen gemachten Einwendungen, schlechterdings zusagen mußte.

Wir fanden den Ingenieur, wie er an einem großen, abgesonderten Gebäude, das Aussicht gegen das Meer hatte, arbeiten ließ. Das Untergeschoß, das unter die Erde zu stehen kam, sollte Magazine für Lebensmittel, Backöfen und anderes aufnehmen, das erste Stockwerk war zur Wohnung des Generals bestimmt, aus dem oberen Stock sollte der Fechtboden, die Wohnungen für die Offiziere und Bedienten des Generals gemacht werden. Der Ingenieur war ein sehr erfahrener und geschickter Edelmann aus dem Languedoc namens Caylus. Er war erst vor einigen Monaten auf den Inseln angekommen. Wir wurden hier bekannt miteinander, und unsere Freundschaft hat seitdem ununterbrochen fortgedauert. Wenn man seine Ratschläge befolgt hätte, würde diese Festung unüberwindlich geworden sein. Aber gerade die geschicktesten und uneigennützigsten Leute finden häufig den geringsten Beifall, und ihre Ratschläge werden selten befolgt.

Herr de Gagny führte mich um die ganze Festung. Wenn man sie nur flüchtig betrachtet, so scheint sie recht ansehnlich zu sein, doch entdeckt man bei etwas genauerer Untersuchung gewichtige Fehler an ihr. Wie man behauptet, soll ein gewisser Payen die Schuld tragen, der zwar nur ein mittelmäßiger Baumeister und Ingenieur war, den man aber trotzdem nach den Inseln geschickt hatte. Dort befolgte er unter dem Vorwand, daß es zu viel kosten würde, keineswegs den im Jahr 1675 an Ort und Stelle gemachten Plan, sondern nahm einen anderen, der so fehlerhaft war, daß der König zu seiner Verbesserung nicht allein große Summen aufwenden mußte, sondern auch die Einwohner unermeßliche Arbeit damit hatten, wobei trotzdem nicht allen Fehlern abgeholfen werden konnte.

Diese Festung liegt auf einer Anhöhe, die fast eine Halbinsel bildet, aus weichen Felsen oder Tuffstein besteht, der sich, sobald man nur ein wenig unter die Oberfläche gelangt, leicht aushöhlen läßt. Der Untergrund liegt ungefähr 15 bis 18 Toisen höher als der Spiegel des Meeres, der sie auf allen Seiten umgibt, eine kleine Erdzunge ausgenommen, die allenfalls 18 bis 20 Toisen lang sein mag und durch die sie mit der eigentlichen Insel zusammenhängt.

Als im Jahre 1674 der holländische Admiral Ruyter Martinique angriff, bestand die ganze Befestigung dieses Hügels, den man damals schon Fort Royal nannte, lediglich aus einer doppelten Reihe Palisaden, wodurch diese kleine Erdzunge unten und oben auf der Anhöhe mit einer anderen Reihe geschlossen wurde, sowie aus zwei verdeckten Batterien, wovon die eine die Einfahrt des Hafens verteidigen sollte, während die andere bei der Reede angelegt war. Der Platz, an dem gegenwärtig die Stadt liegt, war ein mit Schilf angefüllter Morast, und nur am Seeufer standen einige elende Hütten oder Häuser aus Schilf, die als Magazine dienten, um die Güter darin aufzuheben, wenn die Schiffe während der stürmischen Jahreszeit im Hafen lagen. Diese Magazine waren mit Wein und Branntwein gefüllt, als Ruyter seine Truppen unter dem Kommando des Grafen von Styrum an Land steigen ließ. Da nun die Soldaten bei ihrer Landung keinen Widerstand fanden, begannen sie, diese Magazine zu plündern. Hier fanden sie Getränke, die ihnen höchst willkommen waren und wovon sie so unmäßig viel zu sich nahmen, daß keiner mehr stehen konnte, als sie ihr Befehlshaber zum Angriff führen wollte. Zu allem Glück lagen noch ein Schiff aus St. Malo mit 22 Kanonen und ein anderes königliches Schiff mit 24 Kanonen im Hafen, die beide aus ihren mit Kartätschen geladenen Kanonen ein schreckliches Feuer auf diese Trunkenbolde eröffneten, die bei jedem Schritt, den sie zum Angriff machen wollten, wieder zu Boden fielen, so daß mehr als 900 von ihnen den Tod fanden.

Das Feuer der Schiffe, das noch durch die Einwohner, die ihre Palisaden verteidigten, unterstützt wurde, zwang endlich den Offizier, der von dem gefallenen Grafen Styrum das Kommando übernommen hatte, zum Rückzug schlagen und mit den gefundenen leeren Tonnen eine Verschanzung bilden zu lassen, um den Überrest seiner Mannschaft zu decken und ihnen Zeit zu geben, auszunüchtern. Als Ruyter gegen Abend an Land kam, nachdem er den ganzen Tag damit zugebracht hatte, diese Zelte mit seinen Kanonen beschießen zu lassen, wunderte er sich überaus, mehr als 1.500 seiner Leute tot oder verwundet anzutreffen. Er beschloß also, das so unglücklich abgelaufene Unternehmen aufzugeben und seine restlichen Truppen bei Nacht wieder heimzuschicken. Fast zur gleichen Zeit versammelte Herr de Sainte Marthe, der damalige Statthalter der Insel, seinen Rat und beschloß, die Festung zu verlassen, vorher aber die Kanonen zu vernageln, da man befürchten mußte, die Bewohner würden nicht ausreichend Widerstand leisten

können, wenn der Feind richtig zum Sturm ansetzen sollte, zumal die Palisaden mehrfach durch das feindliche Kanonenfeuer zersplittert und große Stücke der Verschanzung niedergeworfen waren. Dieses Vorhaben konnte aber nicht still genug ausgeführt werden, und die Holländer hörten das Geräusch, das in der Festung sowohl mit dem Vernageln der Kanonen als auch mit dem Fortschaffen der Munition und anderen Dingen gemacht wurde. Sie hielten den Lärm nun für Anstalten für einen Ausfall, der bei ihrem gegenwärtigen Zustande höchst gefährlich für sie hätte werden müssen. Deshalb wurden sie von plötzlicher Furcht überfallen, beschleunigten vollends die Einschiffung, die mit solcher Eile und Verwirrung geschah, daß sie nebst ihren Verwundeten alles an Land gebrachte Geschütz und sogar einen guten Teil ihrer Gewehre zurückließen. Unterdessen schickten sich die Franzosen, die durch den Lärm, den sie hörten, ebenfalls erschreckt wurden, ganz außerordentlich, um ihre Boote zu erreichen, da sie meinten, der Feind sei schon im Anzug und wolle stürmen. Dieser gegenseitige panische Schrecken jagte sowohl die Belagerten wie auch die Belagerer in die Flucht und überließ die Festung einem Schweizer, der ganz ruhig schlief, weil er sich abends vorher besoffen hatte und von all diesem Getümmel nichts hörte. Wie groß aber war sein Erstaunen, als er gegen sechs Uhr morgens erwachte und sich ohne Freunde oder Feinde ganz allein im Besitz der Festung sah!

Der Marquis de Amblimont, dem von dieser doppelten Flucht nichts bekannt war, ließ sogleich mit Anbruch des Tages seine Kanonen wieder spielen, da er jedoch niemanden auf der Festung zu Gesicht bekam und sich weder dort noch im feindlichen Lager, das man wegen des Gebüsches nicht einsehen konnte, nur das mindeste regte, wurde ein Sergeant mit einigen Soldaten an Land geschickt, um Nachrichten einzuholen. Dieser Sergeant, der nichts als Tote, Verwundete und einige Betrunkene antraf, die noch in den Magazinen schliefen, meldete es ohne Verzug seinem Kapitän, der sogleich durch einen mit Soldaten abgefertigten Offizier die Festung wieder besetzen ließ. Hierauf rief man den Statthalter und die Einwohner zurück. In eben diesem Jahr wurden auch die Festungswerke zum Teil angelegt, die man gegenwärtig sieht und die hauptsächlich aus verdeckten Batterien bestehen.

In öffentlichen Zeitungen ist diese Begebenheit damals zwar anders beschrieben worden. Sie wurde mir aber von vielen Augenzeugen erzählt, die alle in den angeführten Umständen ohne die mindeste

Abweichung übereinstimmten, so daß ich bewogen wurde, ihre Nachrichten den Zeitungen vorzuziehen. Diese nämlich haben in ihren Erzählungen häufig andere Absichten, als die Wahrheit zu berichten, die noch einer Bestätigung bedarf, wenn sie von so entfernten Gegenden herkommt.

Die Erdzunge, die diese Halbinsel, auf der das Kastell steht, mit dem festen Land der Insel verbindet, verfügt heute über folgende Befestigungswerke: zwei kleine Halbbastionen, einen sehr kleinen halben Mond, welcher den Zwischenwall mit einem Graben deckt, der von Seewasser angefüllt wird, und einen überdachten Laufgang. Das Festungstor befindet sich seitwärts in der Halbbastei nach dem Hafen zu mit einer sehr engen Treppe, die zu einer Batteriebettung führt, wo einige Kanonen aufgepflanzt sind. Von dieser Terrasse kommt man zu einer anderen Treppe, die der ersten ähnelt, und findet an deren Ende noch eine weitere Batterie mit Kanonen. Die Seite der Festung gegen den Hafen zu wird durch eine doppelte Mauer mit einigen Streichwehren umschlossen, die Seeseite aber hat nur eine Brustwehr mit Schießlöchern. Über dem Tor ist noch eine dritte Terrasse, auf der Kanonen stehen sollten, um eine Anhöhe auf der anderen Seite des Hafens zu bestreichen, von der aus man der Festung mit Kanonen zusetzen könnte. Zur Besatzung lagen ungefähr 400 Mann Seesoldaten darin.

Herr de Blenac hatte die Gnade, mich zur Mittagstafel holen zu lassen, an der er mich fragte, was ich von den eben gesehenen Festungswerken hielte. Ich antwortete ihm, daß sie für das Land gut genug seien, besonders die zuletzt angelegte Terrasse, da die Batterie darauf feindliche Kanonen auf der jenseitigen Anhöhe zum Schweigen bringen könnte. Diese wäre zwar 5–600 Schritt von der Festung entfernt, könnte ihr aber gleichwohl viel Schaden zufügen. Er freute sich über mein Urteil und sagte mir, er habe diese Terrasse selbst erfunden und sähe aus meiner letzten Äußerung, daß ich die Sache verstünde. Als er aber fortfuhr mich zu befragen, was ich von gewissen Fallgattern dächte, womit er die Treppen an verschiedenen Orten habe sperren lassen, hätte meine Antwort beinahe alles wieder verdorben, da ich nicht wußte, daß sie gleichfalls seine Erfindung waren. Ich sagte nämlich, daß man die Städte nicht an Toren einnähme, sondern sich bei Belagerungen durch Kanonen Eingang zu verschaffen suche. Zu allem Glück setzte ich aber noch hinzu, diese Fallgatter, mit denen die

Treppen verstärkt wären, könnten bei einem plötzlichen Überfall gute Dienste leisten, was ihn wieder besänftigte.

Oben habe ich erwähnt, daß Fort Royal ein unüberwindlicher Platz geworden wäre, wäre man Herrn de Caylus gefolgt. Seine Absicht war es gewesen, diesen Erdhügel ganz vom Land abzuschneiden, jedoch einen ziemlich breiten Fleck stehen zu lassen, um zwei tüchtige Bastionen darauf anzulegen. Dieses würde viel weniger Unkosten gemacht haben als jetzt, und die Festung wäre eher imstande gewesen, eine Belagerung auszuhalten.

Herr de Blenac unterhielt sich während des ganzen Essens mit mir allein, ungeachtet noch sechs oder sieben Personen an der Tafel saßen. Er trank auf meine Gesundheit, und ich mußte ihm wieder Bescheid tun. Außerdem ließ er mir das Beste vorlegen, kurz, er überhäufte mich mit so vielen Höflichkeiten, daß jedermann darüber erstaunte. Im Reden bemerkte ich noch seinen lebhaften Verstand und das Feuer seines Temperaments, obwohl er damals schon mehr als 72 Jahre und seit langer Zeit mit der Roten Ruhr behaftet war, woran er auch endlich zwei Jahre später starb. Sobald man die Speisen abgetragen hatte, beurlaubte er die Gesellschaft, und ich mußte mich neben ihn setzen, worauf er länger als anderthalb Stunden von den verschiedenen Angelegenheiten mit mir sprach und besonders darauf hinwies, daß ihm einige unserer Väter so viel Verdruß bereitet hätten. Ich suchte sie auf alle nur mögliche Art zu entschuldigen, zumal, um die Wahrheit zu sagen, auf beiden Teilen, und vielleicht sogar etwas mehr vom Grafen de Blenac, gefehlt worden war. Indessen versicherte er mir, jederzeit unserem Orden gewogen zu bleiben, wenn man sich nur mit ihm halten wollte, und uns Proben davon zu geben. Ich wiederum beteuerte, daß wir uns alle Mühe geben würden, seine Gnade zu verdienen, und ersuchte ihn untertänigst, das Geschehene zu vergessen und uns, insbesondere aber mir, seinen Schutz angedeihen zu lassen. Er versprach dies mit der größten Leutseligkeit, und ich muß ihm darin Gerechtigkeit widerfahren lassen, daß er ein rechtschaffener Mann und getreuer Diener des Königs und so tapfer war, als es die Umstände erforderten, ja, daß er mehr Klugheit besaß, als ihm gewöhnlich zugetraut wurde.

Endlich benachrichtigte man mich, daß es Zeit zur Abreise sei, und ich nahm von Herrn de Blenac Abschied. Jedermann verwunderte sich über meine gütige Aufnahme und wünschte mir deshalb viel Glück. Dann empfahl ich mich bei Herrn Houdin und ging zum Schiff, ohne

Zeit gehabt zu haben, die Stadt oder die Pfarrkirche zu betrachten, so sehr wurde ich zur Abreise getrieben. Im Boot fand ich die nämlichen Personen, mit denen ich angekommen war, und wir ließen das Tuch, womit man uns bedeckt hatte, aufrollen, um freie Luft und Aussicht zu haben. Wir fuhren mit Segeln, daher ging es sehr schnell. Wir sahen den Flecken und die Kirche von Case Pilote (Steuermannshütte). Dieses Land ist sehr hoch und wird von Bergen durchschnitten. Die meisten Täler zwischen den Hügeln sind Weiden. Man sieht hier viele Canificiers, wie jene Art Bäume genannt werden, welche die Cassia tragen. Früher war dieser Artikel gut und wurde sorgfältig aufbewahrt, seitdem aber die Einwohner von Basse-Terre gleichsam um die Wette Canificiers gepflanzt haben, verlor er an Bedeutung. Man verfertigt nämlich auf den Inseln mehr, als in Europa jemals verbraucht werden könnte, selbst wenn alle Menschen dort krank wären. Der Baum, der die Cassia trägt, wird von Ablegern gezogen. Er wächst sehr rasch und trägt viel und zweimal im Jahr, wie fast alle Bäume, die in Amerika zuhause sind. Sein Holz hat weißliche Farbe und ist sehr zart, die Rinde dagegen grau und überaus knotig. Dieser Baum wird sehr hoch und hat lange, schmale, blaßgrüne Blätter. Er trägt gelbe Blüten in dicken Büscheln, die einen ziemlich angenehmen Geruch aufweisen. Nach der Blüte folgen die Schoten, in denen die Cassia gleichsam das Mark bildet. Diese Schoten hängen an den Ästen wie Bündel Lichter, 12, 15, ja bisweilen 20 beisammen. Bevor sie reif werden, sehen sie grün aus, und an der Schwärze erkennt man, ob es Zeit ist, sie abzupflücken. Ihre Länge und Dicke beruht auf dem Alter des Baumes und der Güte des Bodens, in dem er gepflanzt wird. Je dicker, länger und schwerer nun die Cassia-Röhren sind, desto höher schätzt man sie. Bei windigem Wetter berühren die Schoten einander und verursachen fast ein ähnliches Geräusch, als wenn Soldaten vorbeimarschieren, die Bandeliers mit Pulverflaschen umhängen haben. Die Cassia von den Inseln wird so hoch geschätzt wie die levantinische. Ich habe Apotheker in Frankreich und auf den Inseln gekannt, die sie jener an Güte noch vorzogen. Sie ist hier heimisch, und dieser Baum wurde nicht erst von auswärts hierher gebracht. Als ich im Jahre 1705 die Inseln verließ, kostete der Zentner sieben Livres und zehn Sous. Da sie in einem Schiff zuviel Platz einnehmen und die Transportkosten den ganzen Gewinn verschlingen würden, teilt man diese mit dem Schiffseigner zur Hälfte für die Fracht.

Während die Juden noch auf den Inseln seßhaft waren, ließen sie viele von diesen Schoten in Zucker einmachen und verschickten sie nach Europa. Zu diesem Zweck pflückten sie dieselben ab, wenn sie noch sehr zart und kaum zwei bis drei Zoll lang waren und man also die Schoten samt dem Mark essen konnte. Dieses Konfekt war überaus angenehm und führte leicht ab. Sie legten auch Blumen ein, die unter dem Zuckerfirnis, mit dem sie bedeckt wurden, ihre Farbe behielten und eine ähnliche Wirkung hatten. Seitdem aber die Juden abgereist sind, wird dieses Konfekt nicht mehr verfertigt, da sie entweder das Geheimnis mit sich fortgenommen haben oder man sich die Mühe nicht mehr geben will, es durch verschiedene Versuche wieder zu entdecken. Ich habe zwar einige Personen gekannt, die solche Schoten eingemacht haben, doch konnten sie es darin bis zu meiner Abreise nie zu einem so hohen Grad der Vollkommenheit bringen wie die Juden.

Bei diesen Schoten, die wie Bündel Lichter an den Canificiers hängen, erinnere ich mich an folgende Begebenheit. Als ich mich im Jahre 1698 in unserem Kloster auf dem Ankerplatz aufhielt, rühmte sich ein eben aus Europa eingetroffener Religiose, Amerika und alle seine Produkte so gut zu kennen, wie jeder, der schon viele Jahre dort lebt. Ich sann eben darauf, wie ich seine Eitelkeit beschämen könnte, als er mir selbst Gelegenheit dazu verschaffte, indem er mich fragte, was für eine Frucht an diesen Bäumen hinge. Ich verwunderte mich darüber, daß er als Kenner der Landesprodukte dies nicht wisse. Es sei wahr, antwortete er, diese Frucht sehe den Lichtern sehr ähnlich, und der Baum könne wohl von jener Gattung sein, die in China das Unschlitt trage, was er aber doch bezweifle, da die Farbe des chinesischen Unschlitts weiß oder doch weißlich sei, dieses dagegen grün aussehe. Dieser wunderliche Einfall bewog mich zu lächeln, ich versicherte ihm, daß er die Wahrheit erraten habe und es schwer halte, ihm etwas Unbekanntes zu zeigen. Übrigens wären diese Lichter noch nicht vollkommen reif und daher grün. Er konnte das Vergnügen über seine richtige Beurteilung nicht verbergen, ich hingegen erzählte unsere eben gehabte vortreffliche Unterredung den übrigen Religiosen im Kloster. Einige Minuten darauf wurde sie von einem unserer Väter neuerdings begonnen, der ihm sagte, es fehlten diesen Lichtern, wenn man sie abpflückte, nichts als die Dochte. Ehemals wären solche in Frankreich zerlassen und wieder frisch hergerichtet worden, seit kurzem aber habe man ein Mittel erfunden, die Dochte ohne weitere Bemühung hineinzubringen, indem

Canot mit Segeln.
Pagalle
oder Ruder.
Piroge

man eine halbe Nadel mit eingefädelten Dochten durch sie ziehe. Man bediene sich auch, wie er versicherte, dieser Lichter beinahe in allen Häusern und würde überhaupt nie die aus Frankreich kommenden Kerzen brennen, wenn diese hier nur etwas weißer gemacht werden könnten. Unser Naseweis maß der Fabel vollkommenen Glauben bei und hatte sogar den Einfall, sie in einem Haus zu erzählen, das er noch an eben diesem Tag besuchte. Ja, er tadelte seinen Schiffskapitän, daß er eine so ansehnliche Menge Lichter mitgebracht habe. Wie sehr wunderte er sich jedoch, als jedermann darüber lachte und er darauf annehmen konnte, man habe nur Spaß mit ihm getrieben. Er mußte bekennen, daß ihm noch vieles unbekannt war, und hatte gleichwohl nicht das Herz, mich um etwas zu fragen.

Der gute Wind, den wir seit unserer Abfahrt von Fort Royal gehabt hatten, verließ uns nunmehr zu Carbed, einem Flecken, der nur eine Meile vom Kastell Saint-Pierre entfernt lag. Unsere Neger nahmen sofort ihre Ruderstangen zur Hand und ruderten so hart, daß ich abends gegen acht Uhr bei unserem Kloster am Ankerplatz anlangte. Am folgenden Tag führte mich Pater Cabasson zum Oberaufseher der königlichen Domänen, einem Herrn de Vaucourtois, der aus Paris stammte und ein überaus höflicher, dienstfertiger Mann war. Durch ihn wurden eigentlich die Jahrgelder bezahlt, welche die Pfarrer vom König erhielten. Er ließ mir sogleich den nötigen Vorrat von Lebensmitteln ausliefern, nämlich ein Faß Wein aus Bordeaux, das er mir um 3.500 Pfund rohen Zucker anrechnete, die nach dem damaligen Preis dieser Ware um 35 Taler zu stehen kamen. Überdies nahm ich noch ein Faß Mehl, zu 1.800 Pfund angeschlagen, ein Faß gesalzenes Rindfleisch, um 1.500 Pfund Zucker gerechnet, und eine halbe Tonne Speck, für 1.200 Pfund Zucker angesetzt, was zusammen sich auf 8.000 Pfund Zucker belief und zwei Drittel meines jährlichen Gehalts ausmachte. Diesen Vorrat ließ ich von einem Kaufmann ins Kastell bringen, wohin auch Herr Michel das Seinige schaffen ließ, bis er beides durch sein Boot ins Haus führen lassen konnte.

Am Donnerstag, dem 4. Mai, besuchte ich unseren Nachbarn, Herrn Pinel, Flibustierkapitän und Befehlshaber einer Korvette von sechs Kanonen, die »Malouine«. Er war abends zuvor mit ein paar englischen Schiffen angekommen, die er bei Barbados weggenommen hatte. Eines führte 12, das andere dagegen 18 Kanonen, beide kamen geraden Wegs aus England und waren reich beladen. Er empfing mit unbeschreibli-

Ein Flibustier

cher Höflichkeit und sagte, da er erfahren habe, daß ich meine Wohnung im Kirchspiel Macouba aufschlagen würde, so wolle er auch etwas zur Einrichtung meines Hauswesens beitragen, und schenkte mir sechs schöne Flaschen und zwölf Kristallgläser sowie zwei englische Käse. Hier also nahm die Freundschaft, die er bis zu seinem Tod für mich gehegt hat, ihren Anfang.

Ich kaufte noch weitere benötigte Waren und ließ alles zusammen mit meiner Reisekiste, Matratze und anderen Geräten zu dem gleichen Herrn Ricord schaffen. Ich beabsichtigte, am folgenden Tage wieder in mein Kirchspiel zurückzukehren, doch unser Pater Superior hielt mich ab, damit ich einem Hochamte beiwohne, das die Flibustier des Herrn Pinel am folgenden Tag singen lassen wollten, um dabei zu kommunizieren und so ein Gelübde einzulösen, das sie während des Gefechts mit diesen beiden englischen Schiffen abgelegt hatten.

Freitag waren wir den ganzen Tag beschäftigt, die Flibustier beichten zu lassen. Danach wurde zu Ehren der Heiligen Jungfrau mit aller nur möglichen Feierlichkeit eine Messe gesungen, wobei ich das Amt hielt und drei große Brote weihte, die vom Kapitän in Gesellschaft seiner Offiziere und unter dem Klang der Trommeln und Trompeten geopfert wurden. Die Korvette und ihre beiden Prisen, die vor der Kirche die Anker ausgeworfen hatten, lösten bei Beginn der Messe, bei Erhebung des Heiligen Sakraments, beim Verteilen des Segens und zu Ende beim Te Deum alle Kanonen. Alle Flibustier gingen zum Opfer und überreichten eine Wachskerze mit einem 30 Sous- oder Talerstück.

Nach dem Mittagessen ging ich an Bord der Korvette und der beiden Prisen. Ich konnte nicht begreifen, wie ein so kleines Fahrzeug, das nur sechs Kanonen führte, die vier- und sechspfündige Kugeln schossen, sich hatte unterstehen können, diese beiden Schiffe anzugreifen, wovon das größte 58, das kleinere aber 45 Mann an Schiffsvolk stark war. Beide führten überdies noch Vor- und Hinterkastelle, die mit Stückpforten, Schießlöchern, Feuerkisten und versteckten Granaten (Grenades Lardées) versehen waren. Letzteres sind Granaten, die an verschiedenen Orten mit zwei eisernen Reifen, die sich kreuzweise durchschneiden, festgemacht sind, und die Öffnung mit ihrem Brandrohr erstreckt sich bis unter das Kastell, wo man sie anzündet. Ich bemerkte dort auch metallene Falconette, in die man 25 bis 30 Musketenkugeln lädt, und ich weiß nicht mehr, was noch für andere Kriegsgerätschaften. Alles vergrößerte nur mein Erstaunen, wie man so viele Hindernisse hatte

überwinden und diese beiden Schiffe erobern können. Ein Flibustier, mit dem ich darüber sprach, sagte mir, alle Kanonen und die übrigen Verteidigungsanstalten verdienten nicht die mindeste Achtung. Ihnen reiche es schon, nur ein Fahrzeug zu sehen und sich ihm zu nähern, dann könnten sie gewiß auch mit dessen Eroberung rechnen. Die Kanonen ihrer Korvette seien mehr zum Schein vorhanden, als daß man solche wirklich nötig hätte, da sie sich fast immer nur der beiden Jagdstücke bedienten, wenn sie ein Schiff von hinten oder vorn beschössen. Ihre Flinten reichten schon aus, die Besatzung in Schach zu halten, bis ihr Kapitän es für gut erachte, das Schiff entern zu lassen.

Ich wünschte die eigentlichen Umstände ihres Gefechts zu vernehmen. Er sagte mir, sobald die Schildwache oben auf dem Mastkorb Nachricht von der Entdeckung dieser beiden Schiffe gegeben habe, sei man mit vollen Segeln darauf zugeeilt. Als nun beide Schiffe wahrnahmen, daß sich ihnen die Korvette rasch näherte, hielten sie es für unmöglich zu flüchten, ja, sie hofften sogar, das auf sie zukommende Schiff vielleicht wegzunehmen, und ließen daher ihre Segel niedergehen, um es zu erwarten. In kurzer Zeit war man ihnen bis auf einen Flintenschuß nahe und griff gleich das nächste davon an, das nach Gewohnheit der Engländer überaus stark mit Kanonen, um so weniger dagegen aus seinen Musketen feuerte. Man beschoß fast dreiviertel Stunden lang seinen Spiegel und die Verkleidung, dann legte man sich seitwärts an Bord und Herr Pinel überfiel es mit 70 Mann. Die Angreifer fanden eine kleine Luke offen, welche die Engländer zu verschließen vergessen hatten, als sie sich unter die Schanze begaben. Sie warfen sofort eine gläserne Flasche voll Pulver hinunter, die mit vier bis fünf Stücken brennender Lunter umwickelt war, so daß sich das Pulver sogleich entzündete, als die Flasche durch den Fall zerbrach. Dadurch wurden sieben bis acht Engländer so schrecklich verbrannt, daß sie sogleich um Quartier baten. Auf solcher Art bemächtigte man sich dieses Kastells, das sonst unseren Leuten nicht wenig Arbeit gekostet und sie zwischen zwei Feuer gebracht hätte. Zur gleichen Zeit fanden die unserigen auf dem Verdeck eine geladene Kanone, richteten sie gegen das hintere Kastell und schossen damit auf die Verschanzung, die sie zerschmetterte. Unterdessen jagten andere die Feuerkisten in die Luft, indem sie sie mit Pistolenschüssen durchlöcherten, so daß sie keine Wirkung mehr zeigten. Ein paar Flibustier rissen die am Boden befestigten Granaten los, und wieder andere versuchten, mit Äxten das

obere Verdeck des Kastells zu spalten, um Schußöffnungen herzustellen.

Inzwischen feuerten die auf dem Verdeck Gebliebenen, die sich hinter eine von den Engländern unvorsichtigerweise zurückgelassene Schaluppe verschanzt hatten, mit so gutem Erfolg nach den Schießlöchern und Stückpforten der Verschanzung, daß die Heftigkeit der Engländer bald nachließ, da sie viele Tote und Verwundete zu beklagen hatten. Einige Pulverflaschen und Granaten, die man durch die neu geschaffenen Öffnungen in das Kastell hineinwarf, beendigten das Gefecht, da die Engländer dermaßen betroffen wurden, daß sie um Quartier baten und sich ergaben. Von ihnen waren 15 Mann getötet und etwa 20 verwundet worden. Unsere Flibustier hatten auf dem Schiff vier Tote und fünf Verwundete zu verzeichnen, sowie noch sechs Verwundete, ehe sie enterten.

Während man also in dem einen englischen Schiff kämpfte, feuerte das andere unaufhörlich aus seinen Kanonen auf die Korvette, die ihnen mit ihren Stücken und Musketen antwortete, ohne sich allzuweit von den eigenen Leuten zu entfernen. Diese stritten nun im englischen Schiff, an dessen Bord man sich gelegt hatte, ohne zu wissen, wie das Gefecht noch ausgehen werde. Sobald das andere englische Schiff aber den Krieg entschieden sah und wahrnahm, daß ihre Gefährten die Flagge strichen, ergab es sich, ohne der Korvette die Mühe des Enterns zu bereiten. Wenn es sich früher ergeben hätte, würden vier Mann seines Schiffsvolks am Leben geblieben und keine acht oder neun verwundet worden sein, wie nachher bekannt wurde, als sich unsere Leute seiner bemächtigten.

Wenn ein Schiff, das auf Kapern ausfährt, den Flibustiern selbst gehört, wird die Beute gleichmäßig verteilt und der Kapitän, der Quartiermeister, der Wundarzt und der Steuermann erhalten außer ihrem üblichen Anteil nichts als jeder ein Geschenk, das ihnen die anderen freiwillig zugestehen. Bei Plünderungen geht es ebenfalls in gleiche Teile, und niemand darf sich unterstehen, nur den Wert eines Talers zusätzlich zu nehmen, da er sonst den Anteil vom Gewinn seiner Reise verliert und häufig sogar abgesetzt, das heißt, auf irgendeine wüste Insel gebracht oder doch wenigstens von Bord gejagt wird. Gehört das Fahrzeug nicht der Mannschaft, nehmen die Reeder oder Eigentümer ein Drittel der Beute nebst allem, was sich an Proviant, Pulver, Kugeln und Granaten darauf befindet. Die beiden übrigen

Weibliche Piraten

Drittel werden unter die ganze Mannschaft verteilt, jedoch wird vorher der Zehnte für den Admiral oder Statthalter, der die Kaperbriefe ausgegeben hat, und die Entschädigungen für die Wundärzte, die Verwundeten und Krüppel abgezogen.

Der schriftliche Vertrag, in dem die Bedingungen, unter welchen man auf Kreuzfahrt ausfährt, festgelegt sind, wird Kaperkontrakt (Chassepartie) genannt. Seine wichtigsten Bedingungen lauten: Die Verwundeten erhalten außer ihrem Anteil täglich einen Taler Verzehrgeld, solange sie unter den Händen des Wundarztes sind, der sie verbinden und mit Arzneimitteln versehen muß, wofür gewöhnlich 60 Tage ausgesetzt werden. Wer einen Arm oder ein Bein verliert oder sonst zum Krüppel wird, empfängt für jedes Glied 600 Taler. Für den Daumen, den Zeigefinger an der rechten Hand und für ein Auge werden 300 Taler, für jeden übrigen Finger hingegen nur 100 Taler bezahlt. Wer einen offenen Schaden hat, wird als Krüppel angesehen und erhält 600 Taler so gut wie diejenigen, die vorher ein hölzernes Bein oder einen Arm gehabt und beides von neuem verloren haben. Mag nun eine Prise gemacht worden sein oder nicht, so müssen die Reeder und Flibustier trotzdem solange herumstreifen, bis man soviel gewonnen hat, wie notwendig ist, um die

Verwundeten und Gelähmten zu bezahlen. Der Anteil der Toten wird ihren Nebenkameraden oder – wenn keiner vorhanden ist – den Erben gegeben, wenn man diese kennt. Außerdem erhalten die Armen oder Kirchen einen Anteil, um Gott für die Seele des Verstorbenen anzurufen. Dazu entschließt man sich eher, als daß man den Anteil dem Anwalt der ledigen Güter einhändigt, da dieser alles verschlingende Abgrund, wie hinlänglich bekannt ist, niemals wieder etwas herausgibt. Der erste Entdecker des weggenommenen Fahrzeugs erhält ein halbes Los mehr als die anderen. Ein jeder Schiffsjunge erhält ebenfalls ein halbes Los. Das gewöhnliche Geschenk des Kapitäns erstreckt sich zuweilen auf den Wert von drei bis auf vier Losen. Der Quartiermeister, als die zweite Person im Schiff, hat zwei Lose, der Steuermann und Wundarzt ein jeder anderthalb. Vor dem Rijswijker Frieden gab man die Lose in Naturalien, seit dem letzten Krieg aber hielten es die Reeder für nützlicher, die Waren zu verkaufen und das Geld danach unter sich zu teilen. Dies aber führte zu immerwährenden Betrügereien, sowohl von ihrer Seite, als auch von seiten der Quartiermeister, und die Nachlässigkeit jener, die dem Übel abhelfen konnten, war die Ursache, daß sich zahlreiche Flibustier absetzten.

Als ich die Korvette und ihre Prisen in aller Ruhe betrachtet hatte, wollte ich eine viertel Tonne Butter und einen Kasten Lichter kaufen. Da ich nun vom Quartiermeister den Preis zu wissen verlangte, antwortete er mir sehr höflich, ich möge nach Belieben etwas heraussuchen, wir könnten danach wegen des Preises schon einig werden. Ich ließ daher ein Stück Butter, ungefähr 25 Pfund schwer, und eine Kiste Lichter vom gleichen Gewicht beiseite stellen. Wie ich aber nach dem Preis fragte, antwortete er, die Prisen seien so bedeutend, daß sie mir diese Kleinigkeiten mit noch 50 Flaschen Bier und Ciderwein schenken könnten. Er sei bei weitem nicht imstande, durch etwas so Geringes die Mühe zu bezahlen, die ich mit Absingen ihrer Messe gehabt hätte, und hoffe nur, daß ich sie in mein Gebet einschließen werde. In Europa mag vielleicht solches Verhalten eines Flibustiers, dem man sehr wenig Gottesfurcht zutraut, für etwas ganz außerordentliches angesehen werden. Jedoch wissen alle, die Amerika kennen, daß diese Männer äußerst besorgt sind, auch die Kirche an ihrem Glück teilnehmen zu lassen, und wenn sie unter ihrer Beute Kirchenschmuck oder Stoffe finden, die sich dazu eignen, es niemals unterlassen, sie den Kirchen zu schenken, die von ihnen besucht werden.

Sonnabend, den 6. März, erfolgte die Abreise von Pater Dastez. Er bestieg eine Flibustierbarke, die verschiedene königliche Befehle nach Saint-Domingue und nach S. Croix zu überbringen hatte. Ich begleitete ihn bis ans Schiff und ritt dann wieder nach meinem Kirchspiel zurück. Tags darauf, als dem ersten Sonntag im Monat, der dem Rosenkranzfest geweiht ist, beichteten eine große Anzahl von Personen. Da ich nun außer zwei Kinder lehren auch noch predigen, die Prozession halten und mit dem Heiligen Sakrament den Segen verteilen mußte, kam ich erst um ein Uhr nachmittags aus der Kirche. Herr Dauville, der Küster dieser Kirche, hatte sich schon gedacht, daß ich nach soviel Amtsverrichtungen Appetit haben würde, und daher die Mittagsmahlzeit ins Pfarrhaus bringen und auch den Pater Breton und einige der vornehmsten Bewohner dieses Reviers einladen lassen. All dies war mir unbekannt, ich erstaunte also nicht wenig, als ich bei meiner Heimkehr den Tisch gedeckt und das Mittagessen in Bereitschaft fand. Ich gestehe, daß mich das Betragen meiner Pfarrkinder bezauberte, und ich wünschte nichts mehr, als ihnen meine Dankbarkeit durch wichtigere Dienste als die genaue Beobachtung meiner Schuldigkeit bezeugen zu können.

Inzwischen verließ ich die Gesellschaft in der Pfarrwohnung eine Weile, um einem Neger die Beichte abzunehmen, der von der Plantage des Herrn du Roy kam. Letzterer besaß zwei sehr ansehnliche Güter in meiner Pfarre und noch andere in verschiedenen Gegenden und Quartieren der Insel. Man vermag an das Glück dieses Mannes nicht ohne Erstaunen zu denken. Er war in den ersten Jahren der Kolonie als Dienstmann nach den Inseln gekommen, aus Bordeaux gebürtig, seines Handwerks ein Schneider. Als seine Dienstjahre vorbei waren, begann er, Tabak zu spinnen, der damals die einzige Ware auf den Inseln war, und als die Spinnzeit ein Ende hatte, nahm er seinen Beruf wieder auf. Dann verband er sich mit einem anderen Tabakspinner, der ihn nach einigen Jahren zum Erben einsetzte. Er unternahm verschiedene Kreuzfahrten, die so glücklich für ihn verliefen, daß er sich in wenigen Jahren in der Lage sah, nicht allein eine Zuckerfabrik zu errichten, sondern auch in verschiedenen Teilen der Insel Plantagen anzulegen. Als ich nach Martinique kam, besaß er sechs Zuckerfabriken, von denen jene im Predigerrevier, wo er wohnte, mit einer schönen Raffiniere verbunden war. Eine weitere besaß er auf dem Gebirge, eine Meile von dieser entfernt, eine auf der Negerspitze bei Fort Royal, eine in der Schlangenbucht und zwei in meinem Kirchspiel. Man zählte mehr als 800 Neger,

die in diesen verschiedenen Plantagen arbeiteten. Sein ältester Sohn, mit dem ich aus Frankreich gekommen war, wurde Hauptmann, und eine von seinen Töchtern hatte einen königlichen Schiffskapitän geheiratet.

Herr du Roy starb im Jahre 1707 als Dechant der Ratsversammlung. Er war unstrittig der älteste Einwohner und damals mehr als 90 Jahre alt. Einem jeden seiner elf Kinder, die er mit seiner Frau Lucia gezeugt hatte, hinterließ er 72 Neger und eine halbe Zuckerfabrik, ungerechnet das empfangen Heiratsgut und die Immobilien, die man in seinem Hause und in Frankreich gefunden hat. Er war ein ungemein rechtschaffener Mann, besaß ein kostbares, mit prächtigem Gerät versehenes Haus und empfing alle, die ihn besuchten, aufs beste.

Seine Wohltätigkeit gegen Arme und Notleidende war unaussprechlich, und die Kirche im Predigerrevier hatte ihm, als seine Pfarrkirche, ihre Erbauung und den größten Teil der dort befindlichen heiligen Gefäße und des Kirchenschmucks zu danken. Ebenso mildtätig war er gegen andere Pfarrkirchen, wo er Plantagen hatte. Sein Gedächtnis war so vortrefflich, daß er sich an Begebenheiten, die vor länger als 70 Jahren geschehen waren, noch ebenso genau erinnern konnte, als ob sie gegenwärtig gewesen wären. Da ich ihn ziemlich oft besuchte, hatte ich das ausnehmend große Vergnügen, die Erzählungen vom Ursprung unserer Kolonie, von seinen verschiedenen Reisen und den ihm dabei zugestoßenen Begebenheiten mitanzuhören.

Am Samstag kam das Boot, das Herr Michel nach Saint-Pierre geschickt hatte, mein Gepäck abzuholen, wieder von diesem Kastell zurück und brachte alles, was ich haben wollte, ausgenommen mein Bett. Herr Michel schimpfte deshalb auf seine Neger, und ich war so einfältig, es für ernst zu halten, und suchte daher, ihn wieder zu besänftigen. Erst nach Verlauf einiger Stunden erfuhr ich, daß er ihnen verboten hatte, es mitzubringen, um einen Vorwand zu haben, mich länger bei sich zu behalten. Tatsächlich blieb ich auch bis Sonnabend vor dem Palmsonntag bei ihm, und es hielt schwer, bis ich die Erlaubnis bekam, mein Pfarrhaus beziehen zu dürfen. Ich wollte ihn mit den Sachen beschenken, die ich von Herrn Pinel und den Flibustiern bekommen hatte. Es war mir aber unmöglich, ihm nur das geringste aufzunötigen. Zuletzt nahm er nach langer Weigerung nur einen von den Käsen unter der Bedingung, mir ihn wiederzugeben, was dann fünf bis sechs Mal geschah, da er dabei stets sagen ließ, es sei der von mir entliehene Käse.

In dieser Woche vollendete ich auch das Verzeichnis meiner Pfarrkinder. Ich fand 220 Personen, die schon Kommunikanten waren, und 78 Kinder, die noch nicht kommuniziert hatten, dazu 690 große Neger, von denen 64 bereits die Kommunion empfangen hatten, und 58, die noch ungetauft waren.

5. Kapitel

Über den Aberglauben der Neger und über Herkunft und Charakter der Mulatten

DONNERSTAG, den 17. Juni 1693, hielt ich eine Prozession, doch als die Messe zu Ende ging, wurde ich unvermutet von einem so rasenden Kopfweh befallen, als ob man mich vor den Kopf geschlagen hätte, und ich konnte sie kaum vollends zu Ende lesen. Da ich nun im Begriff stand, mich anzuziehen, bekam ich so heftige Nierenschmerzen, daß man mich nach Hause tragen und auskleiden mußte. Zu beiden Übeln gesellte sich noch ein schreckliches Fieber, wie es für die sogenannte Siamesische Krankheit kennzeichnend war. Man verwendete sogleich die üblichen Arzneimittel und öffnete mir vor allen Dingen unverzüglich eine Ader am Fuß, um dem Druck auf das Gehirn etwas vorzubeugen. Die Herren Michel, du Roy, Dauville und andere versorgten mich mit ganz besonderer Sorgfalt, und die Damen Michel und Dauville verließen mein Haus nicht eher, als bis ich ganz außer Gefahr war. Sie hatten ihre Mägde bei sich, und ich wurde wie ein Prinz bedient. Nach Gott habe ich ihnen und dem Herrn Sigaloni, Fähnrich der Milizkompagnie des Reviers, mein Leben zu danken. Er hatte früher die Wundarznei-Kunst getrieben, seitdem er aber reich geworden war, diente er nur seinen besten Freunden. Der Wundarzt von Basse-Pointe wich fünf Tage lang keinen Augenblick von mir. Der unsrige zu Macouba würde mir vielleicht die gleichen Dienste geleistet haben, hätte ich ihn nicht einige Tage zuvor beerdigen lassen. Er war nämlich

von einer Schlange in die Ferse gebissen worden, und als er das nicht beachtete, sondern für einen Dornstich hielt, mußte er zuletzt daran sterben. Da er ganz außerordentlich geizig war, lief er stets barfuß, hing die Schuhe über die Achsel und zog sie nur an, wenn er sonntags in die Kirche ging oder bei einer Standesperson seine Aufwartung machen mußte.

Freitags morgens ließ man mir auf dem Arm zur Ader und legte Umschläge auf die Fußsohlen und den Magen, was zwar keine üble Wirkung hatte, aber das Fieber nicht milderte. Abends spuckte ich heftig Blut. Sonnabends kamen schwarze, rote und grüne Flecken auf meiner Haut zum Vorschein. Obwohl man aus allen diesen Zeichen deutlich annehmen konnte, daß ich gänzlich außer Gefahr war, und meine Krankheit nach dem Urteil beider Wundärzte keine schlimmen Folgen nach sich ziehen würde, ließ ich trotzdem Pater Breton holen und beichtete. Ich hätte zwar gern kommuniziert, allein das Blutspukken hielt an, und die Wundärzte wollten es mir auch nicht erlauben. Sonnabend gegen Abend bekam ich einen entscheidenden Anfall, der beinahe sechs Stunden dauerte und mich zwar von Kopfschmerzen, Hüftweh und zum Teil auch vom Fieber befreite, zugleich aber so ermattete, daß ich weder Augen noch Mund öffnen konnte. Man hatte mir noch an diesem Morgen eine Ader am Fuß geöffnet. Montags verließ mich das Fieber ganz, und ich begann zu schlafen. Gegen Abend gab man mir einen herzstärkenden und schweißtreibenden Arzneitrank, um mich durch den Schweiß vollends von dem Gift zu befreien, das noch im Körper zurückgeblieben sein mochte. Das dauerte bald die ganze Nacht fort, und ich machte meinen Wärtern nicht wenig zu schaffen. Zwischendurch spürte ich noch einen Brechreiz, den man mit etwas Brechpulver, das ich Dienstag früh einnehmen mußte, zu fördern suchte. Es hatte eine vortreffliche Wirkung, obwohl es mich überaus ermattete und einen großen Appetit hinterließ.

Am Donnerstag, dem Fest des Heiligen Johannes des Täufers, meines Schutzpatrons, stand ich auf und las die Messe, obwohl es meine Wundärzte nicht gestatten wollten, fand mich aber, als ich damit fertig war, so ermattet, daß man mich nach Hause tragen mußte. An den beiden folgenden Tagen erholte ich mich vollkommen und spürte weiter nichts mehr von meiner Krankheit als eine außerordentliche Schwäche.

Am Sonntag ließ mich dann Herr Michel in einer Sänfte zu sich ins Haus bringen, damit die Luftveränderung meine Gesundheit stärke. Ich

blieb dort bis zum nächsten Sonnabend. Diese ganze Zeit über suchte er mir nur allen möglichen Zeitvertreib zu verschaffen. Wir hatten täglich Gesellschaft. Der Generalsuperior unserer Missionen, Pater Caumels, besuchte mich mit Pater Cabasson. Sie waren ganz entzückt über die Sorgfalt, die man für mich aufwendete, und blieben bei Herrn Michel über Nacht. Im Vorbeireisen hatten sie mein Haus und den Garten gesehen, für den sie einen großen Gefallen zu bezeugen schienen. Am 5. Juli kehrte ich dann nach Tisch in meine Wohnung zurück und sah mich so gut wiederhergestellt, daß ich am folgenden Tage die Messe singen und predigen konnte. Alle meine Pfarrkinder wünschten mir Glück zu meiner Genesung, und ich behielt die vornehmsten unter ihnen zum Mittagessen bei mir. An den folgenden Tagen stattete ich bei allen, die mich während meiner Krankheit besucht hatten, meine Danksagung ab und reiste in meiner ganzen Pfarre und noch in einem großen Teil des Kirchspiels von Basse-Pointe herum. Unter anderem kam ich auch zu Herrn Sigaloni, der mich in der Kur gehabt und mit Arzneien versehen hatte. Ich überreichte ihm einen Beutel mit Geld und drang darauf, er möge sich nach Belieben davon aussuchen. Es war mir aber unmöglich, ihn zu überreden, nur das mindeste für seine Mühen oder für die Arzneien anzunehmen. Herr Sigaloni trieb die Wundarznei-Kunst, wie ich bereits oben erwähnt habe, nur seinen Freunden zu Gefallen. Seine Wissenschaft hatte er bei seinem Oheim, der ein berühmter Quacksalber war, erlernt und bald ganz Europa mit ihm durchwandert. Er besaß schöne Geheimnisse und brauchte zu seinen Kuren verschiedene Kräuter, die er allen übrigen Arzneien vorzog.

Am Montag, den 12. Juli, ging ich nach Basse-Terre, um von Herrn de la Héronnière Abschied zu nehmen, der nach Frankreich zurückkehrte. Er gab mir zu verstehen, daß er gern einige Pomeranzenbäume von der größten Gattung zu haben wünschte. Ich wandte mich deswegen an unseren Superior, der mir die Erlaubnis erteilte, so viel ich nur wollte zu nehmen. Als ich es dem Herrn de la Héronnière meldete, suchte er 12 Stück aus, die alle sehr dick waren und der geringste schon sechs Zoll im Durchschnitt hatte. Ich zweifelte, ob sie in Frankreich noch etwas nutzen möchten, allein er versicherte mir, daß ein Königlicher Gärtner die Kunst verstünde, sie wieder sorgfältig herzustellen, wenn man sie ihm nur nicht ganz abgestorben überlieferte. Er hatte ihm auch gesagt, wie man sie ausreißen und zum Transport einpacken müsse, was auf nachfolgende Art geschah: Man sägt alle Äste bis auf

anderthalb Fuß vom Stamm, bedeckt dann sogleich die frische Schnittfläche mit einem Klumpen Tonerde, über den noch gelbes Wachs geklebt und alles zusammen danach in Wachsleinwand oder geteertes Tuch eingeschlagen wird. Dann löst man die Erde rings um den Baum, hütet sich aber dabei, Wurzeln entzweizustoßen oder sie sonst zu beschädigen. Ist nun der Baum aus dem Erdboden genommen, schneidet man alle Fasern ab, biegt die mittleren Wurzeln ganz leicht um die größeren. Dann werden alle diese Wurzeln in die gleiche Erde eingeschlagen, in der der Baum gestanden hat. Man muß sie dann noch anfeuchten, als ob Mörtel daraus gemacht werden solle. Diese Masse wird mit Tonerde überklebt und wieder in geteertes Tuch eingepackt. Es ist aber wohl zu merken, daß man sie während der Reise, besonders nachts, in die freie Luft setzen und vor allem vor Sonnenhitze bewahren muß, durch die sie verdorren könnten.

Auf solche Art ließ sie Herr da la Héronnière an Bord bringen und dankte uns vielmals dafür. Seine Abreise erfolgte Donnerstag gegen Abend, nachdem er noch in Gesellschaft des Herrn Kerkoue bei uns zu Mittag gespeist hatte, der mit Vorschlägen zur Kaperei und für den Handel, die er verschiedenen Personen in Martinique gemacht hatte, nach Frankreich zurückkehrte. Am Freitag reiste ich in aller Frühe wieder in mein Kirchspiel zurück. Die Zimmerleute waren nunmehr bereit, mit der Vergrößerung meines Wohnhauses zu beginnen, daß dadurch 32 Fuß lang und 16 breit wurde. Der Saal, den man gleich beim Eintritt fand, maß 16 Fuß im Quadrat. Die einander gegenüberliegenden Türen stießen auf das Hoftor und den mittleren Gang meines Gartens. Linker Hand führte eine weitere Tür in die Kammer, die so groß wie der Saal war. Ich hatte sie durch einen Verschlag abteilen lassen, in dem ich meinen Reisevorrat verwahrte. An eben diesem Platz hatte ich auch die Treppe angebracht, durch die man zum obersten Stockwerk unter dem Dach gelangte. Dieses Bodengeschoß war ziemlich bequem, und man konnte unterschiedliche Hängematten dort aufhängen. Dort lag auch die Kammer meines Kostgängers, und wenn ich die meinige irgendeinem Fremden einräumen mußte, nahm ich ebenfalls meine Zuflucht dorthin. An der Saaltür ließ ich eine Treppe aus gehauenen Steinen mit drei Stufen anlegen, alles übrige hatte einen gemächlichen Abschluß, damit das Wasser ablaufen konnte.

Am Sonntag, dem 25. Juli, blieb Pater Martelli über Nacht bei mir. Am folgenden Tag, dem Festtag der Heiligen Anna, der Schutzpatronin

meiner Kirche, trafen die Väter Breton, Imbert, Chavagnac und Romanet ebenfalls ein. Ich ersuchte Pater Breton, den ältesten unter uns, den öffentlichen Gottesdienst zu versehen. Pater Martelli hielt die Lobrede auf die Heilige. Obgleich wir alle mit Beichthören beschäftigt waren, konnten wir trotzdem nicht jedermann abfertigen, da sich von den benachbarten Kirchspielen und sogar aus dem Kastell Saint-Pierre eine solche Menge von Leuten eingefunden hatte. Herr Dauville lud als Küster der Kirche die vornehmsten unter ihnen zum Mittagessen ein. Wir fanden also an die 30 Personen bei ihm. Dienstag hielt ich das feierliche Seelenamt für die Verstorbenen des Kirchspiels. Herr Michel bewirtete als Kapitän des Reviers die ganze Gesellschaft, da es, wenigstens damals, schon eingeführt war, daß der Küster am Festtag, der Kapitän aber am darauffolgenden Tag den Schmaus zu geben hatte.

Mittwochs begleitete ich unsere Väter bis nach Basse-Pointe. Unterwegs sagten sie mir, man habe im letzten Kapitel des Monats, dem ich wegen meiner Beschäftigung mit dem Neubau nicht beiwohnen konnte, vorgehabt, mich zum Syndikus zu wählen, der Generalsuperior habe es aber verhindert und gesagt, daß ich bestimmt sei, nach seiner Zurückkunft aus Saint-Domingue, Superior zu Guadeloupe zu werden. Am folgenden Sonntag ging ich bei guter Zeit in meine Pfarre. Ich machte einen Vertrag mit einem Schreiner aus der Großen Bucht, der mein Haus mit eingesalzenen Brettern umgeben sollte, die auf der einen Seite weiß gehobelt waren und auf die Balken, aus denen das Hauptgebäude bestand, aufgenagelt werden sollten. Zugleich hatte er mir auch Türen, Fenster und Fensterläden nebst einigen Tischen und Schränken zu machen. Er war ein Kreole und arbeitete ziemlich gut, dabei besaß er aber solchen Hochmut und Eigensinn, daß nicht mit ihm auszukommen war. Der Monat, den er in meinem Haus zubrachte, schien mir ein Jahr zu dauern. Damals waren die gläsernen Fensterscheiben auf unserer Insel noch nicht eingeführt. Man begnügte sich also, die Fenster mit Läden und Gittern, zuweilen auch mit Fensterrahmen und durchsichtiger Leinwand zu verwahren. Die Engländer zu Barbados und anderen ihnen gehörenden Inseln haben Glasfenster in ihren Häusern, was auch besser aussieht.

Herr Michel hatte mich vor einigen Monaten mit einem kleinen Mine-Neger, d. h., mit einem aus dem Königreich de la Mine gebürtigen Neger, beschenkt. Er war 12 bis 13 Jahre alt und krank, als ich ihn bekam, allein die außerordentliche Sorgfalt, die ich für ihn aufwendete,

hatte ihn bald wieder vollkommen hergestellt. Der andere Neger, der mich bediente, beobachtete einmal, daß der kleine Junge Erde fraß. Er gab mir sogleich Nachricht davon, und ich wendete alles in der Welt an, ihn davon abzubringen, doch es war nichts auszurichten. Er fraß immerfort und wurde zuletzt wassersüchtig, wogegen kein Mittel zu finden war, da man die Ursache, die ihn zu dieser Ausschweifung bewog, nämlich eine tiefe Schwermut, nicht beseitigen konnte.

Die Neger von der Küste de la Mine neigen besonders dazu. Sie geraten in Verzweiflung, hängen sich auf, schneiden sich um sehr geringer Ursache willen, ja, öfters bloß ihren Herren zum Tort, ohne Scheu den Hals ab, da sie die Vorstellung hegten, daß sie nach ihrem Tod wieder in ihr Land zurückkehrten. Von dieser törichten Einbildung sind sie so eingenommen, daß man sie ihnen unmöglich aus dem Kopf bringen kann. Den Kummer meines Negers erfuhr ich nicht eher, als bis ihm nicht mehr zu helfen war. Sein Bruder gehörte einem meiner Nachbarn. Da man nun nicht wußte, daß sie Brüder waren, und sich auch keiner etwas davon merken ließ, konnte man auch nicht erraten, daß sie sich darüber grämten, nicht einem Herrn zu gehören, was sich doch sehr leicht hätte bewerkstelligen lassen. Sie beschlossen also, sich zu töten, um wieder in ihr Land und zu ihren Eltern zurückzukommen. Dieses Vorhaben auszuführen, begannen beide Brüder, Erde zu essen. Der meinige starb zuerst, und sein Bruder folgte ihm wenige Tage danach ebenfalls nach. Als ich ihm vorhielt, warum er sich auf eine so mutwillige Art des Lebens berauben wollte, weinte er und sagte, daß er mich zwar liebte, dennoch aber gern zu seinem Vater zurückkehren wollte. Ich hatte ihn unterrichtet und getauft, konnte ihm aber diesen irrigen Wahn nicht nehmen.

Einem Engländer auf der Insel Saint Christoph, namens Major Crips, glückte es besser als mir, seine Neger, die größtenteils aus Mine waren, zu behalten. Da dieser Mann wie alle Engländer sehr streng mit ihnen umging, nahm die Zahl seiner Sklaven täglich ab, indem sie sich einer nach dem anderen aufhängte. Endlich wurde ihm durch einen seiner gemieteten Knechte hinterbracht, daß alle seine Neger beschlossen hätten, am folgenden Tag ins Gehölz zu entfliehen und sich dort in Gesellschaft aufzuhängen, um sämtliche wieder in ihr Land zurückzukehren. Er sah wohl, daß Ermahnungen und Strafe die Ausführung ihres Entschlusses nur auf einige Tage würde hinausschieben können, mithin war hier ein Mittel nötig, das sich ihrer verdorbenen Einbil-

dungskraft anpaßte. Er unterrichtete also seine weißen Bedienten, was sie zu tun hatten, und befahl ihnen, die Zucker- und Branntweinkessel zusammen mit den übrigen Gerätschaften, die zu einer Zuckerfabrik erforderlich waren, auf Wagen zu laden und ihm zu folgen. Dann ging er ins Holz, wo er seine Neger antraf, die Stricke zurechtmachten, um sich aufzuhängen. Mit einem Strick in der Hand näherte er sich ihnen und sagte, sie sollten ganz ohne Furcht sein, da er bereits vernommen habe, daß sie wieder in ihr Vaterland zurückzukehren entschlossen wären. Er wolle sie ebenfalls dorthin begleiten, da er dort eine weitläufige Plantage gekauft habe und beabsichtige, eine Zuckerfabrik anzulegen. Dazu seien sie ungleich geschickter als solche Neger, die noch niemals in Zuckerfabriken gearbeitet hätten. Zugleich machte er ihnen aber bekannt, daß sie Tag und Nacht, ohne sonnabends oder sonntags Ruhe zu haben, arbeiten müßten, da sie fortan nicht mehr würden entlaufen können. Sein dorthin vorausgeschickter Verwalter habe bereits gemeldet, daß er jene, die sich zuerst aufgehängt hätten, schon wieder erhascht habe und bis auf weiteres an Händen und Füßen geschlossen arbeiten lasse. Inzwischen kamen auch die Wagen an, und die Neger zweifelten um so weniger an ihres Herrn Entschluß, da er ihnen äußerst zusetzte, daß sie sich doch aufhängen sollten. Zugleich stellte er sich, als warte er sonst auf nichts, um sich danach gleichfalls aufzuknüpfen und sie zu begleiten, wozu er schon einen Baum ausgewählt und den Strick daran befestigt hatte.

Nun begannen die Neger, sich untereinander zu beratschlagen. Das Elend ihrer Gefährten jagte ihnen ebenso große Furcht ein als der Entschluß ihres Herrn. Sie warfen sich ihm also zu Füßen und versprachen, nicht weiter an die Rückkehr in ihr Land zu denken, flehten ihn auch demütigst an, er möge doch ihre Kameraden wieder zurückkommen lassen. Es machte einige Zeitlang Schwierigkeiten, bis endlich seine weißen Bedienten und Knechte gleichfalls auf die Knie vor ihm niederfielen und sich die nämliche Gnade von ihm ausbaten. Darauf wurde ein Vergleich geschlossen, jedoch mit der ausdrücklichen Bedingung, daß, sollte sich nur einer erhängen, die übrigen insgesamt am folgenden Tage gleichfalls aufgeknüpft würden, um zu Guinea in der neuen Zuckerfabrik zu arbeiten, was sie ihm eidlich versprachen.

Dieser Eidschwur geschieht auf folgende Art. Sie nehmen ein wenig Erde und legen es auf ihre Zunge, nachdem sie vorher Augen und Hände gen Himmel gerichtet und sich an die Brust geschlagen haben.

Durch diese Zeremonie wird nach ihrer Vorstellung Gott gebeten, sie gleich der Erde, die auf ihrer Zunge liegt, in Staub zu verwandeln, wenn sie ihr Versprechen nicht erfüllen oder die Wahrheit nicht bekennen sollten. Major Crips kam sofort mit seinen Negern wieder nach Hause und zeigte sich sehr vergnügt, daß ihm seine List gelungen war. Die Neger hielten ihr Versprechen und es hängte sich keiner mehr auf.

Ein anderer Einwohner auf der gleichen Insel bediente sich mit ebenso gutem Erfolg eines ganz anderen Kunstgriffes. Er ließ nämlich allen seinen Negern, die sich aufgehängt hatten, Kopf und Hände abhauen und in einem eisernen Käfig verwahren, den er in seinem Hof an einem dort befindlichen Baum aufzuhängen befahl; denn die Neger meinen, sie kämen, wenn sie einmal begraben seien, in der Nacht wieder, um ihren Leib zu holen und mit sich in ihr Land zu nehmen. Dieser Mann sagte ihnen nun, sie sollten sich immerhin nach Belieben aufhängen, er würde dennoch das Vergnügen haben, sie für immer elend zu machen, da sie in ihrem Land dann ohne Kopf und Hände wären, folglich unfähig, jemals etwas zu sehen, zu hören, zu reden, zu essen oder zu arbeiten. Anfangs spotteten die Neger nur über diese Reden und sagten, die Toten würden in der Nacht ihre Köpfe und Hände schon abholen. Da sie diese aber immer auf dem gleichen Fleck sahen, glaubten sie endlich, ihr Herr sei mächtiger, als sie zuerst gedacht hätten, und keiner erhängte sich mehr, um nicht dem gleichen Elend ausgesetzt zu sein, das ohne Zweifel ihre Kameraden betroffen hatte.

Diese Mittel sind zwar wunderlich, gleichwohl aber dem Verstand der Neger und den Vorurteilen, von denen sie eingenommen sind, vollkommen angemessen. Indessen ist diese übermäßige Schwermut, die den Neger veranlaßt, Erde, Asche, oder Kalk zu essen, sozusagen schon zur Gewohnheit geworden. Sie ist auch bei unseren Kreolen, besonders unter den Mädchen, die zur Ehe Lust haben, sehr verbreitet. Dann essen sie allerlei Unrat. Ich habe solche Mädchen gekannt, die mehr Papier und Siegellack verzehrten, als man in der Schreibstube eines Staatssekretärs brauchte. Andere essen Tabakspfeifen, Kohle, Leinwand, besonders aber gewisse kleine Kieselsteine, die in den Flüssen gefunden werden. Sie lassen diese im Feuer wie Kalkstein ausbrennen und essen sie danach, als seien sie die beste Sache der Welt, beinahe wie die Spanierinnen jene Gefäße aus leichter und wohlriechender roter Erde zu verzehren pflegen, die aus Mexiko gebracht und fälschlich Terra Sigillata genannt werden.

Ich sah mich zuweilen genötigt, erwachsenen Mädchen, die diesen sonderlichen Geschmack hatten, die Sakramente zu verweigern, nachdem ich ganze Monate vergebliche Mühe angewandt hatte, sie zu überzeugen, welchen Schaden sie sich dadurch zufügten. Es ist ein Elend, sie in diesem Zustand zu sehen. Sie werden gelb und grau, um die Augen herum aber ganz schwarz, mager, traurig, faul und sowohl sich selbst als anderen unerträglich. Es ekelt ihnen vor allen gesunden Speisen, zuletzt fallen sie in eine unheilbare Wassersucht. Sobald man dergleichen an ihnen wahrnimmt, ist es am besten, wenn man ihnen sogleich Männer gibt.

Ungefähr um diese Zeit geschah es, daß mich der Negersklave eines meiner Pfarrkinder ersuchte, ihm einen kleinen Sack wiederzugeben, den ich ihm vor seiner Taufe weggenommen hatte. Ich war schon durch seinen Herrn benachrichtigt worden, daß er sich mit der Zauberei abgäbe. Er verschaffte verlorene Sachen wieder herbei, entdeckte zukünftige Dinge, sagte unter anderem die Ankunft der Schiffe voraus und dergleichen mehr, wenigstens soviel es der Teufel wissen konnte und ihm solches offenbarte. Da ich aber in diesem Punkt niemals sehr leichtgläubig gewesen bin, dachte ich anfangs, der Neger wäre nur ein Marktschreier, der dem einfältigen Volk etwas aufbürdete und sie dadurch nur im ihr Geld zu bringen suchte. Als ich ihn aber etwas genauer ausforschte, erkannte ich zum Teil, daß man mir die Wahrheit gesagt hatte. Ich wurde daher bewogen, seine Taufe bis gegen Pfingsten zu verschieben, obgleich ich bereits entschlossen war, sie an Ostern vorzunehmen, da ich ihn gut unterrichtet fand und sah, daß er sie mit größtem Eifer verlangte. Zuletzt ließ ich mich dennoch überreden, ihn zu taufen, nachdem er allen heimlichen und offenen Bündnissen, die er möglicherweise mit dem Teufel gemacht haben konnte, feierlich entsagt hatte. Ich empfahl auch seinem Herrn, der zugleich sein Taufpate war, sorgfältig auf ihn zu achten. Drei Monate lang und noch etwas darüber war ich sehr mit ihm zufrieden, und niemand besuchte fleißiger die Messe und Kinderlehrstunden als er. Sein beständiges Anliegen war es, das Heilige Abendmahl zu empfangen, und ich wollte es ihm schon gestatten, da er mir versicherte, durch die Taufe sei alle Erinnerung an seine ehemalige Tätigkeit vollkommen aus seinem Gedächtnis vertilgt worden. Da fand ich ihn an einem Sonntagmorgen mit ein paar Vögeln in den Händen vor meiner Tür stehen. Anfangs glaubte ich, er wolle sie verkaufen, und verlangte den Preis zu wissen, bekam aber zur Antwort,

er habe sie zu einem Geschenk für mich bestimmt, wofür ich mich aber bedankte und ohne Bezahlung nicht annehmen wollte. Nach einigen Weigerungen gab er mir zu verstehen, daß er kein Geld begehre, wenn ich ihm aber sein kleines Säckchen wiedergeben wolle, würde ich ihm ein großes Vergnügen dadurch erweisen. Diese Bitte machte mir nicht wenig Kummer, da ich aus ihr entnehmen konnte, daß er zu seinem vorigen Aberglauben zurückkehren wollte. Trotzdem stellte ich mich so, als wolle ich ihm ohne Bedenken willfahren, um sein Herz desto besser erforschen zu können. Ich fragte ihn also, wozu er die verschiedenen, in diesem Sack enthaltenen Stücke brauche, und vernahm alles, was ich zu wissen begehrte. Er bekannte mir zuletzt, daß er sich seit dessen Veräußerung in den armseligsten und elendsten Umständen befände, dagegen vorher bequem habe leben können, da er von den Personen, die ihn um Rat gefragt hätten, reichlich bezahlt worden sei. Er sagte mir mehr als nötig, um sein verdorbenes Gemüt zu erkennen. Ich änderte nunmehr meine Sprache und drohte, nach vorher ergangenem schrecklichem Verweis, ihn der Obrigkeit zu übergeben, von der er gewiß würde verbrannt werden.

Um ihm zu zeigen, daß er seinen Sack niemals wiederbekommen würde, befahl ich meinem Neger, ihn herbeizuholen und auf der Stelle zu verbrennen. Man brachte mir ihn, da aber mein junger Neger mit diesen Kleinigkeiten gespielt hatte, fehlten einige Stücke, darunter ein kleines Männchen aus gebrannter Erde, ein Götzenbild, das dieser Neger um Rat fragte und das ihm, wie er versicherte, auf alle Fragen Antwort gab. Man suchte solange, bis es gefunden wurde, da es aber schon zerbrochen war, schlug ich es vollends mit dem Hammer in Stücke, ebenso einen kleinen Flaschenkürbis, in dem sich neben einigen anderen Dingen auch ein Knäuel Zwirn befand, mit dem man verlorene Sachen wiederfinden konnte. Ich ließ alles vor seinen Augen ins Feuer werfen. Dann schickte ich ihn zu seinem Herrn zurück, dem ich schrieb, was sich eben zugetragen hatte, damit er besser auf seinen Neger achtgäbe und ihn, wenn er nur das mindeste entdeckte, mit größter Strenge züchtigen ließe. Dieser Pflanzer war aber ein kluger, gottesfürchtiger Mann, der lieber seinen Neger verlieren, als einen solchen Arbeiter behalten wollte. Er verkaufte ihn daher bald danach auf eine andere Insel und entledigte mich dadurch des Verdrusses, den er mir noch hätte bereiten können.

Ich weiß, daß viele Personen alles, was man von Zauberern und ihrem

Bund mit dem Teufel erzählt, für ein bloßes Hirngespinst, für lächerliche Märchen oder Unwahrheiten hält. Ich selbst war lange Zeit dieser Meinung, und es ist mir auch nicht unbekannt, daß solche Geschichten öfters vergrößert und übertrieben werden, glaube aber andererseits, daß man nicht alles für falsch halten darf, ungeachtet es vielleicht nur teilweise wahr ist. Ebensosehr bin ich überzeugt, daß sich verschiedene Begebenheiten nicht leugnen lassen, die ich teils selbst als Augenzeuge erlebte oder von denen ich alle Gewißheit habe, die man nur immer fordern kann, um von der Wahrheit einer sich zugetragenen Geschichte überzeugt zu werden.

Pater Fraisse, einer unserer Religiosen aus der Provinz Toulouse, hatte aus dem Königreich Juda in Guinea einen kleinen Neger von neun bis zehn Jahren mit nach Martinique gebracht. Einige Monate nach seiner Ankunft hörte dieses Kind, wie sich unsere Väter über das trockene Wetter beklagten, durch das im Garten alles verdarb, und Regen wünschten. Das Kind, das eben anfing französisch zu sprechen, erkundigte sich, ob sie einen starken oder schwachen Regen verlangten, und versicherte, daß es ohne Aufschub geschehen sollte. Über diesen Vorschlag verwunderten sich unsere Väter nicht wenig, wie sich leicht denken läßt, und gingen deswegen miteinander zu Rate. Endlich überwog ihre Neugier über die Vernunft, und sie erlaubten dem bisher noch ungetauften Kind, einen Staubregen über ihren Garten kommen zu lassen. Sogleich pflückte das Kind drei Pomeranzen ab, die es in einiger Entfernung voneinander auf den Boden setzte. Vor einer jeden warf es sich mit solcher Achtung und Ehrfurcht zur Erde nieder, daß unsere Religiosen darüber erstaunten. Dann nahm es drei kleine Äste von einem anderen Pomeranzenbaum, und nachdem es sich neuerdings davor niedergeworfen hatte, pflanzte es sie auf diese drei Pomeranzen. Es warf sich nunmehr zum drittenmal nieder und sagte dabei mit großer Ehrerbietung einige Worte. Nachdem es schließlich mit einem dieser kleinen Zweige in der Hand aufgestanden war, sah es sich nach allen Seiten des Horizontes um, bis es in einer sehr guten Entfernung ein kleines und helles Gewölk entdeckte. Dann streckte es die Hand mit dem Ast gegen das Wölklein aus, und sogleich entstand ein sanfter Regen, der beinahe eine Stunde lang anhielt. Unterdessen verscharrte es sowohl die Pomeranzen als auch die Äste im Erdboden. Man kann sich das Erstaunen unserer Väter leicht vorstellen, als sie dieses Wunder sahen und, nachdem der Regen aufgehört hatte, bemerkten, daß außer

dem Bezirk des Gartens, den sie vollkommen durchfeuchtet fanden, kein Tropfen gefallen war. Man fragte das Kind, von wem es dieses Kunststück gelernt habe, und es antwortete, von einigen Negern aus seinem Land, die ihm während der Überfahrt, das war die Reise von Guinea bis Martinique, darin unterwiesen hätten.

Dieser Neger wurde in der Taufe Amable genannt und diente mir einige Zeit. Da ich viel Verstand und Fähigkeit, ein Handwerk zu lernen, an ihm fand, ließ ich ihn Steinmetz und Maurer werden, wobei er sich überaus geschickt anstellte. Ich hatte ihm auch einige Anfangsgründe der Baukunst beigebracht, die er gut anzuwenden wußte. Er hat mir diese Geschichte nachher öfters erzählt, aber zum Teil die Worte vergessen, die man beim Niederknien sagen mußte, da es ihm auf das strengste verboten worden war, sich dieses Kunststücks jemals wieder zu bedienen. Die Väter Temple, Rosie, Bournot und Fraisse, alles Religiosen unseres Ordens, waren zugegen, als dieser Regen fiel, und hatten alle Zeremonien, die ich eben beschrieben habe, mitangesehen.

Im Jahr 1698 habe ich nachfolgende Begebenheit miterlebt. Ich war damals Syndikus unserer Plantage zu S. Jacobsgrund in Martinique, wo eine unserer Negerinnen schon seit langer Zeit von einer Krankheit befallen war, die unsere Wundärzte entweder wegen eines ungewöhnlichen Zufalls oder aus Unwissenheit nicht kannten. Man hatte sie bereits zu allen Negern des Landes getragen, die sich anmaßten, solche Krankheiten zu heilen, ohne daß sie die mindeste Erleichterung dadurch empfangen hätte. Ich glaube aber vielmehr, ihre ganze Kunst besteht bloß in Zubereitung langsamer Gifte und einiger Gegenmittel, die sie bisweilen anzuwenden wissen. Kurz, ich wurde dieser Reisen und der mir dadurch entstandenen vergeblichen Unkosten endlich müde und ließ sie wieder in die Plantage tragen, wo ich ihr gebot, von keinem Neger Arzneien zu nehmen, sondern sich nur noch des gewöhnlichen Wundarztes zu bedienen, dem ich sie übergab und seiner ganz besonderen Mühe empfahl.

Da wurde mir eines Nachts hinterbracht, es befände sich ein sogenannter Negerarzt in ihrer Hütte. Ich ging ohne Verzug dorthin, in der Absicht, diesen rechtschaffen peitschen und alsdann fortjagen zu lassen. Als ich nahe bei der Tür war, blieb ich stehen und blickte durch die Spalten in der Hüttenwand. Ich sah die Kranke auf einer Matte ausgestreckt liegen, ein kleines Bild aus Ton, beinahe jenem ähnlich, das ich zu Macouba zerschlagen hatte, stand mitten in der Hütte auf einem

kleinen Stuhl, und der Neger oder angebliche Arzt lag vor dem Bild auf den Knien und schien es mit großem Eifer anzurufen.

Kurz darauf nahm er ein Couy, das ist ein halber Flaschenkürbis, in dem Feuer war, warf Gummi hinein und beräucherte das Götzenbild damit. Nach verschiedenen Beräucherungen und Fußfällen näherte er sich dem Bild und befragte es, ob die Negerin wieder genesen werde oder nicht. Ich hörte zwar die Frage, von der Antwort konnte ich aber nichts vernehmen. Die Negerin, die es am meisten betraf, und einige Neger, die näher standen als ich, hörten sie und fingen zugleich an zu weinen und zu schreien. Augenblicklich sprengte ich die Tür auf und trat hinein. Da mich nun der Befehlshaber der Neger und noch fünf bis sechs andere begleiteten, die gleich mir das eben Erzählte gesehen und angehört hatten, ließ ich den Hexenmeister und einige von den Zuschauern, die nicht aus unserer Plantage waren, ergreifen. Ich nahm das kleine Bild, das Rauchfaß, den Sack, nebst allem, was sonst noch dazugehörte, und fragte die Negerin, warum sie weine. Sie antwortete, der Teufel, dessen Stimme sie aus der kleinen Figur gehört hätte, habe ihr verkündet, daß sie nach vier Tagen sterben müsse. Die übrigen Neger bekräftigten das Gesagte. Um ihnen den Irrtum zu nehmen, sagte ich, daß nur der Neger gesprochen und seine Stimme nachgemacht habe; denn wenn der Teufel wirklich zugegen gewesen wäre, um zu antworten, hätte er unfehlbar Nachricht gegeben, daß ich vor der Tür stünde, um ihn zu erhaschen. Unterdessen ließ ich den Zauberer anbinden und ihm 300 Hiebe mit der Peitsche geben, so daß er von Kopf bis auf die Füße blutete. Er schrie wie ein Besessener, und unsere Neger baten mich um Gnade für ihn. Ich versicherte aber, ein Hexenmeister empfinde keine Schmerzen und er suche mich durch sein Geschrei nur zu verspotten.

Ich befahl sofort, einen Stuhl herbeizubringen, auf den ich das Bild vor seinen Augen setzte, und hieß ihn, den Teufel zu bitten, ihn entweder aus meinen Händen zu befreien oder die Figur wegzuführen. Da nun keines von beidem geschah, ließ ich immer draufloспeitschen. Unsere Neger, die sich alle versammelt hatten, zitterten vor Furcht und sagten, der Teufel würde mich gewiß ums Leben bringen. Ja, sie waren von dieser törichten Einbildung so stark befangen, daß ich sie, ungeachtet meiner Vorstellungen, nicht auf andere Gedanken bringen konnte. Um sie endlich zu überzeugen, daß ich weder den Teufel, noch seinen Zauberer fürchtete, spuckte ich auf diese Figur und zerstieß sie mit

Füßen, obwohl ich sie selbst gern behalten hätte. Ich schlug auch das Rauchfaß und was sonst noch dazugehörte in Stücke und ließ alle Lumpen des Hexenmeisters in einem Feuer verbrennen, die Trümmer des Bildes aber zerstoßen und die Asche in den Fluß streuen, ein Verfahren, das unseren Negern die Furcht etwas zu nehmen schien.

Dem Zauberer ließ ich Fesseln anlegen und ihn mit einer Pimentade waschen, das ist Salzwasser, in dem man Piment und junge Zitronen zerdrückt hat. Das verursacht zwar jenen, die von Peitschenhieben geschunden wurden, höllische Schmerzen, ist aber ein sicheres Mittel gegen den Wundbrand, der sonst unfehlbar entstanden wäre. Darüber hinaus befahl ich, alle anderen, die dieser Versammlung mit beigewohnt hatten, tüchtig durchzuprügeln, um ihnen künftig ihre Neugierde etwas zu vertreiben. Als es Tag wurde, schickte ich den Neger oder Hexenmeister seinem Herrn zurück, dem ich den ganzen Vorgang beschrieb und ihn gleichzeitig ersuchte, daß er diesem verbieten solle, unsere Plantage in Zukunft zu betreten. Er versprach es mir, bedankte sich für meine damit gehabte Mühe, seinen Zauberer ließ er aber nochmals derb abprügeln. Das Schlimmste bei dieser Begebenheit aber war die Tatsache, daß die Negerin wirklich am vierten Tag starb. Es mochte nun aus Schrecken über die Antwort des Teufels geschehen sein, oder hatte der Neger in der Tat gewußt, daß sie an dieser Krankheit zu der von ihm bestimmten Zeit sterben würde. Jedoch hatte ich sie auf jeden Fall beichten lassen und erlebte noch den Trost, daß sie als eine gute Christin dahinschied und den begangenen Fehler tief bereute.

Die Begebenheit, die jetzt folgen wird, habe ich von Herrn Vaubel, Vorsteher des Dänischen Kaufhauses auf der Insel S. Thomas, einer der Antillen, vernommen, der sie mir erzählte, als ich bei meiner Rückreise von Saint-Domingue dorthin kam.

Ein Neger, der überführt worden war, Zaubereien getrieben und ein kleines, irdenes Bild besprochen zu haben, war von der dortigen Obrigkeit verurteilt worden, lebendig verbrannt zu werden. Als man ihn zum Richtplatz hinausführte, begegnete er unterwegs Herrn Vaubel, und dieser sagte zu ihm: »Nun wirst du deine kleine Figur wohl nicht mehr reden lassen können, da sie zerbrochen ist.« Der Neger antwortete ihm: »Wenn Sie wünschen, mein Herr, werde ich das Rohr, das Sie in Händen halten, zum Reden bringen.«

Diese Worte setzten jedermann in Erstaunen, und Herr Vaubel bat den Richter, der zugegen war, die Vollstreckung des Urteils einen

Augenblick aufzuschieben, um zu sehen, ob der Neger sein Versprechen erfüllen könne. Als dies bewilligt wurde, gab er ihm sein Rohr, der es in die Erde steckte und einige Gaukeleien herum machte, dann aber Herrn Vaubel fragte, was er jetzt zu wissen wünsche? Dieser antwortete, daß er gern wissen wolle, ob ein Schiff, das man erwartete, bereits ausgelaufen sei, wann es ankommen werde, wer sich darauf befände und was ihnen auf der Reise begegnet sei.

Der Neger wiederholte seine Zeremonien, und als er danach zurückgetreten war, sagte er zu Herrn Vaubel, er könne sich nunmehr dem Rohr nähern und die Antwort auf seine Frage vernehmen. Als Herr Vaubel herantrat, hörte er tatsächlich eine helle und deutliche Stimme, die zu ihm sprach: »Das Schiff, das du erwartest, ist von Helsingör an dem und dem Tag abgesegelt, der und der ist Kapitän darauf und hat diese und jene Passagiere bei sich, du wirst mit seiner Ladung sehr wohl zufrieden sein, unter der Linie hat es einen Sturm ausgestanden, in dem sein Vormarssegel entzweigerissen ist, das Besamsegel aber vom Wind weggeführt wurde, doch wird es einlaufen, noch ehe drei Tage vergehen.«

Der Neger wurde dennoch hingerichtet, und als das Schiff drei Tage danach anlangte, wurde die ganze Weissagung buchstäblich für wahr befunden. Ich würde niemals damit fertig werden, wenn ich alles, was mir von dieser Materie bekannt ist, hier erzählen wollte. Diese Begebenheiten scheinen mir aber hinlänglich zu beweisen, daß es tatsächlich Personen gibt, die mit dem Teufel Gemeinschaft haben und sich seiner Hilfe bei sehr vielen Gelegenheiten bedienen. Neben den Negern gibt es auf den Inseln noch viele Mulatten. Darunter versteht man jene Kinder, die von einer schwarzen Mutter und einem weißen Vater oder von einem schwarzen Vater und einer weißen Mutter gezeugt wurden, was letzteres aber selten zu geschehen pflegt.

Das erstere hingegen ereignet sich nur allzu häufig, und aus dieser Hurerei der Weißen mit den Schwarzen entspringt eine unendliche Menge von Lastern. Die Farbe der Kinder, die aus dieser Vermengung geboren werden, hat etwas von Weißen und Schwarzen an sich und entspricht etwa der Rußfarbe. Die Haare der Mulatten sind bei weitem nicht so kraus wie die der Neger und haben eine kastanienbraune Farbe, die man bei jenen nicht antrifft. Jedoch habe ich zu Cadix auch einen Neger mit roten Haaren gesehen. Gewöhnlich sind die Mulatten wohlgebildet, von guter Statur, stark, behend, fleißig und ungemein

verwegen. Sie besitzen großen Scharfsinn, sind dabei den Lastern ungemein ergeben, leichtsinnig, stolz, tückisch, boshaft und stets aufgelegt, die größten Verbrechen zu begehen. Die Spanier, die viel mehr als alle anderen Europäer in Amerika mit ähnlichen Lastern ausgestattet sind, haben keine schlimmeren Kreaturen. Ihre Zahl würde noch weit größer sein, wenn die Zeugung nicht so streng bestraft würde. Da nämlich die Negerinnen ohnehin schon zur Geilheit geneigt sind und es den weißen Mannspersonen gleichfalls nicht daran fehlt und sie außerdem mit diesen Kreaturen ganz leicht ihrer Lust frönen können, würde man nichts als Mulatten sehen und die größte Unordnung daraus entspringen. Doch der König sucht diesen Mißbräuchen abzuhelfen, indem er alle jene, die überführt wurden, daß sie Väter von solchen Kindern sind, zu einer Strafe von 2.000 Pfund Zucker verurteilt hat. Wenn aber eine Sklavin von ihrem Herrn verführt wird und ein Kind bekommt, so ist außer der Strafe auch die Negerin mit dem Kind dem Hospital verfallen und kann niemals, unter welchem Vorwand es auch immer geschehen mag, losgekauft werden.

Nun ist zwar bei dieser Verordnung der Eifer des Königs nicht genug zu loben, doch erlaube man einem Missionar zu sagen, daß man bei dem Versuch, solchem Ärgernis vorzubeugen, einem noch viel abscheulicheren Verbrechen den Weg bahnte. Ich verstehe darunter nämlich die häufige Abtreibung der Frucht, die von den Negerinnen unternommen wird, sobald sie ihre Schwangerschaft empfinden, was noch dazu nicht selten mit Einwilligung und auf Anraten der weißen Männer geschieht, die sie verführt haben.

Die Religiosen von der Charité (oder die Barmherzigen Brüder), welche die Spitäler zu besorgen haben, sind in diesem Punkt sehr wachsam, da ihr eigener Vorteil mit dem der Armen zu eng verbunden ist, als daß sie dergleichen Vorgehen gleichgültig mitansehen könnten. So war beispielweise ein Religiose besonders geschickt, dergleichen auszuspähen und zu nutzen. Denn auch die Ehefrauen der weißen Männer waren ihm dabei öfters behilflich, da sie nicht leiden konnten, daß die Sklavinnen von ihren Männern unterhalten wurden. Sie halfen ihm daher, sie zu ergreifen, und wollten sie lieber eingezogen wissen, als die Gelegenheit zur Rache verlieren.

Trotzdem begegneten diesem Religiosen manchmal verdrießliche Zufälle, da die Herren, die in Gefahr gerieten, ihre Kinder und Negerinnen zu verlieren, ihnen lieber die Freiheit versprachen, als sie

dem Spital zu überlassen. Sie versäumten nicht, die Negerinnen zu unterrichten, was sie antworten sollten, wenn sie vor Gericht erscheinen müßten und nach dem Vater ihres Kindes befragt würden. Aus ihrem Verlangen nach Freiheit merkten sie auch ihre Lektion sehr genau. Der Mangel an Zeugen, die bei solchen Gelegenheiten nicht gefordert wurden, nebst der Frechheit, womit sie sich und ihren Herrn verteidigten, war auch die Ursache, daß der Mönch manchmal noch die Gerichtskosten bezahlen mußte. Ich habe verschiedentlich solchen Rechtshändeln beigewohnt, unter anderem, als einmal die Negerin eines Mannes aus unserem Kirchspiel behauptete, dieser Religiose sei selbst der Vater des Mulattenkindes, mit dem sie niedergekommen war. Zu allem Unglück war dieser Religiose vor neun bis zehn Monaten auf der Durchreise bei dem Herrn der Negerin über Nacht geblieben. Der Herr, dem dies eingefallen war, hatte nicht versäumt, seine Negerin daran zu erinnern und sie vollkommen abzurichten, wie sie sprechen sollte. Es war einer der lustigsten Auftritte, zu hören, was sie alles aufbrachte, um zu beweisen, daß sie außer ihm niemals ein anderes Mannsbild erkannt habe. Der Richter versuchte alles, um sie mit ihren Aussagen in Widersprüche zu verwickeln, sie verharrte aber beständig dabei, und da sie ihr Kind auf dem Arm hatte, überreichte sie es dem Mönch mit den Worten: »Toi Papa li« (Da, Papa!) und ließ es darauf der ganzen Gesellschaft mit der Behauptung, es gleiche dem Religiosen wie ein Tropfen Wasser dem andern. Der Mönch, dem solche Auftritte nichts neues mehr sein konnten, war dennoch bestürzt darüber, daß alles aus vollem Halse lachte, ohne recht zu wissen, was am meisten Gelegenheit dazu gab, das unverschämte Betragen der Negerin, das mit einer großen Aufrichtigkeit verknüpft zu sein schien, die Verwirrung des Religiosen, der übrigens ein untadelhafter Mann war und durchaus für unfähig gehalten wurde, eine solche Schwachheit zu begehen, oder die gezwungene Ernsthaftigkeit des Richters, der es zuletzt nicht länger würde haben aushalten können, wenn er nicht den Auftritt beendigt und die Negerin vorbehaltlich der Gerichtskosten bis zur weiteren Untersuchung ihrem Herrn zurückgesandt hätte.

Wenn die Herren solche Ausschweifungen nicht selbst begangen haben, können die Negerinnen ihre Freunde leicht herauswickeln und ihnen den Verdruß ersparen, Strafe zu bezahlen. Sie dürfen nur irgendeinen Matrosen eines bereits abgesegelten Schiffes oder allenfalls einen Soldaten, den sie nicht kennen und der ihnen angeblich unterwegs

begegnet ist, als Vater des Kindes angeben. Das pflegen sie fast allemal zu tun und werden dann nur mit einigen Peitschenhieben bestraft, um sie künftig klüger zu machen.

Die Religiosen der Charité hätten es gern gesehen, wenn ihnen die Pfarrer über die Mulattenkinder, die sie tauften, Nachricht erteilt hätten, allein sie konnten es bisher nicht erreichen. Die Pfarrer kümmerten sich nämlich aus triftigen Gründen wenig um solche Untersuchungen, welche die unangenehmsten Folgen für sie haben und ihr geistliches Amt nur verhaßt hätte machen können. Sie wandten daher das gleiche ein, was ich schon vorher gesagt habe, daß man nämlich ein Übel abzustellen gedächte und ein anderes, noch viel größeres dagegen einführen werde, nämlich die Abtreibung der Frucht, die von den Negerinnen unternommen zu werden pflegt. Die meisten sind überaus erfahren darin und kennen gewisse Kräuter, die das ganz leicht bewirken.

Wenn die Hebammen aber solche Kinder zur Taufe bringen, verbergen sie gewöhnlich ihre Herkunft, was sehr leicht möglich ist, da man an der Hautfarbe kaum einen Unterscheid wahrnimmt. Alle Arten von Kindern, die zur Welt kommen, pflegen nämlich, wenn nicht ganz, so doch halb weiß auszusehen, und die Farbe, wodurch sie voneinander unterschieden werden, kommt erst nach acht bis zehn Tagen zum Vorschein. Um aber sicher zu wissen, welche Farbe das Kind bekommen wird, darf man es nur aufdecken, da seine Schamteile ganz schwarz sind, wenn es von einem Neger und einer Negerin abstammt, kommt es aber von einem Weißen und einer Negerin her, so sind sie weiß oder halb weiß. Will man diese Probe nicht vornehmen, so gibt es noch eine bequemere Art, man darf nur gleich bei der Geburt die Nägel an der Stelle betrachten, wo sie aus dem Fleisch wachsen. Wenn sie um diese Gegend schwarz sind, wird das Kind, diesem unfehlbaren Kennzeichen zufolge, ebenfalls schwarz werden. Ist aber dieser Fleck weiß oder doch halb weiß, so darf man gewiß behaupten, das Kind werde ein Mulatte, es mag nun von einem Weißen und einer Negerin oder einem Neger und einer weißen Frau herkommen.

Nun mögen unsere Ärzte immerhin behaupten, daß beide Geschlechter nicht gleichviel zur Erzeugung des Kindes beitragen und die Frauen sozusagen die Hennen sind, die von Natur Eier im Leibe haben, und das Mannsbild gleich dem Hahne nichts anderes tue, als sie loszulösen und den Samen zu befruchten. Wenn dieses seine Richtigkeit

hätte, würden die Negerinnen jederzeit schwarze Kinder gebären, von welcher Farbe der Mann auch immerhin sein möge. Das aber widerspricht schlechterdings unseren Erfahrungen, da wir sehen, daß sie schwarze Kinder mit einem Schwarzen und weiße mit einem Weißen erzeugen. Wenn man weibliche oder männliche Mulatten mit einer weißen Person verheiratet, werden die aus solcher Ehe entsprossenen Kinder viel weißer und in ihren Haaren fast gar nicht mehr kraus sein. In der dritten Generation wird man sie nur noch am Weißen des Auges erkennen, das stets etwas trüb auszusehen pflegt. Dieser Fehler verliert sich aber in der vierten Generation vollkommen, wenn man sie nur stets mit Weißen zu verehelichen fortfährt. Sollte man sie aber mit Schwarzen verbinden, so würden sie in der nämlichen Zahl von Generationen in ihre vorige Schwärze zurückkehren, da eine Farbe immer stärker wird, je nachdem wie sie sich mit einer von der nämlichen Gattung verbindet, und wieder abnimmt, sobald sie sich davon entfernt.

Die von einem Weißen und einer Mulattin gezeugten Kinder werden Quarterons genannt, jene aber, die von einem Weißen und einer Indianerin herstammen, Mestizen. Ich habe auf unseren Inseln nur zwei Weiße gekannt, die sich mit Negerinnen verheiratet haben. Der erste war ein Leutnant der Miliz im Revier der Schwarzen Spitze zu Guadeloupe. Er war ein ehrlicher Mann und hatte aus Antrieb seines Gewissens eine sehr schöne Negerin, der er, wie es schien, einige Verbindlichkeit schuldig war, zur Frau genommen. Der andere war ein Kaufmann im Kastell Saint-Pierre zu Martinique. Sein Pfarrer hatte so viele Gewissenszweifel bei ihm erregt, daß er bewogen wurde, eine Negerin zu heiraten, die eine weit größere Anzahl von Männern als das Samaritanische Weib würde gehabt haben, hätten sie alle ihre Liebhaber zur Frau nehmen müssen.

Der Leutnant hatte mit seiner schwarzen Gemahlin schöne kleine Mulatten gezeugt, der Kaufmann aber nicht. Letzterer lebte sogar nur ziemlich kurze Zeit mit ihr zusammen, da ihn seine Landsleute wegen der Heirat mit dieser Kreatur so aufzogen, daß er sich von ihr trennte. Sie bekümmerte sich aber nicht viel darum und war schon mit den während ihrer Ehe erworbenen Vorteilen und dem Recht zufrieden, sich nun Madame nennen zu dürfen.

Daß man die von einem Weißen und einer Indianerin gezeugten Kinder Mestizen nennt, habe ich bereits oben erwähnt. Sie sind häufig so weiß wie die Europäer. Der einzige Unterschied, an dem sie zu

erkennen sind, ist das Weiße im Auge, daß bei ihnen jederzeit etwas ins Gelbe übergeht, wie bei jenen, die nach einer ausgestandenen, langwierigen Krankheit trübe Augen haben. Wenn sich aber eine Mestizin mit einem Weißen verheiratet, so behalten die Kinder nichts von ihrem ersten Ursprung.

Als die Neger erstmals auf die Inseln kamen und durch den freien Umgang mit ihnen die Mulatten gezeugt wurden, befahlen die Eigentümer, daß diese frei sein sollten, sobald sie das 24. Jahr erreicht hätten, vorausgesetzt, daß sie bis zu dieser Zeit bei dem Herrn ihrer Mutter geblieben seien. Die Herren glaubten aber, sich durch eine achtjährige Dienstzeit vom 16. bis zum vollendeten 24. Lebensjahr sowohl für die von ihren Negerinnen beim Aufziehen des Kindes versäumte Arbeitszeit als auch für die Tatsache, daß sie statt eines Negers, der beständig Sklave geblieben wäre, nur einen Mulatten geboren hätten, hinlänglich schadlos gehalten zu haben.

Nachdem aber der König die Inseln mit seinen Erbländern vereinigt und sie im Jahre 1674 von den Gesellschaften käuflich übernommen hat, wurde durch eine besondere Verordnung das alte römische Gesetz wieder erneuert, kraft dessen die Kinder den Stand der Mutter bekommen. Folglich sind die von einer leibeigenen Mutter geborenen Mulatten gleichfalls Sklaven. Seit diesem ergangenen Befehl sind alle Mulatten Sklaven, und ihre Herren können auf keine Art gezwungen werden, sie ihren Vätern zu verkaufen, es geschehe denn freiwillig. Sie müssen wie die übrigen Sklaven arbeiten und sind auch den gleichen Strafen unterworfen. Wenn sie von ihren Herren entlaufen, kann man sie der Justiz überliefern, die mit ihnen wie mit den schwarzen Sklaven verfährt, das heißt, es werden ihnen beim zweiten Fluchtversuch die Ohren abgeschnitten, beim dritten dagegen die Kniekehlen durchschnitten. Diese Strafen werden in den königlichen Verordnungen vorgeschrieben. Zugleich hat der König, um der Bosheit jener vorzubeugen, die in entlegenen Gebieten wohnen, Sklaven an sich locken und sie für ihren eigenen Nutzen arbeiten lassen, angeordnet, daß dem Eigentümer des Sklaven von dem Augenblick der Flucht bis zu dem Tag, an dem er seinem Herrn wieder übergeben wird, täglich eine Pistole zu bezahlen sei.

In diesem Jahr 1695 tobte auf unseren Inseln auch ein furchtbarer Orkan. Man versteht darunter ein Ungewitter, das den ganzen Kompaß umläuft, das heißt der Sturmwind weht von allen Himmelsrichtungen.

Gewöhnlich dauert er nicht länger als 24 Stunden und man spürt seine größte Gewalt nur 12 bis 15 Stunden, was jedoch ausreicht, um die furchtbarsten Verwüstungen anzurichten.

Häufig geht ihm eine große Windstille, klare Luft und angenehmes Wetter voraus, nach und nach überzieht sich dann der Himmel mit Wolken und wird trüb. Man sieht, ohne den geringsten Wind zu spüren, wie das Meer aufzuschwellen beginnt und die Vögel mit einer gewissen Ängstlichkeit hin und her flattern und sich den Häusern und Felsenklüften nähern, als wollten sie dort Zuflucht suchen. Der Wind erhebt sich nur allmählich, tobt zuletzt aber mit außerordentlicher Wut. Wenn er von Regen begleitet ist, hat man sich noch mehr zu fürchten; denn das Wasser durchweicht den Erdboden, in dem Bäume, Zuckerrohr, Manioc und andere Gewächse stehen, und der Wind kann sie leichter ausreißen, als wenn der Boden trocken und fest ist.

Bisher hatte man behauptet, heftige Donnerschläge vertrieben den Wind und verteilten das Gewitter, doch geschah dieses Jahr gerade das Gegenteil. Die Regenzeit war sehr früh eingetreten, es hatte überaus stark geregnet und unzählige Male gedonnert, und man glaubte also, von einem Orkan verschont zu bleiben. Der Regen fing aber am Sonntag, den 2. Oktober, erneut an und war von schrecklichen Windstößen und starken Donnerschlägen begleitet. Er dauerte ohne Unterbrechung bis Freitag, wo er gegen sechs Uhr morgens plötzlich aufhörte. Wir hofften, daß alles vorüber wäre, und ich wollte gerade meine Kirche wieder ordentlich einrichten, um dort die Messe zu lesen, als ich hörte, daß der Wind stärker als je zuvor zu toben anfing. Nun zweifelte ich nicht mehr, daß wir einen gefährlichen Orkan bekommen würden, nachdem wir schon fünf Tage lang einen Wolkenbruch gehabt hatten, der mit starkem Wind und Donner begleitet war. Ich ging also nach Hause, doch Herr du Roy, mein Nachbar, ließ mich bitten, bei ihm zu bleiben, solange das Unwetter andauern würde, da er meinte, ich sei in seiner Wohnung sicherer als in der meinigen.

Um dorthin zu kommen, mußte ich reiten und mich am Hals des Pferdes festhalten, sonst hätte mich der Wind weggeführt. Ich würde auch kein Roß bestiegen haben, um einen Weg von nur 300 Schritt zurückzulegen, wenn die Straße gangbar gewesen wäre. Die Wiese glich aber einem Meer, aus dem die Hügel wie kleine Inseln hervorragten, da alles übrige zwei Fuß hoch mit Wasser bedeckt war, das gleich einem Strom daherrauschte. Endlich kam ich zu meinem Nachbarn und blieb

dort den restlichen Tag und die ganze Nacht. Meine Leute zuhause verwahrten sich so gut, wie sie nur konnten. Gegen zwei Uhr nachmittags erreichte der Sturm vom Süden her seine größte Heftigkeit. Dann drehte er nach Südost, von da gegen West, und um sieben wandte er sich nordwärts und hatte vier Stunden nach Mitternacht mit der gleichen Wut den ganzen Kompaß umlaufen. All dies wurde mir aber nur erzählt; denn ich hatte mich gegen zehn Uhr in einen Hamack gelegt, wo ich so fest schlief, daß ich von dem ganzen Vorgang nichts merkte und erst gegen fünf Uhr morgens erwachte, als beinahe schon alles vorüber war. Zwar hatte mich der Donner von Zeit zu Zeit erschreckt, und wenn sich der Wnd drehte und das Haus stärker als sonst davon erzitterte und krachte, war ich auch aufgewacht, sogleich aber wieder in den Schlaf gefallen. Daher sagten alle, ich sei wohl auf der ganzen Insel der einzige gewesen, der in dieser schauervollen Nacht geschlafen habe.

Wind und Regen hielten noch bis neun Uhr an, aber nicht mehr so stark, und gegen Mittag wurde der Horizont ringsherum hell. Der gewöhnliche Ostwind begann zu blasen, und auf den schrecklichsten Sturm, den man seit vielen Jahren gespürt hatte, folgte das schönste Wetter der Welt. Doch ließ sich damit der unermeßliche Schaden, den er verursacht hatte, auf keine Art ersetzen. Es war ein erbärmlicher Anblick, wie die niedergeworfenen Bäume übereinander lagen und die stehengebliebenen weder Blätter noch Äste hatten. Zuckerrohr und Maniocpflanzen waren ausgerissen, die Kakaogärten fast gänzlich zerstört, die Häuser umgestürzt oder abgedeckt, die Wege grundlos gemacht und die ebenen Gegenden in Sümpfe und ausgespülte Gräben verwandelt. Gott hat aber meine Kirche besonders geschützt. Bis auf ein paar Schindeln und Dachsparren, die weggetragen worden waren, hatte sie weiter keinen Schaden erlitten.

Capesterre hatte viel gelitten, zu Basse-Terre und Fort Royal war der Schaden aber noch beträchtlicher. Unser Kloster auf dem Ankerplatz, das damals nur aus Holz gebaut und noch dazu sehr alt war, hatte eine Wasserflut, die sich von dem Hügel herabstürzte, an dem es stand, beinahe mit fort geschwemmt. Solange der Wind von Osten wehte, hatte er die See so aufgewühlt und mit solcher Gewalt gegen das Land getrieben, daß eine Batterie von acht Kanonen, die an der Mündung des Saint-Pierre-Flusses stand, weggeschwemmt wurde. Die Mauern des Kastells waren teilweise eingestürzt, etwa sechs Schiffe und zahlreiche Barken wurden an die Küsten geworfen und größtenteils zertrümmert.

Die ganze lange Straße, die man die Galerie nennt, wurde derart verwüstet, daß man am folgenden Morgen keine Spur mehr erkennen konnte, wo Häuser gestanden hatten. Von allen Häusern dieses Bezirks waren nur etwa drei oder vier stehengeblieben, dazu das Magazin der Guinesischen Gesellschaft, das durch dicke Mauern geschützt worden war.

Das erste, worauf man achten mußte, war die Ausbesserung der Straßen, wobei mein Kirchenspiel viel zu tun bekam, weil der Regen die Wege so verdorben und grundlos gemacht hatte, daß sie völlig unbrauchbar waren.

Während des Regens und noch ehe der Orkan seinen Anfang nahm, waren alle nicht überschwemmten Plätze auf den Wiesen und Gärten mit zahlreichen Vögeln aus der See und den Flüssen, wie zum Beispiel wilden Enten, Wasserhühnern, Regenvögeln, Kriekenten und Seelerchen angefüllt, die man aus den Fenstern bequem abschießen konnte. Darin bestand der einzige Nutzen des Orkans für jene Personen, die so wenig wie ich zu verlieren hatten.

Wir sahen an diesen Tagen viele Vögel vorüberfliegen, nämlich Papageien, Krammetsvögel, Holztauben und andere, die sich nach Dominique wandten, das von Macouba nur sieben Meilen entfernt liegt. Den gleichen Weg nahmen die Rebhühner, Turteltauben und Ortolanen. Nach einem kurzen Flug über das Meer kehrten sie aber wieder so ermattet an das Land zurück, daß sie herunterfielen und mit den Händen gefangen wurden. Ich selbst fing auch einige; denn es würde nur eine unnütze Verschwendung des Pulvers gewesen sein, wenn man damals nach ihnen geschossen hätte. Am nächsten Tag sahen wir ganze Schwärme von Holztauben, Papageien und Drosseln, die durch Hunger oder Müdigkeit so entkräftet waren, daß einige ins Meer, andere auf den Sand, noch andere aber auf unsere Weiden fielen. Unsere Leute rächten sich wegen des durch den Orkan erlittenen Schadens an diesen armen Vögeln, unter denen sie ein schreckliches Massaker anstellten. Verschiedene meiner Pfarrkinder salzten sogar ganze Fässer davon ein. Ich folgte ihrem Beispiel und versah mich gleichfalls mit einem guten Vorrat, teils von jenen, die ich selbst getötet hatte, teils aber von solchen, die mir geschenkt wurden. Ihre große Zahl würde mir wenig genützt haben, wenn man mir nicht beigebracht hätte, sie zu marinieren.

Vor allem Holztauben werden dabei auf folgende Art zubereitet. Man

rupft sie zuerst, nimmt sie aus, sengt sie ab und brät sie dann am Spieß etwa bis zu einem Drittel gar. Dann spaltet man sie entzwei, schneidet ihnen Kopf und Füße ab und nimmt alles Gekröse heraus. Auf dem Boden eines irdenen Topfes oder eines gut ausgepichten Fasses streut man etwa einen halben Finger dick eine Lage gestoßenen Salzes, das mit trockenen Blättern von Indianischem Holz überdeckt wird. Auf diese Blätter werden die halben Holztauben säuberlich nebeneinander gelegt und dazwischen mit gestoßenem Salz, Pfeffer und Indianischen Körnern bestreut. Diese Schicht von Holztauben wird mit einer anderen von Indianischen Blättern bedeckt, auf die man wieder Holztauben ausbreitet. Damit fährt man solange fort, bis das Gefäß voll ist, danach wird Weinessig dazugegossen und es zugemacht. Auf diese Art halten sich Holztauben ein ganzes Jahr und noch länger.

Ich hatte mir etwa 200 Stück zugerichtet, und nach acht Monaten waren sie ebenso frisch und wohlschmeckend wie am ersten Tag. Wenn man sie aus der Tonne nimmt, muß man sie vorher im lauen Wasser abwaschen und etwa eine Viertelstunde weichen lassen. Dann legt man sie ebensolange in frisches Wasser, und wenn sie getrocknet sind, werden sie nach Belieben entweder auf dem Rost vollends gebraten oder gedämpft. Wenn man sie statt des Weinessigs mit Schmalz übergießen könnte, wie in Frankreich die Gänseviertel in ihr eigenes Fett gelegt werden, so würden sie meines Erachtens noch besser halten.

6. Kapitel

Über die Kariben, ihr Aussehen, ihren Charakter und ihre Gerätschaften

Seit meiner Ankunft zu Martinique waren bereits zehn Monate verflossen, ohne daß ich Kariben gesehen hätte. Nun kamen sie zwar öfters zum Ankerplatz, doch war ich dann niemals zugegen. Endlich ließ mir Herr Michel sagen, daß einige bei ihm eingetroffen seien. Ich eilte

sogleich zu ihm und konnte dort in aller Ruhe meine Neugier befriedigen.

In zwei Barken waren 47 Männer, Weiber und Kinder angekommen. Die Statur der Männer übertrifft häufig das gewöhnliche Maß. Sie waren alle schön und wohlgestaltet, ihre Gesichtszüge angenehm, nur schien ihre Stirn etwas unförmig zu sein, da sie sehr platt und gleichsam eingedrückt war. Sie werden aber nicht so geboren, sondern sie formen die Köpfe der Kinder mit Gewalt, da sie auf die Stirn des neugeborenen Kindes ein kleines Brett legen, es hinter dem Kopf sehr fest binden und es solange darauf liegenlassen, bis die Stirn hart und flach geworden ist. Sie hatten alle schwarze und ziemlich kleine Augen, aber die Form der Stirn ließ sie wesentlich größer erscheinen. Bei allen, bei den Jungen wie den Alten, fielen die schönen, weißen und wohlgeordneten Zähne auf. Insgesamt trugen sie lange, glänzende und gerade herabhängende schwarze Haare, deren Farbe zwar natürlich ist, die ihren Glanz aber von dem Öl erhalten, mit dem sie sich unausgesetzt jeden Morgen einzuschmieren pflegen.

Es ist schwierig, ihre Gesichtsfarbe richtig zu beschreiben, da sie sich alle Tage mit in Öl gelöstem Roucou bemalen und daher wie abgesottene Krebse aussehen. Dieser Anstrich dient ihnen auch als Kleidung, verleiht ihnen, zumindest in ihrer Einbildung, besondere Schönheit und schützt ihre Haut vor der Sonnenhitze und gegen die Stiche der Moskitos, die den Geruch der Farbe verabscheuen.

Wenn sie in den Krieg ziehen oder zu irgendeinem Schmaus oder vornehmen Besuch gehen, bemühen sich ihre Frauen, ihnen mit dem Saft der Genipa-Äpfel Schnurrbärte und verschiedene schwarze Streifen auf den Körper und ins Gesicht zu malen. Solche Flecken halten neun Tage lang, ehe sie vergehen. Ich habe viele gesehen, die auf diese Art verziert waren. Meines Erachtens ist nichts häßlicher, ihrer Auffassung nach jedoch nichts schöner und besser ausgedacht als solcher Anstrich. So verschieden ist der Geschmack.

Alle Männer trugen einen kleinen Strick um die Hüfte, unter dem sie ein flämisches Messer ohne Schneide steckten. Er hielt auch einen fünf bis sechs Daumen breiten Streifen Leinwand, der einfach herabhing und zum Teil ihre Blöße bedeckte. 10–12jährige Jungen hatten nichts als dieses Strickchen ohne die Leinwandbinde auf dem Leib. Es war einzig und allein bestimmt, um ihr Messer zu halten, obwohl die erwachsenen Männer dieses öfter in der Hand halten als in den Gürtel stecken. Ihre

Gesichtszüge erscheinen schwermütig. Übrigens sollen es, wie man sagt, gute Leute sein, nur muß man sich hüten, sie zu beleidigen, da sie außerordentlich rachsüchtig und der Völlerei bis zur Ausschweifung ergeben sind.

Die Weiber waren etwas kleiner als die Männer, ziemlich wohlgebildet und dick. Sie hatten schwarze Augen und Haare, ein rundes Gesicht, einen kleinen Mund und sehr weiße Zähne, und ihre Miene war viel angenehmer, munterer und offenherziger. Auch waren sie überaus sittsam und bescheiden und rot angestrichen wie die Männer, jedoch nur einfarbig, ohne Schnurrbärte und schwarze Streifen zu haben. Die Haare trugen sie hinten am Kopf mit einer baumwollenen Schnur zusammengebunden. Ihre Blöße wurde durch ein Stück baumwollenes Tuch bedeckt, das abgenäht und mit kleinen Glaskorallen von unterschiedlichen Farben eingefaßt, unten aber mit einer etwa drei Daumen breiten Franse aus den gleichen Glasperlen besetzt war. Die meisten Frauen hatten um den Hals viele Schnüre Glaskorallen von unterschiedlicher Farbe und Dicke, die ihnen auf den Busen herabhingen. Nicht wenige führten um die Hand und über den Ellbogen fünf bis sechs Reihen Armbänder von der gleichen Art mit blauen Steinen oder angehängten Glasperlen. Die kleinen Kinder beiderlei Geschlechts von den Säuglingen bis zum Alter von acht oder zehn Jahren trugen Armbänder und einen Gürtel mit dicken Glaskorallen um die Hüften.

Besonders eigenartig sind die baumwollenen Halbstiefel, die nur von den Frauen getragen werden. Sobald ein Mädchen etwa 12 Jahre alt ist, gibt man ihr den Lendenschurz oder Camisa, wie er auch genannt wird, statt des bisher getragenen Gürtels von dicken Glaskorallen, und ihre Mutter oder eine ihrer Bekannten legt ihr die Halbstiefel an die Füße. Sie ziehen sie dann niemals aus, bevor sie nicht gänzlich abgetragen oder durch irgendeinen Zufall zerrissen sind. Das wäre auch unmöglich, da sie unmittelbar an dem Platz, an dem sie beständig bleiben sollen, verfertigt werden. Wegen ihrer Dicke stehen sie aufrecht und schließen so fest, daß sie weder hinauf- noch herabgezogen werden können. Da nun in diesem Alter die Beine noch nicht ihre endgültige Form erreicht haben, werden diese im Lauf der Jahre so sehr zusammengepreßt, daß die Wade dann viel dicker und härter wirkt, als sie sonst von Natur zu sein pflegt. Am oberen Ende dieses Stiefels befindet sich ein etwa zwei Daumen breiter Rand, der wie ein Tellerrand aussieht und die Beine der

Caraibische-Frau aus den Antillen.

a.) Armbänder.
b.) Halsband von Glas-corallen.
c.) Camisa.
d.) Art von Halbstiefeln.

Frauen auf sonderbare Art verunstaltet. Sie müssen diesen Anzug ihr ganzes Leben lang behalten und sogar mit ins Grab nehmen.

Wenn die Mädchen einmal so aufgeputzt sind und das Camisa und die Halbstiefel tragen, unterhalten sie mit den jungen Burschen keine so vertrauliche Bekanntschaft mehr wie früher, sondern leben sehr zurückgezogen bei ihren Müttern. Selten erreicht ein Mädchen dieses Alter, ohne mit irgendeinem jungen Mann versprochen zu sein, der sie als seine zukünftige Frau ansieht, sobald sie mündig wird.

Bei ihnen sind auch Blutsfreunde berechtigt, einander zu heiraten, ohne es abschlagen zu dürfen. Ja, sie versprechen sich mit ihnen schon häufig im vierten oder fünften Lebensjahr. Es ist bei ihnen nicht üblich, daß ein Bruder seine Schwester oder eine Mutter ihr eigenes Kind heiratet, in allen übrigen Graden und was die Zahl der Frauen betrifft, haben sie dagegen völlige Freiheit, so daß ein Mann öfter drei bis vier Schwestern zur Ehe nimmt, die noch dazu seine leiblichen Basen oder Nichten sind. Sie sehen in ihren Frauen nichts anderes als Mägde, und auch die Liebe zu ihnen hindert sie nicht, die schuldigen Dienstleistungen und die nötige Ehrfurcht zu verlangen. Es ist beispielsweise etwas Unerhörtes, eine Frau mit ihrem Mann oder nur in seiner Gegenwart essen zu sehen.

Die Waffen der Männer bestehen aus Bögen, Pfeilen, Knütteln (Boutons) und dem Messer. Sie freuen sich ungemein, wenn sie eine Flinte bekommen, die aber bald von ihnen verdorben wird, da sie diese entweder durch übermäßiges Laden zersprengen oder Schrauben und sonstige Bestandteile verlieren. Da sie nämlich zu Schwermut und Müßiggang neigen, liegen sie ganze Tage in ihren Hamacks und schrauben dabei die Flinten auseinander und wieder zusammen. Dabei kommt es häufig vor, daß sie die Ordnung der Stücke vergessen oder eines davon verlieren, dann werfen sie das Gewehr weg, ohne sich weiter darum zu kümmern, da sie die gleichgültigsten Kreaturen sind, die Gott jemals erschaffen hat.

Ihre Bogen sind etwa sechs Fuß lang und an beiden Enden abgerundet. Sie bearbeiten sie sehr sorgfältig, besonders seit sie durch den Handel mit den Europäern eiserne Werkzeuge erhalten haben. Ihre Pfeile werden aus den jungen Stengeln des Schilfrohrs hergestellt. Sie sind bis zur Spitze etwa viereinhalb Fuß lang. Letztere besteht aus Grünholz, ist sorgfältig zugespitzt und mit kleinen Zacken versehen, die so geschnitten sind, daß sie den abgeschossenen Pfeil keineswegs

hindern, in einen Leib einzudringen, jedoch nicht erlauben, ihn wieder herauszuziehen, ohne die Wunde merklich zu vergrößern. Obwohl das verwendete Holz schon sehr hart ist, härten es die Kariben noch mehr, indem sie es in heiße Asche stecken, die nach und nach alle darin zurückgebliebene Feuchtigkeit verzehrt und die Luftporen verschließt. Der restliche Teil des Rohres oder Pfeiles ist ganz glatt und nur am Ende mit einer Kerbe versehen, damit er nicht von der Bogensehne gleitet, wenn man sie anspannt. Manchmal werden diese Pfeile mit angeleimten Papageienfedern geschmückt, und meistens sind sie vergiftet. Zu diesem Zweck machen sie einen Schnitt in die Rinde des Mancenilierbaumes und stecken die Spitze ihrer Pfeile hinein, wo sie solange bleiben, bis sie mit einer dicken, zähen und vergifteten Milch dieses schädlichen Baumes völlig durchtränkt sind. Dann werden sie in ein Blatt gewickelt oder in eine Palmhülse geschoben, um sich ihrer bei Gelegenheit zu bedienen.

Will man den Pfeilen das Gift wieder nehmen, legt man ihre Spitzen in glühende Asche, schabt dann mit einem Messer oder Glasscherben das Holz sorgfältig ab und zieht es noch einmal durchs Feuer. Wie man behauptet, soll ihnen auf diese Weise das Gift völlig genommen werden, doch möchte ich es nicht ausprobieren. Die Pfeile, die sie zur Jagd auf wilde Vögel wie Papageien, Holztauben, Rebhühner, Weiße Reiher und andere mehr verwenden, haben alle eine ganz glatte Spitze ohne Stachel und sind auch nicht vergiftet. Kleine Vögel jagen sie mit Pfeilen, die statt der Spitze einen wollenen Knopf haben und sie tötet, ohne sie zu verwunden und mit ihrem Blut die Federn zu verderben. Die Pfeile, mit denen sie Fische sowohl in den Flüssen als auch im flachen Meerwasser schießen, sind aus Holz und führen am Ende eine ziemlich lange Schnur, an der ein Stück leichtes Holz befestigt ist. Sobald der Fisch getroffen wird, taucht er unter, aber das leichte Holz, das beständig auf der Höhe schwimmt, verrät seinen Aufenthalt, und der Karibe muß nur ins Wasser tauchend der Schnur nachgehen und den Fisch ergreifen.

Ihr Knüttel oder Bouton ist eine Art Keule von etwa viereinhalb Fuß Länge, flach, beim Handgriff nur etwa zwei Daumen und am anderen Ende vier bis fünf Zoll breit, aus sehr hartem und schwerem Holz verfertigt und mit einer scharfen Schneide versehen. An der Breitseite schnitzen sie verschiedene Ornamente ein und malen sie mit Farbe aus. Ein Schlag mit dieser Keule zerbricht Arme und Beine und spaltet den Kopf, da sie sich dieser Waffe mit viel Geschick und Stärke bedienen.

Obwohl sie ihr Messer stets in den Händen halten, stechen sie doch selten damit, außer im Rausch, dann sind sie gefährlich. Wenn sie sich dann daran erinnern, daß sie jemand beleidigt hat, schleichen sie sich listig an diese Person heran und spalten ihr entweder den Kopf mit der Keule oder geben ihr einige Messerstiche. Wenn der Getötete keine Verwandten mehr hat, die ihn rächen können, ist alles erledigt. Sind aber Freunde vorhanden oder ist er nur verwundet worden und wird wieder geheilt, so darf sich der Täter aus dem Staub machen, wenn er nicht bei der ersten Gelegenheit das Gleiche erfahren will. Sie wissen nämlich nichts von Aussöhnung und Verzeihen, und niemand von ihnen will vermitteln.

Die Kinder haben gleichfalls Bögen und Keulen, die ihrer Größe und Stärke angemessen sind. Sie üben sich schon frühzeitig im Schießen und lernen es so gut, daß sie bereits in ihrer zartesten Jugend auf die Jagd der kleinen Vögel gehen und diese fast niemals verfehlen.

Die Männer tragen als besonderen Schmuck Federn und die sogenannten Caracolis. Mit diesem Wort bezeichnet man sowohl den Gegenstand als auch das Metall, aus dem er gemacht ist. Es kommt vom Festland, und man hält es für eine Legierung von Silber, Kupfer und Gold. Da die Indianer diese Metalle sehr rein haben, ist auch die Legierung so vollkommen, daß sie niemals ihre Farbe verliert, wenn sie auch noch so lange in der See oder unter der Erde liegt. Meines Erachtens ist dieses Metall nicht aus mehreren zusammengesetzt. Es ist spröde, körnig und zerbrechlich, und wenn es bearbeitet werden soll, muß etwas Gold darunter gemischt werden, um es geschmeidiger zu machen. Die französischen und englischen Goldschmiede auf den Inseln haben häufig versucht, dieses Metall nachzubilden. Sie kamen dabei am nächsten mit einer Legierung aus sechs Teilen Silber, drei Teilen rotes, gereinigtes Kupfer und einem Teil Gold. Man verfertigt sehr schöne Ringe, Schnallen und Stockknöpfe aus diesem Metall, aber es wird meiner Meinung nach trotzdem vom Caracolis der Indianer weit übertroffen. Dieses gleicht dem Silber, das ganz wenig mit etwas Glänzendem übergoldet ist, als ob es glühend wäre.

Die Caracolis, die diese Wilden tragen, gleichen Halbmonden in verschiedener Größe. Gewöhnlich tragen sie in jedem Ohr einen, dessen Hörner etwa dreieinhalb Zoll auseinanderstehen. Er wird mit einer kleinen Kette, die einen Haken hat, am Ohr festgemacht. Einen anderen von der gleichen Größe tragen sie an der Nase, und er hängt

ihnen auf den Mund herunter. Das Oberteil der Unterlippe ist ebenfalls durchbohrt, und daran hängt man einen vierten Caracoli, der die vorigen an Größe noch um ein Drittel übertrifft und bis halb unter das Kinn herunter reicht. Schließlich haben sie noch einen fünften von etwa sechs bis sieben Zoll Breite, der in ein kleines Brett aus schwarzem Holz eingefaßt ist und ihnen auf die Brust herabfällt, da er mit einer dünnen Schnur um den Hals gehängt wird. Ich gebe zu bedenken, wie schön alle diese Halbmonde an einem Mannskopf aussehen und ob sich dieser dann nicht mit einem Maulesel vergleichen läßt, der mit seinen Blechen ausgeschmückt ist.

Wenn sie diese Caracolis nicht tragen, so pflegen sie die Löcher in Ohren, Nasen und Lippe mit kleinen Stäben auszufüllen, damit sie nicht zuwachsen, dann gleichen sie den Schweinen, denen man Spieße eingesteckt hat, um zu verhindern, daß sie in der Erde herumwühlen. Zuweilen tragen sie auch grüne Steine in Ohren und Lippen; wenn sie weder diese grünen Steine noch die kleinen Stäbe oder Caracolis besitzen, stecken sie rote, blaue und gelbe Papageienfedern hinein und bekommen so auf jeder Seite ober- und unterhalb des Mundes Schnurrbärte von zehn bis zwölf Zoll Länge, ohne jene zu rechnen, die sie in die Ohren stecken, was ihnen das seltsamste Ansehen von der Welt gibt.

Ich habe Kinder gesehen, die eine Menge Federn von unterschiedlicher Farbe in den Haaren stecken hatten. Sie waren so hineingesetzt, daß sie alle aufrecht standen. Dieser Putz, so ungekünstelt und einfach er auch war, gab ihnen doch ein gutes Aussehen.

Sie sprechen alle etwas französisch, so daß sie sich ausdrücken und auch verstehen können, was man zu ihnen sagt. Es gibt nur drei Dinge, in denen die Kariben keine Gleichgültigkeit an den Tag legen, nämlich die Eifersucht gegen ihre Frauen, die so groß ist, daß sie diese bei dem geringsten Argwohn umbringen. Ferner die Rachgier; denn hier wird man kaum schnellere Leute antreffen, wenn es darauf ankommt, eine Gelegenheit zur Rache zu finden, sobald sie einmal beleidigt worden sind. Drittens endlich haben sie eine außerordentlich starke Neigung zum Aquavit und anderen gebrannten Wassern. Um sie zu bekommen, geben sie alles hin und begehen die größten Ausschweifungen.

Alle bisher angewandte Mühe, sie zum Christentum zu bekehren, war vergeblich. Unser Orden hat mehr als 30 Jahre Missionare bei ihnen gehalten, die ihre Sprache lernten, unter ihnen lebten, sie im Katechismus und Gebet unterrichteten und die trotz aller Bemühungen nicht das

mindeste ausrichteten. Zwei Mitglieder unseres Ordens hatten sich länger als 20 Jahre zu Dominique aufgehalten, ohne mehr ausrichten zu können, als daß sie einige Kinder und solche Kranke tauften, von denen man sicher sein konnte, sie würden nur noch Minuten zu leben haben. Sie hätten zwar eine größere Zahl taufen können, da sie aber ihre böse Gemütsart, Unbeständigkeit und ihr gleichgültiges Wesen kannten, wollten sie ein Sakrament, das verschiedene unter ihnen begehrten, nicht vorsätzlich entheiligen. Sie wußten nämlich gut, daß sie es nur wegen der Geschenke verlangten, welche die Taufpaten, die man ihnen gab, zu machen pflegten, sonst aber immer geneigt waren, in ihre vorigen Irrtümer zurückzufallen und die Taufe wieder von neuem zu empfangen, wenn dieses Sakrament hätte wiederholt werden können.

Die erwähnten 47 Kariben waren in zwei Fahrzeugen angekommen. Anfangs glaubte ich, daß es Pirogen seien, erkannte aber meinen Irrtum, sobald ich ans Ufer ging. Eines der beiden Boote war in der Tat eine Piroge, das andere aber von einer mir ganz unbekannten Bauart, und als ich den Namen zu wissen verlangte, sagte man mir, man heiße es Bacassa.

Diese Bacassa mißt 42 Fuß in der Länge und war in der Mitte beinahe sieben Fuß breit. Ihr Vorderteil war hoch und spitzig, das hintere aber flach und halbrund zugeschnitten. An ihm war ein ungestalteter Menschenkopf ausgehauen, den man mit weißer, roter und schwarzer Farbe tüchtig angemalt hatte, und neben dem Bild war ein bukanierter, das heißt bei gelindem Feuer und Rauch gedörrter Mannsarm festgemacht. Sie boten ihn mir aufs höflichste an und versicherten, es sei der Arm eines Engländers. Sie hätten ihn erst unlängst bei einer Landung auf Barbados niedergemacht, wo sie noch sechs Personen getötet und eine Frau und zwei Kinder mit sich fortgenommen hätten.

Ich bedankte mich aber noch weit höflicher für das angebotene Geschenk und versprach ihnen viel Branntwein und Waren zu geben, wenn sie mir ihre drei Gefangenen bringen wollten. Sie willigten zwar ein, vergaßen es aber gleich wieder. Inzwischen habe ich erfahren, daß eine unserer Barken, die an Dominique vorübersegelte, sie mit vier Tonnen Branntwein und einer Flinte auslösten und nach Martinique führten, wo man sie wieder in ihre Heimat zurückschickte. Solchen Gefangenen wird übrigens selten etwas zuleide getan, sie begegnen ihnen sehr milde und halten sie bald wie Landsleute, in der ersten Hitze hat man aber alles von ihnen zu befürchten.

Wenn die Kariben zur See gehen, um einen Feldzug zu unternehmen, haben sie in jedem Fahrzeug nicht mehr als zwei Weibspersonen bei sich, die ihnen die Cassave zubereiten. Bei Spazier- und Handelsfahrten aber nehmen sie alle ihre Frauen und Kinder mit. Außer den Waffen, die sie ebensowenig wie ihre Betten vergessen, führen sie jederzeit ihr ganzes Hausgerät mit sich, das aus Reibern, Sieben, Metallplatten, Bechern und Flaschenkürbissen besteht. Ihre Betten oder Hamacks, wie man sie zu nennen pflegt, bestehen aus einem Stück groben, baumwollenen Tuches von sechs bis sieben Fuß Länge und 12 bis 14 Schuh Breite. An jedem Ende sind sie in etwa 50 Glieder aufgeteilt, durch die man kleine Stricke zieht. Diese sind aus Baumwolle, gut gesponnen und zusammengedreht, und jeder bis zu drei Fuß lang. Alle diese kleinen Stricke laufen oben gleichsam in einem Ring zusammen, durch den dann noch ein dickeres Seil gezogen wird. Man bedient sich seiner, um den Hamack mit beiden Zipfeln an zwei Bäumen oder zwei Mauern aufzuhängen, damit sich eine Person hineinlegen kann. Alle diese Hamacks sind gefärbt, da sie sich nicht nur mit ihren roten Körpern hineinlegen, sondern sie auch noch sorgfältigst mit der Farbe anstreichen. Sie zeichnen auch mit schwarzer Farbe sehr schöne Ornamente hinein, die so sorgfältig abgemessen sind, als ob sie sich dabei des Zirkels bedient hätten. Trotzdem ist das nur eine Beschäftigung der Weiber. Ein Karibe würde für sein ganzes Leben beschimpft sein, wenn er jemals Baumwolle gesponnen oder einen Hamack gewebt und bemalt hätte. Sie überlassen solche Arbeiten ihren Frauen, die ziemlich lange Zeit damit zubringen und viel Mühe anwenden müssen.

Der Hamack wird so ausgespannt, daß er mit seinen beiden Stricken gleichsam einen Halbkreis bildet, dessen Abstand von einem Ende zum andern den Durchmesser ausmacht. Man hängt ihn so hoch über den Boden, daß man sich darauf wie auf einen etwas hohen Stuhl bequem niedersetzen kann. Ehe man sich hineinlegt, muß man mit der einen Hand nach hinten langen und ihn auseinanderziehen, da er sonst zusammengefaltet bliebe und man beim Hinsetzen darüber hinausstürzen würde. Das pflegt jenen öfters zu widerfahren, die an solche Liegestätten nicht gewöhnt sind, und dann tragen sie erst einmal einige blaue Flecken an Armen, Schultern und Hinterbacken davon. Man darf sich auch nicht darin ausstrecken, daß Kopf und Füße in einer geraden Linie nach der Länge des Hamacks darin zu liegen kommen. Diese Lage würde höchst unbequem sein und Nierenschmerzen verursachen. Man

legt sich schräg hinein, den Kopf in das eine Eck und die Füße in das andere gegenüberstehende. Dann ruht der Körper beinahe so flach wie auf einer Matratze. Man kann sich ganz bequem darin bewegen, nach Gefallen ausstrecken und sich auch mit der Hälfte des Hamacks zudecken. Will man sich aber von einer Seite zur anderen umdrehen, so muß man zuerst die Füße nach dem einen Winkel des Hamacks kehren und danach den Leib in den anderen wenden.

Das Praktischste bei dieser Art von Betten ist, daß man sie überall mit sich führen kann und ein paar hölzerne Kreuze oder eiserne Klammern ausreichen, um sie aufzuspannen. Ich habe sie später auf meinen Reisen nach Italien immer mitgeführt, weil dort die Betten in den Gasthöfen gewöhnlich sehr schmutzig sind. Auf diese Weise war ich auch vor Wanzen, Flöhen und anderem Ungeziefer geschützt. Außerdem schläft man sehr kühl darin und hat weder Decken noch Bettücher oder Kopfkissen nötig. Sie bilden in keinem Zimmer ein Hindernis, da man sie wegnehmen und zusammenlegen kann, sobald man ihrer nicht mehr bedarf. Es wundert mich, daß man sie bisher bei den Armeen noch nicht eingeführt hat, da sie doch so bequem mitzuführen sind. In einem Felleisen würde man ganz leicht Hamack, Zelt und Stricke mit sich führen können und sich viel rascher ein Quartier und eine Liegestatt schaffen, als wenn man erst auf Mauleseln oder Wagen das zu einem Zelt und Bett notwendige Gerät nachbringen lassen muß.

Das Matatou ist eine Art viereckiger Korb ohne Deckel und von unterschiedlicher Größe. Seine Seiten ruhen an den Ecken auf vier kleinen Stäben, die bemalt und geschnitzt sind und ihm statt der Füße dienen, damit er hoch steht. Der Boden und die Seitenwände sind aus Schilfrohr so dicht zusammengeflochten, daß man das Matatou mit Wasser füllen darf, ohne befürchten zu müssen, daß etwas herausläuft.

Matatou wird auch der Tisch der Kariben genannt, der ihnen zugleich als Teller dient. Gewöhnlich setzen sie zwei vor den Esser hin. Auf den einen stellt man die Cassave, die sie täglich frisch zubereiten. In diesem Punkt übertreffen sie an Klugheit die Franzosen, da die kalte und trockene Cassave bei weitem nicht mehr den gleichen guten Geschmack hat, als wenn sie frisch von der Platte herunterkommt. Auf den anderen Tisch stellen sie Fische oder Krabben sowie eine Sauce, die aus Pimentade oder abgekochtem Manioksaft besteht, in den sie Piment und Zitronen zermahlen haben. Das ist ihre liebste und gebräuchlichste Brühe, die sie allen Gattungen von Fleisch oder Fischen hinzufügen,

und zwar so stark, daß sie außer ihnen selbst kaum jemand zu essen vermag.

Catolis sind Tragkörbe, die von den Frauen benutzt werden, um Manioc, Bananen, Pataten, Fisch und was sie sonst von auswärts holen nach Hause zu bringen. Man kennt zweierlei Arten, einige sind durchsichtig, andere dagegen dicht geflochten. Sie haben die Figur einer vielseitigen Pyramide, sind überaus leicht und zierlich gefertigt. Das Schilfrohr oder die Latam-Stiele, aus denen sie hergestellt werden, sind mit verschiedenen Farben bemalt und meist rautenförmig geflochten. Die undurchsichtigen sind so eng geflochten, daß man sie mit Wasser füllen kann, und nicht ein Tropfen läuft heraus. Man hängt sie wie in Europa mit zwei baumwollenen Bändern über die Achseln. Dieses Gerät ist so typisch für die Frauen, daß man einen Kariben gleichsam für ehrlos ansehen würde, wenn er jemals eines getragen hätte. Sollte also ein Mann in größter Not tragen müssen, was in einem solchen Catoli untergebracht ist, wird er diesen liegenlassen und lieber öfter gehen, als alles auf einmal tragen.

Ihre Körbe, Matatous, Catolis und das übrige Hausgerät verfertigen sie aus Latam-Stielen oder Schilfrohr. Was aus Schilfrohr gemacht wird, ist viel dichter und dauerhafter, die Latam-Stiele dagegen lassen sich besser und leichter verarbeiten.

Ihre großen Reisekörbe werden von Männern hergestellt. Sie machen sie aber nicht nur zu ihrem eigenen Gebrauch, sondern auch zum Verkauf und um sich das Nötige, wie zum Beispiel Messer, Äxte, Glaskorallen, Leinwand, besonders aber Branntwein, anzuschaffen. Wenn sie dann, manchmal sogar bei stürmischem Wetter, eine Reise unternehmen, nur um Kleinigkeiten wie ein Messer oder sonst etwas zu kaufen, sind sie imstand, alle mitgebrachte Ware dafür hinzugeben. Dagegen bieten sie nicht das mindeste, wenn man ihnen statt des Messers einen ganzen Kramladen voll anderer Waren anbieten wollte. Außer ihren Reisekörben und anderen Gerätschaften bringen sie uns auch Papageien, Eidechsen, Geflügel, Schweine, Ananas, Bananen und eine Menge weißer und violetter Krabben. Die Art, wie unsere Kariben die Papageien fangen, ist viel zu sinnreich, als daß man sie mit Stillschweigen übergehen sollte. Ich spreche hier aber nicht von den jungen, die sie aus ihren Nestern holen, sondern von den großen Papageien. Sie merken sich gegen Abend die Bäume, wo sich die meisten hinsetzen, und wenn es Nacht wird, legen sie um den Baum

Hebichet oder Sieb

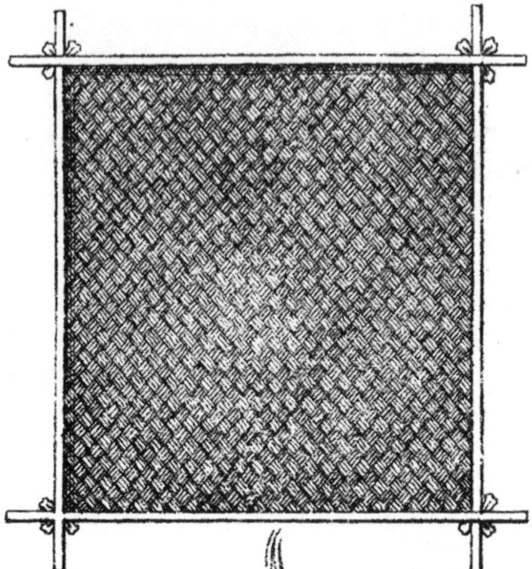

Caraibischer Reisekorb.

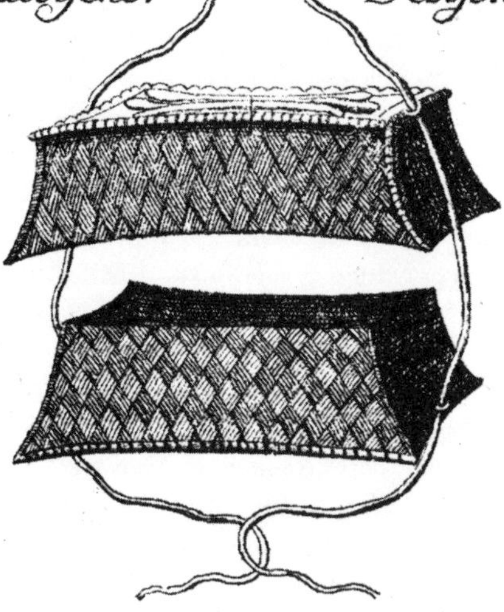

glühende Kohlen, auf die sie Gummiharz und grünen Piment werfen. Davon entsteht ein dicker Rauch, der diese armen Vögel so betäubt, daß sie gleichsam wie betrunken oder halbtot auf den Boden herabfallen. Dann binden sie ihnen die Füße und Flügel und bringen sie wieder zu sich, indem sie ihnen Wasser auf den Kopf gießen.

Wenn aber die Bäume zu hoch sind und der Rauch nicht die erhoffte Wirkung hervorbringen kann, binden sie Töpfe an lange Stangen, die sie mit Feuer, Harz und Piment anfüllen, damit sie sich den Vögeln so weit wie nur möglich nähern und sie auf diese Weise noch leichter betäuben können. Damit sie nun zahm und freundlich werden, lassen sie sie nur einige Tage fasten und geben ihnen erst zu fressen, wenn sie sehr hungrig zu sein scheinen. Sollten sie aber immer noch beißen und sich störrisch betragen, dann blasen sie ihnen Tabakrauch in den Schnabel, was sie so dumm macht, daß sie sogleich ihre wilde Natur vergessen, sich von den Menschen berühren lassen und in kurzer Zeit ganz zahm werden, ja sogar zu reden lernen.

Man kann sich leicht vorstellen, daß ich als Neuankömmling aus Europa überaus begierig war, sowohl für mich als auch für meine Freunde in Frankreich etwas von ihnen zu kaufen. Besonders wünschte ich mir ein karibisches Bett oder Hamack oder eine Garnitur Caracolis. Ich bat daher Herrn Michel, die Gegenstände für mich zu kaufen, doch er sagte mir, es sei schon zu spät, um mit ihnen über den Verkauf eines Bettes zu sprechen, da sie in diesem Punkt nicht mit sich handeln ließen, sobald die Nacht anbricht und sie glauben, den Hamack für sich selbst zu benötigen. Am Morgen dagegen machen sie weniger Umstände, da sich ihre Vorsicht nicht so weit erstreckt. Wir entschlossen uns also, den Kauf bis zum andern Morgen aufzuschieben. Inzwischen wählte ich mir drei schöne Papageien aus, die sie mir für 22 Sous verkauften. Man muß dabei die geprägten Münzen, die man ihnen gibt, in einer Reihe aneinanderlegen, ohne sie beim Zählen aufeinander zu schichten und halb zu bedecken. Wenn sie aber eine lange Reihe geprägter Sous vor sich liegen sehen, lachen sie und freuen sich wie Kinder. Auch muß man alles, was man gekauft hat, sogleich wegräumen lassen, da sie es sonst ohne Umstände wieder an sich nehmen. Nun weiß ich zwar, daß man sie mit Gewalt daran hindern könnte. Da man aber mit ihnen in Frieden leben und nicht die ganze Nation einem neuen Krieg aussetzen will, sucht man allen Streit zu vermeiden. Man muß daher alles, was man von ihnen gekauft hat, rasch einschließen, und wenn sie es wieder zurück-

fordern, wie das öfters geschieht, sich so stellen, als wüßte man nicht, was sie eigentlich haben wollen.

Ich kaufte noch zwei große und einen kleinen Bogen, sowie zwei Dutzend Pfeile, von denen die Hälfte vergiftet war, die andere dagegen zur Jagd und Fischerei gehörte. Außerdem bekam ich noch zwei Keulen und drei Reisekörbe. Dieser ganze Kram kostete mich einige geprägte Sous und sieben bis acht Kannen Branntwein. Man verkaufte mir auch zwei grüne Steine und ebensoviele Camisas, die mich vier flandrische Messer, sechs Ballen grobe Leinwand, einen Haufen Glaskorallen und einen großen Flaschenkürbis voll Branntwein kosteten. Diese sogenannten grünen Steine kommen vom Amazonen-Fluß im südlichen Amerika. Da es den Wilden große Mühe kostet, sie zu erlangen, und da sie auch ihre Kraft kennen, verkaufen sie diese nur im äußersten Notfall. Ich hatte das Glück, sie gerade in dieser Verlegenheit zu finden, da ihnen ein Segel verlorengegangen war und sie um jeden Preis ein neues haben mußten. Ich ersuchte daher Herrn Michel, mir die Leinwand und auch was ich sonst noch für den Handel benötigte zu leihen, was er herzlich gern tat.

Die wichtigste Eigenschaft dieser grünen Steine besteht darin, daß sie Schwindel und Anfälle der Fallsucht vertreiben. Man hat sogar behauptet, sie heilten diese Krankheit, aber ich habe mich durch viele Versuche davon überzeugen lassen, daß sie nur ihre Wirkung solange unterbrechen, als man etwas von den Steinen auf der bloßen Haut trägt. Ich bin auf folgende Art dahintergekommen. Als ich nämlich im Jahre 1700 auf Guadeloupe weilte, kaufte einer meiner guten Freunde eine ganze Negerfamilie, unter der sich auch ein junger Mensch von etwa 20 Jahren befand, den er sogleich mit einer seiner Negerinnen verheiratete. Nach wenigen Tagen merkte man aber, daß der Neuverheiratete häufig Anfälle bekam, welche die Wundärzte der Epilepsie zuschrieben. Nun hätte zwar mein Freund den Verkäufer nötigen können, diesen Neger wieder zurückzunehmen und ihm die Negerin, mit der er verheiratet war, ebenfalls zu bezahlen. Aber es war ihm bekannt, daß ich einen solchen grünen Stein besaß, und er verlangte von mir ein kleines Stückchen.

Ich freute mich, ihm bei dieser Gelegenheit eine Gefälligkeit erweisen und zugleich meinen Stein ausprobieren zu können. Deshalb ließ ich einen kleinen Splitter, etwa von der Größe einer halben Linse, davon abschlagen, und nachdem der Wundarzt zwischen der Schulter und dem

Ellbogen im Arm des Negers eine kleine Öffnung gemacht hatte, legte er diesen Splitter hinein, heftete die Wunde wieder zusammen und klebte ein kleines Pflaster darüber. Sie war bald geheilt, doch blieb immer ein kleiner Schorf übrig, der von Zeit zu Zeit abfiel.

Mehr als drei Jahre, während er diesen kleinen Splitter bei sich trug, spürte er nicht das mindeste von seiner Krankheit. Endlich entstand eine Schramme an der Wunde, die sich öffnete, der Stein fiel heraus und ging verloren. Zugleich bekam der Neger wieder seine alten Anfälle. Man berichtete mir nach Martinique, und ich schickte sogleich einen neuen Splitter, den man ihm in den anderen Arm mit so gutem Erfolg einlegte, daß er bis zu meiner Abreise im Jahre 1705 nichts mehr von seiner Krankheit gespürt hat. Ich habe von eben diesem Stein noch ein paar anderen Personen gegeben, bei denen er die gleiche Wirkung zeigte. Dadurch bin ich überzeugt worden, daß er echt und nicht nachgemacht war, weil die Portugiesen, die um den Amazonen-Strom wohnen, und die Holländer zu Surinam, denen bekannt ist, wie hoch die Indianer solche Steine schätzen, sie nachgemacht und einen ansehnlichen Handel damit getrieben haben.

Die Glasperlen, wie sie die Kariben, Neger und sogar einige weiße Frauen tragen, sind eine Art Schmelzwerk von unterschiedlicher Farbe. Einige darunter sind zylinderförmig und der Länge nach zum Anreihen durchbohrt. Von diesen werden den Indianerkindern die Gürtel gemacht, bis sie den Camisa bekommen. Wenn man mit den Kariben Handel treiben will, bilden sie eine sehr gute Ware, da sie solche Perlen häufig für ihre Hals- und Armbänder, aber auch für Fransen an jenen Hamacks verwenden, die die Mütter ihren Töchtern mitgeben, wenn sie sich verheiraten. Diese Hamacks sind viel länger und breiter als die gewöhnlichen, obwohl sie stets nur von einer Person benutzt werden, da keine zwei zugleich in einem Hamack bequem schlafen können.

Einen solchen Hochzeits-Hamack hätte ich nun gern gehabt, mußte mich aber bis zum nächsten Tag gedulden und daher bei Herrn Michel über Nacht bleiben. Auf sein Anraten ließ ich zuhause eine alte Flinte holen und sie gehörig ausputzen und polieren, da wir bemerkt hatten, daß der Karibe, dem der Hamack gehörte, eine solche begehrte. Wir gingen dann am anderen Morgen an das Meeresufer hinab. Ich ließ die Flinte durch einen Neger tragen, der damit einige Male auf Reiher schoß. Als nun der Karibe einige dieser Vögel herunterfallen sah, begehrte er die Flinte und verlangte sie, wir weigerten uns aber, und um

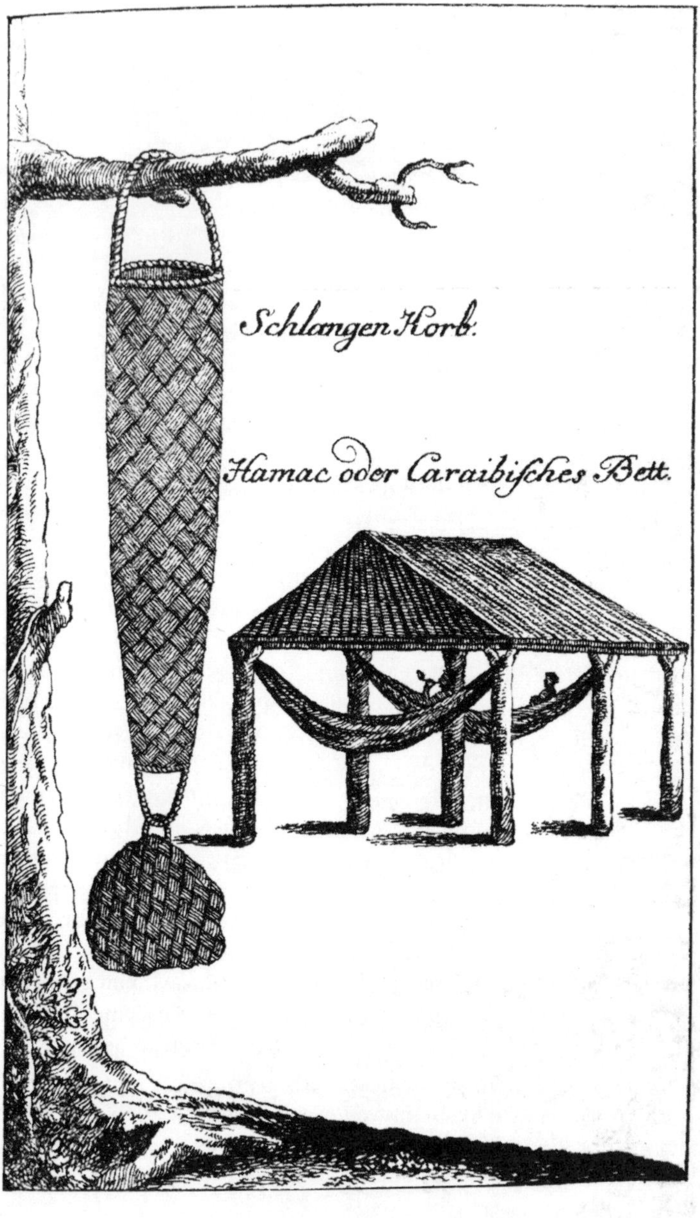
Schlangen Korb.
Hamac oder Caraibisches Bett.

ihm den hohen Wert einer solchen Flinte begreiflich zu machen, sagte man, sie gelte mehr geprägte Sous, als sieben bis acht Personen, die hier zugegen waren, Haare auf ihrem Kopf trügen. Dabei ergreift man die Haare mit der Hand und sagt: »Mouche, sols marqués.« Dies ist ihre Art sich auszudrücken, wenn ihre Rechenkunst ein Ende hat und sie eine sehr große Zahl angeben wollen. Sie wissen nämlich nicht weiter als bis auf zehn zu zählen, und wenn sie nun diese Zahl überschreiten, legen sie Erbsen in einen Flaschenkürbis oder machen Knoten an ein kleines Schnürlein, um sich daran zu erinnern und es andern begreiflich zu machen.

Der Karibe, der meine Flinte nun einmal haben wollte, überreichte mir dafür einen Reisekorb, Bogen, Pfeile und einige andere Kleinigkeiten. Als er sah, daß nichts davon ausreichte, ließ er endlich sein Bett holen, und nachdem wir uns noch einige Male geweigert hatten, tauschten wir zuletzt, und ich gab ihm noch ein halbes Pfund Blei und ebensoviel Pulver dazu. Den Hamack schickte ich sogleich in den Pfarrhof.

Inzwischen versuchte Herr Michel einen anderen Kariben zu überreden, mir seine Caracolis zu verkaufen. Er brachte ihn schließlich mit vieler Mühe dahin, jedoch unter der Bedingung, ihm eine Flinte dafür zu geben und zwei große Flaschenkürbisse mit Zuckerrohrbranntwein zu füllen. Letzteres war leicht zu erledigen, aber ich hatte nur eine einzige Flinte, die ich nicht weggeben wollte, und die meines Freundes waren zu gut für diese Leute, denen man mit reinem Gewissen kein tüchtiges Gewehr geben darf. Endlich zog mich der Neger eines benachbarten Pflanzers aus meiner Verlegenheit, indem er mir seine alte Flinte zum Verkauf anbot, und ich nahm ihn beim Wort. Um den Kariben aufzuhalten und Zeit zu gewinnen, führte man ihn inzwischen zu Herrn Michel, wo man ihm zu essen, noch viel mehr aber zu trinken vorsetzte. Inzwischen brachte der Neger die Flinte, wofür ich ihm vier Taler, also etwas mehr als ihr Wert, bezahlte. Man putzte und schmierte sie mit Öl und legte sie überdies in ein altes Flintenfutteral, das wir zufällig fanden. Dann nahm ich sie feierlich heraus und ließ sie dem Kariben überreichen. Dieser war ganz vergnügt darüber und wollte sie, sobald er sie in den Händen hielt, auch laden, ohne sich darum zu kümmern, ob sie schon geladen war. Man verhinderte aber, daß sie ihm unter den Händen zersprang, und auf unser Wort hin feuerte er daraus, ohne daß etwas passierte. Dann forderte er seinen Branntwein, den man

ihm auf die gleiche Art in die Kalebassen füllte, wie wir die geprägten Sous bezahlt hatten, das heißt, man verwendete sehr viel Zeit, um sie zu füllen. Der Neger, der den Branntwein zu besorgen hatte, steckte ein kleines Stückchen Holz in den Trichter des Fasses, damit der Inhalt nicht so rasch herauslief, als es sonst geschehen wäre. So blieben diese zwei Kalebassen, die etwa acht bis neun Kannen enthalten mochten, beinahe eine Stunde unter dem Hahn stehen. Man spielt diesen kleinen Betrug, um sie glauben zu machen, die Gefäße seien größer, als sie dächten. Sie bezeugten auch großes Wohlgefallen darüber, wie wir aus der Miene unseres Handelsmanns entnahmen, der mit Hilfe seiner Kameraden, denen man gleichfalls zu trinken gab, voller Vergnügen den wahren oder eingebildeten Wert für seine Caracolis forttrug.

Kurz darauf berichtete man uns, daß sie sich zur Abreise anschickten. Wir eilten sogleich an das Ufer des Meeres, um zu sehen, was sie unternehmen würden, da sie sich einen gefährlichen Platz für ihre Landung ausgesucht hatten und die See an diesem Tag noch stürmischer als bei ihrer Ankunft war. Man muß ihnen aber den Ruhm lassen, daß sie vortreffliche Seeleute sind. Sie schafften ihr ganzes Gerät in die zwei Barken und befestigten alles mit den durch die Löcher des Schiffsrandes gezogenen Stricken. Dann stießen sie die Fahrzeuge über Felsen und Steine bis an den Platz, wo die größten Wellen endeten. Ihre Frauen und Kinder traten hinein und setzten sich mitten auf den Boden. Die Männer dagegen stellten sich außen an den Seiten des Fahrzeuges auf, ein jeder an den Platz, wo er sitzen sollte und die Paddel bereitlagen. Dann warteten sie, bis sich die größten Wellen am Land gebrochen hatten, und als der Führer des Fahrzeuges glaubte, daß es Zeit zum Abstoßen sei, stieß er einen Schrei aus, und sogleich schoben alle das Fahrzeug aus Leibeskräften ins Wasser und sprangen hinein, der Steuermann als letzter, und alle begannen gleichzeitig so heftig zu rudern, daß sie in einem Augenblick die großen Wasserwogen überwanden, obwohl diese sich über sie hinwälzten, daß es schien, als würden sie tief ins Land hineingeworfen werden. Der Steuermann stand aufrecht und wußte mit wunderbarer Geschicklichkeit dem Stoß dieser Wasserberge auszuweichen, indem er sie nicht unmittelbar, sondern überquer nahm.

Die Kariben hatten einen ihrer Landsleute gesucht, der aus Dominique davongelaufen war, nachdem er dort einen Totschlag begangen hatte. Die Verwandten des Ermordeten wollten Gleiches mit Gleichem

vergelten und hatten, ich weiß selbst nicht wie, erfahren, daß er wegen der größten Sicherheit in unser Revier geflüchtet war. Sobald er die Nachricht erhielt, daß sich die Kariben am Seestrand blicken ließen, versteckte er sich aber. Später half er mir bisweilen mit dem Wurfnetz im Fluß oder am Seeufer zu fischen. Ich würde sogar versucht haben, ihn unter günstigen Bedingungen bei mir zu behalten, wenn ich hätte glauben können, daß mit ihm etwas anzufangen gewesen wäre. Das ist aber eine ganz unmögliche Sache, da es sehr träge und eigensinnige Leute sind, mit denen man unendliche Nachsicht haben muß. Sie wollen sich nichts befehlen lassen, und wenn sie auch noch so große Fehler begehen, darf man ihnen weder Verweise geben, noch sie krumm ansehen. Ihr Stolz in diesem Punkt ist unbeschreiblich, und man pflegt daher auch in einem Sprichwort zu sagen: »Einen Kariben scheel ansehen, ist ebensoviel, als ob er Schläge bekäme, und ihm Schläge geben, soviel als ihm das Leben zu nehmen und sich damit der Gefahr auszusetzen, selbst von ihm umgebracht zu werden.«

Sie arbeiten nur, wann und wo es ihnen beliebt. Es kommt daher nicht selten vor, daß sie gerade nichts tun wollen, wenn man sie am nötigsten braucht, wenn man sie auf die Jagd schicken will, so wollen sie fischen, was man sich gefallen lassen muß. Am besten, man verläßt sich gar nicht auf sie und vertraut ihnen auch nichts an; denn sie sind in diesem Stück wie Kinder, die alles haben wollen und wenig Umstände machen, ihre Lust zu stillen, da sie ohne Unterschied von dem, was man ihnen in den Händen läßt, essen oder trinken. Auch besteht ein natürlicher Haß zwischen ihnen und den Negern. Ihr angeborener Stolz bringt sie nämlich auf die Gedanken, sie seien über die Neger erhaben, und da diese keinen geringeren Hochmut besitzen, verachten sie ihrerseits die Kariben, wenn diese keine Christen sind. Sie nennen sie dann stets nur Wilde, was wieder die Kariben außerordentlich verdrießt und zu Gewalttätigkeiten verführt, die man nicht sorgfältig genug verhüten kann.

Zuweilen kommt es vor, daß unsere Barken, die an der Margareten-Insel und an der Mündung des Orinoko Handel treiben, indianische Sklaven gegen ihre Waren eintauschen und sie uns zuführen. Obwohl sie viel besser und brauchbarer sind als die von unseren benachbarten Inseln, muß man bei ihrem Kauf trotzdem die äußerste Vorsicht anwenden, da sie die gleiche Neigung und Gemütsart haben. Es ist sehr schwierig, sie abzurichten und taugliche Bediente aus ihnen zu machen,

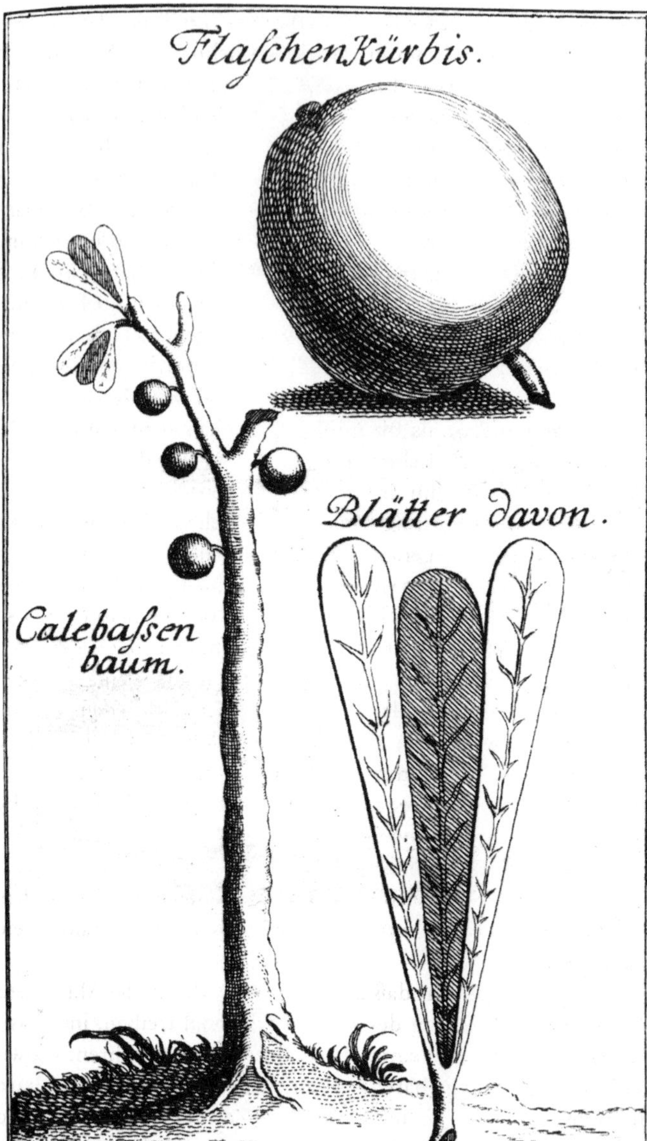
Flaschenkürbis.
Calebaßen
baum.
Blätter davon.

wenn man sie nicht sehr jung, das ist in ihrem siebten oder achten Lebensjahr, kauft. Auch sind sie für die Arbeit nicht so abgehärtet wie die Neger. Wenn sie sich aber durch einen außerordentlichen Glücksfall gut anlassen, sind sie ziemlich geschickt, fleißig und ihrem Herrn treu, größtenteils geschieht dies aber mehr aus Eifersucht gegen die übrigen Negersklaven als aus wahrer Zuneigung.

Noch andere Schwierigkeiten gibt es, wenn sie verheiratet werden sollen. Selten mag ein Karibe eine Negerin heiraten, und fast niemals wird sich eine Negerin entschließen, einen Kariben zum Mann zu nehmen. Öfters gibt es die gleichen Schwierigkeiten, wenn man sie untereinander verheiraten will, obwohl man beim Kauf immer darauf achtet, beiderlei Geschlecht aus einem Land zu bekommen. Es geschieht nämlich öfters, daß sie zwar Nachbarn sind und gleiche Sprache und Sitte haben, trotzdem aber miteinander Krieg führen oder sonst in Feindschaft leben, und es scheint, als ob sie den gegenseitigen Haß schon mit der Muttermilch eingesogen haben. Es ist ganz unmöglich, sie so zu zähmen, daß man sie zu einer Heirat bringen kann. Ehe man sie also kauft, muß man sich vorher sorgfältig nach allen diesen Umständen erkundigen, um sich den Verdruß zu ersparen, daß man sie nachher in Verzweiflung geraten sieht und sie sich aufhängen oder Erde verzehren, wenn sie glauben, Ursache zum Mißvergnügen zu haben.

Zu Anfang des Monats Dezember wurde mir vom Superior unserer Mission eine Reise nach dem »Sack Franziscus« (Cul-de-Sac François) aufgetragen, um mich dort nach einem bequemen Platz zu einer Kirche und einem Pfarrhof umzusehen. Dieses Revier hatte sich stark bevölkert. Da es sehr angenehm und von beachtlicher Größe war, konnte die Einwohnerzahl rasch wachsen, sobald nur einmal auf Dauer ein Pfarrer dort war. Herr de la Vigne-Granval, Hauptmann der Miliz in diesem Revier, drang zwar sehr eifrig auf den Bau einer Kirche, wollte aber keineswegs etwas dazu beitragen oder den erforderlichen Platz hergeben. Ein anderer reicher Offizier namens Jourdain, der in diesem Revier eine Zuckersiederei hatte und dort noch eine weitere anlegen ließ, sowie ein Provençale lagen dem Intendanten und unserem Superior unaufhörlich in Ohren, einen Pfarrer zu entsenden, alle wünschten sich zwar die Pfarrei nahe bei den Wohnungen, niemand aber wollte sie in seiner eigenen Plantage haben. Zuletzt erbot sich Herr Joyeux, Kapitän der Reiterei, ein schönes Stück Feld mitten unter den Ländereien, die diesen drei Herren gehörten, den nötigen Platz zur Kirche, Pfarrhaus und den

anderen Gebäuden herzugeben, wenn man ihm den ersten Kirchenstuhl einräumen und keinen weiteren Beitrag von ihm verlangen wollte.

Meine Abreise von Macouba erfolgte am 12. Dezember, nachdem ich Messe gelesen hatte, und ich übertrug Pater Breton, meinem Nachbarn, die Besorgung meiner Pfarrei. Ich speiste unterwegs zu Mittag und kam noch bei guter Zeit zu dem Flecken Trinité, um bei Herrn Joyeux über Nacht zu bleiben. Da dieser nicht in dem Revier wohnte, wohin wir reisen wollten, und dort nur einen Aufseher mit seinen Negern hatte, deren gewöhnliche Nahrungsmittel uns nicht zusagen würden, nahm er in seinem Boot so viel Eßwaren mit, als wir notfalls brauchen konnten. Diese Vorsicht war sehr klug, und wir erkannten erst den richtigen Nutzen, als wir dreiviertel des Weges zurückgelegt hatten. Wir wurden nämlich von einem so heftigen Sturm überfallen, daß ich nicht zu sagen wüßte, was unserem Boot und den darin befindlichen Personen widerfahren wäre, wenn wir nicht die Rosenspitze erreicht hätten, um uns dort in Sicherheit zu bringen.

Auf diesem Vorgebirge wohnt ein Karibe, der sich wohl selbst danach benannt hatte. Wir zogen dort unser Boot an das Ufer, und während es die Neger ausluden, um es weiter hinauf zu bringen, gingen wir unterdessen zu eben diesem Herrn La Rose in sein Carbet, wie die Hütte der Kariben genannt wird. Den gehabten Schrecken ausgenommen, war ich mit diesem Abenteuer durchaus zufrieden, da es mir Gelegenheit bot, die Kariben in ihren Häusern zu betrachten, nachdem ich sie bisher nur in ihren Pirogen gesehen hatte.

Der Karibe La Rose war mit seiner Frau und zehn bis zwölf Kindern, die er mit ihr gezeugt hatte, der christlichen Religion zugetan. Er empfing uns sehr höflich und trug weiße Schlafhosen aus Leinwand und einen neuen, scharlachfarbenen Kittel. Seine Frau hatte eine Schürze um die Lenden geschlagen, die ihr bis auf die halben Waden herabhing. Wir sahen auch zwei seiner Töchter von 15 und 16 Jahren, die bei unserer Ankunft nichts als die alte Nationalkleidung anhatten, nämlich das Camisa, die Halbstiefel und Armbänder, aber kurz darauf kamen sie ebenfalls mit Pagnes oder Schürzen zum Vorschein. Diese Pagne ist ein Stück Leinwand, das sich die Frauen umbinden. Gewöhnlich reicht es zweimal um den Leib, und es reicht meistens bis auf die halben Beine hinab, obwohl es auch kürzere, selten aber längere gibt. Diese Art von Kleidung ist sehr bequem, und auch an der Küste von Guinea werden sie gleichermaßen von den Männern und von den Weibern getragen.

La Rose hatte vier erwachsene Söhne, die schon kräftig mit Roucou bemalt waren und die übliche Leinwandbinde an ihrem kleinen Strick trugen. Die übrigen Kinder waren noch jung und – ihren Gürtel aus Glaskorallen ausgenommen – völlig unbekleidet. Wir fanden eine zahlreiche Gesellschaft in diesem Carbet; denn es waren beinahe 30 Kariben versammelt. Die Häuser der Kariben werden Carbet genannt, doch weiß ich keinen Grund für den Namen anzugeben. Dieses Carbet war etwa 60 Fuß lang und gegen 80 bis 85 Schuh breit und wie eine Halle angelegt. Die kleinen Säle reichten etwa 9 Fuß, die größeren dagegen wesentlich höher über den Erdboden hervor. Das Dach berührte auf beiden Seiten den Boden. Die Latten waren aus Schilf und mit Palmblättern abgedeckt. Auf der einen Seite war das Carbet ganz mit Schilf bekleidet und hatte nur eine Öffnung, durch die man in die Küche ging. Die andere dagegen war beinahe völlig offen.

Zehn Schritte von diesem Gebäude stand noch ein anderes, etwa halb so großes, das durch eine Wand aus Schilfrohr in zwei Teile getrennt wurde. Wir gingen hinein. Das erste Zimmer diente zum Kochen, und dort waren etwa acht ledige oder verheiratete Frauen mit der Zubereitung der Cassave beschäftigt. Das zweite war vermutlich ein Schlafzimmer für alle diese Damen und jene Kinder, die im großen Carbet noch nicht zugelassen wurden. Auch hier fanden wir, wie im großen Carbet, keine anderen Hausgerätschaften als Reisekörbe und Hamacks.

Im großen Carbet war der Fußboden aus gestampfter Erde, ganz sauber und glatt. Etwa im ersten Drittel des Raumes war ein ziemlich starkes Feuer angeschürt, um das neun Kariben so gebeugt dasaßen, als wollten sie ihre Notdurft verrichten. Die Herren hatten uns ohne aufzustehen ihr gewöhnliches Kompliment gemacht, indem sie sagten: »Guten Tag! Hast Du Taffia?« Sie kannten und schätzten Herrn Joyeux, da er ihnen, wenn sie in seine Zuckersiederei kamen, Sirup und jederzeit etwas zu Trinken geben ließ, was ein unfehlbares Mittel war, um ihre Freundschaft zu gewinnen. Im Feuer brieten zwischen dem Holz und den Kohlen einige Fische. Anfangs hielt ich sie nur für übriggebliebene Brände, da ich mir nicht vorstellen konnte, daß man die Speisen auf eine so ungewöhnliche Art zurichtete. Ich gab es La Rose zu verstehen und bekam von ihm zur Antwort, es sei bei ihnen nicht anders eingeführt, und wenn ich nur einmal diese Fische gekostet hätte, würden sie mir sicher schmecken und ich müßte bekennen, daß die Kariben keine so schlechten Köche wären, als ich mir vielleicht jetzt einbildete.

Unterdessen kam die Mittagsstunde heran und die Seeluft hatte uns Appetit zum Essen gemacht. Ich befahl also den Negern des Herrn Joyeux, ein Tischtuch herbeizubringen, und als ich in einem Winkel des Carbets eine schöne Matte ausgebreitet sah, glaubte ich, diese Herren würden hier das Mittagsmahl einnehmen und wir uns dieses Platzes daher ebenfalls bedienen dürfen. Deshalb ließ ich das Tischtuch mit einigen Servietten dort ausbreiten. Es wurde Brot, Salz und eine Schüssel mit kaltem Fleisch aufgetragen. Die Herren Demareuil und Joyeux nötigten mich, Platz zu nehmen. Nach den gewöhnlichen Komplimenten setzte ich mich, und wir hatten bereits angefangen zu essen, als ich gewahr wurde, daß uns die Kariben böse ansahen und gegen La Rose ihr Mißvergnügen äußerten. Wir befragten ihn nach der Ursache und erfuhren, daß unter der Matte, auf der wir saßen, ein toter Karibe begraben läge, was seine Verwandten im höchsten Grade verdroß. Wir standen sogleich auf und ließen unser ganzes Tischgerät wegnehmen. La Rose ließ eine frische Matte herbeibringen, die man an einem anderen Ort ausbreitete, worauf wir uns setzten und unsere Mahlzeit ruhig vollendeten. Wir gaben ihm und der ganzen Gesellschaft zu Trinken, um den verursachten Ärger wegen ihres verstorbenen Landsmanns wiedergutzumachen.

Während der Mahlzeit vernahmen wir von La Rose, daß sich alle Kariben bei ihm versammelt hatten, um das Leichenbegräbnis jenes Landsmannes zu begehen, der unter der Matte lag, auf die wir uns anfangs gesetzt hatten, nun wartete man aber noch auf einige seiner Verwandten von der Insel St. Vincent, um ihn danach endgültig zu bestatten. Es müssen nämlich alle Verwandten sehen, daß er eines natürlichen Todes gestorben ist, um es auch zu glauben. Wenn ihn also nur ein einziger von ihnen nicht gesehen haben sollte, so würden ihn die übrigen nicht davon überzeugen können, vielmehr würde er glauben, daß sie alle gemeinsam geholfen hätten, ihn zu töten und es daher für richtig ansehen, einen von ihnen aus Rache umzubringen. Diese Gewohnheit und übertriebene Ehrfurcht schien uns sehr beschwerlich und ungereimt zu sein, und ich glaube, unser Wirt hätte gern auf die Ehre verzichtet, daß der andere ausgerechnet sein Carbet erwählt hatte, um darin zu sterben, zumal auch sein Manioc-Vorrat durch diese große Gesellschaft ziemlich vermindert wurde.

Nach der Mittagsmahlzeit fragte ich, ob wir als Freunde des Verstorbenen ihn nicht sehen dürften. La Rose stimmte zu, da es der ganzen

Gesellschaft ein großes Vergnügen bereiten würde, besonders wenn wir auf seine Gesundheit trinken und auch den anderen zu trinken geben wollten. Er ließ sogleich die Matte und die Bretter wegnehmen, durch die das Grab zugedeckt wurde. Es war wie ein Brunnen angelegt, sechs bis sieben Fuß tief und etwa vier Fuß im Durchschnitt. Der Tote war beinahe in der gleichen Stellung beigesetzt, wie sie die anderen einnahmen, die oben am Feuer hockten. Seine Ellbogen ruhten auf den Knien, und mit den flachen Händen stützte er die Wangen. Er war sauber bemalt, rot mit schwarzen Streifen. Die Haare waren hinten am Kopf zusammengebunden. Sein Bogen, Pfeile, Keule und Messer lagen neben ihm. Der Sand reichte nur bis zu den Knien, um ihn in der beschriebenen Stellung zu halten. Ich fragte, ob man ihn auch anrühren dürfe, und man ließ mir dabei völlige Freiheit. Als ich ihm nun das Gesicht, die Hände und den Rücken befühlte, war alles sehr trocken und gab nicht den mindesten üblen Geruch von sich, obwohl man mir versicherte, man habe ihn nach seinem Tode einfach angemalt und dann ins Grab gestellt. Die Verwandten, die zuerst angekommen waren, hatten den Sand weggeräumt, um den Körper zu besichtigen. Da er nun weiter keinen üblen Geruch von sich gab, hatte man keinen mehr darauf geworfen, um ihn nicht bei jedem neuen Ankömmling wieder wegräumen zu müssen. Wir versäumten nicht, auf die Gesundheit des Verstorbenen zu trinken und die Gesellschaft ebenfalls trinken zu lassen. Dann wurde das Grab wieder mit den Brettern zugedeckt und die Matte darübergebreitet. Er war schon vor beinahe fünf Monaten gestorben, und ich hätte gehofft, daß die restlichen Verwandten während unserer Anwesenheit gekommen wären, um ihren Bestattungszeremonien beiwohnen zu können, allein es ließ sich keiner blicken.

Inzwischen waren die Fische gebraten, die im Feuer lagen. Da nun diese Herren Hunger hatten, brachten die Frauen zwei Matatous mit frischer, warmer Cassave und zwei große Couys, die mit Pimentade gefüllt waren. Dazu kam ein großer Korb voll gekochter Krabben, die noch im Feuer lagen, und einige Fische mit dicken Schalen, die auf die gleiche Art gebraten waren.

Obwohl ich eine beachtliche Mahlzeit eingenommen hatte, setzte ich mich trotzdem zum Matatou, um ihre Fische und Brühe zu kosten. Bei diesen Leuten steht die Tafel jedem offen, man hat weder nötig eingeladen zu werden, noch mit ihnen bekannt zu sein, um sich daransetzen zu dürfen. Niemals wird jemand von ihnen dazu eingela-

Knopf oder Keule der Caraiben.

den, aber auch nicht abgewiesen. Ihre Pimentade ist der mit Zitronenmark abgekochte Maniocsaft, unter den so viel zerstoßener Piment kommt, daß nur sie selbst etwas davon genießen können. Das ist ihre liebste Brühe, und ich muß noch bemerken, daß sie niemals Salz verwenden, nicht etwa weil es ihnen fehlen würde, sondern einfach, weil sie keinen Geschmack daran finden. Ebensowenig schmeckt ihnen gesottenes Fleisch oder abgekochter Fisch. Ich habe es von ihnen selbst gehört, daß sie außer den Krabben, die sie meistens verzehren, nichts Gekochtes essen, da bei ihnen alles gebraten oder bukaniert wird. Sie braten ihr Fleisch, indem sie es stückweise oder die kleinen Vögel ganz an einen hölzernen Spieß stecken und ihn vor das Feuer in die Erde stoßen. Wenn man nun glaubt, das Fleisch könnte auf der einen Seite angebraten sein, dreht man den Spieß halb herum, damit die andere Seite gleichfalls gebraten wird. Bei etwas größeren Vögeln, wie zum Beispiel Papageien, Holztauben oder Hühnern, geben sie sich gar nicht erst die Mühe, sie zu rupfen oder auszunehmen. Sie legen sie mit Haut und Haar ins Feuer, und wenn die Federn abgesengt sind, streuen sie Asche und Kohle darauf und lassen sie so lange liegen, bis sie glauben, sie könnten gar sein. Dann nehmen sie sie aus dem Feuer, schälen die Rinde, die sich aus Federn und Haut auf dem Fleisch gebildet hat, leicht ab, schneiden Kopf und Därme aus und verzehren den Vogel. Ich habe sie auf diese Art nicht nur verschiedentlich selbst gegessen, sondern auch so zugerichtet und stets bekundet, daß ihr Fleisch, das noch allen Saft hatte, überaus zart und köstlich im Geschmack war.

Ich versuchte auch die Fische mit den dicken Schalen, die man abstreift, als ob sie aus einem Futteral gezogen würden. Ihr Fleisch war sehr wohlschmeckend und so fett, daß man hätte schwören wollen, es sei mit Butter bestrichen worden. Nun ist zwar der Fisch schon an und für sich sehr fett, doch muß man zugeben, daß er noch viel besser schmeckt, wenn er auf diese Weise gebraten wird. Der Kofferfisch wird deshalb so genannt, weil er mit einer ziemlich dünnen, trockenen und sehr harten Schale überzogen ist. Vom Schwanz bis zum Kopf, der ohne den mindesten Absatz am Rumpfe steht, ist er dreieckig, und sein Kopf hat die gleiche Form. Wenn nun einer von diesen auf den Matatou gesetzten Fische an einer Ecke geöffnet wurde, hätte man ihn für eine noch warme, frisch angeschnittene Pastete halten können. Sein Geruch war angenehm, das Fleisch sehr weiß und gut ausgebraten, und ich fand ihn sehr wohlschmeckend und saftig.

Es war ein sonderbares Vergnügen, diesen Leuten zuzusehen, wie sie auf ihren Hintern gleich den Affen saßen und ohne ein Wort zu sprechen mit solcher Begierde ihre Speisen verschluckten, daß auch ein Kranker dadurch Appetit zum Essen bekommen haben würde. Die kleinsten Füße der Krabben säuberten sie mit einer bewundernswürdigen Kunst und Geschwindigkeit. Wer Durst hatte, löschte ihn mit Wasser, einige rauchten Tabak, andere legten sich nach dem Essen zu Bett, und der Rest begann eine Unterhaltung, von der ich kein Wort verstand.

Die Frauen nahmen die Matatous und die Couys weg, die Mädchen reinigten den Platz, wo man gespeist hatte, und alle zusammen gingen danach mit den Kindern in die Küche, wo wir sie in der gleichen Haltung und mit ebenso gutem Appetit wie die Männer essen sahen. Ich wunderte mich ein wenig, daß die Frauen nicht mit ihren Männern gespeist hatten und besonders, warum Frau La Rose als Christin nicht von dieser Sitte ausgenommen war. Ich sprach darüber mit ihrem Mann, der mir zur Antwort gab, es sei bei ihnen nicht üblich, daß die Frauen mit ihren Männern essen dürften. Auch wenn er allein gewesen wäre, würde er trotzdem nur mit seinen vier erwachsenen Söhnen gespeist, seine Frau, Töchter und die übrigen Kinder dagegen in der Küche ihre Mahlzeit eingenommen haben. So seltsam auch diese Gewohnheit zu sein scheint, so ist sie dennoch nicht ungesittet, und ich fand sie nach einiger Überlegung der gesunden Vernunft vollkommen angemessen, um dieses hochmütige Geschlecht einzuschränken und zur Beobachtung ihrer Pflicht und der nötigen Ehrfurcht gegenüber den Männern anzuhalten.

Wir blieben in dem Haus bis gegen drei Uhr nachmittags. Der Wind hatte sich völlig gelegt, das Meer war aber noch sehr stürmisch. Doch hatte sich der älteste Sohn La Roses erboten, mit uns zu gehen, und drei andere Kariben, die sich Branntwein erhofften, taten ein Gleiches. Wir nahmen sie beim Wort und glaubten, daß uns trotz unserer sieben Neger im Boot dieser Beistand nützlich sein würde.

7. Kapitel

Bericht über weitere Reisen des Verfassers und über die Verteidigung gegen englische Freibeuter

(Am 2. Januar 1696 traf ein neuer Generalsuperior des Predigerordens auf Martinique ein und ordnete dort die Verwaltung der Mission. Dabei wurde Pater Labat die Aufgabe übertragen, in einer Plantage auf Guadeloupe eine Wassermühle anzulegen. Er übernahm den Auftrag erst, nachdem ihm zugesichert worden war, dass er sogleich nach Beendigung seiner Geschäfte wieder zurückkehren und seine alte Pfarre übernehmen dürfe. Bis Ende Mai hatte er die Arbeit erledigt und reiste wieder nach Martinique zurück.)

Am Sonntag, dem 3. Juni 1696, bestieg ich gegen fünf Uhr abends zu Guadeloupe das Schiff, und wir ankerten noch vor Mitternacht bei den Santos-Inseln. Ich bemerkte auf dieser kurzen Reise zu spät, daß unsere Barke schwer und schlecht besegelt war. Trotzdem hatte der Schiffer zu Santos noch einige Ballen Baumwolle, Federn, Erbsen und Hirse mitgenommen, weshalb wir den ganzen Montag und den größten Teil des Dienstags dort liegenbleiben mußten. Zu meinem Glück hatte Herr Auger für mich einigen Vorrat von Lebensmitteln in die Barke bringen lassen, der mir sehr gut zustatten kam. Ich ließ mich daher ans Land setzen sobald nur der Tag anbrach und machte dem Pater Lucien, einem Karmeliter und Pfarrer von beiden Inseln, meinen Besuch. Kirche und Pfarrhaus stehen auf der westlichen Insel, die daher das niedere Land genannt wird, während die östliche das hohe Land heißt.

Dieser Religiose empfing mich aufs höflichste und ersuchte mich, in seinem Hause zu bleiben, solange die Barke hier vor Anker liegen würde. Dann las ich die Messe in der Kirche, die ziemlich klein und ganz aus Holz, innen aber recht schön ausgestattet war. Die Wohnung des Pfarrers bestand nur aus zwei kleinen Zimmern, einer Küche und noch einem anderen kleineren Gebäude. Aus dem umliegenden Platz hätte man wohl einen ziemlich schönen Garten machen können, doch schien dieser Religiose kein Liebhaber von Gärten zu sein, er ließ ihn unbebaut liegen und zog sich dadurch einen ungeheuren Schwarm von

Moskitos über den Hals. Während wir das Frühstück einnahmen, ersuchte ich ihn, mir die Merkwürdigkeiten seiner Insel zu zeigen. Wir verwendeten den größten Teil des Tages zu diesem Spaziergang und gingen, soviel es sich nur tun ließ, um die ganze Insel herum. Sie mag, so wie man ungefähr schätzen kann, drei Meilen Umkreis haben, doch scheint mit die östliche größer zu sein. Das Inselchen zwischen beiden ist klein und unbewohnt. Beide Inseln haben in den Tälern guten, fruchtbaren Boden, Manioc, Patates, Erbsen, Baumwolle, Tabak und Geflügel geraten hier aufs beste. Besonders auf der kleinen Insel gibt es viele Ziegen, und sie ziehen auch eine beachtliche Anzahl Schweine. Solange Wildgetreide ausreift, fehlt es ihnen nicht an Holztauben und Papageien. In der übrigen Jahreszeit haben sie Turteltauben, Drosseln und Seevögel im Überfluß. Der Fischfang ist ebenfalls sehr gut, und man findet an den Klippen viele Muscheln, Seekrebse, Hummer, Meeraale und Meeresschnecken. Sie haben auch einiges Hornvieh, doch nur in geringer Zahl, weil es ihnen an Weideland fehlt.

Die Luft ist hier sehr gut, aber ziemlich scharf; denn da diese kleinen Inseln mitten in der See liegen, haben sie immer frischen Wind, von welcher Ecke er auch kommen mag, und das gereicht allen unseren Inseln zum Vorteil, da sie niemals zu stark unter der Hitze leiden. Außer dem Hafen, der zwischen den drei Inseln liegt, gibt es auf der westlichen noch ein paar gute Buchten mit einem sandigen Grund, in denen man bequem ankern und ans Land steigen kann. Sie werden die »Bucht des großen« und »kleinen Feigenbaums« genannt.

Wir besuchten auch den Kapitän der Miliz auf dieser Insel. Er ist gleichsam ein Abgeordneter des Statthalters von Guadeloupe, unter dessen Herrschaft die Inseln stehen. Wir wurden aufs beste von ihm empfangen, und er bot uns alles an, was in seinem Vermögen stand. Ich ersuchte ihn daher, er möge doch dafür sorgen, unsere Barke so rasch als möglich abfertigen zu lassen, damit ich noch am Pfingsttag in Martinique sein könnte.

Der Pfarrer bat ihn und den Schiffer der Barke zum Abendessen. Hier versicherte uns der Milizkapitän, daß er über 90 Mann, alte wie junge, weiße, braune und Neger verfüge, die insgesamt gut bewaffnet seien, um die Insel samt den Barken, die dort vor Anker lägen, zu verteidigen. Er sagte uns auch, daß die Einwohner zwar nicht reich seien, aber doch ihr bequemes Auskommen hätten und durch ihre kleine Handlung mit Baumwolle, Hülsenfrüchten, Tabak und Geflügel Gewinn erzielten.

Ich blieb bei dem Pater Pfarrer über Nacht. Am folgenden Tag besah ich nach der Messe den Platz, wo die Mannschaft eines französischen Schiffes einer Belagerung gegen die Besatzung dreier englischer Schiffe so lange standhielt, bis der damalige Statthalter von Guadeloupe zu ihrem Entsatz kommen und die Belagerer selbst gefangennehmen konnte. Dieser Posten ist schon von Natur aus befestigt und würde mit geringer Arbeit unüberwindlich gemacht werden können, wenn nur die darin liegende Besatzung hinlänglich mit Kriegs- und Mundvorrat versehen wäre. Nur eines ist auf dieser Insel unangenehm: der Mangel an süßem Wasser. Die Einwohner haben wohl zwei bis drei kleine Quellen, die sie notdürftig mit Trinkwasser versehen, doch sogleich eintrocknen, wenn die Hitze nur ein wenig stärker als sonst zu sein pflegt. Dann aber sehen sie sich gezwungen, das Regenwasser in Tonnen, Mulden und anderen Gefäßen oder auch nur in dazu ausgehobenen Löchern aufzuheben, in denen es leicht verdirbt. Ich erstaunte über die Nachlässigkeit, daß sie keine Zisternen anlegen, da es ihnen doch hierzu weder an Kalk, Sand oder Steinen fehlt. Sie behaupteten, das in Zisternen eingeschlossene Wasser schmecke und rieche nach Kalk. Ich versicherte ihnen aber, daß sich diese schlechte Eigenschaft gewiß verlieren und der Schlamm, den alles Wasser mit sich führt, den Boden und die Wände der Zisterne mit einer Kruste überziehen und verhindern würde, daß das Wasser einen üblen Geschmack an sich zöge. Sollte dies aber trotzdem fortdauern, hätten sie doch immer noch gutes Wasser für die Küche, das Vieh und zum Waschen vorrätig und würden sich so die Mühe ersparen, ihr weißes Zeug öfters mit großer Gefahr zu den drei Strömen zu führen.

Mittags bewirtete ich den Pfarrer und den Befehlshaber von Santos auf der Barke, und nachdem man sie wieder ans Land gebracht hatte, hoben wir gegen vier Uhr nachmittags die Anker. Ich wurde aber ganz ärgerlich, als ich sah, daß der Schiffer östlich der Insel Dominique vorbeifahren wollte, um den Ankerplatz von Sainte-Marie zu erreichen, der nahe bei unserer Plantage liegt, wo er seine Töpferware ausladen wollte. So viel Mühe ich auch anwandte, ihn von diesem Vorhaben abzubringen, so war doch nichts bei ihm auszurichten. Obwohl ich deutlich erkannte, wie schwer seine Barke zu steuern war, schien es ganz unmöglich zu sein, daß wir jemals diesen Strich würden erreichen können. Er behauptete, der Landwind müsse uns diese Nacht weit über den Wind von Marie-Galante führen, und wenn wir tagsüber unseren

Vorteil nicht verlören, sondern vielmehr durch allerlei Manöver noch vergrößerten, so könnten wir in zwei Nächten die Höhe der Caravellenspitze erreichen und von da leicht mit vollem Wind auf die Reede von Sainte-Marie gelangen. Dieser Vorschlag war ganz ordentlich und würde sich vielleicht auch haben ausführen lassen, wenn die Barke nicht ein wahrer Rumpelkarren gewesen wäre. Als es Abend wurde, legte ich mich und schlief den größten Teil der Nacht.

Wie ich es vorausgesehen und gesagt hatte, glückte es uns aber nicht, und wir kamen nach einer langen, verdrießlichen Reise erst am Montag, den 11. Juni, gegen zehn Uhr morgens an die Predigerspitze, wo ich mich bei der Plantage der Witwe Chapelle an Land setzen ließ, die Messe las und das Mittagsmahl einnahm. Sie gab mir ein Boot mit drei Negern und einem Kariben als Steuermann, das mich nach Potiche zu Herrn Michel bringen sollte. War aber meine Seefahrt überaus langweilig gewesen, so endete sie nun mit der größten Gefahr, die ich jemals ausgestanden hatte.

Kaum hatten wir den Morno S. Martin umfahren, als wir plötzlich von einem so heftigen Sturmwind überfallen wurden, der noch dazu von Regen, Blitz und Donner begleitet war, daß zwei Barken, die vor uns segelten, gezwungen waren, alle Segel einzuziehen und sich dem Wind und den Wellen zu überlassen. Ich wäre gern an Land gestiegen, aber es wollte an dieser unzugänglichen Küste, wo die turmhohen Wellen sich am Felsenufer mit einem schrecklichen Getöse brachen, durchaus nicht angehen. So befahl ich dem Kariben zu wenden, der aber sagte mir nur in seiner kauderwelschen Sprache: »Compere, na pas tenis peur, si cannot tourne toi tenis coeur fort.« (Gevatter, fürchte Dich nicht und sei guten Muts, wenn sich das Boot auch möglicherweise umdrehen sollte.) Die Neger dagegen, die sich besser ausdrücken konnten als er, versicherten mir, daß man unmöglich wenden könne und es kein anderes Mittel gäbe, als die Reise fortzusetzen oder umzukommen.

Ich mußte also Geduld haben. Inzwischen entkleidete ich mich auf alle Fälle und behielt nichts am Leibe als meine Unterhosen und den Hut. In diesem Anzug setzte ich mich auf den Boden des Bootes und war aus Leibeskräften beschäftigt, das Wasser herauszuschöpfen. Ich hatte genug damit zu tun; denn da die Wellen gegen das Ufer hin stets sehr hoch gehen, konnte der Karibe nicht verhindern, daß uns zuweilen von vorn eine Welle hereinschlug. Unterdessen arbeiteten die drei

Neger und der Karibe wie Leute, die voller Verzweiflung waren: Die Neger ruderten, und der Karibe suchte den Wellen auszuweichen. Man wird sich leicht vorstellen können, daß ich ihnen immer wieder Mut zusprach. Endlich kamen wir zu dem großen Stapelplatz von Potiche und liefen viel glücklicher, als wir hoffen durften, auf den Strand. Ich nahm trockene Wäsche und Kleider aus meinem Korb und ließ die ausgezogenen Stücke im Strom waschen, weil alles vom Seewasser naß geworden war. Dann ging ich zu Herrn Michel und wurde dort auf die übliche Art empfangen. Man gab meinen Führern zu essen und zu trinken, und ich belohnte sie reichlich für ihre gehabte Mühe.

Hier vernahm ich, daß mein Ordensbruder, Pater Rosie, nicht daran dachte, mir meine Pfarre wieder abzutreten, wie er sich wenigstens gegen verschiedene Personen hatte merken lassen. Als die Nachbarn des Herrn Michel meine Ankunft erfahren hatten, kamen sie und erboten sich namens des ganzen Kirchspiels, eine Schrift unterzeichnen zu lassen, um von dem Intendanten und dem Generalstatthalter die Wiedereinsetzung in meine vorige Stelle zu verlangen. Ich hielt es aber für unnötig, ihr Anerbieten anzunehmen, und bedankte mich für ihren guten Willen, da ich entschlossen war, mich deshalb nur an die Ordensobrigkeit zu wenden, von der ich ganz sicher glaubte, sie werde mir Gerechtigkeit widerfahren lassen. Bei Herrn Michel speiste ich zu Abend und blieb dort über Nacht.

Am Dienstag gab er mir ein Pferd und einen Neger, der meinen Korb trug, und leistete mir noch bis nach Macouba Gesellschaft. Die Einwohner der Orte, durch die wir unterwegs kamen, begleiteten mich ebenfalls und stiegen alle im Pfarrhof ab. Der Pfarrer schien ganz erstaunt zu sein, als er mich in so guter Begleitung ankommen sah, und gestand mir später, daß er anfangs nicht anders geglaubt habe, als daß ich mein Haus mit Gewalt in Besitz nehmen und ihn herauswerfen lassen wollte. Nach den gewöhnlichen Begrüßungs-Komplimenten nahm er mich beiseite und sagte, er habe meine Rückkehr nicht so rasch vermutet, sonst würde er seine Pfarre nicht verlassen haben. Ohne ausdrücklichen Befehl des Superiors könne er mir die meine auch nicht wieder abtreten, und da er meine Bemühungen, wieder an den alten Platz zu kommen, sehr billig fände, so solle ich es ihm ebenfalls nicht übel deuten, wenn er seinerseits alles anwende, diese Stelle zu erhalten, da man ihm versprochen habe, ihn hierzulassen und mich, wenn ich von Guadeloupe zurückkommen sollte, auf eine andere Art zu entschädi-

gen. Ich hielt es nicht für nötig, mich mit ihm auseinanderzusetzen, und sagte daher bloß, ich sei gekommen, ihn zu besuchen, Messe zu lesen und sodann meine Reise weiter fortzusetzen. Er bat mich, mittags mit ihm zu speisen, ich aber dankte ihm dafür.

Sogleich las ich Messe. Als dies zu Ende war, begrüßte mich der größte Teil meiner Pfarrkinder und sagte mir in seiner Gegenwart, ich bräuchte nur ein Wort reden, so würden sie noch am gleichen Tag Abgeordnete an den Statthalter schicken, um mich wieder in meine Pfarre einzusetzen. Allein ich ersuchte sie, es zu unterlassen, da ich wahrnahm, daß ihr Anerbieten meinem Ordensbruder Verdruß bereitete, stieg zu Pferde und ritt meiner Wege. Im Vorbeireiten besuchte ich die Patres Breton und Imbert und kam zur Mittagszeit nach dem S. Jacobsgrund.

Pater Cabasson, unser Superior, schien sich zu wundern, als er mich sah. Er fragte nach Neuigkeiten aus Guadeloupe und behauptete, das Schreiben nicht empfangen zu haben, in dem ich ihm meldete, es sei gar kein Anschein vorhanden, daß mit der Arbeit an dem Kanal begonnen werden sollte, und ich daher zurückkehren würde, sobald ich nur den mir von Herrn Auger gegebenen Auftrag vollendet hätte. Da er nun, wie er sagte, mich nicht so bald zurückerwartet hätte, habe er sich genötigt gesehen, meine Pfarre dem Pater Rosie zu übergeben, doch wolle er mich schon zu befriedigen suchen. Ich erwiderte ihm darauf, daß ihm wohl bekannt sein müsse, welche Kosten ich aufgewandt hätte, um das Pfarrhaus mit den nötigen Gerätschaften zu versehen, und ich nun hoffte, er würde sich seines mir gegebenen Versprechens erinnern, auf das ich glaubte, mich verlassen zu können. Während des Mittagessens wurde nicht mehr von dieser Sache gesprochen, sobald wir aber vom Tisch aufstanden, nahm er Pater Chavagnac mit sich auf sein Zimmer, um ihn, wie ich wohl bemerkte, zu befragen, was nunmehr zu tun sei, um sich aus dieser Verlegenheit zu helfen. Ich entfernte mich in einen anderen Raum, um mein Brevier zu beten und auszuruhen. Während des Nachtessens sprachen wir von gleichgültigen Dingen, sobald sich aber der Superior nach der Mahlzeit in sein Zimmer begeben hatte, nahm mich Pater Chavagnac als einen besonders vertrauten Freund bei der Hand und ging mit mir in den Garten, um dort frische Luft zu schöpfen, da es schön mondhell war. Hier lenkte er mein Gemüt durch allerlei Vorstellungen dahin, daß ich mich entschloß, so lange bei ihm im S. Jacobsgrund zu bleiben, bis die Gebäude, die man

zur Fabrik des weißen Zuckers aufführen lassen mußte, soweit fertig waren, daß sie ohne meinen Beistand ausgebaut werden konnten. Danach aber sollte es bei mir stehen, ob ich wieder auf meine Pfarre zurückkehren wollte oder nicht. Der Superior würde am nächsten Morgen Pater Rosie Nachricht davon geben, damit er sich entsprechend einrichten könnte. Sobald ich Pater Chavagnac mein Wort gegeben hatte, gingen wir wieder ins Haus, wo er sogleich bei dem Superior anklopfte und ihm von dem guten Erfolg seines Auftrags Mitteilung machte. Dieser trat eilfertig heraus, umarmte mich, wiederholte zugleich auch die Versprechungen, die man mir eben in seinem Namen gemacht hatte, und versicherte mir, daß er bei allen Gelegenheiten dieser ihm jetzt erzeigten Gefälligkeit eingedenk sein werde.

Ich übernahm auch die Besorgung der Pfarre zu Macouba, weil wir niemanden hatten, der sie versehen konnte, und ich dadurch nicht behindert wurde, meinen Bauarbeiten nachzugehen. Das wichtigste unter diesen Gebäuden war das Reinigungshaus, eine lange Galerie, in die man die Zuckerformen trägt, wenn sie aus der Fabrik kommen, um sie dort zu bearbeiten. Ich beschloß, sie 120 Fuß lang und 30 Fuß breit zu machen, auf der einen Seite aber mit einem 15 Fuß breiten Schuppen zu versehen und das Gebäude zum Zuckertrocknen am Ende anzuschließen.

Wer übrigens auf den Inseln keine Felder besitzt und sie weder kaufen mag oder kann, bittet um Überlassung eines Platzes, der noch keinen Herrn hat und folglich dem König gehört. Man wendet sich deshalb an den Generalstatthalter, dem man eine Bittschrift überreicht, dabei auch seinen Stand, die Anzahl seiner Kinder und Sklaven angibt und die Vermögensverhältnisse darlegt. Man gibt die Maße des Platzes an, den man erbittet, und fügt ein vom königlichen Feldmesser ausgestelltes schriftliches Zeugnis bei, das die Wahrheit aller Angaben bestätigt. Auf eine solche Bittschrift hin wird die Erlaubnis ausgestellt, das Feld in Besitz zu nehmen. Dabei wird ausdrücklich verlangt, daß der Bittsteller diese Erlaubnis in die Registratur eintragen lassen muß. Auch werden die Nachbarn angehalten, der Besitznahme beizuwohnen und schriftlich zu erklären, daß sie nichts davon zu fordern haben. Schließlich muß er das Gebiet innerhalb von drei Jahren umbrechen lassen und wenigstens ein Drittel des ihm zustehenden Landes bebauen, da sonst die erteilte Bewilligung für ungültig erklärt wird. Sobald die Erlaubnis eingetragen ist und in Gegenwart der Nachbarn von dem Land Besitz

ergriffen wurde, erwählt man für den Bau des Herrschaftshauses einen etwas erhöhten Platz, um freiere Luft und schöne Aussicht zu genießen und die Arbeiten in der Plantage überblicken zu können. Wenn sich, was meistens vorkommt, ein Fluß, ein Bach oder eine Quelle dort befinden, so bleibt man möglichst in der Nähe, da es zu den größten Bequemlichkeiten gehört, stets das nötige Wasser bei der Hand zu haben.

Man läßt gleich zu Beginn einige Hütten aus dünnem Holz aufschlagen, die mit den Blättern von Palm- und Latanbäumen oder mit Schilf gedeckt werden. Dann läßt man die Bäume fällen und den Platz, an dem die Hauptniederlassung angelegt werden soll, umreißen. Die meisten Bewohner haben die schlimme Gewohnheit, die gefällten Bäume einfach liegenzulassen, bis sie ausgetrocknet sind, und dann anzuzünden, ohne sich darum zu kümmern, ob dieses Holz nicht noch zum Bauen verwendet werden könnte. Wer vernünftig ist, beeilt sich damit nicht, sondern spart alle tauglichen Bäume, um Bretter, Dielen, Balken und anderes Zimmerbauholz daraus schneiden zu lassen, das einen ansehnlichen Gewinn abwirft.

Wenn der Platz gereinigt ist, baut man Hütten oder Häuser darauf, deren Pfosten drei bis vier Fuß tief in den Boden gerammt werden. Man verschanzt oder umzäunt die Hütten mit Palmästen und deckt sie mit Schilf oder Palmblättern. In das umbrochene Land werden zugleich Erbsen, Hirse, Mais oder Indianisches Korn gesät, und wenn der Platz von einiger Größe ist, pflanzt man noch Manioc, Ignames, Patates und etwas Wurzelwerk hinein. Es ist unglaublich, wie leicht und in welcher Menge dieses frische Land alles, was man pflanzt oder sät, hervorbringt.

Man unterläßt auch niemals, Gärten von Pomeranzen- und Zitronenbäumen anzulegen. Verständige Einwohner ziehen die Apfelsinen den übrigen vor, da nicht nur Kinder, Neger und Reisende ihren Durst damit löschen können, sondern auch die Pferde und alle anderen Tiere davon fressen und fett werden. Dazu kommt noch, daß die Bäume, auf denen sie wachsen, viel besser als Zäune taugen, da sie mit längeren und dickeren Stacheln versehen sind, die sich dermaßen fest ineinander schlingen, daß die Hecken oder Zäune, die man daraus macht, für Menschen und Tiere undurchdringlich werden.

Am Donnerstag, den 20. Dezember 1696, kam der Pater Superior nach dem S. Jacobsgrund und sagte, daß mich alle unsere benachbarten Pfarrer am nächsten Nachmittag bitten würden, die Stelle eines bevoll-

mächtigten Syndikus unserer Mission zu übernehmen. Er selbst ersuchte mich darum, und Pater Chavagnac schrieb mir gleichfalls. Ich ließ mich also durch das Ersuchen unserer Väter und weil es die Not erforderte, dazu bewegen und wurde am 21. statt des Pater Chavagnac zum Syndikus gewählt, wobei mir der Pater Superior versprach, daß es mir freistehen sollte, sobald nur einige neue Leute aus Frankreich ankämen, diese Stelle niederzulegen und meine Pfarre wieder zu beziehen.

Den Engländern war bekannt, daß nunmehr der Frieden zwischen ihnen und Frankreich bald geschlossen werden sollte, so beabsichtigten sie also, die Zeit zu nutzen und noch einige Vorteile über uns zu erringen. Sie ließen daher so viele Freibeuter auslaufen, als ihnen nur möglich war, und wir unsererseits ließen es gleichfalls daran nicht fehlen. Einer von ihnen, namens George Roch, der eine Barke von acht Kanonen mit 70 bis 80 Mann besetzt führte, versuchte in der Nacht vom 14. zum 15. Oktober 1697 zu Marigot eine Landung.

Dieser kleine Flecken bestand damals nur aus sieben bis acht Häusern und ebenso vielen Zuckerlagern. Roch konnte deshalb leicht einige 60 Mann in zwei Booten ans Land setzen, da die Einwohner, die auf Wache stehen sollten, nach Hause gegangen waren, weil sie sahen, daß die Nacht ziemlich finster und die See überaus stürmisch war, und sie deshalb glaubten, daß keine Gefahr bestünde. Als nun der Freibeuter gelandet war, ließ er bei jedem Boot zwei Mann als Wache zurück und teilte seinen Haufen. Einer davon umringte ganz in der Stille die Häuser im Flecken, der andere, größere Haufen marschierte gegen die Negerhütten der Witwe Verpre, um sich ihrer zu bemächtigen. Zum Unglück für die Ankömmlinge hielt sich aber in der ersten Hütte, in der sie einbrechen wollten, ein bewaffneter Neger auf, der sofort mit seiner Flinte hinausschoß, als er merkte, daß sie seine Tür mit Gewalt aufzusprengen suchten und englisch miteinander redeten. Dabei tötete er einen Engländer, ein anderer antwortete ihm sogleich mit einem Pistolenschuß. Der Oberaufseher der Plantage, der bereits durch das wilde Bellen der Hunde munter geworden war und ganz richtig vermutete, daß die Engländer vielleicht irgendwo an Land gegangen sein könnten, schoß ebenfalls seine Flinte ab, als er aus dem Haus trat, und setzte damit vollends alle in Schrecken.

Als nun die Engländer eine große Hütte neben der des Negers sahen, glaubten sie, es sei des Meisters Haus, und umringten es, aber nachdem

sie mit großer Mühe das Tor eingestoßen hatten, war es nur ein mit Zucker gefülltes Magazin. Während dieses neuen verdrießlichen Zufalls flüchteten sich die Neger teilweise in das Gebüsch und in einen nicht allzu tiefen Graben neben ihrer Hütte. Unterdessen war eines der Kinder dieser Witwe zusammen mit zwei bis drei anderen Personen, zu denen sich noch der Kommandeur gesellt hatte, an das Ufer gelaufen, um sich womöglich der feindlichen Boote entweder zu bemächtigen oder sie doch wenigstens zu zerstören. Die Leute im Flecken waren inzwischen auch aufgewacht, hatten ihre Gewehre ergriffen, feuerten auf die Engländer, die ihre Häuser umstanden, wobei sie zwei von ihnen töteten, während einer der Einwohner leicht verwundet wurde. Über diesen Flintenschüssen erschraken jene Engländer, die nach den Negern suchten, und fürchteten, ihre Boote zu verlieren, die ja nur von vier Mann bewacht wurden. Sie glaubten also, daß es Zeit zum Rückzug sei, da sie beim Verlust der Boote sich dem Zorn der Einwohner ausgesetzt sahen, von denen sie keine Schonung erwarten durften, da man sie bewaffnet und beim Plündern angetroffen hatte.

Auf diesem Rückzug verloren sie noch einen Mann und erreichten ihre Boote eben in dem Augenblick, als einer der zur Bewachung zurückgelassenen Leute getötet worden war und sich die übrigen hinter einige große Felsen geflüchtet hatten. Da unsere wenigen Leute, die nach den Booten suchten, nicht imstande waren, 20 bis 25 Feinde aufzuhalten, mußten sie diese mit zwei gefangenen Negern zu Schiff gehen lassen. Sie feuerten aber heftig, um die Engländer noch zu zwingen, sich vom Ufer zu entfernen und ihre noch an Land befindlichen Gefährten im Stich zu lassen. Als fast zur gleichen Zeit weitere Leute aus dem Flecken ankamen, stießen sie auf einige Engländer, die sieben bis acht Neger gebunden mit sich fortschleppten, die aber ihren Marsch durch den Widerstand, den sie leisteten, nicht wenig aufhielten. Sobald die Engländer unsere Leute zu Gesicht bekamen, ließen sie ihren Raub fahren und suchten sich durch die Flucht zu retten. Man begann auf sie zu feuern und tötete noch zwei von ihnen, ein weiterer wurde verwundet. Diesen gab man den Negern in Verwahrung, die inzwischen wieder losgebunden worden waren, da man die übrigen Flüchtenden verfolgen wollte; doch sie konnten in der finsteren Nacht nicht mehr eingeholt werden. Sie erreichten das Meeresufer, warfen ihre Gewehre weg und retteten sich durch Schwimmen zu ihren Booten, die alle Minuten Feuer gaben, um ihnen ihren Lageplatz anzuzeigen. Man weiß

nicht genau, ob alle Schwimmer die Boote erreichten und welche Verluste sie dort noch hatten, auf dem Land aber waren sieben Tote und ein Verwundeter zurückgelassen worden. Dabei gewannen sie weiter nichts als ein paar alte Neger, zwei andere Neger und ein Weißer erlitten leichte Verwundungen. Das ganze Revier war sehr schnell unter Gewehr, und der Schrecken verbreitete sich bis zu uns nach S. Jacobsgrund, obwohl wir eine Stunde von dem Landungsplatz entfernt waren. Ich setzte mich zusammen mit unserem Raffinierer und vier bis fünf bewaffneten Negern sogleich zu Pferde, und wir ritten nach Marigot. Es war für den Gefangenen ein Glück, daß man bei einem der Toten die Bestallung des Freibeuters fand, sonst würde er als ein Seeräuber gehängt worden sein, noch ehe seine Landsleute Zeit gehabt hätten, ihn zurückzufordern. Aus diesem Bestallungsbrief erfuhr man den Namen des Freibeuters, den ich seitdem noch genauer kennengelernt habe.

Diese Landung bewirkte indessen doch so viel, daß man die zur Bewachung der Küste nötige Aufmerksamkeit erneuerte und ein jeder, wenn die Reihe ihn traf, entweder selbst auf Wache ziehen oder einen anderen Mann an seiner Stelle schicken mußte.

Obwohl ich nur einen einzigen Weißen in unserem Hause hatte, ließ mir trotzdem Herr de Mareuil, der Befehlshaber zu Capesterre, sagen, daß die uns bewilligten Freiheiten dem allgemeinen Besten keinen Nachteil bringen dürften und ich daher verpflichtet wäre, meinen Raffinierer nach dem Flecken Sainte-Marie auf die Wache zu senden. Solche Anforderungen, die auf weiter nichts abzielten, als uns mit der Zeit die Privilegien und Freiheiten zu entziehen, mit denen wir von den Königen und den früheren Besitzern der Inseln ausgestattet worden waren, kannte ich schon. Ich verfügte mich also zu Herrn de Mareuil und erläuterte ihm, daß man von dem Wachhaus zu Sainte-Marie bei einem Angriff unserer Plantage unmöglich zur Hilfe kommen könnte, da diese zum einen 15–1600 Schritt davon entfernt läge, zum andern auch durch einen gefährlichen und öfter nicht passierbaren Strom getrennt wurde.

Da nun dieser Offizier und seine Anverwandten ihre eigenen Güter zu Sainte-Marie hatten, ging es ihm selbstverständlich darum, daß man dort genaue Wache hielt, ohne sich weiter um das Schicksal des übrigen Reviers zu bekümmern. Nachdem auf beiden Seiten lange darüber gestritten wurde, erklärte ich ihm zuletzt, daß er mich nicht des

einzigen Weißen berauben könnte, den ich im Hause hatte, nur um seine eigenen Güter zu bewachen, während inzwischen unsere Plantage der Gefahr ausgesetzt wäre, geplündert zu werden, es sei denn, er und alle Einwohner zu Sainte-Marie erklärten schriftlich, allen Schaden zu bezahlen, den uns die Engländer zufügen könnten. Mein Vorschlag setzte ihn in Verlegenheit, und da er meine Standhaftigkeit nur allzu gut kannte, sah er wohl ein, daß ich niemals unsere Privilegien auf irgendeine Art würde schmälern lassen. Endlich sagte er mir, daß er entschlossen sei, deswegen an den Generalstatthalter zu schreiben, doch sollten wir bis zur Entscheidung dieser Sache unsere Plantage so gut wie möglich bewachen lassen, ohne daß wir jedoch auf irgendeinen Beistand des Reviers rechnen dürften, worum ich mich aber wenig bekümmerte.

Ich bedankte mich für seinen Vorschlag und ließ ohne Verzug in den Weinbergen, die am Seeufer über der Bucht des S. Jacobsgrundes lagen, ein Wachhaus aufführen, in das ich eine Wache von zwölf bewaffneten Negern setzte. Mit sechs von ihnen wachte ich von neun Uhr abends bis eine Stunde nach Mitternacht; um diese Zeit wurde ich durch den Raffinierer mit den sechs übrigen Negern abgelöst. Da wir diese Wache zu einer Zeit begannen, in der kein Zucker hergestellt wurde, fragte ich nicht eben viel nach dieser Mühe; als aber die Arbeit wieder anging, mietete ich ein paar weiße Taglöhner aus unserer Nachbarschaft, die sich alle Nacht dort einfinden mußten.

16 Tage danach sah man, daß meine Vorsicht nicht vergeblich gewesen war. Der gleiche Freibeuter, der zu Marigot gelandet war, kam nun wieder, entweder um sich zu rächen oder um Erkundigungen nach seinen noch fehlenden Leuten einzuholen. Er kam ein wenig vor Mitternacht in unsere Bucht und ließ seine Segel nieder. Der Neger an der Wache gab mir sogleich Nachricht davon, daraufhin mußte alles in Gewehr treten, durch einen kleinen Neger, den ich bei mir hatte, ließ ich dem Raffinierer sagen, daß er geschwind, aber ganz in der Stille mit den übrigen Negern am Seeufer hinmarschieren sollte. Unterdessen versteckte ich mich mit meinen Leuten hinter die großen Felsen am Seeufer. Ich sah, daß von der Barke ein großes Boot geschickt wurde, das ungefähr 25 bis 30 Mann fassen konnte und dem noch ein anderes, und wie mich dünkte, kleineres, folgte. Als nun das erste Boot so nahe war, daß man es anrufen konnte, fragte ich, woher es käme. Über diese ganz unerwartete Frage stutzten sie zwar etwas, antworteten aber doch

Eingeborenenhütten auf den Kleinen Antillen

deutlich, daß sie von Basse-Terre kämen. Darauf erkundigte ich mich weiter, wie das Schiff hieße und was sie eigentlich suchten. Sie nannten mir ein Schiff, das bereits vor einigen Tagen abgegangen war, und erklärten, daß sie die ihnen nicht recht bekannte Reede von Sainte-Marie suchten.

Dies reichte hin, um mich zu überzeugen, daß sie Feinde waren. Um sie mit gleicher Münze zu bezahlen, sagte ich, sie sollten nur immerhin an Land kommen, ich wolle ihnen dann jemand mitgeben, der ihre Barke vor Anker bringen könnte. Nun bekam ich keine Antwort mehr. Als sie aber einige Minuten lang stillgelegen waren, um sich wohl zu beratschlagen, was zu tun sei, begannen sie auf einmal mit aller Gewalt zu rudern. Ich hatte einen Neger bei mir, der ein vortrefflicher Schütze war, und dem befahl ich, auf den Steuermann zu schießen, damit sich das Boot quer zur Brandung drehen möchte. Er feuerte also, und zwar ohne zu fehlen, da ich den Mann fallen sah, der am Hinterteil des Bootes stand.

Danach feuerten wir einer nach dem andern mit viel Erfolg, da sie umkehrten, anstatt weiterzurudern. Ein Glück für sie war es, daß sie sich noch nicht in den großen Wellen befanden; denn vier bis fünf Ruten näher am Lande wären sie ohne Rettung verloren gewesen. Ich beging aber in dieser Sache einen sehr großen Fehler, und sie wurden durch meine Übereilung entgegen unserer Absicht gerettet. Obwohl es ziemlich hell war, hatte mich die Nacht doch zu diesem Irrtum veranlaßt, da ich sie schon näher am Land vermutete, als ich den Befehl zum Feuern gab. Nun luden wir aber unsere Gewehre so rasch es nur anging, und mochten sie durch unsere Schüsse, von denen keiner vergeblich war, in Unordnung gebracht haben. Vielleicht war auch ein Streit unter ihnen entstanden, ob sie weiterfahren oder wieder umwenden sollten, kurz, wir feuerten dreimal, ehe sie sich zu etwas entschließen konnten.

Mittlerweile kam auch der Raffinierer mit den übrigen bewaffneten Negern, denen gleich darauf alle Neger der Plantage, ja sogar die Weiber folgten, die insgesamt mit Zagayen und Stöcken bewaffnet waren. Ich schickte ihn sogleich an die eine Spitze der Bucht, wohin meiner Vermutung nach das kleine Boot seinen Lauf gerichtet hatte. Er entdeckte es dort auch tatsächlich, jedoch jenseits der großen Wellen still liegend, und feuerte solange darauf, bis es wieder zurückruderte. Als nun das erste Boot seinen Angriff noch einmal versuchen wollte, bekam es unsere Salve so zu gelegener Zeit, daß es sich ebenfalls

zurückziehen mußte. Daraufhin vereinigten sich beide Boote und begannen auf uns zu schießen. Ich befahl den Negern, die mit keinem Gewehr versehen waren, sich ganz platt auf den Boden niederzulegen, da wir unterdessen ihr Musketenfeuer, so gut als es nur möglich war, beantworteten. Nachdem wir beiderseits sieben- bis achtmal aufeinander geschossen hatten, zogen sie sich wieder in ihre Barke zurück und setzten die Segel. Von unseren Negern wurde nur einer ganz leicht verwundet. Was aber den Freibeuter anbelangt, so habe ich erst ein paar Jahre später erfahren, daß er fünf Verwundete und drei Tote zu beklagen hatte und durch diesen Verlust völlig abgeschreckt wurde, eine weitere Landung an unserer Küste zu unternehmen.

Der Leutnant des Königs hielt samt seinen Offizieren Wort, indem uns kein Mensch zur Hilfe kam, worüber ich aber ganz zufrieden war, da man aus meiner eben gemachten Erzählung sieht, daß ich keiner Hilfe bedurfte. Nichts desto weniger beklagte ich mich darüber und gewann doch wenigstens soviel, daß man mich wegen meines Raffinierers und der anderen weißen Bedienten nicht mehr beunruhigte.

Einige Zeit nach dieser Begebenheit widerfuhr mir ein Zwischenfall, der bei uns alles in Schrecken versetzte. Als ich nämlich nach verrichteter Wache heimgekehrt war und mich niedergelegt hatte, begann ich in meinem Bett so lange zu lesen, bis der Schlaf kam. Da ich eben eingeschlafen war, wurde ich durch unsere Hunde wieder aufgeweckt, die im Hof in heftiger Weise anschlugen. Ich ließ einen Knecht aufstehen, der bei mir im Zimmer lag, um zu sehen, was es denn eigentlich gäbe. Er hatte aber die Saaltür kaum geöffnet, als er heftig zu schreien begann, und zur gleichen Zeit hörte ich etwas im Saale herumtrampeln, als ob viele Personen gleichzeitig sich mit Gewalt hereingedrängt hätten. Zuerst kam mir der Gedanke, die Wache hätte sich überfallen lassen, und die Engländer wären im Hause. Ich sprang also aus dem Bett, nahm meine neben mir stehende Flinte und verließ das Zimmer, wie man sich leicht wird vorstellen können, mit der größten Eile, um den Feind womöglich zurückzutreiben. Als ich aber niemanden im Hof erblickte, fragte ich den Knecht, was ihn denn zu einem so außerordentlich furchtbaren Geschrei bewogen habe. Allein er war vor Schrecken so außer sich, daß er lange kein Wort hervorzubringen vermochte. Endlich sagte er mir, daß eine Schlange, die unsere Hunde verfolgt hätte, nach ihnen in den Saal gekommen und ihm zwischen den Beinen durchgeschlüpft sei. Ich hielt es nicht für ratsam,

wieder in den Saal zurückzugehen, ohne mich vorher gut umzusehen, wohin ich den Fuß setzte, und ließ daher eine Fackel holen, bei deren Schein ich sah, daß sich die Schlange an meiner Kammertür in die Höhe gebäumt hatte, die Hunde aber auf den Tisch gesprungen waren. Ich begrüßte das Reptil mit einem Flintenschuß, durch den der Knecht wie auch die Hunde von ihrer Furcht befreit wurden und der Schrecken damit ein Ende fand.

Bald wäre mir noch ein anderes schreckliches Unglück widerfahren. Ich war gerade im Wald, um Zimmerholz fällen zu lassen, als ich bemerkte, daß einer unserer Neger eiligst von einem Baum weglief, von dem er Lianen abschnitt. Er meldete mir, es liege eine dicke Schlange zwischen den Wurzeln. Die Neugier reizte mich, näher hinzutreten, um sie in Augenschein zu nehmen. Als er mir nun mit dem Finger den Ort zeigte, wo sie lag, glaubte ich anfangs, er wolle mir nur eine etwas entferntere Wurzel zeigen, und streckte mich daher mit dem ganzen Leib zu dem Platz hin, wo die Schlange lag, so daß meine Arme, mein Gesicht und meine Brust der Willkür dieses Tieres bloßgestellt waren, das mich beißen konnte, wohin es ihm beliebte. Mein Entsetzen läßt sich leicht vorstellen, als ich die Gefahr bemerkte, in der ich schwebte. Ich entfernte mich noch schneller als der Neger und rief Leute zur Hilfe, um die Schlange zu töten. Man schnitt zwei gabelförmige Äste ab, mit denen ein paar Neger zur gleichen Zeit auf sie einstachen. Trotzdem wäre einer von ihnen bald gebissen worden, da die Schlange mit ihrem Kopf schnell durch eine Öffnung der Baumwurzel rutschte. Man schnitt ihr den Kopf ab und zog dann den Körper hervor, der beinahe neun Fuß lang war und mehr als fünf Daumen im Umfang hatte.

Es war die größte Schlange, die ich jemals gesehen habe. Ihr Kopf war wenigstens sechs Zoll breit. Als ihr Körper unter den Baumwurzeln und Lianen, die ihn umgaben, hervorgezogen wurde, sahen wir erst, daß es ein trächtiges Weibchen war und einige junge Schlangen aus den Löchern herauskrochen. Ich ließ den Leib daher mit dem Messer aufschneiden und hatte das Vergnügen, die jungen Schlangen darin liegen zu sehen. Ich sah, daß die Eier mit der Spitze durch eine Art Darm oder dünnes Häutlein aneinander befestigt waren. Sie hatten die Größe der Gänseeier, nur waren sie etwas spitziger. Ihre Schale glich nassem Pergament. Die Jungen, von denen sich in jedem Ei etwa 13 bis 15 befanden, waren ungefähr sechs Daumen lang und so dick wie ein dünner Schreibfederkiel. Sie hatten verschiedene Farben, und ich sah im

gleichen Ei gelbe, graue und schwarze Flecken. Die boshaften kleinen Kreaturen kamen heraus, sowie man die Schale zerriß. Sie wanden sich oder legten sich in einem Kreis zusammen, hoben im Mittelpunkt den Kopf in die Höhe und bissen in den Stock, mit dem ich sie tötete, so oft ich sie nur erhaschen konnte. Ich tötete in allem 74 kleine Schlangen, die aus sechs Eiern kamen. Drei ganze Eier ließ ich mit allen von mir getöteten jungen Schlangen sowie dem Körper und dem Kopf des Muttertieres nach Hause bringen.

Unsere neu aus Frankreich angelangten Patres sahen alles mit Schrekken und wagten sich bei Anbruch der Nacht nicht mehr aus dem Haus, aus Furcht, sie könnten ein solches Tier unterwegs treffen. Ich ließ diesem das Fett aus dem Leibe nehmen; denn Schlangenfett ist ein vortreffliches Mittel gegen Erkältungen, Nervenkrämpfe und Verrenkungen. Man läßt es an der Sonne oder im Feuer verschmelzen und gießt es danach in eine Flasche, in der man es beliebig lange aufheben kann. Wenn es aus der Schlange kommt, hat es eine gelbe Farbe, wird später aber etwas heller, sobald es nur ausgelassen ist. Übrigens hat es weder einen üblen Geschmack noch Geruch. Wenn man sich seiner bedienen will, läßt man es auf einem Teller zergehen und vermischt es mit Weingeist oder dem stärksten Branntwein, der aus dem Zuckerrohr gewonnen wird.

Die Neger hegen wegen der Schlangen einen lächerlichen Aberglauben. Sie behaupten nämlich, daß es gefährlich sei, eine getötete Schlange zu verbrennen. Dann kämen nämlich ihre Gefährten, um jene zu beißen, die sie getötet hätten. Um ihnen diese Einbildung zu nehmen, warf ich sowohl die im Wald von mir getöteten jungen Schlangen als auch jene, die sich noch in den Eiern befanden, daheim in die Öfen. Den Kopf der Schlange hatte sich der Anführer der Neger von mir ausgebeten, um ihn zu pulverisieren, weil man dieses Pulver auf die Pflaster streicht, die man gegen Schlangenbisse verwendet. Den Körper dagegen gab ich einigen unserer Neger, die ihn sich gut schmecken ließen. Ich würde selbst davon gespeist haben, da es eine überaus gesunde Nahrung ist, allein ich wollte unsere neu angekommenen Gäste nicht dadurch erschrecken.

Einige Tage später fand man zwei Schlangen bei der Zuckerfabrik. Meine Neger versicherten mir sogleich, daß sie gekommen seien, um sich zu rächen, weil man die anderen Schlangen verbrannt habe. Ich aber erwiderte, man müsse diese hier lebendig in die Öfen werfen, um

die übrigen dadurch zu hindern, sich wieder einzufinden. Sollten aber trotzdem einige zum Vorschein kommen, wollte ich sie lebendig auf Kohlen braten lassen. Diesen beiden Schlangen war das Rückgrat zerbrochen, im übrigen lebten sie aber noch. In diesem Zustand ließ ich beide haschen und in ein Zugloch des Ofens legen, wo sie augenblicklich vom Feuer verzehrt wurden. Da wir damals die Jahreszeit hatten, in der die Schlangen ins Meer gingen, um sich darin zu baden und ihre alte Haut abzustreifen, so dauerte es ziemlich lange Zeit, bis wieder einige zum Vorschein kamen. Unsere Neger glaubten also, ich hätte das wahre Mittel gefunden, die Schlangen von unseren Wohnungen abzuhalten.

Die Neger riechen und spüren Schlangen wenigstens ebensogut, wie die Jagdhunde die Hasen und andere wilde Tiere ausspähen. Ich war einmal am Morgen mit meinen Zimmerleuten im Wald, als einer von ihnen, der vorausging, stehenblieb und zu mir sagte: »Ehrwürdiger Vater, schauen sie sich bei ihren Füßen um, es ist hier in der Nähe eine Schlange!« Als ich ihn fragte, wo sie denn wäre, antwortete er, daß er sie zwar nicht sehen, jedoch riechen könne. Als ich nun stehenblieb und das Gesicht in die Richtung wandte, in der er sie vermutete, empfand ich auch tatsächlich einen unangenehmen, süßlichen Geruch, wie es etwa riecht, wenn man frühmorgens in ein unreines Spital kommt. Als ich ihm nun sagte, was ich für einen Geruch empfände, antwortete er, das müsse eine ziemliche dicke Schlange sein, da sie einen überaus heftigen Geruch ausströme, den man aber gleich noch stärker spüren werde. Er warf einige Steine nach der Gegend, und der Geruch wurde tatsächlich stärker. Kurz darauf entdeckten wir auch die Schlange und töteten sie wie gewöhnlich.

8. Kapitel

Herkunft, Charakter und Gewohnheiten der Negersklaven auf den Westindischen Inseln

Zu Ende des Monats Mai kam auf Rechnung des Herrn Maurelet zu Marseille von der Küste Juda in Guinea ein mit Negern beladenes Schiff nach Martinique. Durch einen Vetter des Herrn Maurelet, der eine Plantage unmittelbar neben dem S. Jacobsgrund besaß, wurde ich sogleich davon benachrichtigt. Da mir nun in der Versammlung, die wir noch vor der Ankunft des neuen Generalsuperiors gehalten hatten, Vollmacht erteilt worden war, so viele Neger zu kaufen, als ich es für gut befände und bezahlen könnte, machte ich mich sogleich auf den Weg nach Basse-Terre, um mich mit dem Generalsuperior zu beraten, da sich jetzt eine günstige Gelegenheit zum Ankauf von Sklaven bot. Denn wir brauchten sie dringend in unserer Plantage, weit mehr noch zur Ausführung des von uns beschlossenen Klosterbaues, wenn man nicht die Arbeit in der Zuckerfabrik vernachlässigen wollte.

Wie sehr erstaunte ich aber, als ich den Generalsuperior nicht am Ankerplatz traf. Er war abgereist, um sich mit mir in der gleichen Angelegenheit zu beraten, allein, statt die gerade Straße zu nehmen und sich unterwegs nicht aufzuhalten, wie es sonst häufig zu geschehen pflegte, hatte er die Pfarrer zu Basse-Pointe und Macouba besucht. Indessen versicherte mir Pater Cabasson, der in seinem Amt als Untersuperior der Mission zu Martinique bestätigt worden war, daß ich durch einen Kapitularbeschluß bevollmächtigt sei und daher gar keine Bedenken wegen eines Ankaufs von Negern haben müsse. Auch sei ja der Generalsuperior in keiner anderen Absicht nach Capesterre gegangen, als mit mir zu überlegen, wie viele wir ankaufen könnten. Auf diese Versicherung hin kaufte ich 12 Neger, die mich 5.700 Francs kosteten. Diese Summe sollte ich innerhalb von sechs Wochen mit ungereinigtem Zucker bezahlen, den Zentner für sieben Livres und 15 Sous angesetzt. Zwei Tage, nachdem ich sie gekauft hatte, verreiste ich mit meinen neuen Negern. Vorher hatte ich aber an den Generalsuperior geschrieben, daß ich ihn zwar nicht angetroffen, trotzdem aber, da mir seine

Gesinnung bekannt sei, 12 Neger eingekauft hätte, wodurch er nun imstande sein würde, den Klosterbau auszuführen, ohne deswegen die Arbeit in der Zuckerfabrik zu vernachlässigen. 24 Stunden nach diesem Brief kam ich selbst und fand ihn ganz außer sich vor Zorn. Er warf mir vor, daß ich meine Vollmacht überschritten hätte und er berechtigt sei, mich meines Amtes zu entsetzen. Dieser Vorwurf verdroß mich sehr, da ich eben nicht gewohnt war, mir viel gefallen zu lassen, besonders wenn ich das Recht auf meiner Seite hatte. Ich antwortete also, daß er dies nicht so leicht würde tun können wie ich selbst, da es mir freistünde, mein Amt nach Gefallen niederzulegen, er dagegen nicht so viel Macht besäße, mich abzusetzen. Da ich übrigens den Befehlen des Kapitels nachgekommen sei, so werde mich dieses gewiß auch zu schützen wissen.

Meine Standhaftigkeit bewog ihn, etwas über sein Betragen nachzudenken. Er ließ mir also nach Verlauf einiger Stunden sagen, der Kapitelsbeschluß, der mich bevollmächtigt habe, sei ihm zwar gänzlich unbekannt, allein er habe nur so mit mir sprechen müssen, weil sich einige unserer Väter über einen so ansehnlichen Einkauf entsetzt hätten. Danach sprachen wir uns aus, was unsere Freundschaft wieder festigte, weil auch ein Mißtrauen hinweggeräumt wurde, das ihm Leute, die mich beneideten, eingegeben hatten. Ja, wir wurden so vertraut, daß ich neben dem Pater Girandet sein dritter Freund und Ratgeber wurde.

Bald danach unternahm er eine kleine Reise nach Guadeloupe und erklärte nach seiner Rückkehr öffentlich, daß er mich dorthin als Superior setzen und gleich nach Allerheiligen einführen wolle, doch war er nicht imstande, seine Absicht auszuführen, da er noch vor dieser Zeit starb.

Nachdem dieser kleine Sturm vorbei war, ging meine besondere Sorge einzig und allein dahin, soviel Zucker machen zu lassen, daß ich die erkauften Neger sowie für mehr als 1.000 Taler Leinwand, gesalzenes Fleisch, allerlei eisernes Handwerkszeug und andere Dinge mehr, die ich von den Kaufleuten bekommen hatte, damit bezahlen konnte. Da ich aber alle unsere Sklaven für diese Arbeit verwenden und mir nicht einige für den Bau wegnehmen lassen wollte, verschob ich es von einem Tag auf den anderen, den Plan zu entwerfen. Endlich mußte ich aber doch damit beginnen, doch geschah es erst, als die Jahreszeit vorüber war, in der man Zucker herstellen konnte. Dann hatte ich nämlich nicht mehr so viele Leute nötig und konnte ohne Nachteil für

die anderen Arbeiten in der Plantage die erforderliche Anzahl von Handwerksleuten abgeben. Ich will aber zuerst einmal anzeigen, woher wir die Sklaven bekommen, die uns auf den Inseln als Arbeiter dienen.

Es gibt nämlich ein uraltes Gesetz, daß alle dem König von Frankreich unterworfenen Länder jene Menschen freimachen, die ihre Zuflucht dorthin nehmen können. König Ludwig XIII., der ebenso fromm als verständig war, konnte sich daher kaum entschließen, den ersten Bewohnern der Inseln zu erlauben, daß sie Sklaven halten durften. Erst nach vielen und wiederholten Ansuchen bewilligte er ihnen diese Bitte, nicht zuletzt auch, weil man ihm dabei erklärte, es sei dies das einzige und unfehlbarste Mittel, den Afrikanern die Verehrung des wahren Gottes zu lehren, sie von Götzenglauben zu befreien und es soweit zu bringen, daß sie bis an ihr Lebensende in der christlichen Religion verharren würden.

Die Negersklaven, die wir auf den Insel haben, werden uns gewöhnlich von den beiden Afrikanischen und Senegalesischen Handelsgesellschaften gebracht, die unter Ausschluß aller übrigen vom König die Erlaubnis haben, diesen Handel zu betreiben. Ich sage aber absichtlich gewöhnlich, da wir in den Kriegszeiten öfters Neger erhalten, die man entweder feindlichen Schiffen abgenommen hat, die aus anderen afrikanischen Gegenden kommen, oder durch Plünderung feindlicher Inseln und Plantagen raubt. Im Frieden dagegen werden uns mit Hilfe des Schleichhandels, den man mit den Engländern, Holländern, Dänen von der Insel S. Thomas treibt, eine weitaus größere Anzahl von ihnen zugeführt.

Die Guineische Handelskompagnie und jene vom Senegal sind aufgrund ihres mit dem König geschlossenen Vertrages verpflichtet, alle Jahre bis zu 2.000 Sklaven nach den Inseln zu schaffen. Der Preis eines jeden Stücks richtet sich nach Alter, Geschlecht, Stärke, Schönheit und Leibesbeschaffung, aber auch nach dem Bedarf, den die Bewohner der Inseln haben.

Es mochte nun aber aus Unfähigkeit oder sonst einer mir unbekannten Ursache geschehen, daß man schon lange, bevor ich nach den Inseln kam, nichts mehr von den Negern dieser Handelsgesellschaften hörte oder sah. Ihr einziges Geschäft bestand also darin, mit Hilfe ihrer Verträge zu verhindern, daß die einzelnen Kaufleute direkt an der afrikanischen Küste Sklavenhandel trieben, ohne wenigstens erst von ihnen die Erlaubnis zu erkaufen.

Diese Handelsgesellschaften haben Kaufhäuser und Schanzen an allen Orten, die ihnen der König durch seine Privilegien überlassen hat. Die Senegalesische Kompagnie hat ihre an den Strömen Senegal, Gambia und in der umliegenden Gegend, die Guineische dagegen hat sie zu Benin, Juda, Arda und anderen Orten dieser Küste. Die Neger dieser letzten Kompagnie sind auf den Feldern und für andere schwere Arbeit am tauglichsten. Jene hingegen von Cap Verde und vom Senegal sind zwar nicht so kräftig, dagegen aber geschickter zur häuslichen Arbeit und lassen sich auch gut als Handwerker anlernen. An allen diesen Plätzen gibt es verschiedene Arten von Personen, die man als Sklaven zu verkaufen pflegt. Die erste Gattung sind die Übeltäter und überhaupt alle diejenigen, die das Leben verwirkt oder sonst eine Strafe verdient haben. Zu ihrem eigenen Nutzen ändern die Könige diese Strafe in eine ständige Verbannung oder Sklaverei in auswärtige Länder, wohin sie verkauft werden. Die andere besteht aus Kriegsgefangenen, die sie von ihren Nachbarn machen, mit denen sie einen immerwährenden Krieg führen. Dieser hat keinen anderen Zweck als solche Diebstähle oder Entführungen von Menschen, was meistens durch einen schnellen Überfall geschieht, ohne dabei jemals einen öffentlichen Krieg zu beginnen oder irgendein entscheidendes blutiges Treffen zu liefern. Die dritte Art sind die eigenen Sklaven des Prinzen, die sie, wenn es ihnen beliebt oder die Not solches erfordert, verkaufen. Die vierte und zahlreichste Gattung endlich sind die gestohlenen Neger, es mag nun solches auf Befehl und mit Zustimmung der Fürsten oder durch gewisse Räuber geschehen, die sich Kaufleute nennen und bald auf eigene Rechnung, bald aber für ihren Fürsten allein dieses Handwerk betreiben. Es geschieht nämlich häufig, daß sich diese kleinen Könige anbieten, europäischen Kaufleuten eine größere Anzahl Sklaven zu liefern als in ihrer Gewalt stehen. Wenn man ihnen nun deswegen hart zusetzt, schicken sie zur Nachtzeit solche Räuber nicht nur in die Dörfer ihrer Nachbarn, sondern auch selbst in ihre eigenen, wo sie alsdann alles, was sie nur bekommen können, Männer, Weiber und Kinder, mit sich fortschleppen. Die geraubten Leute bringen sie dann zu den Schiffen oder in die Niederlassungen des Kaufmanns, dem sie geliefert werden müssen und der sie sogleich mit einem Brandeisen zeichnet und sie in Fesseln schlagen läßt, um sich ihrer zu versichern.

Ich kaufte einen jungen Neger, von dem ich später vernahm, daß er auf solche Art zusammen mit seinen Brüdern geraubt worden sei. Sein

Vater, der ein Hauptmann war, hatte sie weggeschickt, um etwas außerhalb des Dorfes zu holen. Dabei begegneten sie solchen Räubern, die sie in Säcke steckten und in die Niederlassungen der Kompagnie trugen, von wo aus sie nach den Inseln geschickt wurden. Dieser Mißbrauch hat derart überhand genommen, daß man nichts anders sieht als Einwohner, die sich untereinander stehlen und verkaufen.

Der Preis dieser Sklaven in Afrika richtet sich nach der Menge, welche die Fürsten und Privatpersonen zu verkaufen haben, nach der Zahl der Käufer oder ob die Verkäufer es nötig haben. Man bezahlt mit Eisenstangen, Flinten, Pulver, Kugeln, Leinwand, Papier, leichten Zeugen und anderen ähnlichen Waren, besonders aber geschieht es mit Bouges, einer Muschelart, die man von den Maledivischen Inseln dorthin bringt und die an der ganzen Küste als gängige Münzen gelten.

Als sich Pater Braguez, einer unserer Religiosen, während seines Aufenthalts zu Juda mit dem Marquis Damom, der ein Schiff der Guineischen Handelsgesellschaft führte, einmal in Gesellschaft des Königs von Juda befand, zeigte er ihm seine Verwunderung darüber, daß er sich seine Sklaven und andere Waren mit Muscheln bezahlen ließe und nicht lieber Gold- und Silbermünzen in seinem Lande einzuführen suche. Darauf gab ihm der Prinz zur Antwort, daß es ihm an der nötigen Einrichtung fehle, selbst Münzen schlagen zu lassen und er unaufhörlich durch die falschen Münzensorten betrogen werden könnte, die man ihm bringen würde. Das würde schließlich seinen Handel schwer beeinträchtigen, davon habe er aber nichts zu befürchten, wenn er sich der Muscheln bediene, die er einnähme und wieder damit bezahle, wobei er bloß im Gewicht hintergangen werden könnte. Je mehr die Europäer solche Muscheln in sein Land brächten, umso reicher werde er schließlich, da sie bei ihm die Stelle des gemünzten Goldes und Silbers verträten und er sich die gleichen Bequemlichkeiten dafür verschaffen könne, als andere für ihr gemünztes Geld. Daraus erkennt man, daß diese Neger ziemlich gut verstehen, was zu ihrem Vorteil dient oder nicht, und mehr Scharfsinn und gesunden Menschenverstand besitzen, als wir uns vorstellen. Nachfolgende Erzählung kann davon einen neuen und noch stärkeren Beweis abgeben.

Der Marquis Damon befand sich eben damals in Juda, als dieses Volk das große Fest beging, in dem die Schlange von ihnen um Rat gefragt wird. Er war dazu mit seinen Offizieren zum König eingeladen. Der Platz, an dem diese Zeremonie vorgenommen werden sollte, lag vier

Meilen von dem Ort entfernt, der dem König gewöhnlich als Aufenthalt diente. Es war ein sehr großes Stück Feld, an dessen Rande man offene Hütten aus Palmblättern für den König und sein Gefolge ausgeschlagen hatte. Der mittlere Raum wurde durch Schranken verschlossen.

Das königliche Haus reiste gegen Mittag. Man konnte es im eigentlichen Sinne sein Haus nennen, da die Frauen, die ihn bedienten, sein gesamtes Hausgerät und alle Waren mit sich fortschleppten und nichts als die bloßen Mauern stehen ließen. Sie marschierten paarweise unter Bedeckung der königlichen Leibgarde. Dann kamen seine Kinder, denen die Lieblingsfrauen folgten, zuletzt beschloß der König, der von einigen Schwarzen in einem Netz auf den Achseln getragen wurde, diese lange Reihe. Der Marquis Damon, Pater Braguez, die Schiffsoffiziere, die Angestellten der Kompagnie, die gleich dem König in Netzen getragen wurden, folgten seiner Majestät und wurden von den übrigen Mitgliedern der Leibwache geleitet, die mit Zagayen und einigen Flinten bewaffnet waren.

Man kam ziemlich spät an den Platz, an dem die Zeremonie vorgenommen werden sollte, und beschäftigte sich den ganzen folgenden Tag und auch noch einige weitere mit Schmausen und Belustigungen. Als endlich der bestimmte Tag angebrochen war, ließ man den Marquis Damom und seine Gesellschaft bei den Schranken Platz nehmen. Das Volk, das auf den Knien lag und tiefes Stillschweigen beobachtete, war ziemlich weit entfernt. Der König trat mit dem Priester des Landes allein in den Schranken, wo sich der Priester nach vielem Niederfallen und Gebeten und anderen gottesdienstlichen Handlungen endlich einem Loch näherte, in dem man eine Schlange vermutete. Er sprach sofort im Namen des Königs mit ihr und befragte sie wie gewöhnlich nach der Anzahl der Schiffe, die im kommenden Jahre vor Anker gehen würden, wegen des Krieges, der Ernte und dergleichen Dinge mehr. Je nach dem die Schlange eine Frage beantwortete, hinterbrachte der Priester diese dem König, der in einiger Entfernung vom Loch auf den Knien lag, als bitte er demütig um etwas. Nachdem dieses Gaukelspiel mehrfach wiederholt worden war, verkündete man zuletzt, das kommende Jahr werde sehr glücklich sein, man werde reichen Handel treiben und viele Sklaven fangen. Darüber zeigte nun das Volk durch heftiges Schreien, durch Tänze und Gastmähler sein Vergnügen.

Als nun der Pater Braguez bei dem Gastmahl, das der König nach

Ende der Befragung zu Ehren des Marquis und seiner Begleitung gab, neben dem Priester saß, der ein wohlgestalteter Mann von 60 Jahren war und ein geistreiches und verständiges Gesicht hatte, fragte er ihn, warum sie nicht eine andere Kreatur zum Gegenstand ihrer Verehrung erwählten, um sich über die zukünftigen Ereignisse, die sie gerne wissen wollten, bei ihr Rat zu holen. Es scheine ihm irgendein Geheimnis bei dieser Wahl verborgen zu sein, worüber er eine Nachricht zu erhalten wünsche. Darauf bekam er die Antwort, daß sich die Verehrung, die sie der Schlange erzeigten, einzig und allein auf das höchste Wesen beziehe, dessen Kreatur sie seien. Sie hätten aber diese Wahl nicht eigenmächtig getroffen, sondern sich aus Gehorsam gegen die Befehle ihres gemeinschaftlichen Herrn dazu entschlossen. Der Schöpfer kenne die Neigung der von ihm erschaffenen Kreatur genau und wisse nur allzu gut, wie eitel und stolz der Mensch sei, deshalb ergreife er auch die verschiedensten Mittel, um ihn zu erniedrigen. Nun scheine dieses aber das wirksamste zu sein, wenn er ihn nötige, vor einer Schlange als dem verächtlichsten und boshaftesten Tier unter allen auf dem Boden zu kriechen.

Hätte dieses höchste Wesen es für gut befunden, seine Geheimnisse einem Menschen anzuvertrauen, um durch ihn seinen Willen anderen Menschen offenbaren zu lassen, so würde dieser eine seine niedere Herkunft gar bald vergessen haben und sich vielleicht über alle anderen Menschen erheben wollen. Solche Schwierigkeiten und Gefahren wären dagegen bei einer Schlange nicht zu befürchten, deren Gliedmaßen nicht dazu eingerichtet seien, daß sie stolze und empörende Gesinnung hervorbringen könne.

Wenn nun der Mensch die Befehle seines Schöpfers durch den Mund und die Vermittlung einer so verächtlichen Kreatur erhielte, sähe er sich genötigt, seine Nichtigkeit zu erkennen und einzusehen, wie weit er noch von der Vollkommenheit jenes Wesens entfernt sei, mit dem man sich nicht vergleichen dürfe.

Pater Braguez, der mir diese Unterredung erzählt hat, sagte mir auch, daß er zwar über die hohen moralischen Betrachtungen dieses Negers ganz entzückt gewesen sei, trotzdem habe er ihn niemals von der Wahrheit unserer Religion überzeugen und auch nicht im mindesten bewegen können, sich genauer unterrichten zu lassen. Wie es scheint, werden sie also vom Teufel durch die schändlichsten Wohllüste, in denen sie sich ohne Unterlaß herumwälzen, in seinen Verstrickungen

gehalten, und ihr ruchloses, ungebundenes, sinnliches Leben, das sie von einer Sünde zur anderen verleitet, stürzt sie in einen Abgrund von strafbaren Vergehen.

Die Eingeborenen dieses Landes sind aber wegen ihres hitzigen Temperaments, der unbeständigen und ausgelassenen Gemütsart und wegen der vielen Gelegenheiten, die sie haben, um Laster ungestraft zu begehen, kaum in der Lage, eine Religion anzunehmen, die sich auf Gerechtigkeit, Kasteiung des Leibes, Selbsterniedrigung, Enthaltsamkeit, Flucht vor den Lüsten, Liebe gegenüber seinen Feinden, Verachtung der Reichtümer und andere Tugenden mehr gründen. Nun lassen sie sich zwar leicht bekehren, wenn sie von ihrem Land entfernt sind, und verharren auch im Christentum, solange sie unter Christen leben und keine sichere Gelegenheit finden, die angenommene Religion wieder zu verlassen. Sollten sie aber in ihr Vaterland zurückkehren, so würden sie gewiß ebenso leicht den Namen eines Christen ablegen wie die europäische Kleidung, die sie bei ihrer Ankunft am Leibe haben.

Von der Wahrheit dieses Satzes hat man ein gutes Beispiel an Aniaba, dem Sohn eines Königs von Juda. Die Guineische Handelsgesellschaft hatte ihn mit nach Frankreich gebracht und dem König vorgestellt, der ihn in der Religion und in allen Wissenschaften unterrichten ließ, die ein junger Mann seines Standes brauchte. Er hatte ihm sogar die Ehre erwiesen, ihn aus der Taufe zu heben und seinen Namen zu geben. Ebenso hatte er ihn mit seiner üblichen Großmut an Schulen und Universitäten unterstützt und ihm bei seinen Truppen eine Kompanie zu Pferde zugewiesen, damit er Gelegenheit haben sollte, sich auch in der Kriegskunst ebenso gute Kenntnisse zu erwerben wie in den übrigen Wissenschaften. Da trug die Guineische Handelsgesellschaft dem König das Verlangen des Volkes von Juda nach Rückkehr des Prinzen vor, damit dieser den Thron seines Vaters in Besitz nehmen könne, dessen sich ein Oheim während seiner Abwesenheit bemächtigt hatte. Sogleich erlaubte ihm der König, nicht nur wieder in sein Land zurückzukehren, sondern bewilligte auch zum Andenken die Stiftung eines Ritterordens vom Stern, zur Ehre der Heiligen Jungfrau, und ließ zum Überfluß ein großes Gemälde anfertigen, auf dem diese Begebenheit dargestellt wurde, und es in der Kirche Notre Dame zu Paris zum ewigen Gedenken aufhängen. Er gab ihm für seine Heimreise zwei Kriegsschiffe, Offiziere als Begleiter sowie eine kostbare Ausrüstung an Kriegsgerät und reichlichen Lebensmitteln, kurz gesagt, alles, was das Ansehen

dieses vermeintlichen neuen Königs nur einigermaßen vergrößern konnte.

Man sah aber das bekannte Sprichwort, daß der Mohr seine Haut nicht verändert, nur allzubald in Erfüllung gehen. Kaum hatte er nämlich den Fuß in der Heimat an Land gesetzt, als er sich schon seiner französischen Kleidung entledigte und wie die übrigen Neger ganz nackt, nur mit einem Lendenschurz angetan, einherging. Zur gleichen Zeit legte er auch die Gesinnung eines Christen und rechtschaffenen Mannes ab, die man ihm doch so viele Jahre lang einzuflößen bemüht gewesen war. Er vergaß seinen Taufbund und dachte nicht mehr daran, irgendeine gottesdienstliche Handlung auszuüben, sondern nahm fünf bis sechs Weiber, mit denen er sich den schändlichsten Ausschweifungen überließ. Und um schließlich seinen Abfall durch ein noch größeres Verbrechen zu krönen, hatte er die Niederträchtigkeit und Undankbarkeit, eine Empörung gegen die Franzosen zum besten der Engländer und Holländer anzuzetteln, die den Nutzen, den wir dort durch den Handel bezogen, mit neidischen Augen ansahen.

Sein Oheim, der ein rechtschaffenerer Mann als er selbst war, verabscheute solche Undankbarkeit. Er meinte, wenn sein Neffe seinen Wohltätern auf eine solche Art begegnete, könne er auch ihm bei einer sich bietenden Gelegenheit einen schlechten Streich spielen, und ließ deshalb genau acht auf ihn geben. Nach Entdeckung seiner heimlichen Anschläge war er schon bereit, ihn entweder zu töten oder doch an die Europäer als einen Sklaven verkaufen zu lassen, wenn nicht die Franzosen aus angeborenem Großmut (oder Scham über die vor den Augen der ganzen Welt begangene Torheit) seine Begnadigung erbeten hätten. Nun hatte er zwar nicht den mindesten Vorzug vor den übrigen Untertanen seines Oheims, doch war es schon zu viel, daß man ihn nach so großen Übeltaten, die er hier begangen hatte, noch Leben und Freiheit ließ.

Der Agent der Handelsgesellschaft hätte wissen müssen, daß der Sohn eines Königs im Land kein König wird und kein Recht auf die Krone hat, da sich bei diesen Völkern die Regierungsfolge ihrer Fürsten nicht in gerader Linie, sondern nach der Seitenlinie zu richten pflegt. Um sicher zu gehen, daß derjenige, den sie zum Nachfolger eines verstorbenen Königs bestimmt haben, auch vom königlichen Geblüt abstammt, nehmen sie niemals die Kinder des Verstorbenen, da seine Frau diese auch mit jemand anderem gezeugt haben könnte, sondern

stets die Kinder seiner Schwester. Dadurch glauben sie sicher zu sein, daß der von ihnen bestimmte Thronfolger wenigstens von mütterlicher Seite aus königlichem Geblüt herstammt.

Der Sklavenhandel ist jedoch nicht das einzige Geschäft, das an der afrikanischen Küste getrieben wird. Man tauscht dort viel Gold, Elefantenzähne, Wachs, Leder, Gummi und Paradieskörner (Maniguette), eine Art Pfeffer, ein. Auch bringt man von dort Affen, Papageien, aus Gras gefertigte Matten und noch mehr andere Dinge. In Zusammenhang mit den Affen hat mir ein Beamter einer dieser Handelsgesellschaften die nachfolgende Geschichte erzählt, die, wie er versicherte, seinem Vater passiert war, als dieser in einem ihrer Kaufhäuser arbeitete. Sie ist so lustig, daß ich sie hier nicht mit Stillschweigen übergehen will, obwohl ich für ihre Richtigkeit keine Gewähr leisten kann.

Als nämlich dieser Faktor um Erlaubnis gebeten hatte, ob er nicht in seinen eigenen Angelegenheiten nach Frankreich reisen dürfe, wurde ihm von einem der daheim residierenden Generaldirektoren aufgetragen, vier bis fünf Affen mitzubringen, hatte aber in Wirklichkeit 4–500 Stück niedergeschrieben. Nun konnte sich der arme Faktor von einem solchen Auftrag gar keinen Begriff machen, noch vorstellen, welches Land man mit so vielen Tieren zu bevölkern suchte. Doch gab er sich alle Mühe, diese Anzahl zusammenzubringen und dem Schiff zu ihrer Verwahrung die erforderlichen Käfige und Hütten zimmern zu lassen. Trotzdem gelang es ihm nicht, die verlangte Zahl aufzutreiben, und er mußte sich mit ungefähr 330 Tieren zufriedengeben. Diese ließ er in das Schiff verladen, und sie kamen bis auf wenige, die ins Meer fielen, alle glücklich nach Rochelle. Der Faktor versäumte nicht, dem Direktor sogleich seine Aufwartung zu machen, und als dieser ihn fragte, ob er die verlangten Affen mitgebracht habe, antwortete der arme Mann mit Furcht und Schrecken, daß er seinen Auftrag nicht so ganz nach Wunsch habe vollziehen können und daß noch überdies während der Fahrt einige in die See gefallen seien, mithin sich die Zahl nur auf ungefähr 310 Stücke erstrecke. Die Verwunderung des Direktors ist leicht vorzustellen. Er wurde ungemein ärgerlich über den Faktor und sagte, da er nicht mehr als vier bis fünf Affen bei ihm bestellt habe, so würde alles, was er über diese Zahl mitgebracht habe, auf seine eigene Rechnung gehen, und er werde ihn schon anhalten, den Schaden, der durch eine solche Ladung der Gesellschaft entstanden sei, auch zu erstatten.

Als der Faktor sah, welchen Ausgang die Sache zu nehmen drohte, hinterlegte er das Schreiben des Direktors in der Kanzlei, um es desto besser zu verwahren, und ließ ihm eine beglaubigte Abschrift davon zustellen, und da er nun durch seine eigene Handschrift nachgewiesen fand, daß er 4–500 Affen wirklich bestellt hatte, so mußte er auch die schöne Ware behalten, mit der er nunmehr seinen Amtsgenossen und anderen Bekannten kostbare Geschenke machen konnte.

Das Gold, das man von Guinea bezieht, ist entweder Staub- oder Körnergold, die Neger, die es auf die Schiffe oder die Kaufhäuser liefern, verfälschen es, so sehr es nur immer möglich ist, indem sie Feilspäne von Kupfer und den großen gelben Stecknadeln, die sie aus Europa erhalten, daruntermengen. Verschiedene Kaufleute, die damit hintergangen wurden, haben sich deswegen zwar bei den einheimischen Königen beschwert, da sie aber teils aus Unvermögen, teils aber wegen ihrer boshaften Gemütsart und weil sie nicht ehrlicher waren als ihre Untertanen, ihnen nicht helfen konnten, verschaffte sich ein jeder selbst sein Recht.

Wenn also ein Neger Gold bringt, wird es in seiner Gegenwart abgewogen und sofort in Scheidewasser gelegt. Ist nun das Gold verfälscht, so erkennt man das gleich an der grünen Farbe, die das Scheidewasser von dem ausgelösten Kupfer annimmt, das unter das Gold gemengt ist. Dann wiegt man das im Scheidewasser zurückgebliebene Gold, das natürlich nun nicht mehr das gleiche Gewicht hat, daraufhin wird der Verkäufer in Ketten gelegt und zum Sklaven gemacht, wobei es ihm jedoch freisteht, sich loszukaufen, wenn ihm das noch vor Abfahrt des Schiffes gelingen sollte.

Die Könige an der Küste von Guinea und überhaupt dieses ganzen Teiles von Afrika, der sich vom Cap Verde bis zu jenem der Guten Hoffnung erstreckt, besitzen alle keine großen Reiche. Aus dieser Vielfalt von Staaten entspringt eine große Verschiedenheit der Sprachen, so daß auf einer Küste oder in einem Land, das sich 40 bis 50 Meilen weit erstreckt, öfters vier bis fünf ganz voneinander unterschiedliche Sprachen angetroffen werden.

Soweit ich es von vielen Personen gehört habe, die diese Länder besuchten, ist keine so weit verbreitet, als jene, die in den Königreichen Juda und Arda gesprochen wird. Wir pflegen deshalb die Neger, die von dieser Küste kommen, Aradas zu nennen, und ich habe beobachtet, daß alle Sklaven, die von der umliegenden Gegend dieses Landes bis auf 60

oder 80 Meilen weit nach Osten und Westen herkommen, entweder selbst diese Sprache redeten oder sie doch wenigstens verstanden. Sie ist überaus leicht. Die Zeitwörter haben nicht mehr als drei Formen, nämlich Präsens, Imperfekt und Futurum. Die Nomina werden nicht dekliniert, da nur der Artikel verändert wird. Sie hat viele Adverbia, aber sie ist trotz ihrer scheinbaren Armseligkeit doch voller Wohlklang.

Da unsere Neger im S. Jacobsgrund zum Teil Araden waren und mir viel daran lag, zu wissen, was unter ihnen vorging, so mußte mir einer von ihnen ein paar Grundsätze dieser Sprache beibringen, und ich lernte in kurzer Zeit genug, um alle ihre Unterhaltungen zu verstehen und mich ihnen begreiflich zu machen.

Fast alle Neger sind Götzdiener, nur einige, die in der Gegend des Cap Verde wohnen, sind der mohammedanischen Religion zugetan. Wenn nun von diesen letzteren einige nach den Inseln gebracht werden, muß man sich hüten, sie zu kaufen; denn sie nehmen niemals die christliche Religion an und sind außerdem schrecklichen Lastern ergeben. Es ist daher äußerst wichtig, daß sich diese Religion weder unter den Negern noch im Land einschleicht. Nicht weniger gefährlich ist es, Neger zu kaufen, die in ihrem Land Kaufleute oder Sklavenräuber gewesen sind. Man muß sich in diesem Punkt sorgfältigst erkundigen und jederzeit einen oder den anderen Neger bei sich haben, der die Sprache jener versteht, die man kaufen will, um zu erfahren, wer sie waren und womit sie sich in ihrem Land beschäftigt haben. Wenn man nämlich einen ehemaligen Sklavenhändler kauft, darf man nichts anderes erwarten, als daß sie ein unglückliches Ende nehmen. Denn werden sie von anderen erkannt, die sie früher einmal gestohlen oder verkauft haben, so suchen sie diese meistens zu töten. Die anderen aber trachten ihnen aus Mißtrauen zuvorzukommen, und der Verlust fällt jederzeit auf den Eigentümer. Es ist also viel besser, wenn man sich vorher nach der Herkunft der Neger erkundigt, die man kaufen will, als später Gefahr zu laufen, durch den Ankauf von Sklavenhändlern einen so beträchtlichen Schaden zu erleiden.

Einige Personen, die den Franzosen ihren Handel neideten, haben unter den Negern ausgesprengt, daß wir Sklaven nur in der Absicht kauften und sie in unsere Kolonien führten, um sie zu fressen. Dieser Verleumdung wegen, die sich übrigens für Leute, die Christen heißen wollen, gar nicht geziemt, gerieten viele Neger während der Reise in Verzweiflung und wollten sich lieber ins Meer stürzen und ertrinken als

in ein Land gehen, in dem sie ihrer Meinung nach verzehrt werden sollten, was ja auch in einigen Gegenden Afrikas zu geschehen pflegt. Ich habe manchmal Schiffe mit Negern ankommen sehen, die voller Furcht waren, obwohl man sich unterwegs alle nur erdenkliche Mühe gegeben hatte, ihnen diese unbegründete Angst zu nehmen. Sie glaubten nach wie vor so lange, daß sie auf die Schlachtbank geliefert würden, bis sie eine große Anzahl von ihresgleichen sahen, die ihnen versicherten, daß man keineswegs die Absicht habe, sie zu verzehren, sondern bloß rechtschaffen arbeiten zu lassen. Alle Personen, die Neger kaufen wollen, lassen sie genau untersuchen, ob sie keinen Leibesfehler haben, eine Aufgabe, die gewöhnlich der Wundarzt des Hauses zu übernehmen pflegt.

Sind sie nun verkauft und in die Plantagen gebracht worden, muß man vor allen Dingen den unersättlichen Geiz und die abscheuliche Grausamkeit einiger Plantagenbesitzer zu mildern suchen, die sie sogleich nach ihrer Ankunft zur Arbeit schicken und ihnen nicht einmal Zeit lassen, sich zu verschnaufen. Wer sie auf solche Art behandelt, hat weder Mitleid noch Urteilskraft, er versteht nicht einmal, seinen eigenen Vorteil wahrzunehmen. Diese armen Leute sind von der langen Reise ermattet, auf der sie beständig mit Hilfe eiserner Pflöcke paarweise zusammengekettet waren. Hunger und Durst, die ihnen unterwegs stark zusetzten, haben sie ganz kraftlos gemacht, gar nicht der Schwermut zu gedenken, die sie verzehrt, weil sie aus ihrem Vaterland ohne die geringste Hoffnung auf Rückkehr fortgeführt wurden. Wenn man sie gleich zur Arbeit anhält, ohne sie vorher einige Tage ausruhen zu lassen und gut zu füttern, werden ja nur ihr Unglück und ihr Kummer vergrößert. Man muß sie also nach ihrer Ankunft im Haus speisen, einige Stunden lang ausruhen lassen und dann in der See baden und ihnen den Kopf abscheren, dann aber den ganzen Leib stark mit Palmachristi-Öl abreiben lassen. Das macht ihre Gelenke geschmeidiger und verhindert auch die Wirkung oder Folgen des Skorbuts, wenn sie allenfalls einigen Ansatz dazu hätten. Zwei bis drei Tage hindurch muß man das Mehl oder die Cassave, die man ihnen gibt, mit Olivenöl anfeuchten, ihnen wenig und desto öfter zu essen geben und sie anhalten, sich allezeit morgens und abends im Meer zu baden.

Diese Lebensordnung führt zu einer gelinden Reinigung des Leibes. Das Wasser mag auch noch so gut sein, so darf man ihnen dennoch keines zu trinken geben, wenigstens nicht nach Belieben, noch viel

weniger aber Branntwein, dagegen soll man ihnen sonst nichts als Grappe oder Ouycou geben. Auf solche Art werden sie vor Krankheiten bewahrt, denen sie anfangs besonders ausgesetzt sind, und durch solche Fürsorge und einige Kleidungsstücke, die man ihnen gibt, erwirbt man sich ihre Zuneigung. Sie vergessen dadurch ihr Vaterland und den unglücklichen Zustand, in den sie die Knechtschaft versetzt hat. Nach Verlauf von sieben bis acht Tagen kann ihnen, um sie daran zu gewöhnen, einige leichte Arbeit aufgetragen werden. Die meisten warten nicht einmal solange, bis man sie dazu ausschickt, sondern folgen den andern, wenn diese gerufen werden. Um sie nun besser abzurichten und an die Plantagenarbeit zu gewöhnen, verteilt man die neuangekommenen Neger in die Hütten der alten. Diese nehmen sie gern auf, ob sie nun aus ihrem Lande sind oder nicht. Sie setzen auch ihren Ehrgeiz daran, den ihnen beigesellten Neger besser zu verköstigen und zu unterhalten als ihr Nachbar. So warten sie ihm mit aller nur möglichen Sorgfalt auf und betrachten ihn als ihr Kind, doch lassen sie ihn gesondert essen und in einer eigenen Kammer schlafen. Wenn nun der Ankömmling diesen Unterscheid merkt und sich nach der Ursache erkundigt, sagen sie ihm, solange er noch kein Christ sei, wollten sie nicht mit ihm essen und schlafen. Durch solche Behandlung wird dem neu angekommenen Neger ein hoher Begriff von Christentum beigebracht. Da sie von Natur aus stolz sind, liegen sie täglich ihrem Herrn und dem Pfarrer in den Ohren, um getauft zu werden. In allen gut eingerichteten Häusern wird morgens und abends der Katechismus mit ihnen durchgegangen, außerdem ist gewöhnlich noch ein erfahrener Mann dazu bestimmt, die neu eingetroffenen Neger im Christentum zu unterweisen. Auch ihre Quartierleute sorgen sich um einen entsprechenden Unterricht, sei es auch nur in der Absicht, um sich gegen den Pfarrer oder ihren Herrn rühmen zu können, der Neger, den man ihnen anvertraut habe, könne schon getauft werden, wobei sie häufig selbst als Taufpaten dienen.

Es läßt sich übrigens kaum vorstellen, welche Hochachtung, Gehorsam, Ehrfurcht und Erkenntlichkeit alle Neger diesen ihren Taufpaten entgegenbringen. Sogar die Kreolen sehen sie als ihre Väter an, und ich beobachtete öfters erstaunt, auf welche Art sie ihre Schuldigkeit beachten. Sobald nur ein Neger sein Kind durch einen anderen hat aus der Taufe heben lassen, scheint er ihm alle Rechte darüber abgetreten zu haben. Wenn man sie also untereinander verheiraten will, so wird vor

allen Dingen die Bewilligung ihrer Taufpaten eingeholt. Die Kinder der Taufzeugen und Gevattern pflegen sich Brüder zu nennen und lieben einander oft viel zärtlicher als die eigentlichen Geschwister.

Dem Alter gegenüber erzeigen die Neger insgesamt eine große Ehrfurcht. Sie nennen daher solche Personen niemals mit ihrem Namen, ohne das Wort Vater beizufügen. Ja, sie gehorchen ihnen, wenn es auch nicht ihre Eltern sind, und verschaffen ihnen alle Erleichterungen, wo sie nur können. Die Köchin im Hause pflegen sie allemal unter ihre Mütter zu rechnen und nennen sie, welches Alter sie auch immer haben mag, stets ihre Mama.

Wenn man sich nur einigermaßen gut und leutselig gegen sie bezeigt, lieben sie ihren Herrn nach Kräften und scheuen keine Gefahr, wenn es darauf ankommt, ihm das Leben zu retten. Von den vielen Beispielen, die man von ihrer Treue kennt, will ich hier nur einiges erzählen, weil es auch mich selbst betroffen hat.

An dem gleichen Tag, an dem die Engländer zu Guadeloupe landeten, kam ich mit drei oder vier unserer Neger dort vorbei und wollte mich zu einem bestimmten Posten begeben, um einige Befehle des Statthalters zu überbringen. Ich war zu Pferde und beobachtete die feindlichen Schaluppen, die zu ihren Schiffen zurückfuhren. Auf einmal fühlte ich mich gepackt und vom Sattel heruntergezerrt, worüber ich zwar anfangs etwas erschrak, jedoch gleich die Ursache kennenlernte. Ich hörte nämlich 40 bis 50 Flinten nach mir abfeuern, die auf allen Seiten die Äste wegrissen, und sie hätten mich unfehlbar getroffen, wenn ich zu Pferde sitzen geblieben wäre. Allein die Neger, die mich begleiteten und den Feind auf der anderen Seite eines Hohlweges wahrnahmen, an dessen Rand ich ritt, ohne ihn zu sehen, hatten mich vom Pferd heruntergerissen und sich zwischen mich und den Feind gestellt.

Da sie einen natürlichen Hang zur Beredsamkeit haben, wissen sie sich dieses Talents sehr gut zu bedienen. Wenn sie daher etwas von ihrem Herrn erbitten wollen oder sich wegen einer gegen sie vorgebrachten Klage verteidigen sollen, muß man sich ihren Vortrag geduldig anhören, wenn man sich ihre Liebe erwerben will.

Sie verstehen sich vortrefflich darauf, ihre guten Eigenschaften, ihren Diensteifer, ihre Arbeiten, ihre vielen Kinder und deren gute Erziehung auf geschickte Art herauszustreichen. Dann zählen sie ausführlich alle bereits empfangenen Wohltaten auf, für die sie mit großer Ehrfurcht danken, und zuletzt bringen sie erst ihre Bitte vor. Wenn sich ihr

Wunsch erfüllen läßt, wie das gewöhnlich zu sein pflegt, muß man ihnen ihre Bitte sogleich zugestehen, und zwar gern. Sollte das aber nicht möglich sein, muß man ihnen gleich die Ursache sagen, sie durch einige kleine Geschenke zufriedenstellen und dann fortschicken. Man vermag sich kaum vorzustellen, wie sehr dadurch ihre Liebe und Zuneigung erworben wird.

Wenn sie irgendeinen Streit untereinander haben, so erscheinen sie vor ihrem Herrn und bringen ihre Sache vor, ohne einander dabei zu unterbrechen oder zu beleidigen. Sobald der Kläger fertig ist, sagt er zu seinem Gegner, daß es ihm jetzt erlaubt sei, seine Gründe ebenfalls vorzubringen, die er dann ebenso ruhig anhört, wie der andere die seinen. Da es meistens nur Kleinigkeiten oder höchstens einige verlorene Hühner betraf, so entschied ich solche Rechtshändel sehr rasch. Wenn sie sich aber herumgezankt, einander geschlagen oder wohl gar etwas gestohlen hatten, ließ ich sie ebenfalls aufs strengste züchtigen; denn da einerseits Güte und Nachsicht bei ihnen gefordert wird, so muß man andererseits nicht weniger eine gewisse Standhaftigkeit besitzen, um sie bei ihrer Pflicht zu erhalten, und wenn sie davon abgewichen sind, wieder auf den richtigen Weg zurückzubringen. Eine verdiente Züchtigung ertragen sie mit Geduld, wenn man ihnen aber ohne Ursache, etwa aus Jähzorn oder bloß aus Übermut und ohne sie anzuhören, übel begegnet, dann sind sie auch fähig, die größten Gewalttätigkeiten auszuüben. Überhaupt sollte man ihnen niemals drohen, sondern sie entweder gleich auf der Stelle züchtigen, wenn sie es verdient haben, oder ihnen die Strafe schenken, wenn man es für gut erachtet; denn aus Furcht vor der Züchtigung entlaufen sie öferts in die Wälder. Sobald sie aber dann dieses freie Leben einmal gekostet haben, hat man die größte Mühe, es ihnen später wieder abzugewöhnen.

Durch nichts in der Welt können sie besser zurückgehalten und am Weglaufen gehindert werden, als wenn man ihnen etwas läßt, woran sie einigermaßen gewinnen können, wie zum Beispiel Geflügel, Schweine, Tabak und Baumwollfelder, allerlei Wurzelwerk und was dergleichen Dinge mehr sind. Denn wenn sie entweichen und sich nicht innerhalb von 24 Stunden entweder selbst oder in Begleitung irgendeines Nachbarn oder sonst eines guten Freundes wieder einfinden, der um Begnadigung bittet, darf man ihren Besitz, den sie allenfalls erworben haben, einziehen. Das ist eine viel härtere Strafe für sie und bringt sie viel rascher zur Beachtung ihrer Schuldigkeit als die gewöhnlichen

Züchtigungen, wie streng diese auch immer sein mögen. Ein solches Beispiel der Erziehung ist ausreichend genug, um alle Neger einer Plantage abzuhalten, selbst dergleichen Fehler zu begehen.

Sie hegen untereinander große Liebe und leisten sich gern Beistand in ihren Nöten. Es geschieht häufig, daß sie alle zusammenkommen und um Gnade für jemanden bitten, der irgendein Vergehen begangen hat, ja, sie erbieten sich auch, selbst etwas von seiner verdienten Strafe zu übernehmen. Sie verzichten bisweilen auf das Essen, nur um ihre Landsleute, von denen sie besucht werden, gut zu versorgen oder sie zu unterstützen, wenn sie in bedürftigen Verhältnissen leben. Von Spiel, Tanz, Wein und Branntwein sind sie große Liebhaber, und wegen ihres hitzigen Temperaments den Weibern sehr ergeben. Aus diesem Grunde sollte man sie auch sehr frühzeitig verheiraten, damit sie nicht in große Ausschweifungen verfallen. Sie sind ungemein eifersüchtig und lassen sich, was das betrifft, zu heftigen Ausschreitungen verleiten.

Das Spiel, das sie in ihrem Land spielen und auch nach den Inseln mitgebracht haben, ähnelt dem Würfelspiel. Sie bedienen sich dabei einiger Muschelschalen, in deren größeren Rundungen sie mehrere Löcher angebracht haben, so daß die Schalen auf der einen Seite ebenso leicht wie auf der anderen stehen können. Diese Muscheln schütteln sie in der Hand herum, wie man es mit dem Würfel zu tun pflegt, und werfen sie dann auf einen Tisch. Wenn dann die größere Zahl von Löchern nach oben zu liegen kommt, hat der Spieler gewonnen.

Unter den Neger-Kreolen gibt es viele, die von ihren Herrn das Kartenspiel gelernt haben. Allein es wäre zu wünschen, daß sie niemals Karten in die Hände genommen hätten, und man darf keine Mühe sparen, es ihnen wieder abzugewöhnen. Es ist eine unleugbare Tatsache, daß sie durch nichts so stark zur Betrügerei und zum Müßiggang angereizt werden wie eben durch diese Spielsucht. Ihre besondere Neigung gehört dem Tanz, und ich glaube, daß kein Volk in der Welt ihm stärker ergeben sein kann. Wenn ihnen die Herren nicht erlauben wollen, in der Plantage zu tanzen, werden sie nach dem Feierabend am Sonnabend um Mitternacht drei bis vier Meilen weit laufen, um an irgendeinen Platz zu gelangen, wo bestimmt getanzt wird. Kein Tanz gefällt ihnen aber besser und ist mehr unter ihnen eingeführt als der Calenda. Er kommt von der Küste Guineas, wahrscheinlich aus dem Königreich Arda. Die Spanier haben ihn von den Negern gelernt und tanzen ihn in ganz Amerika auf die gleiche Art. Da nun die Stellungen

und Bewegungen, die sie tanzen, höchst unzüchtig sind, pflegen die Herren, die ein sittsames Leben führen, ihn zu verbieten. Das ist aber gar nicht leicht, da sie einen solchen Geschmack daran finden, daß sogar die Kinder, die sich kaum auf den Füßen halten können, schon ihre Eltern, die sie tanzen sehen, nachzuahmen suchen und ganze Tage mit dieser Übung zubringen.

Um bei diesem Tanz den Takt anzugeben, bedienen sie sich zweier Trommeln von ungleicher Größe, die aus zwei ausgehöhlten Baumstämmen hergestellt wurden. Der untere Teil ist jeweils offen, der obere hingegen mit einem Schaf- oder Ziegenfell überzogen, das nach Pergamentart ganz glatt abgeschabt wurde. Die größere dieser beiden Trommeln, die sie gewöhnlich nur die »große Trommel« zu nennen pflegen, mag drei bis vier Fuß lang sein und etwa 15–16 Zoll im Durchmesser haben. Die kleinere Trommel hingegen, die sie »Baboula« nennen, hat beinahe die gleiche Länge, doch nur acht bis neun Daumen Umfang. Die Trommelschläger stellen sie zwischen ihre Beine oder setzen sich gar darüber und berühren sie dann mit den flachen vier Fingern einer jeden Hand. Die große Trommel wird mit einer gewissen Mensur und langsam gespielt, die Baboula dagegen, so schnell es nur geschehen kann und beinahe ohne den mindesten Takt zu beobachten. Da sie einen viel schwächeren Ton von sich gibt als die große, der aber dennoch sehr scharf ist, so dient sie nur als Geräuschmacher und bezeichnet weder den Takt noch die Bewegungen der Tänzer.

Die Tänzer stehen in zwei Reihen einander gegenüber, in einer Reihe die Männer, auf der anderen die Weiber. Die Zuschauer bilden einen Kreis um die Tänzer und Trommelschläger. Der geschickteste unter ihnen singt nun ein selbstverfertigtes Lied über ein beliebiges Thema, dessen Schlußreime von allen Zuschauern wiederholt und von einem starken Händeklopfen begleitet werden. Die Tänzer aber halten ihre Hände, als wollten sie dabei zugleich Castagnetten spielen. Sie springen, vollziehen allerlei Wendungen und nähern sich einander bis auf zwei oder drei Fuß, treten dann nach dem Takt wieder zurück, bis sie der Trommelschlag mahnt, sich wieder zusammenzufügen, wobei die Männer mit ihren Schenkeln gegen die Weiber stoßen. Sie ziehen sich danach sogleich wieder zurück und hüpfen immer im Kreis herum, um die gleichen Bewegungen mit den allergeilsten Gebärden so oft zu wiederholen, als die Trommel das Zeichen dazu gibt. Von Zeit zu Zeit schlingen sie die Arme ineinander und tanzen zwei bis drei

Reihen herum, wobei sie sich immerfort mit den Schenkeln stoßen und küssen.

Ich glaube, daß aus dieser kurzen Beschreibung deutlich hervorgeht, wie stark dieser Tanz gegen die Schamhaftigkeit verstößt. Nichts desto weniger finden die spanischen Kreolen in Amerika ein solches Vergnügen daran, daß ihre Lustbarkeiten größtenteils daraus bestehen und er sogar bei ihren geistlichen Festen vorkommt. Sie tanzen ihn in den Kirchen und bei ihren Prozessionen. Selbst die Klosterjungfrauen unterlassen selten eine Christnacht, um ihn auf einen in ihrem Chor gegenüber dem Sprachgitter errichteten Gerüst zu tanzen. Dieses Gitter steht dann offen, damit das gemeine Volk ebenfalls an der Freude teilnehmen kann, die diese guten Kinder über die Geburt des Erlösers bezeugen. Nun nehmen sie zwar keine Mannspersonen zu diesem andächtigen Tanz und verrichten ihn auch aus keiner unreinen Absicht, trotzdem werden nicht alle Zuschauer das Beste davon denken.

Man hat auf allen Inseln diesen Calenda durch eigene Verordnungen abzuschaffen gesucht, nicht nur wegen der unzüchtigen und im höchsten Grad geilen Stellungen, aus denen dieser Tanz besteht, sondern auch, um den Negern keine Gelegenheit zu bieten, sich allzuhäufig zu versammeln. Man befürchtet nämlich, daß sie entweder eine Empörung anfangen oder irgendein Diebskomplott vorbereiten könnten, wenn sie bei solchen Lustbarkeiten versammelt sind und ihnen zum öfteren der Branntwein in den Kopf zu steigen beginnt. Ungeachtet dieser Verordnungen und aller Vorsicht, die von den Eigentümern der Neger immer angewandt wird, ist es beinahe ganz und gar unmöglich, sie davon abzuhalten, da ihnen unter allen Vergnügen keines besser gefällt als eben dieser Tanz.

Die Neger vom Kongo kennen einen anderen, völlig entgegengesetzten Tanz. Die Tänzer, sowohl Männer wie Weiber, stellen sich im Kreis herum, und ohne sich vom Platz zu bewegen, heben sie bloß die Füße in die Höhe und stampfen mit einem gewissen Takt auf den Erdboden, indem sie sich dazu halbgeneigt gegeneinander beugen und irgendein Märchen hermurmeln, das ein Vorsänger erzählt, worauf die übrigen Tänzer mit einem Schlußreim antworten, während die Zuschauer in die Hände klatschen. Dieser Tanz hat zwar nichts an sich, was die Schamhaftigkeit beleidigt, doch ist er nicht sonderlich ergötzend.

Die Mina-Neger drehen sich bei ihren Tänzen ständig im Kreis herum und wenden dabei das Gesicht aus dem Zirkel hinaus. Jene vom

Cap Verde und von Gambia haben gleichfalls ihre eigenen Tänze, doch läßt sich von dem so verschiedenen Geschmack der Leute kaum ein Urteil fällen. Um ihnen den schändlichen Calenda aus dem Sinn zu bringen, lernt man ihnen verschiedene französische Tänze, damit sie mehrere zugleich tanzen und solange springen können, wie sie nur Lust dazu haben. Ich sah viele, die sich eine beachtliche Fertigkeit darin erwarben und ein besseres Gehör und einen taktfesteren Schritt hielten als viele Personen, die sich rühmen, gut tanzen zu können. Es gibt auch verschiedene Neger, die ziemlich gut auf der Violine spielen und damit bei ihren Zusammenkünften und Hochzeiten viel Geld verdienen. Sie spielen beinahe alle auf einer Art von Gitarre, die aus einer halben Kalebasse angefertigt und mit einem auf Pergamentart abgeschabten Leder überzogen ist, dabei einen ziemlich langen Hals hat. Sie beziehen sie nur mit vier Saiten, die sie aus Pferdehaaren, Pitte oder gedörrten Vogeldärmen verfertigen und dann mit Palmachristi-Öl einreiben. Diese Saiten werden durch einen Steg einen starken Daumen breit über der Haut der Kalebasse emporgehoben. Sie spielen auf diesem Instrument, indem sie die Saiten zupfen und darauf schlagen. Ihre Musik klingt nicht sonderlich angenehm, und die Töne stimmen nicht recht zusammen. Inzwischen gibt es trotzdem einige Personen, denen diese Harmonie ebenso angenehm ist wie jene der spanischen und italienischen Bauern, die alle Gitarren haben und sehr übel darauf spielen. Ob sie recht haben oder nicht, will ich unentschieden lassen.

Es erweist sich als sehr gut, wenn man seine Sklaven an Sonn- und Feiertagen zu Hause behält, damit sie nicht nur zum Feuerlöschen oder anderen Notfällen bei der Hand sind, sondern auch abgehalten werden, bei den Nachbarn herumzulaufen und allerlei Mutwillen auszuführen. Aus eben diesem Grund wollte ich den unsrigen lieber alle Arten von Tänzen, ausgenommen den Calenda, gestatten, statt sie ausgehen zu lassen. Ich bezahlte öfters sogar die Spielleute und ließ ihnen einige Kannen Branntwein reichen, damit sie sich untereinander ergötzen konnten. Ihre Begierde nach dem Calenda ist jedoch nicht zu beschreiben, sowohl bei den Erwachsenen wie bei den Kindern, die ihn schon im Mutterleib getanzt zu haben scheinen.

Alle Neger lieben ein gutes Aussehen und tragen gern schöne Kleider, besonders wenn sie zur Kirche und auf die Hochzeiten ihrer guten Freunde gehen oder sonst irgendwo einen Besuch abstatten. Sie arbeiten viel und sparen alles zusammen, nur damit sich ihre Weiber und Kinder

besser als andere kleiden können. Doch erlaubt der Mann selten seiner Frau, auch wenn er noch so gut gegen sie gesinnt ist, mit ihm zusammen zu speisen. Sie verstehen sich nur allzugut darauf, ihre Weiber an den Respekt zu erinnern, den sie ihnen schuldig sind. Nur die jungen Leute gestatten zu Anfang ihrer Ehe ihren Weibern etwas mehr Freiheit und essen bisweilen mit ihnen.

Ich habe mir öfters das Vergnügen gemacht, einen Negerzimmermann von unserem Kloster zu Guadeloupe zu besuchen, wenn er über der Mittagsmahlzeit saß. Seine Frau und die Kinder standen herum und bedienten ihn mit solcher Ehrfurcht, wie die allerbesten abgerichteten Bedienten ihrem Herrn nur immer aufwarten können. An Sonn- und Festtagen fanden sich stets seine Töchter und Schwiegersöhne bei ihm ein und brachten einige kleine Geschenke mit. Sie stellten sich in einem Kreis um ihn herum und schwätzten so während der ganzen Mahlzeit mit ihm. Wenn er dann damit fertig war, brachte man ihm seine Tabakspfeife, und er erlaubte ihnen alsdann ernsthaft, daß sie ebenfalls zum Essen gingen. Sie verbeugten sich darauf und begaben sich in ein anderes Zimmer, wo sie alle zusammen mit ihrer Mutter speisten.

Als ich ihm einmal sein strenges Betragen verwies und den Statthalter als Beispiel anführte, der alle Tage mit seiner Gemahlin speiste, antwortete er darauf, das sei eben nichts Kluges vom Statthalter. Er glaube zwar gern, daß die Weißen ihre Gründe dafür haben möchten, allein er hätte auch die seinigen. Man solle nur auf den Hochmut und Ungehorsam der weißen Frauen gegenüber ihren Männern achtgeben, so würde man bekennen müssen, daß die Neger, die ihre Weiber jederzeit in Ehrfurcht und Gehorsam zu erhalten wüßten, weit verständiger und erfahrener seien als die Weißen.

Ich habe bereits oben bemerkt, daß die Neger einander ungemein lieben und sich gern beistehen. Diese Freundschaft zeigt sich besonders bei ihren Krankheiten und dauert auch noch nach dem Tode fort. Wenn daher einer von ihnen stirbt, so wird er, mag er nun Freunde haben oder nicht, von allen Negern der Plantage mit einem schrecklichen Geheul beweint. Alle Bekannten und Landsleute des Verstorbenen finden sich sogleich ein und rufen Gott auf seinem Grab für ihn an. Wenn sie aber Geld oder Geflügel haben, bringen sie es dem Pfarrer, um Messen für den Verstorbenen lesen zu lassen. Starb irgendein Neger von unserer Plantage, so brachten mir seine Anverwandten und Freunde allerlei Geflügel, um Messen für ihn lesen zu lassen. Ich wollte das nicht

annehmen und versprach ihnen, die Messe ihrer Absicht nach umsonst zu lesen. Allein ich bemerkte, daß sie über mein Betragen unzufrieden waren, da sie glaubten, das Gebet für Verstorbene helfe nur, wenn es bezahlt werde. Ich versuchte zwar alles in der Welt, ihnen solche Gedanken auszutreiben, doch es wollte nichts helfen. Um Ruhe zu haben, mußte ich also das Geflügel, das sie mir brachten, auch annehmen, doch behielt ich mir vor, es ihnen bei einer anderen Gelegenheit unter irgendeinem Vorwande wieder zu vergüten. Bei den Negern, die unserem Kloster gehörten, machte ich mir aber nicht so viele Gedanken, da mir das Sprichtwort nur allzu bekannt war: Wer am Altar dient, soll auch davon leben.

Wenn die Neger nur ein wenig Besitz haben, versäumen sie niemals, ihren Verwandten und guten Freunden an ihrem Namenstag ein kleines Gastmahl zu geben. Selbst die Kinder glauben noch nach dem Tode ihres Vaters dazu verpflichtet zu sein. Sterben sie, ohne Kinder zu hinterlassen, so übernehmen ihre Blutsfreunde und Bekannten, besonders aber ihre Taufpaten, diese Verpflichtung und setzen den kleinen Schmaus fort. Reichen ihre eigenen Mittel dazu nicht aus, so bitten sie ihren Herrn, etwas zu den Kosten beizutragen und ihnen allenfalls eine Flasche Branntwein zum Schmaus zu geben. Wenn man nur ein wenig Verständnis besitzt, wird man ihnen solche Kleinigkeiten niemals abschlagen. Keiner, der an diesem Gastmahl teilnimmt, kommt mit leeren Händen. Wenn sie alle beisammen sind, hält der Gastgeber eine kleine Lobrede zu Ehren dessen, an den man mit dem Fest erinnern will. Dabei erzählt er seine guten Eigenschaften und macht dabei ein großes Wesen von dem Verlust, den man durch seinen Tod erlitten hat, und zum Schluß bittet er alle, Gott in einem Gebet für seine Seelenruhe anzurufen. Dann fallen sie auf die Knie nieder und beten alles, was sie auswendig wissen. Danach verzehren sie das herbeigebrachte Essen und trinken auf die Gesundheit des Verstorbenen.

Die Arada-Neger schätzen das Hundsfleisch überaus hoch und geben ihm vor jedem anderen den Vorzug. Ein Gastmahl wäre für sie nur sehr mittelmäßig, wenn nicht ein gebratener Hund das Hauptstück bildete. Besitzen sie aber keinen und können auch keinen stehlen, so geben sie lieber ein doppelt so großes Schwein hin, um einen Hund dafür zu bekommen. Unsere Neger-Kreolen dagegen essen keinen, selbst jene nicht, die doch von Vater und Mutter aradischer Herkunft sind, sie halten es sogar für eine große Beschimpfung, wenn sie Hundefresser

genannt werden. Ich habe verschiedene Gastmähler der Araden gesehen, bei denen ein gebratener Hund aufgetragen wurde. Der Geruch davon war gut, und das Fleisch schien mir ebenfalls sehr weich zu sein, doch konnte ich mich, mehr aus Scham, als aus wirklicher Abscheu, nicht entschließen, etwas davon zu kosten. Man sieht aber mit Erstaunen, wie solche Hundefresser von den Hunden angebellt und verfolgt werden, besonders wenn diese riechen, daß sie erst vor kurzem dergleichen genossen haben. Sobald sich ein gebratener Hund in einer Hütte befindet, erfährt man rasch davon, weil sich alle Hunde rings herum versammeln und heulen, als wollten sie den Tod ihres Kameraden beklagen oder sich an dessen Mörder rächen.

Die Hütten der meisten Neger sind ziemlich sauber. Es ist eine von den Pflichten des Aufsehers, sich darum zu kümmern, und wenn man neue Hütten baut, auch dafür zu sorgen, daß ein gewisses symmetrisches Verhältnis dabei beobachtet wird. Sie sollen nämlich alle in einer Länge, Breite und Höhe nach der Schnur gebaut werden, wobei man eine oder mehrere Gassen formiert, je nachdem, ob viele oder wenige Neger dort wohnen. Gewöhnlich werden diese Hütten 30 Fuß lang und 15 breit gebaut. Wenn eine Familie nicht zahlreich genug ist, um die ganze Wohnung einzunehmen, wird sie der Länge nach geteilt. Die Eingänge, die auf der Giebelseite liegen, gehen dann auf zwei Straßen hinaus. Wohnt aber nur eine einzige Familie darin, so darf nicht mehr als eine Tür hineingemacht werden. Man deckt diese Häuser mit Zuckerrohr, Schilfrohr oder Palmblättern. Die Neger pflegen besonders zu beachten, daß ihre Hütten gut verwahrt werden, da sie besonders unter der nächtlichen Kälte leiden. Die Dachsparren und ihre Bedeckung reichen öfters bis auf den Boden hinab und bilden neben den Hütten kleine Schirmdächer, unter denen sie ihre Schweine und Geflügel verwahren. Selten haben diese Hütten mehr als ein Fenster, das vorne, im Giebel ist, wo ihnen der Eingang schon in ausreichendem Maße Helligkeit verschafft.

Einige setzen neben ihre Wohnhütte noch eine andere kleine, in der sie das Feuer anschüren und kochen, häufig aber geschieht das in ihrem Haus, wo sie auch die ganze Nacht über das Feuer unterhalten. Deshalb sind auch ihre Hütten stets voller Rauch und sie selbst nehmen einen üblen Geruch an, den man kaum ertragen kann, wenn sie sich nicht gewaschen haben.

Ihre Betten sind kleine, an die Trennwände ihrer Häuser angebrachte

Kabinette. Mann und Frau haben ein jedes das ihrige, und sobald die Kinder sieben bis acht Jahre alt sind, werden sie voneinander getrennt, damit sie sich nicht allzu früh den Lüsten des Fleisches ergeben, wozu kein anderes Volk der Welt geneigter ist als das ihrige.

Diese Betten bestehen lediglich aus zwei bis drei schmalen Brettern, die auf Zwergbalken ruhen. Sie sind bisweilen nur mit einer aus Latanblättern verfertigten Matte bedeckt und haben nur einen hölzernen Block zum Kopfpolster. Wenn ihre Herren nur ein wenig Freundlichkeit besitzen, so geben sie ihnen irgendeine schlechte Decke, alte unbrauchbare Tücher oder sonst einige Reste groben Tuchs, um sich damit bedecken zu können. In diesem Fall muß der Vorarbeiter dafür sorgen, daß sie diese Matten von Zeit zu Zeit waschen, damit sich nicht die Wanzen und Flöhe so stark ausbreiten. Aus dem gleichen Grund müssen sie angehalten werden, ihre Kleidung öfters zu waschen und sich das Haar abscheren zu lassen. Ihr übriger Hausrat besteht aus Kalebassen, Cuys, Canaris, Bänken, Tischen und einigen hölzernen Küchengeschirren, wozu noch, wenn sie einigermaßen in guten Verhältnissen leben, eine oder ein paar Kisten kommen, um ihre Kleidungsstücke darin verwahren zu können.

Gewöhnlich läßt man zwischen jeder Hütte einen leeren Raum von 15 bis 20 Fuß, um ein Ausbreiten des Feuers zu verhindern, wenn dieses, was nur allzu oft geschieht, in irgendeiner Hütte aufflackert. Manchmal umgeben sie diesen Platz mit einer Heckenwand, hinter der sie ihre Schweine verschließen oder ein kleines Küchengärtchen anlegen. In Plantagen, in denen die Herren selbst Schweine mästen, ist es besser, die Neger dazu anzuhalten, die ihrigen in den Weideplätzen des Herrn zu verwahren; denn dann achten sie auf die Schweine ihres Herrn ebenso gut wie auf die eigenen, und wenn sie diese verkaufen wollen, so müssen sie ihrem Herrn den Vorzug lassen. Dagegen ist dieser gehalten, alles, was er kauft, ihnen wenigstens nach dem Marktpreis zu bezahlen, und würde er anders verfahren, so wäre das ungerecht.

Man gibt den Negern in entfernten Plätzen der Plantage oder nah am Wald einige Feldstücke, damit sie dort ihre Tabaksgärten anlegen und sowohl Patates, Ignames, Hirse, karibischen Kohl und anderes Gemüse darauf pflanzen können, das sie zu ihrem Unterhalt benötigen oder verkaufen wollen. Es ist also ein Gebot der Klugheit, ihnen behilflich zu sein, daß sie diese bearbeiten und in gutem Stand erhalten. Dazu gibt man ihnen die Erlaubnis, an Feiertagen nach Ende des Gottesdienstes

ihre Zeit dafür zu verwenden und ebenso, was sie von den Freistunden zur Mahlzeit dafür erübrigen können. Diese Gärten verschaffen ihnen unendlich großen Vorteil. Ich habe Neger gekannt, die jährlich für mehr als 100 Taler Tabak und andere Küchengewächse davon erhielten. Wenn sie nahe an einem Flecken wohnen, wohin sie ihr Kräuterwerk, ihre Melonen und andere Früchte bequem zu Markte tragen können, schätzen sie sich für die glücklichsten Menschen der Welt. Sie ernähren sich und ihre Familien damit sehr gut und werden deshalb auch um so stärker angetrieben, ihrem Herrn treu zu bleiben, weil sie sich von ihm beschützt sehen und alle Vorteile ihres kleinen Handels genießen.

Ich habe oben bereits angemerkt, daß sie überaus eitel und hoffärtig sind. Dazu kommt noch ihre unbändige Neigung zu Spötterei, so daß wenige Leute geschickter sind, die Fehler anderer Personen, besonders aber der Weißen, zu erkennen und ohne Aufhören ihren Spott damit zu treiben. Sobald sie nur irgendeinen Fehler an jemandem entdeckt haben, nennen sie ihn nicht mehr bei seinem gewöhnlichen Namen, sondern geben ihm einen Spitznamen, der sich auf dieses Gebrechen bezieht. Solche Spitznamen halten sie aber möglichst geheim, so daß es den Weißen sehr schwer fällt, sie zu erraten.

Sie sind einander sehr treu und leiden lieber die strengsten Züchtigungen, als daß sie sich gegenseitig verraten. Wenn einer von ihren guten Bekannten entflohen ist, nehmen sie ihn in ihre Hütten auf und verbergen ihn dort, wo sie kleine doppelte Kabinette so geschickt anzubringen wissen, daß man sie beinahe unmöglich entdecken kann. Den Eingang verschließen sie so genau und verdecken ihn mit ihren Gerätschaften so natürlich, daß es scheint, als sei schon lange niemand dorthingekommen, obgleich sie eben erst die Türe verschlossen haben. Auch ihre Art, gestohlenes Gut zu verbergen, ist ungemein sinnreich. Sie graben nämlich unter ihrem Feuerherd ein Loch in den Erdboden und verstopfen es wieder, nachdem sie die gestohlene Ware, gut in Blätter verwahrt, hineingelegt haben. Darüber streuen sie Asche und Kohle, die ausgegrabene Erde tragen sie an einen weit entfernten Platz. Selbst Hunde können das gestohlene Gut nicht aufspüren, wenn sie nicht besonders darauf abgerichtet sind. Werden sie irgendwo bei einem Diebstahl ergriffen, so ist es eine Lust anzusehen, wie unschuldig sie sich anstellen. Wenn man sie ansieht und reden hört, so scheint es, als hätten sie gar keinen Teil daran und man suche ihnen nur einen Possen zu spielen, um sie übel zu traktieren und um ihren ehrlichen Namen zu

bringen. Das alles wissen sie so ungezwungen vorzubringen, daß man schon sehr geschickt sein muß, wenn man sich dadurch nicht hintergehen lassen will. Wenn sie es aber mit Personen zu tun haben, denen ihre Gemütsart bekannt ist, wissen sie sich nicht anders zu helfen, als daß sie vorgeben, der Teufel habe sie betrogen. Da aber der Teufel nicht zugegen ist und auch nicht zugibt, was man ihnen aufbürdet, läßt man sie sowohl wegen des Diebstahls als auch wegen der Lügen zufrieden.

Die Neger pflegen den Weißen die schlimmsten Eigenschaften beizulegen, durch die eine Person nur verächtlich gemacht werden kann, und geben vor, daß sie durch den Umgang und böses Falschspiel verdorben werden. Wenn sie daher einen unter ihnen sehen, der flucht, sich betrinkt oder sonst etwas Schlimmeres begeht, werfen sie ihm stets mit Verachtung vor: »Du elender Kerl, schwörst wie ein Weißer, besäufst dich wie ein Weißer, spielst wie ein Weißer!«

Trotz ihrer guten Meinung von sich selbst ist ihre Einfalt, besonders wenn sie erst kurz zuvor aus ihrem Vaterland angekommen sind, überaus groß. Es gibt viele Dinge, die sie nicht begreifen können, so unter anderem, wie es möglich ist, daß wir unsere Gedanken schriftlich ausdrücken. Man müßte, so sagen sie, ein Hexenmeister sein, um das Papier reden zu machen.

Selten tragen die Neger Strümpfe und Schuhe, nur einige vornehme Personen lassen jene Neger, von denen sie als Lakaien bedient werden, solche tragen. Gewöhnlich gehen sie alle barfuß und haben so harte Fußsohlen, daß sie sich nicht allzuviel darum bekümmern, ob sie Schuhe tragen oder nicht. Ihre ganze Kleidung besteht lediglich aus einer Unterhose und einem weiten Rock (Casaque) mit Ärmeln. Wenn sie sich aber an Sonn- und Feiertagen putzen, tragen die Männer ein feines Hemd und enge, aus weißer Leinwand gefertigte Hosen, darüber noch eine bunte Candale aus Leinwand oder aus irgendeinem leichten Zeug. Diese Candale ähnelt einem weiten Weiberrock, der nicht einmal bis ganz auf die Knie herabreicht. Oben ist sie gefaltet und hat einen Bund wie an Hosen, zwei Schlitze oder Öffnungen, die an der Hüfte mit Bändern geschlossen werden, beinahe wie in Italien und Frankreich jene Bedienten einhergehen, die man Läufer nennt.

Unter dem Hemd tragen sie noch einen kleinen Brustlatz ohne Schoß. Zwischen ihm und der Candale sind drei Finger breit Platz, damit das aufgeblasene Hemd um so besser hervorblicken kann. Wenn sie reich genug sind, silberne oder mit eingefärbten Steinen besetzte

Knöpfe zu tragen, verwenden sie diese bei ihren Hemdsärmeln und an ihren Halskrägen. In Ermangelung derselben nehmen sie dazu nur Bänder. Selten tragen sie Halsbinden und Röcke, wenn sie einen Hut auf dem Kopf haben, sehen sie gut aus.

Sie sind gewöhnlich gut gewachsen, und ich habe an allen amerikanischen Plätzen, an denen ich gewesen bin, nie einen Neger gesehen, der von Geburt bucklig, hinkend, einäugig, schielend oder sonst krumm war. In ihrer Jugend tragen sie wie die Weibspersonen zwei Ohrgehänge, sobald sie aber einmal verheiratet sind, nur noch ein einziges. Wollen sich Plantagenbesitzer eigene Lakaien halten, lassen sie ihnen bunte Candalen und Wämser fertigen und sie mit Borten von der gleichen Farbe wie ihre Livree besetzen. Statt eines Hutes geben sie ihnen einen Turban und Ohrgehänge und ein Halsband aus Silber mit ihrem Wappen darauf.

Die Negerinnen tragen gewöhnlich zwei Röcke, wenn sie sich besonders herausgeputzt haben, von denen der untere gefärbt ist, der obere dagegen beinahe stets aus weißem Baumwollzeug oder Musselin besteht. Dazu kommt noch ein Leibchen mit kleinen Schößen, das entweder weiß oder in der Farbe ihres Unterrocks gehalten ist und eine Reihe übereinandergesetzter Bandschleifen zeigt. Sie tragen goldene oder silberne Ohrgehänge, Ringe, Armbänder und Halsbänder aus kleinen Glaskorallen, aus mehreren Schnüren gefertigt, oder falsche Perlen mit einem goldenen oder silbernen Kreuz. Der Halskragen ihres Hemdes, die Ärmel sind mit Spitzen besetzt und der Kopfputz besteht aus sehr feiner, weißer Leinwand und ist gleichfalls mit Spitzen geziert.

All dies gilt aber nur für solche Neger und Negerinnen, die genug arbeiten, um sich dergleichen Dinge auf eigene Kosten anschaffen zu können; denn ausgenommen die Lakaien und Kammerfrauen geben ihnen ihre Herren bei weitem nicht alle diese Kleidungsstücke und Putzwaren, die ich bereits aufgezeigt habe. Da die Negerinnen meistens wohlgestaltet sind, so haben sie ein gutes Aussehen, wenn ihre Kleidung nur einigermaßen gut beschaffen ist, besonders, wenn man sich einmal an ihre Hautfarbe gewöhnt hat. Wem dies noch etwas Ungewöhnliches ist, der muß sich damit begnügen, sie nur von rückwärts anzusehen, da sie ihm sonst gerade wie in der Milch schwimmende Mücken vorkommen werden.

Übrigens ist eine völlig irrige Meinung, wenn man glaubt, wir hielten nur jenen Neger für schön, der ein plumpes Gesicht, dicke Lippen und

eingedrückte Nasen haben. Wenn auch dieser Geschmack allenfalls in Europa herrschen sollte, so ist er doch wenigstens auf den Inseln nicht eingeführt, wo man nur regelmäßige Gesichtszüge verlangt. Besonders die Spanier sehen mehr als alle übrigen Nationen darauf und lassen sich einige 100 Taler nicht reuen, wenn sie dafür eine schöne Negerin erhalten können. Ich habe Männer und Frauen getroffen, die eine bewundernswerte Schönheit aufwiesen. Ihre Haut war so fein, daß der Samt nicht weicher anzufühlen sein konnte. Je glänzender ihre Schwärze ist, desto höher werden sie geschätzt. Da sie viel größere Poren haben als die Weißen, schwitzen sie auch wesentlich stärker und riechen sehr übel, wenn sie sich nicht waschen. Doch darf man ihnen in diesem Punkt selten etwas vorwerfen, wenn sie nur nicht allzu weit von der See oder von einem Fluß entfernt wohnen; denn sie haben die Eigenschaft der Enten.

Die Neger vom Senegal, Gambia, dem Cap Verde, Angola und Kongo zeigen eine viel schönere schwarze Farbe als jene von Mina, Juda, Issigni, Arda und anderen Gegenden dieser Küste. Überhaupt sind sie viel schwärzer, wenn sie sich bei guter Gesundheit befinden, da sich sonst ihre Farbe sogleich verändert. Erkrankungen erkennt man bei ihnen ebenso leicht wie bei den Weißen, da sie dann rußfarbig oder sogar kupferfarbig werden. In ihren Krankheiten sind sie ungemein geduldig, und man hört sie auch höchst selten schreien oder sich beklagen, was immer man auch mit ihnen vornehmen mag. Trotzdem darf man nicht behaupten, daß sie unempfindlich seien, da sie überaus zartes Fleisch und sehr lebhafte Empfindungen aufweisen. Vielmehr liegt das in einer gewissen Seelenhoheit und einer Unerschrockenheit, die sie antreibt, alle Schmerzen und Gefahren, ja sogar den Tod selbst zu verachten.

Aus eben dieser Unerschrockenheit und Todesverachtung entspringt auch die ihnen gleichsam angeborene Tapferkeit. Sie haben davon bei unzähligen Gelegenheiten Proben an den Tag gelegt, so beispielsweise auch bei der Einnahme von Cartagena. Als dort schon alle Truppen bei dem Angriff auf das Kastell von Boccachia zurückgetrieben worden waren, bestürmten es die von Saint-Dominigue herbeigeführten Neger so tapfer und mutig, daß sie es endlich zur Übergabe zwangen. Auch die Erhaltung des Predigerreviers hat man ihnen zu danken, als die Engländer im Jahre 1693 das Kastell Saint-Pierre zu Martinique angriffen. Sie hielten es in ihrem Lager eingeschlossen, entfernten sich niemals davon und wagten auch nicht, das Revier zu plündern. Im Jahre 1703

hielten sie sich gleichfalls so vortrefflich, daß sie allein mehr Feinde vernichteten, als unsere übrigen Truppen zusammen. Es gab da eine Negerkompanie von ungefähr 60 Mann, die zur Hälfte in unsere Plantage gehörten. Einer der unsrigen schoß einen englischen Offizier nieder, der einen starken Trupp anführte. Da er von seinen anderen Kameraden unterstützt wurde, warfen sie nicht nur den Feind zurück und töteten eine beachtliche Anzahl seiner Leute, sondern erbeuteten auch noch ein paar Trommeln, drei Hellebarden und andere Waffen und Montierungsstücke. Unser Neger, der den englischen Offizier getötet hatte, plünderte ihn aus und brachte mir seinen Degen und den Ringkragen. Nach Verlauf einiger Tage beschwerte er sich aber bei mir, daß ihm ein französischer Offizier befohlen habe, die Waffen abzugeben, oder er würde ihm sonst etwas weisen. Er versicherte mir, falls sich dieser Offizier unterstehen würde, Hand an ihn zu legen, so werde er ihn wie den Engländer durch den Kopf schießen. Ich verbot ihm aber solche Gewalttätigkeiten und versprach, mit dem Eisenfresser deshalb zu reden. Als ich ihn in der Tat beim Statthalter antraf, sagte ich ihm, er möge sich nur immerhin die Gedanken an die englischen Waffen vergehen lassen, und wenn er dergleichen zu besitzen wünsche, so solle er es nur wie der Neger machen, der sie mir gebracht hätte. Besonders aber solle er es nicht wagen, diesem übel zu begegnen, da ich den Neger als einen herzhaften Kerl kenne, der sich nicht das mindeste gefallen ließe. Er befolgte auch wohlweislich und zu seinem Glück meinen Rat.

Aus dem, was ich bereits von dem Unterhalt gesagt habe, mit dem die Herren ihre Sklaven versehen müssen, ist es leicht zu erkennen, daß diese nicht besonders gut davon leben können. Trotzdem wäre es ein großes Glück für sie, wenn ihnen wenigstens das gereicht würde, was die königlichen Verordnungen vorschreiben. Indessen leben sie trotzdem von diesem Wenigen und behelfen sich mit den Erbsen, Pataten, Ignames, dem karibischen Kohl und anderen Früchten, die sie in ihrem Garten ziehen, mit den Krabben und Fröschen, die sie fangen, besonders aber mit den Feigen und Bananen, mit denen ihre Hütten jederzeit reichlich versehen sind. Ihr Geflügel schlachten sie nicht eher, als bis sie krank sind, und die Schweine nur dann, wenn sie einen großen Schmaus bereiten wollen. Diese beiden Fälle ausgenommen, verkaufen sie die Tiere und schaffen sich für das Geld, das sie davon erlösen, Fische und gesalzenes Fleisch, von denen sie mehr Nutzen haben.

Das ansehnlichste unter ihren Gastmählern ist ihr Hochzeitsfest.

Obwohl der Herr viel dazu beiträgt, würde all dies trotzdem nicht ausreichen. Alle Neger von der Plantage und die übrigen dazu eingeladenen bringen stets etwas zum Schmaus und ein Geschenk für die Neuverheirateten mit. Die Herren bekleiden sie dann mit irgendeiner feinen Leinwand oder einem leichten Zeug, je nach der Art ihrer Freigiebigkeit und nach dem Rang, den das Paar unter den übrigen Sklaven hat. Sie sind nämlich in gewissen Stufen voneinander unterschieden, und es braucht nicht wenig Mühe, bevor eine Eheverbindung, besonders unter den Neger-Kreolen, geschlossen wird. Denn außer dem Herrn müssen auch die Taufpaten und -patinnen, alle Anverwandten und die vornehmsten Freunde der beiden Familien zustimmen. Dabei muß vorher genau untersucht werden, ob sie auch von gleicher Geburt sind, da sich beispielsweise die Tochter eines Vorarbeiters wohl niemals bereiterklären würde, den Sohn eines Gartennegers, der bloß im Feld arbeitet, zu heiraten. Ähnlich ist es mit den übrigen Graden, die bei ihnen statt des Adels dienen. Die neuangekommenen Neger bereiten bei weitem nicht so viele Schwierigkeiten und sind daher viel leichter zu befriedigen. Aber auf welche Art es auch immer geschehen mag, so erfordert es doch vom Herrn die nötige Klugheit, in diesem Punkt niemanden zu zwingen, da es sonst übelste Folgen haben könnte.

Sobald ein Neger krank wird, verbindet er sich den Kopf, schwitzt und trinkt nichts als heißes Wasser. Nur die wenigsten genießen ungekochte Kräuter, wie wir den Salat oder verschiedene andere Zugemüse. Sie sagen, daß dies nur Ochsen und Pferde tun, denen es an Verstand fehlt, Gemüse abzukochen. Ich hatte einen jungen Neger von sieben bis acht Jahren zu mir ins Haus genommen, um ihn allmählich zu unterrichten, damit er später einmal einen unserer Pfarrer bedienen könne. Er verwunderte sich stets, wenn er mich Salat essen sah, und sagte zu den übrigen, daß ich wie ein Pferd fräße. Es dauerte ziemlich lange, bis er selbst davon etwas kosten wollte, da er sich stets damit entschuldigte, daß er weder ein Ochse noch ein Pferd sei. Als er es endlich einmal versuchte und ihm der Salat gut geschmeckt hatte, kam er ganz freudig gelaufen und rief: »Mein Pater, ich habe ebensogut wie sie Gras gefressen, wie ein Pferd!« Daraus kann man die Einfalt eines Kindes erkennen, wie man sie auch bei einem erst vor kurzem erst aus Afrika angekommenen Neger in gleichem Grade findet. Doch diese Einfalt verliert sich bei ihnen bald, und sie werden ebenso durchtrieben wie die Weißen.

Man muß aber alles in der Welt anwenden, damit sie nicht nur untereinander in der Plantage, zu der sie gehören, sondern auch mit den benachbarten Negern in Frieden leben; denn da sie, wie ich vorhin bereits angemerkt habe, sehr stolz sind, so folgt daraus notwendigerweise, daß sie auch ungemein rachsüchtig sein können. Sobald nur einmal die Schlägerei den Anfang genommen hat, dürfen ihre Herren nichts anderes erwarten, als daß eine derartige Unordnung täglich von neuem anhebt. Sie können niemals hoffen, das Ende zu erleben, wenn sie den Haß ein wenig einwurzeln lassen.

Die Plantage im S. Jacobsgrunde war uns von Herrn Duparket, dem Oberherrn und Eigentümer der Insel, geschenkt worden. Da er und sein ganzes Haus unserer Mission sehr gewogen waren, wollte er uns bei sich wohnen haben und gab uns deshalb einen Platz gleich neben jenem, den er sich zu Sainte-Marie in Capesterre vorbehalten hatte. Um nun zu verhüten, daß es wegen der aneinanderstoßenden Felder einmal zu einem Streit käme, ließ er zwischen unseren Plantagen einen leeren Raum von 200 Schritten frei. Diesen Platz übergab er später einem gewissen Aubin. Man hielt diesen zwar allgemein für einen sehr schlechten Feldmesser, doch zeigte er, daß er genug Verstand besaß, jene zu hintergehen, die ihn an Geschicklichkeit zu übertreffen glaubten. Der Verdruß, den die Herren über seine ihnen bei dieser Gelegenheit gespielten Betrügereien hatten, erstreckte sich auch auf die Sklaven, die sich stets bereitwillig an den Streitigkeiten ihrer Herren beteiligten. Daher herrschte stets Zwist unter diesen Sklaven, die sehr oft miteinander ins Handgemenge gerieten. Endlich hatte der Tod des Pflanzers die Wut dieses kleinen Krieges etwas gestillt, und man dachte gar nicht mehr daran, seitdem die Zuckersiederei des Herrn Aubin in andere Hände gefallen war und seine Neger unter fünf bis sechs zurückgelassene Kinder verteilt worden waren, als ein unvorhergesehener Zufall den alten Streit wieder erneuerte.

9. Kapitel

Weiterer Bericht über die Kariben, ihre Wohnungen und ihren Tageslauf

HERR Aubin hatte als Eigentümer der Plantage eine beachtliche Anzahl Sklaven verloren, die in wenigen Stunden unter unbeschreiblichen Schmerzen gestorben waren. Dies geschah durch die Bosheit eines seiner Sklaven, der sie vergiftete, sobald er nur bemerkte, daß sein Herr mit einem unter ihnen zufrieden war oder sich gut gegen ihn zeigte. Als nun dieser Nichtswürdige auf dem Totenbett lag, ließ er seinen Herrn holen, bat ihn um Verzeihung und bekannte dabei, daß er an dem Tod von mehr als 30 seiner Kameraden schuldig sei, die er vergiftet habe. Dazu bediente er sich, wie er ihm berichtete, des Saftes einer gewissen Pflanze, die in Capesterre auf den Inseln am Seeufer wächst, deren Namen ich aber aus Vorsicht mit Stillschweigen übergehe. Er ließ sich einen seiner Nägel etwas länger als die anderen wachsen. Wenn er nun jemanden vergiften wollte, kratzte er solange mit dem langen Nagel an dieser Pflanze, bis er ihn mit dem dicken Saft angefüllt hatte, der herausdrang. Mit diesem Vorrat kehrte er dann wieder nach Hause zurück und lud dann das Schlachtopfer, das er töten wollte, zu einem Schluck Branntwein ein. Er trank stets zuerst, worauf er seinem Opfer aus der gleichen Flasche und in eben den Becher, aus dem er selbst getrunken hatte, einschenkte, doch hielt er ihn so, daß sein Nagel in den Branntwein eingetunkt wurde und das Gift sich darin verbreitete. Es dauerte niemals zwei Stunden, dann bekam das Opfer schreckliche Zuckungen, von denen es in wenigen Minuten weggerafft wurde. Als man ihn nun fragte, ob es wohl ein Mittel gegen dieses Gift gäbe, antwortete er, man habe kein anderes als die Wurzel des stachligen Fühlkrauts, die, gestoßen und in Wein aufgelöst, durch ein gewaltsames Erbrechen das Gift wieder heraustreibe. Dieses Kraut, das vermutlich nur allzu vielen Personen bekannt sein mag, wurde mir durch eines der Kinder des Herrn Aubin gezeigt. Wenn man es zerbricht und an die Nase hält, hat es einen starken, durchdringenden und dermaßen schädlichen Geruch, daß jeder in Ohnmacht fallen würde, der nur ein

halbes Vaterunser lang daran riecht, wie ich aus selbst angestellten Versuchen weiß. Indessen ist dieses Mittel eines der sichersten Gegengifte, die ich kenne und die es vielleicht in der ganzen Medizin gibt. Man kennt zwei Gattungen dieses Fühlkrautes, die stachlige Art als die beste und jene ohne Stacheln, die man wieder in eine männliche und eine weibliche unterteilt, weil die Blätter bei der einen größer sind als bei der anderen. Jedermann weiß übrigens, daß man diese Pflanze Fühlkraut oder die empfindliche Pflanze nennt, weil ihre Blätter, sobald man sie nur mit einem Stab oder mit der Hand berührt, zusammenfallen, sich schließen und einige Minuten lang gleichsam wie aufeinandergeleimt bleiben, sich dann wieder öffnen und ihre gewöhnliche Stellung einnehmen.

Das stachelige Fühlkraut ist die kleinste unter den genannten drei Gattungen. Es wird sowohl vom Samen als durch Ableger gezogen. Die Stammwurzel ist ungefähr eineinhalb Fuß lang, gegen die Bodenfläche hin ziemlich dick und unten hingegen spitz. Inwendig ist sie weiß, ziemlich saftig und schwammig, hat keinen Geruch, aber einen etwas süßlichen Geschmack. Sie treibt unterschiedlich lange, aber schwache Äste oder Stengel, die auf den Boden kriechen, sich biegen und durcheinanderschlingen. Diese Äste sind geschmeidig, zart und voller Saft, dabei aber mit kleinen, etwas krummen und sehr spitzigen Dornen besetzt. Ihre Blätter wachsen jederzeit paarweise. Ein jeder kleiner Stengel hat 11 bis 15 Paare, man findet selten mehr oder weniger. Sie sind zweimal länger als breit, oben dunkelgrün, unten dagegen etwas heller. Obwohl sie wenig Fleisch haben, sind sie dennoch stark genug, unten aber und am Rand mit kleinen, dünnen, geraden und ziemlich dicken Stacheln besetzt. Die Blüte dieser Pflanze ist ein Büschel, das aus einer Menge kleiner, dünner und zarter Fäden besteht, die einen halben Zoll lang sind. Ihre äußersten Teile sind rund, in Form eines gelben Knopfes, an dessen Stelle man endlich kleine, braune Schoten zum Vorschein kommen sieht, die länglich runde, platte, harte und braune Samenkörner enthalten, die mit einem kleinen Netz von noch dunklerer Farbe umgeben sind. Eine jede Schote hat um ihren Rand eine Art von Schnur, die aus dünnen, kurzen, dürren, grauen Stacheln gebildet wird und deshalb so gestaltet zu sein scheint, um zu verhindern, daß man den Samen der Pflanze herausnehmen kann.

Einige wollen zwar behaupten, daß die Blätter dieser Pflanzengattung, in Wasser eingeweicht und wie die Ipecacuanha eingenommen, die

gleiche Wirkung hätten. Wenn es darauf ankommt, nur ein Erbrechen zu erregen, haben sie recht, da wohl nichts in der Welt dazu besser geeignet ist als dieses Getränk. Allein man muß sehr geschickt sein, wenn man aus einem so starken Gift, wie es der Saft aus den Blättern dieser Pflanze enthält, ein Arzneimittel zubereiten will. Das einzige und kräftigste Mittel gegen dieses Gift ist die Wurzel von der gleichen Pflanze, wenn sie so zubereitet wird, wie ich weiter unten melde.

Die beiden anderen Gattungen des Fühlkrautes zeigen keine Stacheln. Sie wachsen als kleiner Strauch, und ich habe sie überall zu Martinique gesehen, wo sie vier bis fünf Fuß hoch wurden. Ihr Stengel ist schwach, zerbrechlich, voller Saft und mit einer dünnen, aber ziemlich fest anklebenden Haut bedeckt. Er treibt viele Zweige, die sich wieder in kleine Äste und Reiser verteilen, woran die Blätter paarweise stehen. Sie sind dunkelgrün und mit kleinen roten Tupfen versehen.

Im Dezember des Jahres 1697 wurde ich gerufen, um einem Neger die Beichte abzunehmen. Ich fand den armen Kranken in schrecklichen Schmerzen und Zuckungen und befragte ihn, so gut das bei seinem gegenwärtigen Zustand nur möglich war. Inzwischen wurde die Wurzel des stachligen Fühlkrautes, die man ihm eingeben wollte, zubereitet. Sie sollte sein Schicksal entscheiden und ihn entweder durch Erbrechen des Giftes wieder herstellen oder, wenn seine geschwächte Natur die heftige Wirkung dieses Mittels nicht aushalten konnte, ihm nach wenigen Minuten vollends das Leben nehmen. Nachdem man die frisch aus der Erde gezogene Wurzel von ihrer braunen Haut gereinigt, gewaschen und wieder abgetrocknet hatte, wurde sie in einem Mörser zu Brei zerstoßen. Davon nahm man einen Teil, tat ihn wieder in den Mörser und löste ihn auf, indem man ihn mit Rotwein vermischte. Sobald nun der Teig im Wein aufgelöst war, ließ man den Kranken ein gutes Glas davon einnehmen. Er lagerte auf einer Matratze, die auf dem Erdboden zwischen zwei Feuern ausgebreitet war, und man versäumte nicht, ihn gut zuzudecken, obwohl das meines Erachtens nicht viel helfen konnte, da dieses Arzneimittel schon innerhalb weniger Minuten durch einen außerordentlich starken Schweißausbruch zu wirken begann. Dieser Schweiß war noch mit heftigen Zuckungen und einem solchen Erbrechen verbunden, daß es schien, als wolle er Lunge und Leber herausspeien. Bei dieser Gelegenheit gab er ein lebendiges Tier, so dick als einen Daumen, von sich, das ungefähr vier Zoll lang sein mochte. Es hatte vier Beine, die länger als ein Zoll waren, und drei Gelenke mit

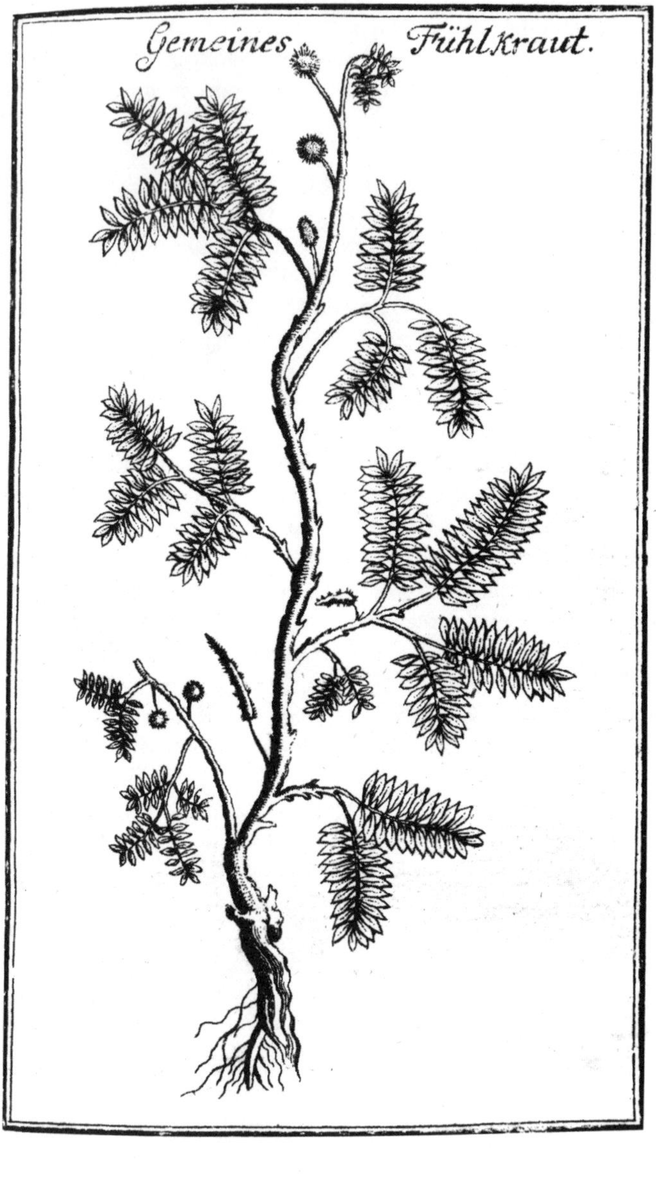
Gemeines Fühlkraut.

kleinen Krallen, wie bei einer Ratte. Der Kopf konnte vom übrigen Körper bloß durch die Bewegung des Halses unterschieden werden. Es hatte ein paar kleine Augen und einen mit Zähnen versehenen Rachen. Der Rücken war mit zwei Flügeln bedeckt, die denen der Fledermäuse ähnelten. Sein Körper war nur ganz leicht mit rötlichen, harten, kurzen Haaren bewachsen.

Nachdem der Kranke dieses Insekt ausgespien hatte, erbrach er noch einmal viel Blut und eine bläuliche Materie. Dann fiel er in eine Schwäche, die ziemlich lange anhielt und von der man ihn nur durch viele Herzstärkungen befreien konnte. Kurz nachdem das Tier herausgekommen war, begann es, seine Flügel zu bewegen und vom Tisch, auf den man es gelegt hatte, herabzufliegen. Es flatterte zu Boden, wo es sich aber nicht aufrecht zu halten vermochte. Man steckte es in eine mit Branntwein gefüllte Flasche, um es vor der Verwesung zu bewahren. Man versicherte mir, dies sei schon das vierte Mal, daß die Wurzel des Fühlkrauts vergiftete Neger wieder hergestellt hätte, allein man habe noch keine solche Wirkung wie bei dieser Gelegenheit gesehen. Der Neger hatte sich erst seit vier oder fünf Tagen krank gefühlt, vielleicht aber war das Gift schon lange vorher in den Leib gekommen; denn es braucht doch allem Anschein nach eine ziemliche Zeit, ehe es im menschlichen Körper eine solche Fäulnis verursachen kann. Man hatte einen alten Arada-Neger wegen dieser Vergiftungen in Verdacht, konnte ihn aber in Ermangelung hinlänglicher Beweise nicht gerichtlich belangen. Sein Tod, der bald danach erfolgte, wie ich schon kurz erzählt habe, befreite die Neger dieser Plantage endlich von ihrer Furcht, vergiftet zu werden.

Unser neuer Generalsuperior, Pater Lafleche, der erst vor vier Monaten auf die Insel gekommen war, hatte seinen Aufenthalt im S. Jacobsgrund genommen, um der sogenannten Siamesischen Krankheit zu entgehen, die im Kastell Saint-Pierre grassierte. Doch er wurde am 25. August davon überfallen. Da wir ihn aber ungemein sorgfältig pflegten und er überdies sehr gesund war, widerstand er der Krankheit bis zum 18. September, an dem er starb. Bis zur Berufung eines neuen Generalsuperiors durch den Ordensgeneral wählten wir Pater Cabasson als dessen Vertreter, und im Monat März des folgenden Jahres bekam er dann tatsächlich die Berufung zum Generalsuperior und apostolischen Präfekten unserer Missionen.

Etwa zehn Tage nach dem Tode des Generalsuperiors wurde einer

unserer Religiosen, der mit ihm aus Frankreich gekommen und zum Pfarrer des Trinitäts-Kirchspiels ernannt worden war, ebenfalls von der Siamesischen Krankheit angegriffen. Ich mußte deshalb nicht nur seine sehr weitläufige Pfarre versehen, sondern ihn auch ebenso sorgfältig pflegen, wie den Generalsuperior, doch mit einem besseren Erfolg, da weder die Arzneien noch die Ärzte oder die Krankheit selbst ihm das Leben nehmen konnten, sondern er infolge seiner starken Natur innerhalb von acht Tagen wieder von der Krankheit befreit wurde. Sobald ich sah, daß er weggebracht werden konnte, ließ ich ihn nach dem S. Jacobsgrund schaffen, damit er um so schneller wiederhergestellt werde, und ersuchte darauf den Religiosen, der bei mir war, die Besorgung der Trinitäts-Pfarre zu übernehmen, da die Geschäfte unserer Plantage meine Abwesenheit nicht länger erlaubten.

Einige unserer Väter, die den Wiedergenesenen besuchten, baten mich, sie im Wald mit einem bukanierten Schwein zu bewirten, was ich von Herzen gern tat. Um die Gesellschaft zu vergrößern, ließ ich noch einige unserer Bekannten und alle unsere Patres, die in der Nähe weilten, dazu einladen. Der einzige Unterschied zwischen dem Braten der Bukanier und dem unsrigen bestand darin, daß jene ein Wild- oder Maronenschwein nehmen, wir aber nur ein zahmes Tier hatten, das schon am Tage zuvor auf meine Anweisung hin abgestochen, gesengt und ausgeweidet worden war. Auch hatte ich etwa 1500 Schritt von unserem Hause entfernt einen Platz im Wald am Ufer des Flusses reinigen und dort einen großen Ajoupa, wie man die einfachen, mit Palmblättern bedeckten Hütten nennt, errichten lassen, damit man sich dort allenfalls in Sicherheit bringen konnte, wenn Regen einfallen sollte.

Als der dafür bestimmte Tag angebrochen war, schickte ich mit Sonnenaufgang das Schwein und andere Dinge, die zu dieser Mahlzeit zugerichtet worden waren, in den Ajoupa, besonders aber den Wein, um ihn im Fluß abkühlen zu lassen. Nachdem alle eingeladenen Gäste beisammen waren, brachen wir auf, um uns an den Platz zu begeben, an dem das Bukanieren vorgenommen werden sollte. Als wir gegen neun Uhr dort eintrafen, mußte sogleich jedermann zu arbeiten beginnen, und den Nachlässigsten wurde aufgetragen, für jeden Bukanier zwei kleine Spieße zu verfertigen. Dazu wird ein fingerdickes Holz genommen, dessen Rinde man sorgfältig abschält. Einer dieser Spieße muß zwei Spitzen aufweisen, der andere dagegen nur eine. Die übrigen Gäste beschäftigten sich damit, den Bukan herzurichten, das ist eine Art

hölzerner Rost, auf dem das Schwein ungeteilt gebraten werden soll. Dazu schneidet man vier Gabeln ab, die etwa armdick und etwa vier Fuß lang sind und pflanzt sie so in den Erdboden, daß sie ein Viereck bilden, das etwa fünf Fuß lang und drei Fuß breit ist. Dann legt man auf diese Gabel zwei Querhölzer und darauf die kleinen Stänglein, die den eigentlichen Rost bilden. Alles zusammen wird mit Lianen fest angebunden. Auf diesen Rost wird dann das Schwein so hingelegt, daß der offene Bauch nach oben zeigt und in dieser Lage durch Stäbe auseinandergespreizt wird, damit er nicht durch die Hitze des darunter geschürten Feuers zusammenschrumpfen kann.

Während nun alles zugerichtet wurde, zündeten die Neger das Holz an, von dem sie bereits tags zuvor eine ziemliche Menge abgehauen hatten, um es in Kohlen zu verwandeln. Sobald dies geschehen war, brachte man die Kohlen mit Baumrinden, die anstelle der Schaufeln genommen wurden, unter das Schwein; denn es ist ausdrücklich geboten, sich keines Gegenstands aus Metall, wie zum Beispiel Schaufeln, Feuerzangen, Löffeln, Gabeln oder Salzfässer zu bedienen, ja, man darf sogar nicht einmal Tischtücher oder Servietten und was dergleichen Tischgerätschaften mehr sind, dazu nehmen, da die Lebensart der Bukanier, die man doch bei solchen Mahlzeiten nachzuahmen gedenkt, dadurch allzusehr entstellt würde. Ich habe noch zu bemerken, daß man das Schwein innen stark mit Salz, Zitronensaft, zerstoßenem Piment und Pfeffer gefüllt hat; denn das Schweinefleisch, das zwar schon an und für sich, und besonders hier in Amerika, gut und köstlich schmeckt, ist doch etwas süßlich und muß daher durch diese Würze verbessert werden.

Während nun das Schwein brät, können zwar die Gäste, die Lust zum Frühstücken haben, dieses genießen, auch allenfalls einen guten Schluck dazu trinken, wenn das Getränk nur unvermischt ist. Das heißt, man soll Wein und Wasser gesondert trinken, da eine Vermischung von Wasser und Wein der einfachen Lebensart zuwider wäre. Ohne weitere Folgerungen daraus zu ziehen, wurde es gestattet, bei dieser ersten Mahlzeit einiges vom Haus mitgebrachte Fleisch zu essen. Sobald man aber einmal etwas von dem Schwein genossen hat, war es nicht mehr erlaubt, etwas anderes anzurühren.

Nachdem das Frühstück vorbei war, wählte sich jeder einen anderen Zeitvertreib. Einige gingen auf die Jagd, andere lasen Cachibou-Blätter und Farnkraut zusammen, um Tischtücher und Servietten daraus zu

Tatou oder Armadill.
Agouti, eine Gattung von Hasen.
Tatou als eine Kugel zusammen gerollet.
Wildes oder Maron Schwein.

fertigen, wieder andere waren besorgt, damit das Schwein langsam briet und das Fleisch recht von der Brühe, mit der es inwendig gefüllt war, gut durchdrungen würde. Dies geschieht aber, indem man es mit den spitzigen Gabeln stupft, ohne dabei die Haut zu durchlöchern, aus Furcht, es könnte sonst die Brühe, die man doch gern behalten will, heraus ins Feuer laufen.

Sobald man nun glaubte, daß der Braten fertig sei, rief man die Jäger mit zwei Flintenschüssen, die kurz aufeinander abgefeuert wurden, zusammen. Das ist nämlich vorgeschrieben, da bei den Bukanier-Gesellschaften keine Glocken eingeführt sind. Sobald sie eingetroffen waren, rupfte man das mitgebrachte Vogelwildbret und warf es, je nach seiner Beschaffenheit, entweder in den Schweinsbauch hinein, der hierbei anstatt eines Topfes dienen mußte, oder steckte es an einen Spieß, den man vor das Feuer hinpflanzte, wo es gebraten wurde, ohne es jedoch öfter als vier- bis fünfmal herumdrehen zu dürfen. Die Jäger, die kein Wildbret mitgebracht hatten, kamen mit der Entschuldigung nicht frei, daß sie keines angetroffen hätten. Man antwortete ihnen vielmehr, sie müßten sich danach umsehen und bei Strafe etwas aufspüren und mitbringen. Wenn es alte Bukanier sind, die dergleichen Entschuldigungen vorbringen, werden sie ohne Verzug zur Strafe verurteilt, indem sie soviel Mal, und zwar gleich hintereinander, trinken müssen, wie der beste Jäger Stücke Federwild mitgebracht hat. Wenn man überzeugt ist, daß ihr Jagdpech nicht aus bloßer Nachlässigkeit herrührt, kann man ihnen gnadenweise die Wahl des Getränks überlassen. Die Strafe der Novizen aber, wie man jene nennt, die zum ersten Mal diesem Schmaus beiwohnen, hängt vom Willen desjenigen ab, der den Braten gibt.

Nach dem Tischgebet setzten wir uns an eine Tafel, die so fest und unbeweglich stand, daß sie nicht wanken konnte, außer es entstünde ein Erdbeben; denn es war die Erde selbst, die man mit Farnkraut und Cachibou-Blättern belegt hatte.

Ein jeder legte seine zwei Gabeln und sein Messer neben ein Cachibou-Blatt, dessen vier Ecken mit einer dünnen Liane etwas hochgebunden waren, so daß die Form einer Pfanne entstand. Dahinein goß nun jeder seine Brühe, wenn er sie etwas süßer oder schärfer haben wollte. Ich ließ auch Servietten und Brot auf den Tisch legen, obwohl es ein Mißbrauch war, da die eigentlichen Bukanier nichts dergleichen haben. Sie nehmen nur gelegentlich einige Bananen, um sie mit ihrem

Fleisch zu essen, gewöhnlich muß aber bei ihnen das magere Schweinefleisch das Brot ersetzen. Der Eigentümer des Bratens muß als Oberhaupt und Hausvater der Gesellschaft das erste Stück vorschneiden. Er nähert sich also in dieser Absicht dem Bukan und hält mit der linken Hand seine große Gabel, in der rechten dagegen das große Messer. Während nun das Schwein immer auf seinem Ruhebett über dem Feuer liegenbleibt, schneidet er, ohne jedoch die Haut zu beschädigen, dicke Stücke Fleisch herab und legt sie auf Baliesierblätter, die durch die Bedienten den bei Tisch sitzenden Gästen überbracht werden. Mitten auf die Tafel wird ein großer, mit der Brühe aus dem Schweinebauch gefüllter Couy und noch ein anderer mit Zitronensaft, Pfeffer, Salz und Piment gesetzt, wovon sich ein jeder die Brühe macht, wie es ihm selbst gefällt. Nach diesem ersten Gang stehen die Ältesten der Gesellschaft abwechselnd auf, um Fleisch abzuschneiden und die übrigen damit zu bedienen. Zuletzt kommen endlich auch die Novizen, die diese Kunst unterdessen vom Zuschauen erlernt haben müssen, um gleichfalls ihren Teil herabzuschneiden und andere zu bedienen. Die Leser werden sich sicher denken können, daß auch häufiges Trinken mit dazugehört. Das ist durch die Gesetze vorgeschrieben, und die scharfe Brühe lädt schon an und für sich selbst dazu ein, so daß in diesem Punkt nur sehr wenige Personen einen Fehler begehen. Sollte sich aber dabei jemand etwas zuschulden kommen lassen, so muß der Herr des Bukans auf seine Gesellschaft ein wachsames Auge haben und wenn er einige darunter findet, die in dieser Pflicht nachlässig sind, sie deswegen öffentlich erinnern und sie zur Strafe einen großen, voll eingeschenkten Couy austrinken lassen.

Mit solchen harmlosen Unterhaltungen brachten wir den Tag so vergnügt hin, als das nur möglich war. An guten Weinen, die das Herz der Mahlzeiten bildeten, bestand ebenfalls kein Mangel. Ich hatte französischen, florentinischen sowie Madeirawein und Canariensekt herbeigeschafft, und als man sie aus dem Fluß herausnahm, in den sie zur Kühlung hineingestellt worden waren, schmeckten sie so frisch, daß man beinahe geglaubt hätte, sie wären im Eise gestanden.

Bei diesem Bukanierschmaus waren 20 Personen und mehr als 20 Neger zugegen, die wir zur Aufwartung mitgebracht hatten. Obwohl das Schwein, das man auf solche Art zubereitet hatte, so groß war, daß es für eine viel zahlreichere Gesellschaft hätte reichen können, verzehrte man gleichwohl den Braten mit solchem Appetit, daß für unsere Neger

ohne das andere mitgebrachte Fleisch nichts zum Mittagessen würde übrig geblieben sein. Nach unserer Rückkehr ließ ich mehr aus Höflichkeit, als daß es nötig gewesen wäre, einen kleinen Imbiß auftragen, und danach trennten wir uns ungemein zufrieden mit dem an diesem Tag gehabten Vergnügen.

Die Maronenschweine sind aber unstreitig den zahmen weit vorzuziehen, und ihr Fleisch wird im Geschmack noch besser, je nach Beschaffenheit der Früchte oder Samenkörner, mit denen sie gemästet werden. Diese Tiere sind aber höchst selten auf den Inseln und besonders auf Martinique anzutreffen, wo ihre Jagd tatsächlich beschwerlich wird, da sie sich in die steilsten Gebirge und die tiefsten Gründe zurückziehen, wo es nicht wenig Mühe kostet, wenn man ihnen dort nachspüren will, die Gefahr nicht zu rechnen, in die man dort durch die Schlangen gerät. Alle Schweine in Amerika, sie mögen nun wild oder zahm sein, fressen keinen Unrat wie die in den übrigen Weltteilen. Sie leben von nichts als Früchten, Getreidekörnern, Wurzeln, Zuckerrohr und dergleichen Dingen. Daher kommt es auch, daß ihr Fleisch einen so köstlichen Geschmack hat.

Am 7. Januar 1700 reiste ich vom Ankerplatz zu Martinique ab, um nach Guadeloupe zu gehen. Meine Barke sollte unterwegs in Dominique anlegen, um Bauholz einzunehmen. Obwohl ich voraussah, daß meine Reise dadurch verzögert würde, war ich doch keineswegs böse, da ich so Gelegenheit fand, diese Insel etwas näher zu betrachten und die dort wohnenden Kariben kennenzulernen. Am 9. gingen wir dann gegen zwei Uhr nachmittags in Dominique bei dem Carbet der Frau Ouvenard vor Anker. Diese Eingeborenenfrau war meines Erachtens damals die älteste Frau der Welt. Vor etwas mehr als 100 Jahren soll sie sehr schön gewesen sein. Sie wurde deshalb von einem englischen Statthalter aus Saint-Christoph als Mätresse gehalten und zeugte mit ihm viele Kinder, unter denen sich auch ein gewisser Ouvenard befand. Nach dem Tod des Statthalters war sie von den Engländern wieder nach Dominique zurückgeschickt worden, wo sie sich fortan Frau Ouvenard zu nennen pflegte. Ihr Alter verschaffte ihr unter den Kariben ein hohes Ansehen. Sie hatte aber außer dem Ouvenard noch viele andere Nachkommen, so daß ihr großes Carbet mit zahlreichen Kindern, Enkeln und Urenkeln bevölkert war.

Wir versäumten nicht, sie gleich nach unserer Ankunft zu besuchen. Ich führte das Wort, und man wird sich leicht vorstellen können, daß

meine Anrede sehr freundlich aufgenommen wurde, da sie auch von ein paar Flaschen Zuckerrohrschnaps begleitet war. Sie fragte mich unter anderem, wann Pater Raymond wiederkommen werde, einer unserer Missionare, der sich lange unter den Kariben aufgehalten und vergeblich an ihrer Bekehrung gearbeitet hatte. Er war aber schon vor beinahe 30 Jahren gestorben. Ich sagte ihr, daß er bald kommen werde, was ihr überaus wohl gefiel. Sie und alle anderen Kariben glaubten nicht daran, daß er gestorben war, denn sie bilden sich ein, eine Person, die sie gekannt haben, lebe solange, bis man sie im Grabe liegen sehe. Man würde sich also vergeblich bemühen, sie vom Gegenteil zu überzeugen.

Das gute Weib war ganz nackt und hatte keine zwei Dutzend Haare mehr auf dem Kopf. Ihre Haut schien wie ein altes, eingeschrumpftes und geräuchertes Pergament zu sein. Sie ging dermaßen gebückt einher, daß ich ihre Gesichtszüge nicht eher sehen konnte, als bis sie sich zum Trinken niedersetzte. Immerhin hatte sie noch viele Zähne im Munde und ziemlich muntere Augen.

Sie fragte mich, ob ich in ihrem Carbet bleiben wolle, und als ich ihr darauf antwortete, daß ich mich solange aufhalten müsse, als die Barke vor Anker liege, ließ sie mir einen Hamack bringen, für den ich aber dankte, da ich gar keine Lust hatte, mich wie einen Kariben einzufärben. Ich wählte mir daher einen Platz in ihrem Carbet, wo ich meinen eigenen Hamack aufspannen ließ, und die anderen fünf Mitreisenden entschlossen sich ebenfalls hierzubleiben. Wir nahmen also ingesamt unseren Aufenthalt bei Frau Ouvenard, und da wir 17 Tage lang blieben, hatten wir Gelegenheit genug, die Sitten und Gebräuche zu beobachten und Bekanntschaften mit den Kariben zu schließen.

Sie erheben sich alle kurz vor Sonnenaufgang von ihrem Lager und verlassen sogleich das Carbet, um ihre Notdurft zu verrichten. Das geschieht aber niemals bei ihren Häusern, sondern an irgendeinem etwas entlegenen Platz, wo sie ein Loch machen und es sogleich wieder mit Erde bedecken. Nur wenn kein Fluß in der Nähe ist, baden sie sich dann sofort im Meer. Sobald sie vom Baden wieder zurückgekommen sind, setzt sich der Karibe mitten im Carbet auf einen kleinen hölzernen Stuhl, der aus einem Stück verfertigt ist. Auf ihm bleibt er solange sitzen, bis er von Luft und Sonne abgetrocknet worden ist. Dann kommt eine der Frauen mit einem kleinen Topf voll Roucou, das mit Palmachristi-Öl angemacht ist, um ihn anzumalen. Sie beginnt damit, seine Haare zu durchkämmen oder doch wenigstens auseinanderzuwir-

ren. Nachdem sie diese mit ein wenig Carapat-Öl eingerieben hat, bindet sie sie mit einer baumwollenen Schnur zusammen und flechtet einen Zopf. Dann hält sie den Topf mit der Farbe in der linken Hand, in der rechten dagegen einen Pinsel und beschmiert den ganzen Leib, wobei sie mit dem Gesicht beginnt. Wenn der ganze Oberteil des Körpers angemalt ist, steht der Karibe endlich auf, um sich die Schenkel und Beine ebenfalls bemalen zu lassen. Sobald dies geschehen ist, setzt er sich wieder auf seinen Stuhl nieder und beschmiert sich selbst jene Glieder, die seine Frau aus Schamhaftigkeit nicht berühren darf. Je nachdem es ihm gefällt, läßt er sich dann mit Genipa-Saft einige Schnurrbärte oder andere schwarze Flecken im Gesicht und am Leib machen. Wenn die Frauen beim Kämmen Läuse finden, zerbeißen sie diese, um ihnen Gleiches mit Gleichem zu vergelten und sich wegen ihrer Bisse zu rächen. Nur die Kariben und Neger haben auf den Inseln Läuse, bei allen übrigen Leuten sterben diese Tierchen, sobald man über den Wendekreis kommt.

Mittlerweile bereiten die Weiber Cassave zum Frühstück, die sie ganz heiß essen. Wenn sie über Nacht auf Fisch- oder Krabbenfang gewesen sind oder noch etwas vom vorangegangenen Tag übriggelieben ist, kocht man diesen Vorrat eilig und bringt alles, sobald der Eigentümer des Carbets es befiehlt. Sobald sie angemalt sind, essen sie alle, ohne nur ein Wort miteinander zu sprechen oder die mindeste Höflichkeit oder Andacht dabei an den Tag zu legen. Nach dem Essen bringen die Weiber etwas zu trinken. Dann legen sich einige wieder in ihrem Hamack, andere hocken sich wie die Affen auf ihre Fersen zum Feuer, wobei sie den Kopf mit der flachen Hand stützen und ganze Stunden lang in dieser Lage stillschweigend sitzenbleiben, als ob sie in tiefem Nachdenken begriffen wären. Wenn dies nicht geschieht, so pfeifen sie mit dem Mund oder auf einer Art Flöte und halten dabei immer die gleichen Töne. Meiner Meinung nach ist nichts unangenehmer und verdrießlicher als diese Musik.

Ein paar beginnen an Körben, Bögen, Pfeilen und ähnlichen Dingen zu arbeiten, ein jeder nach seiner Fähigkeit und ohne daß sich einer die Freiheit nimmt, dem anderen eine oder die andere Beschäftigung zuzumuten. Auf solche Art arbeiten sie immer nur soviel, als sie im Notfall brauchen, und dies jederzeit nachlässig und sorglos. Dabei hegen sie nicht die mindeste Aufmerksamkeit und verlassen die Arbeit, sobald sie nur anfangen, ihrer überdrüssig zu werden.

In ihren Gesellschaften geht es sehr bescheiden und friedlich zu. Es spricht nur einer, alle übrigen hören anscheinend mit größter Aufmerksamkeit zu, ohne ihm ins Wort zu fallen, zu widersprechen oder zu antworten, außer mit einem gewissen Summen, das mit geschlossenem Mund geschieht und als Zeichen gilt, daß sie dem Vortrag Beifall zollen. Wenn dieser aufgehört hat, fängt ein anderer an zu sprechen, und mag er mit dem ersten übereinstimmen oder das Gegenteil behaupten, er darf doch sicher hoffen, mit dem gleichen Beifall beehrt zu werden. Wie ich vermute, geschieht dies aber nur bei den gleichgültigen Dingen und nicht bei solchen, die sie näher angehen; denn sie wissen nur allzu gut,

was zu ihrem Vorteil dient. Ihr Ziel suchen sie möglichst auf friedlichem Wege zu erreichen. Ich habe sie niemals miteinander diskutieren oder Zanken sehen und bewundere diese Mäßigung. Aber es bleibt merkwürdig, daß sie einander öfters ohne vorangegangenen Wortwechsel oder Zank umbringen und totschlagen. Das geschieht aber besonders in den Versammlungen, die sie Weine (vins) nennen.

Diese Versammlungen haben keinen festen Termin, an dem sie gehalten werden, sondern hängen allein vom Willen eines einzelnen ab. Es kommt nur, wer Lust hat zu trinken, sich vollaufen zu lassen oder sonst eine schlechte Handlung zu begehen. Manchmal wird eine gehalten, um sich zu einer Handelsreise, einem Krieg oder einem Besuch zu entschließen. Wer sie ausrichtet, läßt einige Tage vorher alle seine Nachbarn und bisweilen sogar das ganze Volk auffordern, sich bei ihm einzufinden. Es kann kommen, wer will, jedermann ist gern gesehen und kann nach eigenem Gutdünken wieder fortgehen.

Der Gastgeber besorgt einen großen Vorrat von Quicou, Patates, Ignames, Bananen, Feigen und Cassave. Er geht mit den Bewohnern seines Carbets und seinen Nachbarn zum Fischen und Jagen und brät alles, was er auftreiben kann. Nachdem nun die ganze Gesellschaft beisammen ist und man sich recht angefressen und übermäßig getrunken hat, eröffnet ihnen der Eigentümer des Carbets die Angelegenheit, wegen der sie von ihm eingeladen wurden. Soll ein Kriegszug geplant werden, so tritt nicht selten irgendein altes Weib unter dem Haufen hervor und muntert die anwesenden Gäste durch eine förmlich an sie gerichtete Rede zur Rache auf. Sie erzählt weitläufig und genau, was sie von ihren Feinden für Schaden erlitten haben, und fügt noch ein Verzeichnis ihrer Anverwandten und guten Freunde hinzu, die von ihnen getötet worden sind. Sobald sie nun wahrnimmt, daß die ganze Gesellschaft von den Getränken stark erhitzt ist, ihre Wut an den Tag zu legen beginnt und voller Rache und Blutgier gegen die Feinde schäumt, wirft sie mitten unter die Versammlung einige bukanierte Glieder der im Krieg Gefallenen, über die alle wie rasend herfallen, sie mit ihren Nägeln zerreißen, sie in Stücke schneiden und mit aller Wut zerbeißen und kauen, wie sie dergleichen schändliche, rachsüchtige und besoffene Leute nur immer fähig sein mögen. Sie billigen sofort den Vorschlag, den man ihnen gemacht hat, mit großem Geschrei und versprechen alle, sich an dem bestimmten Tag einzufinden, um miteinander aufzubrechen und die Feinde zu vertilgen. Andere Vorschläge werden auf

ruhigere Art genehmigt. Die Ausführung solcher Beschlüsse hängt aber einzig und allein von ihrer Laune ab, in der sie sich befinden, wenn man ans Werk gehen soll. Sie sind nämlich vollkommen frei und unabhängig, niemand ist berechtigt, dem andern etwas zu befehlen, und ihre Empfindlichkeit in diesem Punkt läßt sich kaum beschreiben.

Es wäre übrigens falsch anzunehmen, die Wilden auf unseren Inseln seien Menschenfresser, die nur deshalb in den Krieg zögen, um Gefangene zu bekommen, an denen sie sich sättigen könnten. Ich habe zwar von vielen unseren Flibustiern erzählen hören, daß in Darien, auf der Goldinsel und an einigen anderen Orten dieser Küste einige herumirrende Völker anzutreffen seien, die von den Spaniern »Indiens Braves« (tapfere Indianer) genannt würden und die alles, was ihnen unter die Hände käme, unbarmherzig auffräßen. Doch kann dies wahr, aber auch falsch sein. Mir ist noch bekannt, daß bei der ersten Landung der Franzosen und Engländer auf den Inseln viele von den Kariben getötet, bukaniert und aufgefressen wurden. Doch war das bei diesen Völkern eine ungewöhnliche Handlung, zu der sie der übermäßige Zorn verleitete, da sie auf keine andere Art glaubten, sich für die ungerechte Vertreibung durch die Engländer rächen zu können. Wenn solche Grausamkeiten damals üblich gewesen wären, so würden sie es auch heute noch bei ihnen sein. Aber sie tun das nicht einmal bei den Allonages, ihren größten Feinden, mit denen sie unaufhörlich Krieg führen und die auf dem Festland neben dem Orinoko-Strom wohnen. Wenn sie einen von ihnen töten, so bukanieren sie zwar seine Glieder und füllen ganze Kalebassen mit seinem Fett, das sie nach Hause schleppen, doch ist dies nur ein Zeichen und Denkmal ihres Sieges und ihrer Tapferkeit, ähnlich wie die Wilden aus Kanada die Haare ihrer getöteten Feinde mit sich fortschleppen.

Gefangenen Weibern, von welcher Nation oder Farbe sie auch immer sein mögen, fügen sie nichts Übles zu, begegnen ihnen vielmehr mit größter Freundlichkeit, heiraten sie und halten sie wie Mitglieder ihres eigenen Stammes. Sind es Kinder, erziehen sie diese, ohne sie jemals zu töten, ja, es kann ihnen nichts Schlimmeres widerfahren, als daß sie an die Europäer verkauft werden. Erwachsene Männer, die bewaffnet sind, verschonen sie während des Gefechts nicht, aber sie machen keine Gefangene, um sie danach ihrer Wut und Grausamkeit aufzuopfern, wie das doch bei den Irokesen zu geschehen pflegt. Wenn sie auch einige Glieder der Getöteten bukanieren, so geschieht dies doch nur in der

Absicht, sich länger an ihre Siege und Gefechte zu erinnern, keineswegs aber, um sich daran zu sättigen.

Selten geht einer von diesen Weinen vorüber, ohne daß ein Totschlag dabei begangen wird. Dazu bedarf es gar nicht vieler Umstände; denn wenn einem der eingeladenen Gäste vom Trinken der Kopf warm zu werden beginnt und er sich dann daran erinnert, daß einer der Anwesenden einen seiner Verwandten getötet hat, so ist dies schon hinreichend, ihn zur Rache anzutreiben. Er steht ohne Umstände auf, nähert sich seinem Feind von rückwärts und spaltet ihm mit der Keule auf einen Schlag den Kopf oder stößt ihn mit dem Messer nieder. Keiner der übrigen sucht eine solche Mordtat zu verhindern oder gar den Täter festzuhalten. Wenn unter der Gesellschaft aber Kinder, Brüder oder Vettern des Ermordeten sein sollten, so überfallen sie manchmal den Mörder und töten ihn. Das pflegt aber nur höchst selten zu geschehen, da ein jeder, der eine solche Tat verübt, sich wohl vorsieht, daß niemand zugegen ist, der in der Lage sein könnte, ihm Gleiches mit Gleichem zu vergelten.

Wenn aber einige Verwandte des Verstorbenen da sind, die befürchten, der Meuchelmörder könnte Beistand finden und es für sie zu gefährlich würde, sich auf der Stelle zu rächen, so verbergen sie ihren Unwillen und warten eine günstige Gelegenheit ab, um den Mörder unverhofft zu treffen, falls dieser nicht in ein anderes Land entflieht. Wenn er so davonkommt, kann er sich glücklich schätzen, da man unter ihnen nichts von Verzeihen weiß, und wenn sie sich nicht an seiner Person rächen können, so muß es häufig jemand aus seiner Verwandtschaft entgelten. Aus diesem Grund dauern ihre Streitigkeiten ewig fort, und ihr Land ist nicht den zehnten Teil so stark bevölkert, als es wohl sein könnte, wenn man ihre vielen Weiber und deren Fruchtbarkeit betrachtet. Von ihren Gastmählern gehen sie aber nicht eher weg, als bis es nichts mehr zu essen und zu trinken gibt.

Wenn sie hungrig werden, gehen einige auf die Jagd, andere dagegen zum Fischen, ganz wie es ihnen beliebt. Man hört selten, daß ein Vater seinem Sohn, sobald dieser einmal 16, 17 Jahre alt ist, einen Befehl gibt oder der Eigentümer eines Carbets seinen Mitbewohnern anordnet, ihn auf der Jagd oder zum Fischfang zu begleiten. Nur die Frauen müssen gehorsam sein und sind den Männern unterworfen. Diese treiben ihre Oberherrschaft bis zum Äußersten und töten die Frauen oft wegen der geringsten Ursache. Der kleinste Verdacht einer Untreue, mag er nun

begründet sein oder nicht, reicht schon aus, daß sie sich ohne weitere Umstände für berechtigt halten, ihnen die Köpfe einzuschlagen. Das ist zwar in der Tat etwas wild, doch der rechte Zaum, die Weiber bei ihrer Schuldigkeit zu halten! Gewöhnlich tragen die alten Weiber Schuld am Zwiespalt in den Haushaltungen, wenn sie nur ein wenig Verdruß gegen eine junge Frau hegen. Diese alten Weiber werden Dibi genannt, was soviel heißt wie Großmutter oder ganz allgemein Mutter. Auf die gleiche Art nennen sich die alten Männer Baba, das bedeutet soviel wie Vater. Das Alter ist es also allein, was ihnen einiges Ansehen gibt oder verschaffen kann. Da die Frauen aber von ihrer zartesten Jugend an gewohnt sind, Gehorsam zu leisten, so merkt man selten, daß sie dies als Belastung empfinden. Sie gehorchen ohne Widerrede oder vielmehr so gut, wie es ihre Pflicht erfordert, und beobachten sie mit großer Genauigkeit, Sanftmut und Ehrfurcht, so daß sie von ihren Männern selten daran erinnert werden müssen.

Ich muß zum Lobe dieser karibischen Frauen sagen, daß ich während der ganzen Zeit meines Aufenthalts zu Dominique sie in den verschiedensten Carbets niemals auch nur eine Minute lang müßig gesehen habe. Sie arbeiten unaufhörlich, und obwohl sie ebenso geschwätzig sind wie die Frauen in anderen Ländern, so hörte ich doch kein böses Wort von ihnen. Die Männer tun weiter nichts, als hier und da einen Baum zu fällen, wenn etwa ein Stück Land umgegraben werden soll, was aber selten geschieht. Außerdem beschäftigen sie sich mit der Jagd, dem Fischfang und anderen kleinen Arbeiten. Wenn sie von der Jagd wieder zurückkommen, werfen sie die erlegte Beute vor dem Eingang des Carbets nieder, ohne sich weiter darum zu kümmern, und die Frauen müssen sie aufheben und zurichten. Sind sie aber zum Fischfang gewesen, so lassen sie ihre Fische im Boot liegen und gehen schlafen, ohne ein Wort zu sagen. Dann müssen die Frauen eilends zum Boot laufen, die Fische herausnehmen und sie kochen, da sie sich leicht vorstellen können, daß es den Fischer hungert.

Die Kariben kennen drei Arten von Sprachen. Die erste, die allgemein gesprochen wird, ist gleichsam nur den Männern vorbehalten, die zweite dagegen den Frauen, und obwohl sie von den Männern verstanden wird, verwenden sie diese niemals und sie antworten ihren Weibern auch nicht, wenn eine so verwegen wäre, mit ihnen in dieser Sprache zu reden. Es gibt indessen noch eine dritte Mundart, die aber nur jenen Männern bekannt ist, die im Krieg gewesen sind, besonders den alten.

Sie ist mehr ein von ihnen erfundenes Kauderwelsch als eine ordentliche Sprache, und sie bedienen sich ihrer nur bei wichtigen Zusammenkünften, deren Entscheidungen sie geheim halten wollen. Die Weibspersonen und junge Leute verstehen von dieser Sprache nichts.

Ihre Sprache ist übrigens nicht so schwer zu erlernen, da sie weder viele Konjugationen noch Deklinationen hat und eigentlich über recht wenig Begriffe verfügt. Die Sprache der Frauen ist anmutig und leicht auszusprechen, über den Mischmasch der Alten kann ich weiter nichts sagen.

Die karibischen Kinder üben sich von ihrer zartesten Jugend an im Bogenschießen und erweisen sich darin geschickter, als man es sich vorstellen kann. Dies und der Fischfang sind das einzige, was sie von ihren Eltern lernen. Ich ließ sie manchmal nach geprägten Sous-Stücken schießen, die ich mit schwarzem Wachs an einem in die Erde gesteckten Schilfrohr befestigte. Daran hatten die Jungen ihre Freude, da sie diese Münzsorten kannten und wohl wußten, daß sie mit dem Geld auf den französischen Inseln Branntwein, Messer und andere Dinge kaufen konnten. Ich wunderte mich, daß Kinder von acht bis zehn Jahren solche Münzen auf 50 Schritt und noch weiter herabschossen, ohne besonders zu zielen. Sie legen den Pfeil auf den Bogen, senken ihn dann gegen das Ziel und schießen ihn ab, wenn sie glauben, die richtige Höhe erreicht zu haben, damit der Pfeil gerade und mit dem gehörigen Nachdruck das Ziel trifft. Darin sind sie dermaßen geübt, daß sie überaus schnell schießen, ohne dabei das mindeste Augenmaß zu nehmen. Ich habe sie kleine Vögel herabschießen sehen, die so weit entfernt auf einem Baumast saßen, daß ich sie mit bloßem Auge kaum erkennen konnte.

Der Name Karibe oder Banare ist ein Ehrentitel bei ihnen, und sie werden zornig, wenn man sie wie Wilde behandelt. Sie sehen jeden als ihren Feind an, der ihnen diesen Namen beilegt. Wer daher mit ihnen verkehren will, muß sie stets Gevatter nennen. Sie nehmen gern die Namen vornehmer Personen an, von denen sie einmal beschenkt wurden oder die sie als Statthalter des Landes oder als Kapitäne der Kriegsschiffe kennengelernt haben. Dagegen wünschen sie weniger die Namen von Kaufleuten zu tragen, da sie diese als Diener oder Sklaven der Statthalter und anderer Befehlshaber ansehen und sich entehrt glauben, wenn sie deren Namen führen. Alle bejahrten Kariben zu Dominique sind nach den alten Statthaltern oder Herren der Insel

benannt, die Männer mittleren Alters führen die Namen der jüngeren Statthalter. Wenn sie sich auf solche Art mit irgendeinem vornehmen Namen geschmückt haben, unterlassen sie es niemals, auf das Wohlergehen ihrer Gevattern zu trinken, wenn sie Besuch erhalten.

Man bemüht sich, mit ihnen im Frieden zu leben, damit sie uns auf ihre Art keinen Schaden zufügen, weil sie manchmal in den finsteren Nächten oder bei übler Witterung Häuser überfallen, niederbrennen und die Bewohner umbringen. Das ist aber das einzige, was man von ihnen zu befürchten hat, da sie nie einen öffentlichen Krieg führen. Man hat weder eine Belagerung noch eine förmliche Schlacht von ihnen zu erwarten, desto häufiger aber unvorhergesehene Überfälle und hinterlistige Nachstellungen. Das nämlich ist die einzige Art ihrer Kriegführung. Sobald sie entdeckt werden, hat alles ein Ende, ausgenommen, sie wären in der Überzahl. Aber auch dann greifen sie ihren Gegner nicht an einem offenen Ort an, sondern suchen ihn, hinter Bäumen und Gebüsch verdeckt, zu umringen. Sie wissen sich sehr geschickt mit dünnen Baumästen und Blättern vom Kopf bis zu den Füßen zu bedecken und nehmen eine Maske aus einem großen Blatt vor das Gesicht. In diesem Aufzug stellen sie sich neben einen Baum oder ein niederes Buschwerk am Weg und warten, bis der Feind vorübergeht, um ihm dann mit der Keule auf einen Schlag den Kopf zu spalten oder einen Pfeil hinterrücks abzuschießen. Sobald sie geschossen haben, lassen sie sich auf den Boden fallen und drücken sich wie die Hasen ins Gebüsch. Wenn sie ein mit Zuckerrohr oder Palmblättern bedecktes Haus angreifen, setzen sie vorher das Dach in Brand, indem sie Pfeile darauf schießen, an die sie eine Handvoll Baumwolle befestigt haben, welche angezündet wird. Da sie ihre Angriffe meist bei Nacht unternehmen, warten sie dann hinter Bäumen oder Büschen verborgen, bis die Bewohner ihr Haus wegen des Feuers verlassen müssen. Der Schein des Feuers erleichtert ihnen dann, ihre Pfeile abzuschießen, ohne daß sich die Verwundeten dafür an ihnen rächen können, weil sie niemanden in der Dunkelheit entdecken. Sie schießen auch zehn bis zwölf Pfeile hintereinander ab, während man eine Flinte lädt. Es ist falsch zu behaupten, daß sie zwei bis drei Pfeile auf einmal fliegen lassen. Man sieht nur manchmal Männer, die drei Pfeile zwischen ihren Fingern auf der Bogensehne halten, weil sie dann um so schneller schießen können und nicht immer jeden Pfeil einzeln nehmen müssen. Ist man in ein Gefecht mit ihnen verwickelt, so muß man die zu Boden gefallenen

Pfeile entzwei brechen, damit diese nicht wieder verwendet werden können; denn ihre Magazine sind nämlich rasch erschöpft, und sie müssen dann weichen oder man wird bald mit ihnen fertig.

Bei den Kariben kommt der Epian sehr häufig vor, ja, man muß bekennen, daß diese Krankheit Amerika besonders häufig heimsucht. Sie ist hier gleichsam zu Hause, und alle Eingeborenen, Neger oder Kariben, von welchem Geschlecht sie auch immer sein mögen, werden beinahe schon befallen, sobald sie nur auf die Welt kommen!

Der Epian ist das gleiche Übel, das die Franzosen »Mal de Naples« (Neapolitanische Krankheit), die Italiener dagegen »Mal François« (Franzosenkrankheit) nennen. Jedermann aber kennt sie unter dem Namen der Venerischen Krankheit. Man sollte sie aber die Amerikanische nennen, weil sie ursprünglich aus diesem Land stammt und die Spanier sie als die ersten Bezwinger dieses neuen Weltteils von hier nach Europa gebracht haben. In Frankreich hat man sie vor dem Feldzug König Ludwigs XIII. nach Italien nicht gekannt. Das war alles, was den Franzosen zuletzt von ihren Eroberungen übrigblieb. Sie brachten sie nach Frankreich, wo sie sich so gut fortgepflanzt und ausgebreitet hat, daß man außer ihr keine Krankheit sieht, die den Ärzten so viel zu schaffen macht. Sie soll aus einer Fäulnis der Luft und der Speisen als auch vom unmäßigen Umgang mit dem weiblichen Geschlecht entstehen. Sie ist gleichsam eine Art von Pest, die leicht übertragen wird und schreckliche Verwüstungen anrichtet. Selten nur werden die angesteckten Personen in ihrem Leben wieder völlig hergestellt. Wenn die Amerikaner sonst weiter nichts als diese Krankheit und den Gebrauch des Tabaks ihren unbarmherzigen Eroberern überliefert hätten, so wäre meines Erachtens ihre Rache wegen der ungerechten Knechtschaft, in die man sie gestürzt hat, schon hinreichend befriedigt. Es gibt auf dem Festland von Amerika Gegenden, wo man diese Krankheit schon bekam, sobald man nur einen Fuß ans Land setzte, gleichsam ohne nur zu wissen, daß es hier Weibspersonen gab. In diesem Fall entstand sie zuverlässig aus einer Fäulnis der Luft. Die Kariben kümmern sich übrigens viel weniger darum als wir in Frankreich um die Kinderblattern. Sie genesen auch überaus leicht wieder, wenigstens so gut es möglich ist, doch machen sie aus ihren Arzneimitteln ein Geheimnis, das man nicht so leicht ergründen kann. Sie lassen ihre Kranken schwitzen und geben ihnen eine Menge Tisane vom Franzosenholz zu trinken. Sie sollen auch, wie man sagt, noch einige andere Kräuter

darunter mengen, die sie aber durchaus nicht preisgeben wollen, und die Kranken mit einer gewissen Salbe einschmieren, die eine ähnliche Wirkung hervorbringt wie der Mercurius. Vielleicht hätte ich bei einem längeren Aufenthalt unter ihnen dieses Geheimnis noch erforscht, da man durch Geduld, Geld und Branntwein bei ihnen alles ausrichten kann.

Die Negerkinder, die in Amerika geboren werden, sind dem Epian so stark unterworfen, daß diese Krankheit bei ihnen ebenso gewöhnlich ist, wie bei uns in Frankreich die Kindsblattern. Doch heilt man sie, solange sie noch in ihrer Jugend damit befallen werden, ebenso leicht, als ob es die Krätze wäre. Wenn sie aber einmal 15 bis 16 Jahre alt geworden sind, ist die Gefahr wesentlich größer, zumal wenn sie mit den Negerinnen starke Ausschweifungen begangen haben. Dann müssen sie auf die gleiche Art wie bei uns in Europa behandelt werden.

Ein französischer Offizier vom Mississippi hat mir versichert, daß die Wilden an diesem großen Strom dem Epian in höchstem Grade unterworfen seien, da sie nicht nur an ungesunden Plätzen wohnten, sondern auch ein ruchloses Hurenleben führten. Sie bedienen sich dann einer Kur, die nur ein Wilder überstehen kann. Nachdem sie nämlich ihren Leib zwei- bis dreimal abgeführt haben, legen sie sich ganz nackt auf den Sand an einen Platz, wo nicht der mindeste Schatten vorhanden ist und sie den Sonnenstrahlen vom Aufgang bis zum Niedergang der Sonne völlig bloßgestellt sind. Dies geschieht, damit die Hitze alles Gift an sich zieht und die bösen Säfte, die sie im Körper haben, verzehrt werden. Sie behaupten, danach geheilt zu sein.

Ehe sich die Europäer auf den Inseln niedergelassen haben, waren die Kindsblattern dort völlig unbekannt. Sie wurden aber von ihnen dorthingebracht. Diese Krankheit richtet bisweilen die schrecklichsten Verwüstungen unter den Kariben an, und da sie ihnen unbekannt war, wissen sie auch kein Mittel dagegen zu gebrauchen.

Man behauptet, daß die Kariben auch den Teufel beschwören und ihn zwingen können, auf ihre Fragen zu antworten. Ich habe zwar nichts davon gesehen, weiß aber sehr wohl, daß sie weder Religion noch irgendeinen festgesetzten Gottesdienst haben. Sie scheinen kein überirdisches Wesen zu kennen und haben sogar in ihrer Sprache nicht einmal ein Wort für Gott oder einen Geist. Trotzdem haben sie einige Begriffe von zwei ursprünglichen Wesen, von denen eines gut, das andere dagegen böse sein soll. Dieses böse nennen sie Manitou und halten es für

die Ursache allen Unglücks, das ihnen begegnet. Aus diesem Grund rufen sie es an, ohne sich jedoch dabei an eine gewisse Formel, Zeit oder Ort zu binden und ohne daß sie es zu kennen suchen. Auch behaupten sie einfach, daß das erste dieser beiden Urwesen schon an und für sich selbst gut und wohltätig sei und sie es daher nicht anrufen müßten, um ihm zu danken, da es alles, was man brauche, unverlangt gäbe. Es werden aber gewiß mehr als übermenschliche Kräfte notwendig sein, um den Kariben die Wahrheit der christlichen Religion einzuprägen. Die verschiedensten Missionare haben alle Mittel erschöpft, wodurch man sie zum Christentum gewinnen könnte. Wenn man sie beim Gebet oder dem Katechismus-Unterricht sieht, sollte man glauben, sie wären vollkommen bekehrt. Sie gleichen in diesen Dingen aber den Affen und machen alles nach, was sie von anderen sehen, wie ich es auch während meines Aufenthalts unter ihnen beobachten konnte. Um beständige Christen aus ihnen zu machen, müßte man sie in ein anderes Land bringen. Sie würden dann nicht nur wie Christen, sondern auch als gute Christen leben, da sie gern den vorgeführten Beispielen folgen. Aber der erste Tag, an dem sie in ihr Vaterland zurückkehren und ihre Landsleute sehen, wäre auch der letzte Tag ihres Christentums.

Als am Donnerstag, dem 28. Januar, unsere Barke ihre Ladung eingenommen hatte und der lange Aufenthalt bei Frau Ouvenard uns allmählich lästig zu werden begann, nahmen wir Abschied und verreisten gegen Abend. Die gutherzige Frau gab mir noch einen ganzen Korb voll Bananen, Cassave, Krabben und anderen Lebensmitteln mit auf die Reise. Ich zeigte mich für ihre Freigiebigkeit mit einigen Kalebassen voll Branntwein, Stecknadeln, Nähnadeln, Messern und anderen solchen Kleinigkeiten erkenntlich, worüber sie mit ihrer Familie überaus zufrieden war.

(Schon am 29. Januar 1700 traf Labat auf Guadeloupe ein. Nach einem längeren Aufenthalt, den er zur Erledigung seiner Geschäfte benötigte, unternahm er im Sommer des gleichen Jahres noch eine Rundreise, die ihn von Guadeloupe aus über die Insel Grenada nach Barbados und von da wieder nach Grenada führte.)

Am Freitag, dem 23. September 1700, ging ich gegen sieben Uhr morgens zu Schiff, und wir setzten sogleich die Segel, um nach Guadeloupe zurückzukehren. Ich war vergnügt darüber, daß ich meinen Auftrag so gut besorgt hatte, und vor allem, daß ich jetzt wieder heimkehren konnte. Trotzdem muß man gestehen, daß die Insel

Grenada eben kein unangenehmer Aufenthalt sein würde. Den einzigen Nachteil bildet ein Fieber, das nach dieser Insel benannt wird, überaus hartnäckig ist und manchmal in eine Wassersucht ausartet. Aber man hat dort vortreffliches Wasser, ungemein gutes Fleisch sowie fettes und schmackhaftes Geflügel, auch Wildbret gibt es in Menge. Sollte es an irgend etwas fehlen, so kann man es von den benachbarten Inseln holen, die eine Art natürlicher Vorratskammern bilden und auf denen man jederzeit alles antrifft, was man nur sucht. Kurz, man führt dort ein überaus angenehmes Leben.

Am Sonnabend, dem 24. September, gingen wir gegen Mittag zu S. Vincent vor Anker. Diese Insel, die unter dem 13. Grad nördlicher Breite liegt, scheint etwa 18 Meilen im Umfang zu haben, und ihr Anblick ist wild und unangenehm. Hier liegt gleichsam der Mittelpunkt der Karibischen Republik, und es gibt hier weit mehr Kariben als auf Dominique. Außer diesen Wilden leben auf der Insel aber noch zahlreiche entlaufene Neger, die größtenteils von Barbados dorthin gekommen sind. Früher haben die Kariben sie ihren Herren wieder zurückgebracht. Ich weiß nicht, was sie dazu bewogen haben mag, es nicht mehr zu tun und sie bei sich aufzunehmen. Sie bedauern es jetzt nämlich ungemein, aber vergeblich; denn die Neger haben sich teils durch neue Ankömmlinge von Barbados oder auf natürliche Weise dermaßen stark vermehrt, daß sie bald stärker waren als die Kariben und sie diese daher gezwungen haben, die Insel mit ihnen zu teilen.

Das ist aber nicht der einzige Verdruß, den die Kariben davon haben. Noch mehr ärgern sie die häufigen Entführungen ihrer Frauen und Töchter, deren sich die Neger bemächtigen, so oft sie es nur wollen, und die sie dann nicht mehr aus ihren Händen befreien können. Da diese nämlich tapferer und viel zahlreicher sind, treiben sie nur ihren Spott mit den Kariben, begegnen ihnen immer übler und werden sie vielleicht eines Tages zwingen, sich nach einer anderen Insel umzusehen, wenn sie ihre Freiheit behalten und nicht als Sklaven der Neger arbeiten wollen. So ertragen sie nur ungeduldig deren Beleidigungen und beschweren sich frei über die Undankbarkeit, bitten auch die Franzosen und Engländer inständig, sie von diesen gefährlichen Gästen zu befreien. Bisher haben sie aber nicht gewagt, selbst die Waffen zu ergreifen und sich mit den Europäern zu vereinigen. Letztere würden ihnen nämlich mit allen Kräften beigestanden haben, diese Freistätte ihrer flüchtigen Sklaven zu zerstören, da es ihr eigener Vorteil erheischte.

Ich habe häufig von dieser Sache reden hören. Man hat sich zwar schon häufig vorgenommen, eine Flotte auszurüsten, um diese Neger mit Gewalt abzuholen und sie an die Spanier für ihre Bergwerke zu verkaufen. Es wäre nämlich nicht gut, sie wieder auf den Inseln zu verwenden, da sie nicht nur bald wieder flüchten, sondern auch andere Sklaven verführen würden.

Wie ich inzwischen hörte, haben sich im Jahre 1719 die Kariben erneut beschwert und versprochen, ihre Leute mit den Franzosen zu vereinigen. Daraufhin warben zwei Offiziere von Martinique Freiwillige an, die unter ihrem Kommando einen Feldzug unternehmen sollten. Sie glaubten, 500 Mann würden dazu ausreichen, und machten sich mit fünf Barken auf den Weg, da sie auch auf die Unterstützung der Wilden rechneten. Diese hielten sich aber ganz still und waren ruhige Zuschauer, ohne sich weiter in diesen Streit einzumengen, obwohl man doch den Kriegszug sowohl zu ihrem eigenen Vorteil wie zu unserem Besten unternommen hatte.

Die Sache mißlang, die Franzosen setzten ihre Truppen ans Land, die Neger zogen sich ins Gebirge zurück und legten sich an unzugänglichen Plätzen in den Hinterhalt, um unsere Leute plötzlich zu überfallen. Diese ungewöhnliche Art der Kriegsführung verlief ganz nach ihrem Wunsch. Es wurde kein einziger gefangen, dagegen fanden viele Franzosen den Tod; man merkte, daß eine weit größere Truppenzahl nötig gewesen wäre, und schrieb nach Martinique um Hilfe. Da sich aber niemand einstellte, forderte man die zahlreichen auf der Insel wohnenden freien Neger auf, an dem Feldzug teilzunehmen. Sie schlugen es rundweg ab, und da auch die Ruhr unter den Truppen zu wüten begann, schifften sich die Franzosen wieder ein und kehrten nach Hause zurück. Es bleibt aber eine Tatsache, daß die Neger verloren gewesen wären, wenn sich die Wilden gegen sie bewaffnet hätten.

Unsere Barke war kaum vor Anker gegangen, als bereits zahlreiche Kariben und Neger kamen, die uns besuchten und Branntwein verlangten. Alle diese Herren waren bemalt und trugen einen schmalen Streifen Leinwand, um ihre Schamteile zu bedecken. Trotz dieser einförmigen Kleidung können die Kariben ganz leicht von den Negern unterschieden werden; denn letztere haben nämlich krause und feine Haare wie Wolle, die Kariben dagegen lange schwarze und gerade.

Ich stieg an Land, um Pater Breton, einen Jesuiten, zu besuchen, der schon seit vielen Jahren hier als Missionar lebte. Er war damals allein,

das heißt, er hatte keinen anderen Religiosen bei sich. Seine Gesellschaft bestand nur aus einem Franzosen und zwei jungen Negern zur Aufwartung. Täglich drohte ihm die Gefahr, ähnlich wie seine Amtsvorgänger ermordet zu werden; denn die Kariben brauchten nur betrunken sein oder sich einbilden, der Aufenthalt eines Missionars unter ihnen mache sie krank. Mein Aufenthalt bei ihm dauerte etwa vier Stunden. Inzwischen wurden einige Lebensmittel ausgeladen, die ihm seine Vorgesetzten gesandt hatten. Er mußte sie sorgfältig verbergen, damit die Wilden nichts davon erfuhren, weil sie sehr ungestüm waren, wenn sie Wein oder Branntwein bei ihm vermuteten.

Dieser ehrliche Mann hätte gern gesehen, daß ich einige Tage bei ihm geblieben wäre; denn er führte ein überaus trauriges und strenges Leben, das mehr bewundert als nachgeamt zu werden verdient. Er war ein scharfsinniger Mann und geschickter Mathematikus, dabei ungemein fromm und um das Heil dieser armen Barbaren bemüht. Gegen sieben Uhr abends ging ich aber wieder zu Schiff, und er begleitete mich an Bord, wo er noch mit mir speiste. Etwa um Mitternacht gingen wir dann unter Segel, um nach Guadeloupe weiterzufahren.

10. Kapitel

Der Verfasser gerät in die Gefangenschaft der Spanier

(Ende des Jahres 1700 reiste Labat im Auftrag der Mission nach Saint-Domingue, wobei die Reise unterwegs mehrfach unterbrochen wurde.)

In der Karwoche gingen wir am Montag, dem 21. März 1701, unter Segel und hofften, Ostern in der Stadt Saint-Domingue verbringen zu können, wohin wir gehen sollten, um die restliche Ladung unserer Barke abzusetzen. Am Gründonnerstag sahen wir vormittags das Vorgebirge Mongon, auch Altavela genannt. Da wir nun nah am Land waren, ließen wir sogleich die Segel fallen, damit wir von den Seeräu-

bern, die sich in diesen Gegenden aufhalten sollten, nicht entdeckt werden konnten. Wenn nämlich diese Nachricht begründet war, zweifelten wir nicht daran, daß sie in der Bucht der Insel La Beata, einem guten Ankerplatz, anzutreffen seien. Sobald die Nacht kam, ließen wir alle Segel aufspannen, umsegelten noch vor Mitternacht das Vorgebirge Mongon und befanden uns zwei Stunden vor Tag der Insel Beata gegenüber. Ich kann von dieser Insel ebenso wenig sagen wie von den drei Klippen oder Inselchen, die »Brüder« genannt werden; denn wir kamen während der Nacht daran vorbei, und überdies war tags zuvor ein zu dicker Nebel gefallen, als daß man etwas hätte sehen können. Doch verdankten wir eben diesem Nebel unsere Rettung; denn er verhinderte auch, daß uns die Seeräuber entdeckten.

Am 25. März, dem Karfreitag, sahen wir bei Tagesanbruch eine Barke, die uns verfolgte. Wir zweifelten nicht, daß es ein Seeräuber sei, da wir aber beinahe einen Vorsprung von drei Meilen hatten, bekümmerten wir uns wenig darum. Sie machte bis gegen Mittag Jagd auf uns, als sie aber zuletzt wahrnahm, daß sie uns nicht erreichen konnte, legte sie um und kehrte vermutlich dahin wieder zurück, wo sie vorher gekreuzt hatte. Da unsere Barke sehr gut besegelt war, entgingen wir dieser Gefahr, aber nur, um in eine noch weit größere zu geraten, so daß man mit Recht von uns sagen konnte, wir seien vom Regen in die Traufe gekommen. Die Herren Desportes und Sanson wollten nämlich als Eigentümer der Barke unterwegs bei einem Flecken in der Occa Bai anlegen, angeblich um Wasser einzunehmen, weil sie einige unserer Wasserfässer ins Meer ausgeleert hatten, um den Ballast zu erleichtern, in Wirklichkeit aber beabsichtigten sie, einige Waren und andere Kleinigkeiten, die sie mitgenommen hatten und in der Stadt Saint-Domingue weniger vorteilhaft absetzen konnten, dort zu verkaufen.

Ich gab mir zwar alle Mühe von der Welt, dieses Vorhaben zu hintertreiben, doch war alles umsonst, und es hatte den Anschein, als ob es uns bestimmt sei, an diesem Tage gekapert zu werden. Wir richteten unseren Lauf nach der Bai, bis wir zwei Stunden nach Mitternacht zwei Schiffe und eine Barke wahrnahmen, die ziemlich nahe am Land vor Anker lagen. Anfänglich glaubten wir, es seien wieder andere Seeräuber, und wendeten daher unsere Barke, um dieser Gefahr zu entgehen, als uns plötzlich eine Windstille überfiel. Ich schlief im Hinterteil der Barke in einer Kajüte, erwachte, als man das Schiff umwendete, und fragte nach der Ursache dieses Verfahrens. Mein Neger antwortete mir

Ansicht der Stadt Santo Domingo im 18. Jahrhundert

ganz erschrocken, daß die Gefahr bestünde, von Seeräubern gekapert zu werden. Ich verließ sogleich mein Lager und sah die beiden großen Schiffe und die Barke. Wir setzten unser Boot aus, um zu versuchen, uns an Land zu retten. Es hatte sich aber noch keine 100 Schritte weit von der Barke entfernt, als wir schon die beiden Schaluppen auf uns zukommen sahen. Sie riefen uns in spanischer Sprache an und fragten, woher wir kämen. Herr Desportes antwortete in der gleichen Sprache, daß wir aus Martinique seien, darauf befahl man: »Aviza la vela cornuto!«, was auf deutsch soviel heißt wie »Laß die Segel fallen, du Hahnrei!«. Gleichzeitig sprangen 40 bis 50 bewaffnete Kerle zu uns herüber und schrien: »Amatto! Amatto!« – »Schlagt tot! Schlagt tot!«

Kurz bevor dies geschah, hatte ich meinen Neger abgeschickt, daß er den karibischen Korb holen sollte, in dem ich alle Abende meinen Habit zu verwahren pflegte, da ich in einem schicklichen Anzug erscheinen wollte. Ich war eben beschäftigt, meinen Rock anzulegen, als diese ungeschliffenen Kerle in unser Schiff sprangen. Mein Neger ließ aus Furcht die übrigen Stücke meines Habits fallen und entfloh, um sich zu verbergen. Ich stieg sogleich hinab, um die in die Kajüte hinuntergefallenen Kleidungsstücke wieder aufzuheben, warf dabei aber einen Stuhl und verschiedene andere Dinge zu Boden, was einen solchen Lärm machte, daß die Spanier meinten, man suche sich in diesem Raum zu verteidigen. Sie drangen deshalb mit größter Eile herein, einer setzte mir sogar seine Pistole auf die Brust und gab Feuer, zu allem Glück war aber nur das Zündpulver abgebrannt. Mit der Hand wendete ich einen Säbelhieb ab, den ein anderer nach mir führte, und verließ den Raum, nachdem ich mich vorher mit einigen spanischen Worten als einen Geistlichen zu erkennen gegeben hatte.

Wie nun diese Kanaillen sahen, daß sie ein Mitglied aus dem Orden des Heiligen Dominikus hatten töten wollen, schienen sie ganz bestürzt darüber zu sein. Sie baten mich um Verzeihung, küßten mir die Hände und halfen mir, auf das Verdeck zu steigen. Hier fand ich meine Reisekiste offen und völlig ausgeleert. Man hatte weiter nichts als ein silbernes Kreuz vom Inquisitionsgericht zu Avignon darin gelassen, das innen am Deckel befestigt war. Ich beabsichtigte sogleich, mich seiner zu bedienen, nahm es, hängte es über meinen Rock um den Hals und ließ durch Herrn Desportes den Befehlshaber dieser Leute, der mehr einem armseligen Bettelhund als einem Offizier glich, fragen, ob er dieses Zeichen kenne und ob man einem Kommissar des Heiligen

Offiziums (der ich gleichwohl nicht war), auf eine solche Art begegnen dürfe? Ich hatte das Kreuz aus dem Nachlaß eines unserer Religiosen geerbt, und es war, ich weiß selbst nicht durch welchen Zufall, in meine Reisekiste gelangt, die ich damals bei mir führte. Es hatte aber eine gute Wirkung; denn man bezeugte mir mehr Achtung, als ich üblicherweise erwarten konnte. Ich bediente mich also seiner, um zu verhindern, daß man noch weiter plünderte oder unser Boot, in dem sich der Schiffer Sanson befand, versenkte. Der spanische Eisenfresser wollte eben danach schießen, als es sich der Barke näherte. Ich weiß aber nicht, aus welchem Land ihr Pulver sein mochte; denn es wollte durchaus kein Feuer fangen.

Mein Neger hatte sich so gut versteckt, daß es alle Mühe von der Welt kostete, ihn zu finden. Endlich kam er doch wieder zum Vorschein und hatte zu allem Glück meinen Hut mit sich genommen, sonst würde er ebenfalls entwendet worden sein, und ich hätte bis nach S. Thomas ohne Hut bleiben müssen. Als die Unruhe ein wenig nachgelassen hatte, bestieg ich zusammen mit Herrn Desportes und einigen Offizieren ein Boot, um mich an Bord des spanischen Schiffes zu begeben. Es verfügte, soviel wir bemerken konnten, über vier aus Metall gegossene Kanonen, nämlich zwei vorn und ebenso viele am Hinterteil, sowie einen Granatenkorb und acht Ruder mit wenigstens 35 Mann besetzt auf jeder Seite. Wir vernahmen auch, diese beiden Schiffe seien die sogenannte Barlovento-Flotte, die den ganzen Meerbusen von Cartagena bis Trinidad umsegelt hatte und nun wieder nach Veracruz zurückkehrte. Die Barke, die sich bei diesen zwei Schiffen befand, gehörte dem Statthalter von Porto Rico, der nach Havana ging, um von dort weiter nach Spanien zu reisen. In dieser Barke sollten sich, wie man behauptete, 5–600.000 Taler an barem Geld und andere Kostbarkeiten befinden. Der Offizier, der sich mit uns in dem Boot befand, war ein Fähnrich. Er sagte uns, daß wir alle Brüder werden würden, da sie zu Santo Domingo durch ein Postschiff, daß auf seiner Fahrt nach Veracruz dort vorbeigesegelt sei, vernommen hätten, der Herzog von Anjou habe unter dem Namen Philipp V. den spanischen Thron bestiegen. Wir wußten davon nichts, obgleich dieser Prinz bereits im Monat Dezember von Frankreich abgereist war, um sich nach Madrid zu begeben. Diese Neuigkeit erfreute uns ungemein und ließ uns hoffen, daß wir bei diesem Unglück mit der Plünderung unserer Barke davonkommen und nicht festgehalten würden. Nachdem wir an das Schiff gekommen waren, ließ man uns

so lange in dem Boot warten, bis der Offizier unsere Gefangennahme gemeldet hatte. Danach durften wir hinaufsteigen. An der Treppe des Verdecks fand ich den Gouverneur der Armada, wie man den Befehlshaber nannte, einen alten Marquis, der so stark unter dem Podagra litt, daß er kaum seine Hände rühren konnte. Er ließ sich, um uns zu begrüßen, seinen Hut abnehmen und war beinahe auch französich bekleidet. Um die Schultern trug er einen Mantel, und am Hals hatte er ein goldenes Reliquienkästchen hängen, daß sieben bis acht Zoll hoch und vier bis fünf Daumen breit war. Es war mit einem Kristall geschmückt und hing an einer dicken goldenen Kette.

Ich machte dem Herrn Gouverneur mein Kompliment in lateinischer Sprache, und da es nicht eben viel war, verdolmetschte es auch sein neben ihm stehender Schiffsprediger. Dann redete auch Herr Desportes, der sich der spanischen Sprache bediente und daher auch leichter verstanden wurde. Er hatte, bevor er das Boot verließ, ein rotes Kleid mit goldenen Knöpfen und eine dazu passende Weste angezogen und einen Hut mit einer weißen Feder aufgesetzt. Mit dem Schiffer hatten wir verabredet, daß wir ihn für den Major von Martinique ausgeben wollten, und ihm auch aufgetragen, unser Schiffsvolk davon zu benachrichtigen. Er konnte diese Würde sehr gut vorstellen.

Der Gouverneur bezeugte uns sein Mitleid über die unserer Barke widerfahrene Unordnung und versicherte, daß es bei Tage gewiß nicht geschehen wäre. Das glaubte ich auch von Herzen gern, da wir uns dann seinem Schiff nicht so sehr genähert hätten. Unterdessen schickte er einen anderen Offizier auf unsere Barke, um sie bewachen zu lassen. Auch befahl er, man solle alle dort noch anwesenden Spanier hinunterjagen und durchsuchen, damit sie das gestohlene Gut wieder erstatteten und besonders meinen Besitz wieder herausgäben. Dabei leistete der Schiffsprediger, ein Weltpriester, vortreffliche Dienste. Um alle zu ermahnen, die geplündertes Gut aus dem Besitz des hochwürdigen Pater Kommissar des Heiligen Inquisitionstribunals hatten, hielt er an das Schiffsvolk eine Rede, in der er jeden, der entweder selbst etwas hatte oder davon wußte und nichts anzeigte, mit dem Kirchenbann bedrohte, und versicherte ihnen zugleich, daß sie unfehlbar den Fluch Gottes auf das Schiff laden würden. Diese Rede hatte auch die gewünschte Wirkung. Ein junger Matrose kam sogleich und berichtete, daß einer von seinen Kameraden meinen Geldbeutel habe. Man bemächtigte sich sogleich des Schurken und durchsuchte ihn, da er alles

leugnete. Es kostete aber nicht wenig Mühe, bis man dahin gelangte, wo er den Geldbeutel versteckt hielt. Aus der Reisekiste hatte er nämlich fünf mir gehörende Hosen und danach noch zwei weitere von meinem Neger genommen und sie mit zwei anderen, die vermutlich ihm selbst gehörten, alle übereinander angezogen. Er war also mit neun Hosen angetan, die man ihm, eine nach der anderen, abzog, daß es schien, als entblößte man eine Zwiebel von ihren Schalen. In der letzten fand man endlich den Geldbeutel, den mir der Schiffsprediger sogleich zurückgab und mich ersuchte, doch nachzusehen, ob nichts von dem Geld fehle. Ich fand elf und eine halbe spanische Pistole sowie einiges Silbergeld, und soviel mochte ungefähr darin gewesen sein. Um diesen Menschen wegen seines Verlustes etwas zu trösten, wollte ich ihm eine Pistole geben, was aber der Schiffsprediger nicht gestattete, sondern ihn vielmehr mit ein paar Maulschellen und einem Tritt in den Hintern beehrte. Mein Neger nahm hierauf unsere Hosen in Empfang. Man fand auch noch meine Matratze, meine Bettdecke, meinen Hamack, mein Brevier, ein Hemd, einige Schnupftücher und etwas von meinen Papieren. Mein übriges Zeug, mein silbernes Besteck, eine Tasse und ein Becher aus dem gleichen Material, meine Wäsche, mein Perspektiv, meine Risse und mein Reiserock konnten aber nicht entdeckt werden. Somit betraf die Plünderung beinahe nur mich allein und die geladenen Kaufmannsgüter, von denen Material im Wert von 200 Pistolen sowie der größte Teil unserer Lebensmittel und Erfrischungen entwendet worden waren.

Dann ging Herr Desportes mit einem anderen spanischen Offizier, den man ihm mitgab, wieder zurück auf die Barke. Dieser jagte die Spanier, die noch darauf zurückgeblieben waren, vollends herunter und ließ nur einen Unteroffizier dort, um zu verhindern, daß Matrosen oder Soldaten hineingelangten und noch weitere Plünderungen verübten. Dann wurde die Barke hinter das Admiralsschiff gebracht und daran befestigt.

Inzwischen führte mich der Schiffsprediger in die große Kajüte, in der sich der Gouverneur mit den übrigen Offizieren des Schiffes aufhielt, unter denen der Obersteuermann der vornehmste ist und die Stelle eines Leutnants bekleidet. Dieser war ein guter, rechtschaffener älterer Mann, in schwarzen Atlas gekleidet, der ein wenig französisch sprach. Alle diese Herren erzeigten mir überaus viel Höflichkeit. Man brachte Eingemachtes, Zuckerbrot und Wein und danach vortreffliche

Schokolade. Die Zeit bis zum Mittagessen unterhielten wir uns über die Ereignisse, die ganz Europa in Erstaunen versetzt hatten, und sagten den Krieg voraus, der auch bald danach ausbrach, weil die anderen Völker über diese Vereinigung zweier der am kriegerischsten und mächtigsten Nationen der Welt im höchsten Grad eifersüchtig sein mußten.

Das Admiralsschiff führte auf dem großen Mast eine viereckige Flagge aus weißem Atlas mit dem spanischen Wappen, neben dem man bereits einen kleinen Schild angebracht hatte, der die drei Lilien führte. Dieses Schiff wurde »Heilige Dreieinigkeit« genannt, es war wohl für 60 Kanonen gerichtet, hatte aber nicht mehr als 52, die vier- bis zwölfpfündige Kugeln schossen. Das Schiffsvolk belief sich mit Matrosen, Soldaten und Reisenden auf 352 Mann. Dieses Schiff war in Amerika aus Zedernholz gebaut worden, das besonders gut den Würmern und der Fäulnis widersteht. Wir bemerkten bei unserer Ankunft, daß alle Kanonen von ihren Zapfen befreit waren, womit man normalerweise die Mundlöcher der Kanonen verstopft, damit kein Seewasser durch die Wellenstöße eindringen kann. Man hatte diese Vorsichtsmaßnahme unseretwegen getroffen, da sie uns für Seeräuber hielten und bereits begonnen hatten, ihre Ankertaue schießen zu lassen, um ihren Schaluppen Hilfe leisten zu können, wenn wir nicht sehr friedfertige Kaufleute gewesen wären.

Gekocht wurde auf dem Verdeck, beinahe wie auf den Galeeren, nur daß es hier zwischen dem Großen und dem Fockmast zu geschehen pflegte. Ein jeder von dem Schiffsvolk hat seinen besonderen Topf; denn die Matrosen, die man die »Herren Seeleute« und die »Herren Soldaten« nannte, waren allzu angesehene Personen, um ähnlich wie wir tischweise miteinander zu speisen. Man gab ihnen Geld anstelle von Nahrungsmitteln, und ein jeder lebte, wie es ihm beliebte. Noch am gleichen Tage schickte man einen Kurier an den Präsidenten von Santo Domingo, um ihm die Kaperung zu melden und seine Auffassung dazu zu vernehmen. Der Gouverneur wollte nämlich unser Schicksal in einer Zeit, in der man wegen der Thronbesteigung Philipps V. die Franzosen mit ganz anderen Augen betrachten mußte, nicht allein entscheiden. Da man uns an ihren Küsten gekapert hatte und bei genauer Untersuchung Piaster und Silberstangen auf unserem Schiff entdeckt haben würde, wären wir nach den Landesgesetzen verfallen gewesen.

Als es Zeit zum Mittagessen war, führte uns der Obersteuermann in

die große Kajüte. Der Gouverneur setzte sich neben der großen Tafel an ein kleines Tischchen, nicht etwa aus Stolz, wie man es glauben könnte, sondern weil es die Not erforderlich machte; denn die Bedienten mußten ihm alle Bissen in den Mund stecken und zu trinken reichen wie einem Mann, der keine Arme hat. Wir waren acht bis neun Personen an der Tafel, und der Schiffsprediger hatte den vornehmsten Platz. Das Tischtuch war kurz und ziemlich unsauber, die Servietten noch viel kürzer als mittelmäßige Schnupftücher und von Natur aus mit Fransen besetzt, oder, um die Wahrheit zu sagen, am Ende ausgefasert. Vor Zeiten mochten sie auch einmal weiß gewesen sein. Der Schiffsprediger ließ eine frische bringen, wie er sah, daß ich mein Schnupftuch herauszog und es vor mich hinlegte. Unter den Servietten fanden wir keine Teller, sondern bloß den Löffel und die Gabel. Was aber die Messer betraf, so war nur ein einziges, ziemlich großes vorhanden, das neben dem Schiffsprediger lag, zu dessen Aufgaben es gehörte, das Tischgebet zu sprechen, zu tranchieren und der ganzen Gesellschaft Fleisch vorzulegen.

Man weiß schon hinlänglich, wie die auf spanische Art gemachten Löffel und Gabeln beschaffen sind. Ich brauche mir also nicht weiter die Mühe zu geben, sie hier zu beschreiben. Man muß nur wissen, daß es für jene, die diese Instrumente nicht gewohnt sind, ebenso viele Mühe kostet, sich ihrer zu bedienen, als ob man mit den kleinen chinesischen Stäbchen essen sollte. Der Schiffsprediger hatte neben sich zur linken Hand einen großen Stoß silberner Teller stehen, die ziemlich breit, aber nicht sonderlich tief und dabei so schwer waren, als ob man sie erst unlängst vom Grund des Meeres heraufgeholt hätte, nachdem sie ein paar Jahrhunderte lang darin lagen. Anfangs wurden uns in fünf Schüsseln die Früchte aufgetragen. In der mittleren lagen trocken eingemachte Früchte, darunter auch gewisse ganze Pomeranzen, die mit einer vortrefflichen braunen Marmelade gefüllt waren, bestehend aus verschiedenen Arten von Früchten, mit Muskat und Ambra vermengt. Auf den übrigen Schüsseln lagen Bananen, Feigen, Aprikosen und andere Früchte des Landes, sowie süße Orangen, die wir besonders hoch schätzten, während bei uns auf den Inseln nur die aus China geachtet werden. Der Schiffsprediger legte von diesen Früchten einige auf zwei Teller, die man dem Gouverneur brachte. Auf die gleiche Art überreichte er mir und danach der ganzen Gesellschaft von diesen Früchten. Daraufhin wurden diese Schüsseln wieder abgetragen und

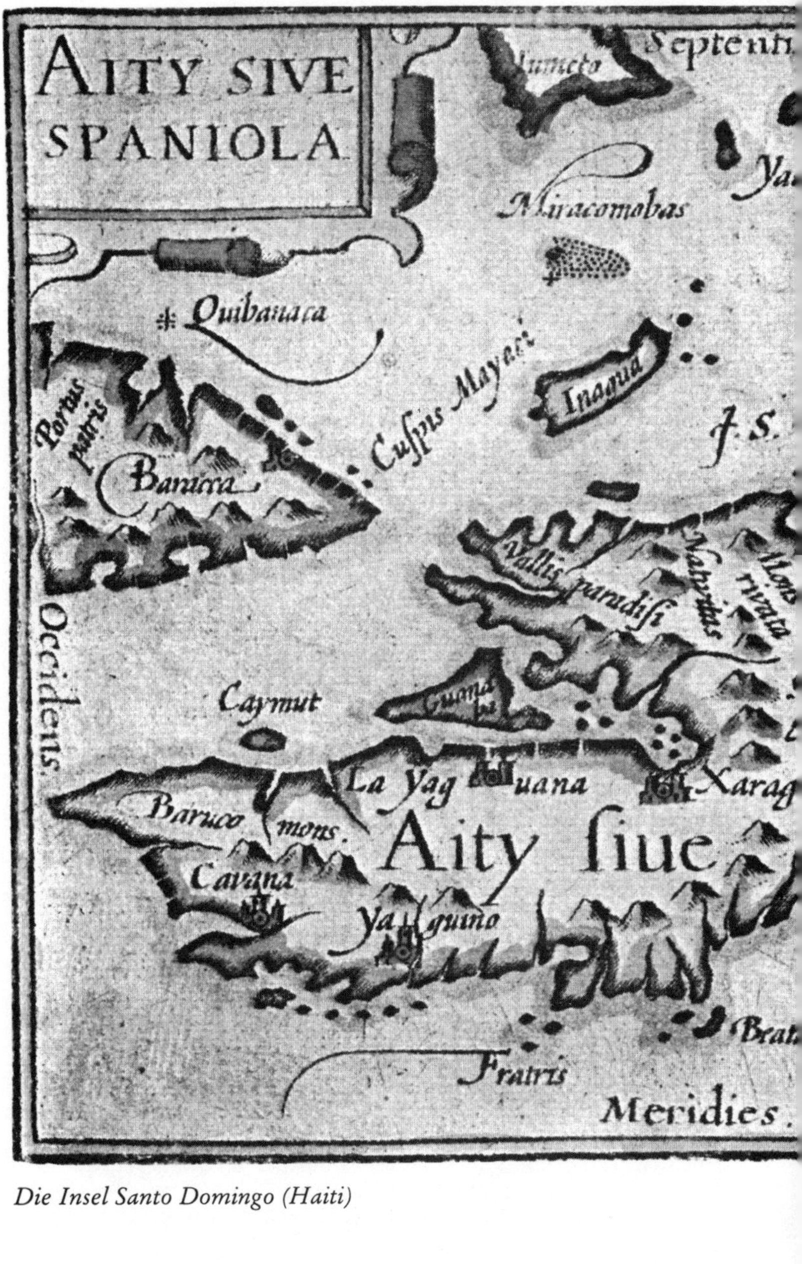

Die Insel Santo Domingo (Haiti)

Mayaguana
Amuana
Abri Ojo
22
Amana
Scilla magna
21
Mons Christi
Capo franco
20
Capo Capris
Ori
Ca. Samana
ens
Portus plate
Portus Regius
S. Iacobi
Spa
ñiola
19
Caput de
scepnonis
Vega
S. Dominici
Yguay
18
Zacheo
S. Catalina
Saona
Mona
17
Milliaria Germanica
10
20
30
40
P. Kaeri caelavit

eine große mit schweinernen Braten- und Fleischwürsten an ihren Platz gesetzt. Dies befremdete mich etwas, da wir den Sonnabend vor Ostern hatten. Als das der Schiffsprediger gewahr wurde, sagte er, man müsse auf der See leben wie man könne, und überdies hätten sie ja die Kreuzbulle, die ihnen diese Freiheit erlaube und deren ich jetzt zugleich mit ihnen teilhaftig werden sollte. Nun bin ich von einer sehr verträglichen Gemütsart und speiste also mit größtem Appetit, was er mir vorgesetzt hatte. Er gab mir noch von allen Schüsseln, die nacheinander auf die Tafel kamen; denn es wurden niemals zwei Schüsseln zugleich aufgesetzt. Es folgte eine, in der drei Stücke von großem, gekochtem Federvieh lagen, dann kam ein Ragout von Schweinefleisch, stark mit Safran gewürzt, alsdann eine Schüssel mit Schweinebraten, dieser folgte eine andere mit gebratenen Holztauben und jungen Hühnern, und zuletzt wurde endlich eine Schüssel mit gekochten Patates gebracht, die in einer so dicken Brühe schwammen, daß sie für eine durchpassierte Erbenssuppe hätte gelten können. Als alle diese Gerichte vorbei waren, brachte man die Schokolade.

Es schien mir anfangs etwas seltsam, als ich beinahe alle an der Tafel sitzenden Personen lieber Cassave als Zwieback essen sah, obgleich dieser sehr weich, leicht und gut ausgebacken war. Weit mehr aber wunderte ich mich darüber, daß niemand trank. Ich erwartete, es werde irgend jemand den Anfang machen, endlich wurde ich ungeduldig und verlangte etwas zu trinken; denn die Würste, die ich genossen hatte, erregten in mir heftigen Durst. Ein Bedienter brachte mir sogleich ein Gefäß, das aus einer Art Terra Sigillata verfertigt war und etwa einen Schoppen enthalten mochte, doch war nichts als Wasser darin. Ich sagte darauf dem Schiffsprediger, daß man bei mir zuhause nur den Kranken und Hühnern Wasser zu trinken reiche, ich hingegen sei ein Mensch und vollkommen gesund. Auf seinen Befehl hin brachte man mir ein großes Glas Wein auf einer Kredenzschale. Nun gab es erneut Schwierigkeiten, da ich nicht gewohnt war, den Wein ohne Wasser zu trinken. Man mußte daher meinen Neger rufen, der im Schiff umherlief, um vielleicht noch etwas von unseren geraubten Sachen zu entdecken. Er kam und bediente mich auf meine Art, worüber sich diese Herrn ihrerseits verwunderten, weil sie mich Wasser mit Wein vermengt trinken sahen, nachdem ich mich vorher geweigert hatte, reines Wasser oder unvermischten Wein zu trinken, da sie gerade das Gegenteil zu tun pflegten. Während der Mahlzeiten tranken sie überaus sparsam und wenn

überhaupt, dann nur Wasser. Nachdem einer getrunken hatte, störte es seinen Nachbarn keineswegs, den Rest vollends auszutrinken.

Der arme Herr Desportes hatte aber kaum ausreichend Gelegenheit etwas zu essen, da er uns als Dolmetscher diente. Nach dem Ende der Mahlzeit servierte man zwei Tabletts mit Weingläsern, jeder Gast nahm eines, und man trank auf die Gesundheit des Gouverneurs, der mir ebenfalls zutrank. Dann wurde die Tafel abgedeckt.

Gewöhnlich hält man nur eine Mahlzeit am Tag, und die meisten nahmen abends nur eingemachte Sachen und Schokolade. Die ganze Zeit aber, die meine Gefangenschaft dauerte, wurde für mich und Herrn Desportes eine anständige Abendmahlzeit aufgetragen, bei der uns der Schiffsprediger und einige Offiziere zur Unterhaltung und aus Höflichkeit Gesellschaft leisteten. Wir tranken sehr guten Wein, man hatte peruanischen und spanischen sowie Canariensekt. Nachts blieben wir auf unserer Barke, wo ich nur mit Mühe schlafen konnte; es kamen viele Spanier, um die Waren, die wir bei uns führten, heimlich zu kaufen.

Am Ostertag gingen wir auf das Admiralsschiff, um die Messe zu hören, man sagte uns aber, daß diese nur am Land gelesen werde, das man uns nicht betreten lassen wollte. Wir tranken also inzwischen Schokolade, bis die Mittagsmahlzeit aufgetragen wurde, die ähnlich beschaffen war wie tags zuvor. Am Montag ersuchte ich den Schiffsprediger, mir seinen Kirchenornat zu leihen, das heißt alles, was ohne ein Buch gesungen werden konnte. Dann predigte ich und reichte unseren Leuten das Abendmahl, die sich dieser Pflicht mit vieler Andacht entledigten. Viele Spanier, die sich im Hinterteil des Admiralsschiffes aufhielten, wurden dadurch nicht wenig erbaut und sagten, daß sie die Franzosen nicht für so gute Katholiken gehalten hätten. Dieses Merkmal des katholischen Glaubenseifers hatte aber auch eine sehr gute Wirkung; denn da wir regelmäßig morgens und abends mit aller nur möglichen Ehrfurcht unser Gebet auf der Barke verrichteten, bezeugten uns die Spanier mehr Freundschaft, und wir durften versichert sein, den größten Teil von ihnen als Zuschauer zu haben.

Den Namen des Schiffes, das die Vizeadmiralsflagge aufgesteckt hatte, habe ich vergessen. Es war ein Schiff von 40 Kanonen und führte seine viereckige Flagge oben auf dem Fockmast.

Das dritte Schiff, das zu diesem Geschwader gehörte, lag noch bei der Stadt Santo Domingo vor Anker. Es wurde das Registerschiff genannt, weil auf ihm die Kaufmannsgüter gelagert wurden, die für die Orte

bestimmt waren, an denen die Flotte unterwegs anlegte. Dieses Schiff war die eigentliche Ursache, daß ich die Stadt Santo Domingo nicht in Augenschein nehmen konnte. Außerdem verkauften wir die übrige Ladung in der Barke vollends an die beiden Schiffe, die bei uns lagen.

Ich konnte mir aber gar nicht vorstellen, wozu diese Leute die Waren brauchten, die sie von uns einkauften, besonders verschiedene Kisten mit halbverfaultem Zwirn, den sie uns trotzdem mit vollgewichtigen, ganz neuen mexikanischen Piastern bezahlten, von denen jeder Mann für acht bis zehn Sous Silber abfeilen konnte. Sie gaben sich auch alle nur erdenkliche Mühe, daß ich ihnen meinen Neger verkaufen sollte. Ich entschuldigte mich damit, daß er unserer Plantage gehöre, wo er seine ganze Familie hätte. Sie boten mir 300 Piaster und würden auch noch mehr gegeben haben.

Während ich auf dem Schiff herumspazierte, bemerkte ich, daß am Fockmast die Figur eines Heiligen befestigt war, vor der eine silberne Lampe brannte und viele Sträußchen, kleine Bildchen und andere Dinge lagen, mit denen Kinder ihre kleinen Kapellen auszuschmücken pflegen. Man hatte auch nicht vergessen, einen Almosenstock aufzustellen. Ich steckte einen Real hinein, um nicht weniger andächtig gegen diesen Heiligen zu scheinen als die übrigen, selbst noch ehe ich erraten konnte, wer es wohl sein mochte; denn er war mit einem daumendicken Seil an den Mast gebunden, das ihn vom Hals bis zu den Füßen so umgab, daß nur die Fußspitzen davon heraussahen. Ich bat den Schiffsprediger, mir doch zu sagen, was das wohl für ein Heiliger sei und weshalb man ihn so gebunden habe. Er antwortete, es sei der Heilige Diego oder Didacus, zu seinen Lebzeiten ein Kapuziner, für den die Matrosen eine so außerordentliche und merkwürdige Andacht hegten, daß ich ohne meine vorgebliche Würde eines Kommissars des Heiligen Offiziums mich nicht hätte enthalten können, über diese Erzählung von diesem Heiligen laut zu lachen.

Die Schildwache, die vor unserer Zimmertür stand, hatte anstatt des Degens oder eines anderen Gewehrs nur die Gabel, deren man sich seit jeher bedient, um die Musketen darauf zu setzen. Es gehörte zu meinem Zeitvertreib, die Schildwachen bei ihrer Ablösung zu beobachten. Der Korporal mit der Gabel, dem die Ablösung folgte, trat mit dem Hut in der Hand zu dem Soldaten, der auf der Wache stand. Sie tauschten gegenseitig Komplimente aus, dann küßte der abgelöste Posten die Gabel und übergab sie seinem Nachfolger, der sie auf die gleiche Art

empfing, sie beendeten ihre Höflichkeiten mit ein paar Verbeugungen, die sie sich beim Auseinandergehen machten.

Der Bote, den man an den Präsidenten von Santo Domingo abgeschickt hatte, kam Dienstag abends wieder zurück. Sogleich wurde der Rat zusammengerufen und der Bote mit neuen Briefen wieder nach Santo Domingo geschickt, ohne daß man uns nur das mindeste von dem sagte, was vorging. Doch bemerkten wir eine größere Zurückhaltung als sonst, und wir mußten Mittwoch morgen ziemlich lange vor der Tür warten, ehe man uns die Kabine öffnete, was bisher noch niemals geschehen war. Als ich nun den Schiffsprediger fragte, ob sich vielleicht etwas Neues zugetragen hätte, versetzte er mir darauf ganz kühl, daß ihn dergleichen Dinge nichts angingen. Nach dem Mittagessen ging ich unter dem Vorwand, heftige Kopfschmerzen zu haben, wieder auf die Barke zurück. Herr Desportes kam ebenfalls, und wir schlossen uns mit dem Schiffer in die Kajüte ein, um miteinander über die gehörten Bemerkungen und schon wieder nach der Stadt Santo Domingo geschickten Boten zu beraten. Wir beschlossen, den Gouverneur, der uns gewogen zu sein schien, zu beschenken, um seine Freundschaft zu erhalten. Zu allem Glück befand sich in der Barke noch ein Sattel von rotem Samt mit Gold und Silber bestickt, nebst Schabracke und Pistolenhalfter mit ihren dazugehörigen Decken, alles von der gleichen Arbeit. Man hatte diesen Sattel bereits nach Jamaica mitgenommen, dort aber nicht verkaufen können, und wir beschlossen also, ihn sofort dem Gouverneur zu überreichen. Dann beschlossen wir noch, um die Erlaubnis zu bitten, einen eigenen Boten an den Präsidenten abschicken zu dürfen, falls unsere Barke eingezogen werden sollte. Während dieser Zeit wollten wir alle erdenklichen Anstrengungen unternehmen, um zu fliehen, sollte das aber mißlingen, das Schiff in Brand zu stecken, und während unsere neuen spanischen Brüder beschäftigt wären, das Feuer zu löschen, das Ankertau zu kappen und abzusegeln. Wir besprachen noch verschiedene Einzelheiten und beauftragten den Schiffer, unseren Beschluß dem Schiffsvolk mitzuteilen. Er sollte aber sein Geheimnis nur den Matrosen eröffnen, deren er sich ganz sicher wäre, und auch nicht als eine schon beschlossene Sache, sondern nur als eine Idee, über die er nachgedacht habe. Ich selbst nahm 12 Stück Platillas, um sie dem Schiffsprediger zu verehren und ihn dadurch zum Reden zu bringen. Aus diesem Grund stellte ich mich aufgeräumter als ich sonst war und gab dem Schiffsprediger das für ihn bestimmte Geschenk, nachdem ich

ihn in seiner kleinen Kajüte besucht hatte. Das gleiche geschah durch Herrn Desportes beim Obersteuermann. Diese beiden Geschenke hatten die gehoffte Wirkung. Der Schiffsprediger eröffnete mir, daß der Präsident und der Gouverneur unseretwegen in Streit geraten seien, da uns nämlich der erste für einen rechtmäßigen Fang hielt, der Gouverneur aber nicht zustimmen wollte. Im Falle, daß der Präsident hartnäkkig auf seiner Meinung beharren sollte, sei der Gouverneur entschlossen, uns nach Veracruz zu bringen und dort die Streitfrage durch den Vizekönig von Mexiko, unter dem seine Flotte stand, entscheiden zu lassen. Das Gleiche sagte auch der Obersteuermann und empfahl Herrn Desportes, alles geheimzuhalten, wie es der Schiffsprediger auch mir aufgetragen hatte.

Ich wäre nicht eben traurig über eine Reise nach Mexiko gewesen, da ich mich schon so an ihre Lebensart gewöhnt hatte. Der Schiffsprediger nahm es auf sich, dem Gouverneur das ihm zugedachte Geschenk zu übergeben, das auch, wie uns die Zukunft lehrte, gehörige Wirkung hervorbrachte. Als wir nach der Barke zurückkehrten, fanden wir unsere Leute zu allem bereit. Sie hatten schon an Brandhemden gearbeitet und sieben bis acht Granaten gefüllt, um sie in die Hemden einzuschlagen und dadurch zu verhindern, daß man sie entfernte und das Feuer dadurch löschte. Ebenso waren wir mit neun Flinten und einigen Pistolen versehen, die man alle in Ordnung brachte. Unsere Leute planten sogar einen Anschlag, den wir aber nicht guthießen. Sie wollten nämlich die Barke des Gouverneurs von Porto Rico entführen. Sie meinten nämlich, daß man unsere Barke sofort verfolgen, der anderen jedoch nicht nachsetzen würde, wenn man sie absegeln sähe. Ich wandte dagegen ein, daß dieses andere Schiff doch mit Leuten besetzt sei, die sich bestimmt verteidigen würden, überdies waren wir ja in keinen Krieg mit ihnen verwickelt und hätten also nicht das mindeste Recht, sie zu plündern. Ich hielt ihnen auch vor, welche unangenehmen Folgen ihr Unternehmen nach sich ziehen müßte, allein ich fand sie von ihrem Plan so stark eingenommen, daß ich Herrn Desportes bedeutete, die Unterredung abzubrechen.

Damit aber unser Geheimnis auch gewahrt bliebe, beschlossen wir, daß außer Herrn Desportes und mir niemand das spanische Schiff betreten dürfe. Man wollte auch keinen Handel mehr mit den Spaniern treiben, aus Furcht, daß diese unsere Rüstung gewahr würden. Unterdessen begaben wir uns immer noch auf das Admiralsschiff, um dort zu

speisen, und bemerkten, daß man uns hier, seit den übergebenen Geschenken, noch weit besser als vorher empfing. Der Schiffsprediger wie die übrigen Offiziere und Reisenden spielten gern ein gewisses Spiel, das sie, wenn ich nicht irre, »Para Pinto« – gleich oder ungleich – nannten. Es wird nur mit zwei Würfeln gespielt, und als ich sie das erste Mal spielen sah, trat ich zum Spieltisch, um einige Minuten zuzusehen. Ich verwunderte mich aber darüber, daß mir einer der Spieler drei Piaster überreichte, bedankte mich dafür und wollte sie nicht nehmen. Allein der Schiffsprediger und die übrigen sagten mir, daß ich sie unbedingt annehmen müsse, da ich sonst den Spieler, der sie mir übergeben hatte, beleidigen würde, denn bei dieser Gelegenheit dürfe selbst der König von Spanien das Geld nicht ausschlagen. Ich nahm sie also und bedankte mich.

Kurz darauf überreichte er mir noch ein paar und ein wenig später wieder drei, so daß es schien, als wolle er mich entweder belohnen oder seinen Gewinn mit mir teilen. Das setzte mich etwas in Verlegenheit, und ich stand auf, um fortzugehen. Er hielt mich aber auf eine höfliche Art zurück und ließ mir sagen, daß ich noch hierbleiben möge, weil ich ihm Glück brächte, wozu ich schließlich einverstanden war. Er gewann auch tatsächlich viel und gab mir immer von Zeit zu Zeit etwas, und als das Spiel zu Ende war, noch eine ganze Handvoll Realen. Ich schämte mich, das Geld zu nehmen, und ließ ihm sagen, daß nach beendetem Spiel meine angebliche Hilfe ja nicht weiter nötig sei, allein er bat mich so dringend es zu behalten, daß ich gezwungen war, es dem übrigen, schon erhaltenen Geld hinzuzufügen. Wie ich nun das auf solche Art empfangene Geld zählte, fand ich beinahe 18 Taler Baratto. Mit diesem Namen belegen sie das Geschenk, das sie jenen machen, die ihnen beim Spiel zusehen, wenn sie sich einbilden, daß sie ihnen Glück bringen. Ich habe seitdem in Erfahrung gebracht, daß dies in ganz Spanien üblich ist und sich die Zuschauer nicht schämen, von den Spielern das Baratto zu fordern, wenn sie bei ihnen stehen.

Da aber solche Gewohnheit bei uns nicht eingeführt ist, entfernte ich mich in Zukunft, wenn ich sah, daß man mit dem Spiel begann. Sie riefen mir aber und ersuchten mich, bei ihnen zu bleiben, da sie sich einbildeten, daß ihnen meine Gegenwart nützlich sei und ich jedem, den ich nur begünstigen wolle, Glück bringe. Auf solche Art brachte ich von diesem Baratto beinahe 80 Piaster zusammen; denn sie spielten überaus hoch und zählten die Realen nicht, wenn sie im Spiel setzten,

sondern ein jeder Spieler setzte einfach eine Handvoll, die etwa dem Einsatz seines Gegenüber entsprach. Meines Erachtens mochte vielleicht auch etwas Eitelkeit mit dabei und es ihnen vermutlich höchst angenehm sein, daß ihre Großmut durch mich auf unseren Inseln bekannt gemacht würde.

Der zweite Kurier, den man nach der Stadt Santo Domingo abgefertigt hatte, kam am Freitag mittag wieder zurück. Nachdem der Gouverneur die Briefe gelesen und sich mit seinen Offizieren darüber besprochen hatte, ließ er uns rufen. Er sagte, daß sich die Thronbesteigung Philipps V. sehr günstig auswirke; denn er habe sich darauf besonders beim Präsidenten berufen, um die Einziehung unserer Barke zu verhindern. Von Rechts wegen wäre sie nämlich verfallen gewesen, da man uns außerhalb der normalen Schiffsroute und an ihren Küsten angetroffen habe und da wir auch Kaufmannsgüter und andere Artikel mehr bei uns führten, die er nur aus seiner großen Freundschaft für die Franzosen nicht habe untersuchen wollen. Mithin stünde es uns frei abzureisen, sobald wir nur wollten.

Er riet uns auch, nicht bei der Stadt Santo Domingo zu landen, sondern uns in der hohen See zu halten, da wir sonst unterwegs dem Regierungsschiff begegnen könnten, das eben im Begriff sei, von der Stadt abzusegeln. Da es gleich uns ein Kauffahrerschiff sei, würde es verständlicherweise besonders auf unsere Beschlagnahme dringen, falls es uns auf seiner Fahrt antreffen sollte. Er riet uns deshalb, so rasch wie möglich abzureisen, aus Furcht, es könnte uns sonst noch ein anderer verdrießlicher Zufall widerfahren. Zugleich sagte er auch, daß er wegen des Handels, den wir seit unserer Gefangennahme betrieben, still geschwiegen habe. Doch sei dies dem Präsidenten zu Ohren gekommen, und dieser habe ihm heftige Vorwürfe gemacht. Wenn wir also noch weiter Handel treiben wollten, so sollten wir dies erst später tun. Wir versäumten nicht, uns deswegen bei ihm herzlich zu bedanken; denn er hatte dies in der Tat verdient.

Wir versicherten ihm auch, daß der Hof von seinem gütigen Betragen gegen uns Nachricht erhalten sollte, um sich bei Gelegenheit dankbar gegen ihn zu erzeigen. Wir baten ihn schließlich um Erlaubnis, uns noch mit dem nötigen Vorrat von Holz und Wasser versehen zu dürfen. Darauf antwortete er, daß er uns zwar nicht mehr erlauben könne, noch einen Fuß an Land zu setzen, doch wolle er am nächsten Morgen durch eine Schaluppe unsere Wasserfässer abholen und füllen lassen.

Bei unserer Rückkehr auf die Barke berichteten wir unseren Leuten, was geschehen war und daher die getroffenen Anstalten überflüssig seien, allein sie waren von ihrem Vorhaben so eingenommen, daß es uns alle Mühe von der Welt kostete, es zu verhindern. Um sie wenigstens etwas zu besänftigen, sagte ich ihnen, daß wir uns zum gegenwärtigen Zeitpunkt dem spanischen Schiff nicht nähern könnten, aber wir hätten ja noch den folgenden Tag zur Ausführung unseres Planes, und man könne in einer so wichtigen Sache nicht vorsichtig genug anwenden. Dann zog ich mich mit Herrn Desportes zurück, und wir beratschlagten, wie wir vorgehen sollten, um am nächsten Tag abzusegeln und somit das Vorhaben unserer Mannschaft zu vereiteln. Die Schaluppe des Admiralsschiffes versäumte nicht, mit Tagesanbruch unsere Wasserfässer abzuholen, sie brachte uns diese gegen zehn Uhr zurück, dazu noch mehr Holz, als wir Fleisch zum Kochen hatten.

Mittags gingen wir noch einmal auf das Admiralsschiff, um zu speisen und zugleich Abschied vom Gouverneur und seinen Offizieren zu nehmen, der uns noch ein paar Hundert Pfund Fleisch herüberschickte. Mich beschenkte er mit einem Fäßchen voll weißem Zwieback, zwei großen Wasserkrügen mit spanischem Wein gefüllt, sechs Hühnern, etwa 25 Pfund Schokolade und ebensoviel Zucker, nebst einem Löffel, Gabel und Becher, alles von Silber, und 20 Piaster an Geld, um so viele Messen für ihn zu lesen. Der Schiffsprediger gab mir vier Pakete Vanille und 12 Piaster für eine gleiche Anzahl Messen. Ich bekam auch noch 20 Piaster von anderen Personen aus dem gleichen Grund. Wäre ich also nicht geplündert worden, hätte ich bei diesen Herren etwas Rechtes gewonnen. Man beschenkte mich noch mit verschiedenen seltenen Dingen, unter denen sich auch verschiedene Gefäße aus einer Art Tonerde befanden, die mit der sogenannten Terra Sigillata viel Ähnlichkeit hat. Sie ist rot, leicht an Gewicht und hat einen guten Geruch. An der Außenseite waren diese Gefäße weiß und schwarz bemalt, was auf dem roten Grund angenehm auffällt. Wenn man sich ihrer bedient, kleben sie anfangs zwar etwas am Mund, allein es vergeht bald wieder, und das eingefüllte Getränk erhält auch einen würzigen, überaus angenehmen Geruch. Die spanischen Frauen in Amerika pflegen diese Gefäße zu essen, wie ja auch die Spanierinnen in Europa die aus echter Terra Sigillata gefertigten verzehren. Diese ist vielleicht von der gleichen Beschaffenheit wie die unsrige, soviel man wenigstens von ihrem Äußeren beurteilen kann; denn vom Geschmack vermag ich nichts zu

sagen. Die Frauen behaupten, daß sie davon weiß werden, ich dagegen glaube vielmehr, es macht bleich und verursacht ihnen große Verstopfung.

Ich ersuchte den Gouverneur, einen seiner Offiziere mit uns auf die Barke zu senden, um unseren Leuten in seinem Namen zu befehlen, unverzüglich unter Segel zu gehen. Ich begründete meine Bitte damit, daß unsere Mannschaft aus Flibustiern bestünden, die ja nicht an eine strenge Manneszucht gewohnt seien und daher vielleicht erst in der Nacht abreisen wollten, wodurch wir wiederum in Gefahr liefen, dem Registerschiff zu begegnen. Diese von mir angeführten Gründe ließ er sich gefallen und befahl einem seiner Offiziere, uns an Bord zu begleiten und dem Schiffer der Barke zu befehlen, daß sie unverzüglich unter Segel gehen sollten. Der Gouverneur begleitete uns mit größter Höflichkeit bis an die Schiffsleiter und stellte sich dann auf die Galerie am Hinterteil des Schiffes, von wo er unseren Leuten zurief, unter Segel zu gehen. Er ließ auch sofort die beiden Taue lösen, die uns an seinem Schiff festhielten. Man mußte seinem Befehl gehorchen, und wir gingen sogleich unter Segel. Herr Desportes und ich ließen einen riesengroßen Verdruß über diese rasche Abreise erkennen und sagten dem Schiffsvolk, daß sich vielleicht noch vor Ende der Reise eine Gelegenheit böte, uns an den Spaniern zu rächen. Wir begrüßten das spanische Schiff mit drei Schüssen, nämlich aus einem Steinböller und mit unseren beiden Kanonen. Es antwortete uns dagegen nur mit einem Schuß, den wir mit einem fünfmal wiederholten Ruf »Es lebe der König!« erwiderten. Die andere spanische Schaluppe trafen wir jenseits der östlichen Spitze der Occa Bai. Sie erwartete uns dort, wie wir es mit einem Offizier dieses Schiffes, der unsere restlichen Waren kaufen wollte, verabredet hatten. Nachdem wir um die Spitze gesegelt waren, legten wir bei und trieben unseren Handel. Unsere Leute verkauften alles, was sie noch an weißem Zeug hatten, an die Mannschaft der Schaluppe und hatten es nicht zu bedauern. Man überließ ihnen auch noch einiges Gewehr, und es blieben uns nur noch drei Flinten und ein paar Pistolen übrig. Dann trennten wir uns als gute Freunde, wobei sie noch einen ziemlich großen Vorrat an alten Hemden, halbverfaultem Nähzwirn, wir dagegen ihre Piaster mit fortnahmen. Jedermann, sogar mein Neger, wollte handeln. Ich hatte ihm aus dem Nachlaß des Zollverwalters auf der Kuhinsel eine Mütze aus blauem Samt gekauft, die mit einer schmalen, silbernen Borte eingefaßt war. Er nahm sich die Freiheit, sie nebst zwei Hosen und drei

mir gehörenden Hosen sowie ebenso vielen Schnupftüchern aus meinem Besitz zu verkaufen. Bei diesem Handel gewann er, wie ich glaube, zehn bis zwölf Piaster. Diese überbrachte er mir und entschuldigte es damit, daß er es unmöglich mit gleichgültigen Augen hätte ansehen können, wie andere Leute von den Spaniern Geld gewannen, ohne selbst Anteil an solchem Gewinn zu haben.

11. Kapitel

Krieg mit den Engländern und Verteidigung der Insel Guadeloupe

(Am 24. Mai 1701 wurde Labat zum Superior der Mission von Guadeloupe ernannt und kam dort Ende November 1701 an. Einige Wochen zuvor war in Europa der sogenannte Spanische Erbfolgekrieg zwischen Frankreich und Spanien auf der einen und England und dem deutschen Kaiser auf der anderen Seite ausgebrochen, der bald auch seine Auswirkungen auf den Inseln zeigen sollte.)

Nachdem der Krieg in Europa erklärt worden war, erhielten die Engländer bereits Anfang Juli davon Nachricht. Wir dagegen erfuhren es viel früher durch die Wegnahme unserer Schiffe als durch eine Nachricht aus der Heimat. Mit größtem Eifer bereiteten wir uns nun auf die Verteidigung vor. Herr Auger, der Statthalter, ließ eine genaue Musterung aller Einwohner vornehmen, die das Gewehr tragen konnten. Auch wurden alle angehalten, eine gewisse Menge von Maniocmehl in die Magazine des Kastells zu liefern, und man befahl ihnen auch noch, Manioc, Erbsen, Hirse, Patates und Ignames auf den Anhöhen und an den vom Meeresufer entfernten Stellen in großer Menge zu pflanzen. Bei allen Musterungen begleitete ich Herrn Auger. Ich mußte auch die Verzeichnisse aufsetzen, wo die Wachhäuser und Sammelplätze angelegt werden sollten. Die Einwohner der entlegenen Bezirke mußten sich vom Meerufer entfernen und mit ihren Familien und Negern

auf die Anhöhen übersiedeln. In allen Revieren wurden Steinböller verteilt, um damit Lärm zu schießen und einander Nachricht geben zu können, wenn etwa bei Tag oder Nacht eine feindliche Landung erfolgen sollte.

Da die Engländer weit früher als wir die Nachricht von der Kriegserklärung erhielten, hatten sich auch ihre Korsaren weit früher vorbereitet. Sie hatten schon mehrere Schiffe gekapert, aber auch Frauen, Kinder und Sklaven gefangengenommen, die von Saint-Christoph und Marie-Galante nach Martinique hatten in Sicherheit gebracht werden sollen.

Zu eben dieser Zeit hatten wir ein Erdbeben, das besonders auf Martinique schweren Schaden verursachte. In allen Bezirken der Insel waren viele Häuser eingestürzt. Ich hielt mich zu diesem Zeitpunkt in einem Gehölz von Guadeloupe auf, um Balken für Lafetten sägen zu lassen. Als ich mich auf eine Baumwurzel niedersetzte und mein Brevier las, empfand ich eine ganz leichte Bewegung, als ob ich schwindlig sei. Ich stand daher sofort auf, um diesen Schwindel zu bekämpfen, mußte mich aber sogleich wieder niedersetzen. Als ich merkte, daß es eine Erderschütterung war, rief ich sogleich meinen Arbeitern zu, sie sollten von ihrem Gerüst herabspringen, da es einzufallen drohte. Einige Schritte weit vom Arbeitsplatz entfernt standen vier Gespanne mit 16 Ochsen, die man ausgeschirrt hatte, um sie solange weiden zu lassen, bis die Karren mit dem Holz beladen waren. Diese Tiere empfanden früher als ich die Erdstöße. Sie zerrissen ihre Stricke und brüllten vor Furcht, und selbst als das Erdbeben vorbei war, dauerte es lange, bis man sie wieder beruhigen konnte. Einen Nutzen hatte das Beben wenigstens; es half nämlich den Pfarrern, ihre Gemeinden zur Buße zu bewegen, um den Ablaß des Jubeljahres zu verdienen, das damals in der ganzen christkatholischen Welt verordnet worden war.

Nach Eroberung der französischen Besitzungen auf der Insel Saint-Christoph durch die Engländer ließ unser Statthalter, Herr Auger, unaufhörlich und mit aller nur möglichen Eile an der Befestigung der Insel Guadeloupe arbeiten, um sie in gehörigen Verteidigungszustand zu setzen, wenn uns die Engländer angreifen sollten. Wir kontrollierten gemeinsam alle Plätze auf der Insel, an denen der Feind eine Landung unternehmen konnte, und ich steckte die Verschanzungen ab, die uns dort notwendig schienen, um die andringenden Feinde zurücktreiben zu können. Nachdem sowohl im Kastell von Basse-Terre wie auch

Guadeloupe

entlang der Küste, die man befestigen wollte, alles angeordnet worden war, begaben wir uns in das Revier der drei Flüsse, wo wir eine ganze Woche lang verblieben.

Herr de Malmaison, der Königliche Leutnant auf dieser Insel, der in diesem Quartier eine Plantage und eine Zuckersiederei hatte, lud den Statthalter zu einer Jagd auf wilde Tauben ein, an der wir zuviel Vergnügen hatten, als daß ich sie hier mit Stillschweigen übergehen könnte. Die Körner des Indianischen Holzes hatten unzählige Holztauben angelockt, da diese Vögel ganz versessen auf sie waren. Sie werden erstaunlich fett davon, und ihr Fleisch bekommt einen höchst angenehmen Geruch nach Muskat und Nelken. Gegen sieben Uhr abends begaben wir uns daher an einen Platz, an dem viele solcher Bäume standen. Am Rande eines Daches fanden wir eine Laubhütte, in die man schon den Wein zum Kühlen gestellt hatte. Fünfzig Schritt davon entfernt hatte man schon die Küche angelegt und einen großen Holzstoß aufgerichtet, aus dem später zum Gebrauch der Jäger Kohlen gebrannt wurden. Als wir uns unter diesen Bäumen niedergesetzt hatten und miteinander redeten, hörten wir die wilden Tauben über unseren Köpfen schreien und sahen die Körner vor uns herabrieseln, die

ihnen entweder aus den Schnäbeln fielen oder die sie beim Fressen auskörnten. Dann töteten wir ohne besondere Mühe so viele, wie uns nur beliebte, wobei wir das Vergnügen hatten, sie vor unsere Füße herabfallen zu sehen. Obwohl wir mehrfach nach dem gleichen Baum schossen, konnten wir sie trotzdem nicht vertreiben, sondern sie flogen bloß von einem Ast zum andern, schrien und sahen ihre Gefährten herabfallen. Wenn diese Vögel einmal an Gewicht zugenommen haben, sind sie überaus faul, und es erfordert schon die äußerste Gewalt, bis man sie endlich einmal dazu bringt, daß sie ihren Aufenthalt verändern. Auch habe ich häufig bemerkt, daß sie in diesem Zustand durch den kleinsten Vogelschrot herabgeworfen werden, bei magerem Leib aber einen weit stärkeren Schuß als nach einem Hasen aushalten. Ich vermute daher, daß die Federn weiter auseinanderstehen, wenn sie fett geworden sind, und daher dem Blei besseren Durchgang verschaffen. Wenn sie dagegen mager sind, klebt ihr Gefieder gleichsam an ihrer Haut, die Federn liegen fest aufeinander, und das Blei verschlüpft sich darunter ohne weiter einzudringen.

Ich habe mehrfach beobachtet, daß sie im Herabfallen zerplatzen wie eine überreife Frucht, wenn sie vom Baum fällt. Auch hatte der Schuß des Statthalters eine ganz sonderbare Wirkung. Er zielte nämlich nur auf eine einzige Holztaube, die er traf, man sah aber anstatt einer sechs wilde Tauben herunterfallen.

Es ist das größte Vergnügen bei dieser Jagd, wenn jeder Jäger sein geschossenes Wildbret selbst rupft, aufspaltet und es über Eck, das heißt von einem Schenkel zum gegenüberstehenden Flügel, anspießt, den Spieß dann vor das Feuer in den Erdboden steckt, es daran herumdreht und solange braten läßt, wie er es für gut befindet, ohne dabei andere Gewürze hinzuzufügen als ein wenig Salz und Zitronen- oder Pomeranzen-Saft. Die wilden Tauben müssen aber nur halb ausbraten und gleichsam noch ganz blutig verzehrt werden.

Der Leutnant hatte ein üppiges Mittagsmahl zubereiten lassen, wovon aber beinahe nichts angerührt wurde, da sich ein jeder mit seinen gejagten Tauben begnügte, und ich kann versichern, daß man nicht sparte. Wir verbrachten den ganzen Tag mit diesem Zeitvertreib, abends speisten wir auf dem gleichen Platz und kamen erst ziemlich tief in der Nacht wieder mit Fackeln zur Behausung des Leutnants zurück, höchst zufrieden sowohl über die Jagd wie auch über das Vergnügen, daß wir die fettesten und köstlichsten Holztauben verzehrt hatten.

Die Sorge um die öffentlichen Arbeiten nahm mir damals alle Zeit weg und wollte mir auch nicht erlauben, die weltlichen Angelegenheiten unserer Mission zu verwalten. Ich beschloß daher, mich dieses beschwerlichen Geschäfts zu entledigen, übergab dem Pater Imbert als dem Superior der Mission die Rechnungen und legte zugleich mein Amt nieder, das ich ohnehin bloß aus Achtung gegen ihn angenommen hatte; denn es war mir bekannt, daß er die Ankunft der Engländer fürchtete und deswegen seine Stelle aufgeben wollte, um nach Martinique abzureisen, wo man das Krachen der Kanonen nämlich weit weniger als zu Guadeloupe hörte.

Unser Statthalter war über meinen Schritt sehr unzufrieden und glaubte, daß ich das alles nur zum Vorwand nehmen wollte, um mich desto leichter entfernen zu können. Er beauftragte deshalb den Königlichen Leutnant, mit mir zu sprechen. Ich gab ihm aber zur Antwort, daß ich tatsächlich wieder nach Frankreich zurückkehren wolle, doch erst, nachdem ich das Vergnügen gehabt hätte, den Angriff der Engländer und unsere Verteidigung dagegen mitanzusehen.

Zwei Tage vor Weihnachten kam Pater Cabasson, der Generalsuperior unserer Missionen, wieder nach Guadeloupe zurück. Er mißbilligte zwar, wie es schien, die Niederlegung meines Amtes und sagte, daß ihm dadurch alle Gelegenheit genommen werde, mir nach Wunsch zu dienen. Allein wir lebten viel zu lange beisammen, als daß ich ihn nicht näher kennengelernt hätte. Seit einiger Zeit konnte ich nämlich mit seinem Verhalten mir gegenüber nur wenig zufrieden sein, obgleich er mir das Amt, das er bekleidete, zu verdanken hatte. Ich gab ihm daher die gleiche Antwort wie dem Statthalter und setzte einzig und allein meine Arbeiten für den König fort, ohne mich nur das geringste um die Geschäfte unseres Klosters zu bekümmern.

Am ersten Tag des Jahres 1703 machte ich in Begleitung des Generalsuperiors dem Statthalter die Aufwartung. Dieser behielt uns zum Mittagessen, danach führte er Pater Cabasson zur Seite und sagte ihm, daß es etwas ganz Unnatürliches sei, mich so unbeschäftigt zu lassen. Er wolle ihn nur ersuchen, mich ja nicht von Guadeloupe wegzuschicken, wo man mich nicht entbehren könne, zumal es den Dienst für den König betreffe. Überdies habe er dem Hof bereits Nachricht davon erteilt und wünsche, mit einem Wort zu sagen, daß man alle Pläne, mir ein anderes Amt zu geben, auf später verschieben solle.

Pater Cabasson hütete sich wohl, diese Bitte abzuschlagen. Er

versprach sogar, alles nur mögliche zur Verteidigung der Insel beizutragen, und versicherte ihm, er wolle einen Turm, von dem der Statthalter einmal gesprochen hatte, sehr gern errichten lassen. Dazu hatte er aber vorher seine Einwilligung nicht geben wollen, und das war teilweise auch der Grund der zwischen uns herrschenden Verstimmung, da er sich einbildete, ich hätte dies Herrn Auger vorgeschlagen.

Der Turm sollte aber an die Mündung unseres Flusses gesetzt werden. Der Statthalter wünschte, ihn an der östlichen Seite zu errichten, ich dagegen wollte ihn lieber westlich am Rand unserer Weiden und der See haben, weil ich beabsichtigte, ihn als Wachhaus zu verwenden und unsere Plantagen auf diese Weise gegen alle unvorhergesehenen Überfälle und feindlichen Plünderungen abzusichern. Damit aber die Besatzung nicht überfallen werden könnte, wünschte ich keinen anderen Zugang als über eine Leiter, die sich einziehen ließ, sobald der Turm einmal besetzt war. Nach einigem Wortwechsel beschloß man endlich, ihn auf unserem Grund und Boden, das heißt westlich des Flusses, zu bauen, weil es auf unsere Kosten geschah. Ich konnte mir nicht vorstellen, was dem Pater Cabasson an diesem Tag für ein Wurm in den Kopf gekommen sein mochte. Er hatte es nämlich plötzlich sehr eilig, mit dem Bau zu beginnen. Da der Statthalter, der sich ursprünglich vorgenommen hatte, schon am folgenden Tag zu den drei Flüssen zu reisen, um den Platz auszusuchen und die Größe des Turmes zu bestimmen, dies bis zu seiner Rückkehr verschob, wiederholte er mehr als zehnmal folgende Worte des Evangeliums: »Quod facis fac citius.«

Nachdem er fortgegangen war, bat mich Herr Auger, der kein Latein verstand, ihm diese Worte auszulegen. Darauf antwortete ich ihm, es seien die gleichen Worte, deren sich Christus gegen Judas bedient habe, um ihn zu seinem Verrat anzutreiben (»Was du tust, das tue bald«).

»Das ist ein sehr ungereimtes Latein«, sagte er daraufhin zu mir. »Was zum Henker! Für wen hält mich wohl Pater Cabasson? Ich finde es recht merkwürdig, daß er mit mir wie zu einem Judas spricht!« Ich erklärte ihm die Meinung des Paters etwas ausführlicher und suchte ihm begreiflich zu machen, daß dieser weiter nichts anderes als seine Begierde habe ausdrücken wollen, diesen Turm bauen zu lassen und das Werk nicht mehr länger aufzuschieben. Ich mochte aber noch so viele Auslegungen machen und Balsam in seine Wunde zu gießen suchen, er blieb doch immer bei seinem Satz, man hätte sich gegen einen rechtschaffenen Mann dieser Worte nicht bedienen sollen.

Am Dienstag, dem zweiten Tag des Jahres, begleitete ich den Statthalter zu den drei Flüssen, wo wir uns tagelang aufhielten, um sowohl die von mir bereits abgesteckten Festungswerke vollenden, wie auch die Verschanzungen anlegen zu lassen, die an beiden Zugängen des Gebirges notwendig waren. Ich bezeichnete hier den Platz für ein Lager, und er ernannte einen Offizier dieses Reviers, der den Einwohnern, die ihre Gerätschaften dorthin bringen und die Baracken aufschlagen sollten, den Platz dafür anzuweisen hatte.

Wir kamen erst am Sonntag, dem 7. Januar, gegen Abend wieder zurück. Ich blieb den ganzen Montag zu Hause, um Pater Imbert bei der Rechnungsablage zu helfen. Am Montag, den 9. Januar, kam Herr Auger zu uns. Wir wählten sofort den Platz, auf dem der Turm zu stehen kommen sollte. Ich steckte ihn ab, und die Arbeit wurde unverzüglich begonnen, da die notwendigen Baumaterialien bereits teilweise dorthingeschafft worden waren. Er hatte am Boden einen Durchmesser von sieben Ruten, und seine Mauer sollte drei Fuß dick werden. Auch wollte man ihn mit 12 bis 15 Staudenreihen umgeben, um den Zugang möglichst beschwerlich zu gestalten; denn es sollte nur ein schmaler, krummer Weg für eine Person bis zur Leiter offengelassen werden. Dieser Turm sollte nach seiner Fertigstellung für uns von großem Nutzen sein, da ihn der Feind förmlich belagern mußte.

Es war ein Plan des Statthalters, durch dieses Beispiel die Bewohner zu bewegen, ähnliche Türme auf ihren Feldern längs des Strandes zu errichten, da man durch die Verbindung der Türme mittels einer aus Palisaden und Stauden errichteten Verschanzung in der Lage gewesen wäre, jedem Angreifer eine Landung zu verwehren. 12 bis 15 Mann, die in einem solchen Turm lagen, konnten ihm mehr zu schaffen machen als 200 hinter einer einfachen Verschanzung. Und 200 Mann, die hinter einer solchen, mit ein paar Türmen besetzten Palisadenwand standen, vermochten ihrerseits allen erforderlichen Widerstand zu leisten und einen Landungsversuch zu vereiteln. Auch ist ja bekannt, daß die Schiffskanonen nicht besonders zu fürchten sind und daß von 100 Schüssen kaum einer in ein Schießloch trifft, dagegen das Feuer einer Batterie auf dem Land jedes Schiff erzittern läßt, weil es durch sie in den Grund geschossen werden kann.

Pater Cabasson reiste am 30. Januar von Guadeloupe ab, um wieder nach Martinique zurückzukehren, in seiner Begleitung Pater Imbert, der sein Amt niedergelegt hatte, das durch einen verdienten Religiosen

wieder besetzt worden war. Meine Geschäfte erlaubten es zwar nicht, bei all diesen Veränderungen im Kloster anwesend zu sein, aber als ich die Zeit ihrer Einschiffung erfuhr, begab ich mich zum Statthalter, wo ich sie antraf und nach der üblichen Umarmung bis ans Meeresufer begleitete. Sie bestiegen ein provençalisches Schiff, das wieder nach Martinique zurückkehren wollte, nachdem es seine Waren teurer als jemals ein anderes Schiff verkauft hatte. Die erfolgte Kriegserklärung und die große Zahl von Korsaren, die an den französischen Küsten herumschwärmten und derentwegen unsere Schiffe nicht wagten auszulaufen, waren die Ursache, daß die Weine auf der Insel, auf der man nicht gern Mangel daran leidet, immer seltener wurden.

Dieser provençalische Schiffskapitän hat das Glück gehabt, ungehindert durchzukommen, er nutzte die schlechten Zeitumstände geschickt und verkaufte seinen schlechten Landwein aus der Provence die Tonne für 200 Francs, das Pfund Mandeln in der Schale für 25 Sous und die übrigen Lebensmittel verhältnismäßig teuer. Dafür nahm er vom schönsten weißen Zucker, der vor sechs Monaten noch 42 Livres gekostet hatte, den Zentner jetzt für nicht mehr als 17 oder 18 Livres. Um aber recht zu erkennen, was er an seinen Weinen eigentlich gewann, muß man beachten, daß die Tonne von diesem Wein normalerweise nicht höher als sieben bis acht Francs zu stehen kommt und sich die Kaufleute noch glücklich schätzten, wenn sie ihn in Ermangelung eines besseren auf der Insel für 18 Francs verkaufen können! Aber dieser Schiffskapitän kam nicht weit, ohne für seinen Übermut bestraft zu werden, der ihn zu sagen verleitete, daß er seine Waren nur deswegen so teuer verkaufe, um sich daheim rühmen zu können, wie er an Wein und Zucker gewonnen habe. Als er nämlich von Martinique absegelte, wurde er von einer elenden englischen Barke aufgebracht, deren er sich mit seiner Schaluppe hätte leicht bemächtigen können, wenn er ebenso viel Mut wie Übermut gehabt hätte.

Vor einigen Tagen hatte eine unserer zum Kreuzen ausgerichteten Barken einen Engländer weggenommen, der Pakete von Barbados nach Antego bringen sollte. Man erfuhr durch das aufgebrachte Schiff, daß drei Tage vor Weihnachten acht Kriegsschiffe und viele andere kleine Schiffe zu Barbados angelangt seien, die fünf Regimenter an Bord hatten. Man erwartete aber noch ebenso viele Schiffe und alle Gerätschaften, die zu einer wichtigen Belagerung erforderlich sind. Wir zweifelten keineswegs, daß es mit diesen Zurüstungen auf Martinique

abgesehen war und sie sich vorgenommen hatten, Fort Royal zu belagern.

Herr Robert, unser Intendant, unternahm alle Anstalten, die nur immer zur Verteidigung von Martinique dienen konnten. Er empfahl, entlang der Reede und an den Stellen des Kastells Saint-Pierre, wo es nötig schien, eine Brustwehr aus Mauerwerk aufzuführen, die Stadt bei Fort Royal mit einer guten Brustwehr und neuen Batterien zu decken, die alten auszubessern und zu vergrößern. Kurz, er tat alles, was man nur für das allgemeine Wohl erwarten durfte. Da uns sehr viel daran gelegen war, zu erfahren, was beim Feind vorging, bewaffnete man einige schnellsegelnde Barken, die gegen sie kreuzen, an ihren Küsten landen und einige Gefangene machen sollten, die uns ihre Absicht entdecken konnten, da bei den Engländern eben kein besonderes Geheimnis beobachtet wurde.

Die Monate Januar und Februar hindurch wurden auf allen unseren Inseln nur Verschanzungen aufgeworfen, weil man nicht wissen konnte, welche die Engländer zuerst angreifen würden. In den letzten Tagen des Februar vernahm man, daß die übrige Flotte, welche die Engländer erwartet hatten, durch einen großen Sturm zerstreut worden sei und die davongekommenen Schiffe wieder Kurs auf England genommen hätten, der Feind also jetzt nicht mehr an einen Angriff auf Martinique denken könne. Auch brachte man in Erfahrung, daß ihre acht Kriegsschiffe und die fünf Regimenter Befehle hätten, nach Jamaica zu gehen, weil sie befürchteten, die Franzosen und Spanier könnten dort mit vereinten Kräften einfallen und diese Insel wegnehmen, auf der damals nur wenige Truppen zur Verteidigung standen.

Diese Neuigkeit erregte bei unseren Einwohnern große Freude, und sie wollten daher die Schanzarbeiten, die noch nicht völlig fertig waren, unvollendet liegenlassen. Herr Auger wußte aber aus geheimen Nachrichten, die er von den englischen Angelegenheiten hatte, daß General Codrington sich bemühte, die Engländer auf Barbados zu gewinnen, mit ihm gemeinsam die Insel Guadeloupe anzugreifen, da ihre Eroberung leicht möglich schien, wenn er von fünf Regimentern regulärer Truppen und der Besatzung und Landmiliz beider Statthaltereien unterstützt würde. Aus diesem Grund zwang Herr Auger unsere Einwohner, die angefangenen Schanzarbeiten zu vollenden, soviel sie auch immer dagegen vorbringen wollten. Einige unter ihnen, die nicht eben viel Vernunft besaßen, wollten mir deshalb die Schuld geben und

mich tadeln, gerade als ob ich irgendein Vergnügen oder einen Vorteil davon gehabt hätte, wenn sie arbeiten mußten. Derweil stand ich Tag und Nacht im Dienst der gemeinsamen Sache und war für die Verteidigung der Insel beschäftigt, hatte auch bisher nicht die mindeste Belohnung für meine Arbeit empfangen, obwohl Herr Auger und die übrigen befehlshabenden Offiziere oft genug bei Hof daran erinnerten.

Am 6. März des Jahres 1703 erhielten wir auf Guadeloupe Nachricht, daß man zu Marie-Galante eine beachtliche Anzahl Schiffe habe landen sehen. Man wußte aber nicht, ob es die englische Flotte war, die sich dort sammelte, oder nur das Geschwader des Generalstatthalters unserer Inseln, den wir gerade erwarteten, der aber vorerst nur Kundschaft einholte und zu wissen verlangte, wie es im Land aussah, ehe er sich Martinique nähern wollte, wo er ja einen Angriff erwartete. Herr Auger schickte also zwei Pirogen ab, die von einem Leutnant der Landmiliz namens Raby geführt wurden, und befahl ihm, nach Guadeloupe zu fahren, sich dann aber der Insel Marie-Galante soweit als nur möglich zu nähern und sorgfältig zu untersuchen, was dort für Schiffe vor Anker lagen. Den Pirogen aber befahl man, daß sie keine Segel aufziehen sollten, außer um zu fliehen. Auch sollten sie stets miteinander in Sichtverbindung bleiben und bestimmte Signale verabreden, um sich, je nach den Umständen, danach richten zu können. Man unterrichtete sie auch, was sie zu antworten hätten, wenn sie den Engländern in die Hände fielen und von ihnen befragt würden. Sie sollten nämlich sagen, wir hätten 1.700 Mann Landmiliz sowohl von der Insel Guadeloupe als auch von den Santos-Inseln. Es seien auch 600 Flibustier und vier Kompanien Seeleute bei uns angelangt, nicht gerechnet die beiden Kompanien, die wir schon hatten, und man habe uns noch weitere Hilfstruppen aus Frankreich versprochen. Auf die Nachricht hin, daß Schiffe zu Marie-Galante vor Anker lägen, habe man sie deswegen abgeschickt, um zu erfahren, woher diese denn eigentlich kämen.

Außerdem erhielten sie den Befehl, daß eine der Pirogen sogleich zurückkehren sollte, wenn sie entdeckt hätten, von welcher Nation die Schiffe seien. Die andere dagegen sollte auf der Insel Marie-Galante landen, mit den Einwohnern sprechen, die ihre Zuflucht dorthin genommen hatten, und möglichst einige Gefangene machen und zu uns bringen. Auch sollten sie scheinbar ganz nebenbei die oben angeführten Nachrichten ausbreiten, damit, falls einer der Pflanzer in die Hände der

Engländer geriete, er sie ihnen wieder auf die gleiche Art erzählen könnte.

Am 10. kam eine unserer Pirogen bei Tagesanbruch wieder zurück. Sie brachte die Nachricht mit, daß die englische Flotte dort vor Anker läge. Sie waren ihr während der Nacht so nahe gekommen, daß sie sogar hören konnten, in welcher Sprache sie sich unterhielten. Leutnant Raby war inzwischen mit seiner zweiten Piroge zur Insel Marie-Galante gesegelt, um dort von den Einwohnern Kundschaften einzuziehen. Es kostete ihn aber große Mühe, bis er endlich einige traf, von denen er hörte, daß die Engländer nur auf die Vereinigung einiger Haufen Landmiliz von ihren anderen Inseln warteten, die noch nicht eingetroffen waren, um Guadeloupe anzugreifen. Von der Insel Barbados befänden sich aber keine Truppen dabei, weil diese nicht unter dem General Codrington stehen wollten, der über Barbados nicht zu befehlen hat. Sie hatten dies von einem verirrten Engländer erfahren, der in ihre Hände gefallen und an seinen Wunden gestorben war.

Raby hätte die Einwohner gern dazu bewogen, noch irgendeinen Gefangenen zu machen. Sie waren aber nicht dazu bereit; denn sie befürchteten, entweder entdeckt oder verfolgt zu werden oder gar selbst in die Hände der Engländer zu fallen, die sie dann möglicherweise gezwungen hätten, die Zuflucht ihrer Gefährten zu verraten. Es blieb ihm daher weiter nichts übrig, als mit einigen Pfadfindern durch den Wald bis zu dem Ufer vorzudringen, wo die Flotte vor Anker lag, um Anzahl und Größe der Schiffe sowie die Zahl der Truppen auszukundschaften.

Als er seine Beobachtungen gemacht hatte, verließ er Marie-Galante und kam in der Nacht vom 12. zum 13. März auf die Insel Guadeloupe. Hier stattete er seinen Bericht ab, und nachdem man sein Schiffsvolk einige Stunden lang hatte ausruhen lassen, schickte man ihn wieder nach den Santos-Inseln, um Verhaltensbefehle zu überbringen und auf die Bewegungen des Feindes zu achten und Nachricht davon zu geben.

Sobald wir die ersten sicheren Nachrichten von der Anwesenheit des Feindes zu Marie-Galante erhalten hatten, mußten alle Einwohner ihre Waffen nehmen und sich damit in Basse-Terre einfinden, wo man leichter die feindlichen Unternehmen beobachten und entsprechend Widerstand leisten konnte. Alle Einwohner der Insel sowie 60 Mann von den Santos-Inseln kamen auf den ersten Befehl hin und ließen zur Bewachung der Reviere und der Neger nur die Alten, Kranken und das

junge Volk zurück, das zwar mit den Waffen umgehen konnte, aber noch zu schwach war, um die Beschwerlichkeiten des Krieges durchzustehen.

Nur die Einwohner von Grande-Terre weigerten sich unter dem Vorwand zu gehorchen, daß sie selbst angegriffen werden könnten, weil die Engländer so nahe bei ihnen stünden. Das war aber eine sehr schlechte Entschuldigung; denn die Engländer hatten ihre Pläne hauptsächlich auf Guadeloupe gerichtet und wußten wohl, daß ihnen Grande-Terre von selbst in die Hände fallen mußte, wenn sie sich nur einmal dieser Insel bemächtigt hatten. Herr Auger fertigte sogleich Herrn von Maisoncelle, Hauptmann einer Kompanie Seesoldaten, an sie ab, um die Einwohner zu versammeln, ihnen ihre Schuldigkeit vorzuhalten und sie aufzufordern, sich ohne die geringste Verzögerung, bei Strafe als Rebellen gegen den König und als Verräter der Nation behandelt zu werden, auf dem Versammlungsplatz zu Basse-Terre einzufinden. Man brauchte aber diese Vorhaltungen nicht; denn die Einwohner hatten noch vor Ankunft des Hauptmanns erkannt, welcher Gefahr und Schande sie sich durch ihren Ungehorsam aussetzten. Um den Fehler wieder gutzumachen, den sie eben hatten begehen wollen, kamen sie freiwillig mit großem Eifer und zeigten sich während dieses ganzen Krieges hindurch als herzhafte Leute.

Ich wunderte mich, als mir gemeldet wurde, daß in der Nacht vom 7. zum 8. dieses Monats von Martinique ein junger Ingenieur namens Binois angelangt war, den ich bereits zu Saint-Christoph getroffen hatte. Anfangs glaubte ich, der Statthalter habe mir das absichtlich verschwiegen und war mit Recht darüber verdrossen, daß er ihn berufen hatte, nachdem schon alles fertig war, um gleichsam die Belohnung einer ungewöhnlichen Arbeit zu empfangen, die ich ein ganzes Jahr lang unter größten Schwierigkeiten allein versehen hatte. So bezeugte ich gegen den Königlichen Leutnant meinen begründeten Ärger und entfernte mich in unser Kloster. Hier nahm ich eine mir zugestoßene Unpäßlichkeit zum Vorwand, um unseren Ordensbrüdern die wahre Ursache, warum ich keine Dienste mehr leisten wollte, nicht entdecken zu müssen, und begann meine Gerätschaft und Papiere einzupacken, die ich einem guten Freund in der Schanze zur Aufbewahrung übergab. Wie sich später herausstellte, hatte ich es nur diesem verdrießlichen Zufall zu verdanken, daß nichts davon verloren ging. Sobald der Statthalter, der mich ja dringend benötigte, vom Leutnant den Grund

meiner Entfernung vernommen hatte, setzte er sich zu Pferde und kam zu mir. Unsere Väter, die sich über seinen Besuch verwunderten, sagten ihm sogleich, daß meine Unpäßlichkeit weiter nichts zu bedeuten habe und ein wenig Ruhe mich bald wieder instand setzen werde, meine Arbeit wie gewöhnlich zu verrichten. Er kam in mein Zimmer und fand mich im Bett, in das ich mich gelegt hatte, als mir der Neger seine Ankunft berichtete. Nachdem ihm unser Superior einige Minuten lang Gesellschaft geleistet hatte, entfernte er sich und ließ uns allein. Der Statthalter sagte sogleich, daß er nur feststellen wollte, wie meine Gesundheit, die für ihn ebenso notwendig sei wie für mich selbst, wieder hergestellt werden könnte. Darauf antwortete ich, daß ich jederzeit zu seinem Dienst bereit gewesen sei, jetzt aber, da er meiner nicht weiter bedürfe, Zeit genug habe, um krank zu sein.

»Ich sehe wohl«, versetzte er, »worauf es hier ankommt. Sie glauben nämlich, ich hätte den Binois kommen lassen. Gleichwohl kann ich beteuern, niemals daran gedacht zu haben, und wenn Sie nur das geringste Mißtrauen deswegen hegen, werde ich ihn noch heute wieder nach Martinique zurücksenden. Da Sie aber ein so guter Freund von mir sind, bitte ich Sie, auch an meiner Not Anteil zu nehmen. Es steht uns täglich eine Belagerung bevor, wir müssen daher unter allen Umständen einen erfahrenen Mann im Kastell haben. Sie sind der einzige hier, der so etwas versteht. Wenn Sie also ins Kastell gehen, wo werden wir dann jemanden haben, um die Schanzarbeiten, die ausgeführt werden müssen, fortführen zu lassen? Gehen Sie aber nicht hinein, welcher unter unseren Offizieren wird dort dann wohl imstand sein, eine Bresche im Wall wieder ausbessern zu lassen oder jeden Fußbreit Landes dem Feind strittig zu machen?«

Diese Gründe und die Freundschaft, die ich gegen ihn hegte, rührten mir das Herz. Ich sagte ihm also, daß er vollkommen über mich zu befehlen habe, da ich künftig nur aus Liebe zu ihm arbeiten wolle, zumal es ja klar genug sei, daß niemand anders als Herr Binois für die guten Vorbereitungen entlohnt werden würde. Er versicherte mir aber das Gegenteil und umarmte mich. Ich war damit vollkommen zufrieden und versprach ihm, weiterhin mit den Arbeiten fortzufahren. Als ich ihn bat, mir zu erlauben, aufzustehen, begab er sich in ein anderes Zimmer, damit ich mich ankleiden könnte. Das war rasch geschehen; denn ich lag fast ganz angezogen im Bett. Ich stieg danach zu Pferde und ritt in seiner Gesellschaft zu den Schanzarbeiten. Das Kastell war mit

Kriegs- und Mundvorrat für 300 Mann auf sechs Monate lang ausgestattet. Es war aber zu befürchten, daß der Feind die Wasserleitungen abschneiden und das Wasser in die offenstehende Zisterne führen oder es auf irgendeine Art unbrauchbar machen würde. Wir ließen also die Zisterne der inneren Festung anfüllen, desgleichen die offene und eine Anzahl großer, mit Wasser gefüllter Tonnen an einen sicheren Ort bringen.

Nachdem alle unsere Truppen in Basse-Terre eingetroffen waren, wurden sie am 12. März von unserem Statthalter gemustert. Es waren ingesamt 1.418 Mann, aber es fehlte uns an Kanonieren, da nur ein einziger im Kastell Dienst versah und sich noch zwei andere dazu bereit erklärt hatten, um von der Wache und vom Frondienst befreit zu sein. Durch diese drei konnte unserer Artillerie aber nicht gedient werden. Herr Auger warb daher einige Kanoniere von einem Schiff aus Nantes an, das in einer kleinen Bucht in der Nähe vor Anker lag, um im Kastell unter der Bedingung zu dienen, daß sie wie Kanoniere der Königlichen Schiffe bezahlt werden, darüber hinaus aber auch die Belohnungen der Flibustier empfangen sollten, falls sie zu Krüppeln geschossen würden.

Nachdem die Engländer alle ihre Truppen zu Marie-Galante zusammengezogen hatten, verließen sie am Sonntag, dem 18. März, vor Anbruch des Tages diese Insel. Unsere Pirogen, die zur Wache aufgestellt waren, gaben nun gleich Nachricht davon, denn im Vorbeifahren an die Spitze des alten Kastells ließen sie zwei Kanonen abfeuern, die das Signal waren, daß man die Waffen ergreifen und jeder sich an seinen bestimmten Posten begeben solle. Dieser Alarm wurde noch vor Ablauf einer Stunde über die ganze Insel verbreitet, indem die Schüsse von einer Batterie zur andern, und wo keine Artillerie stand, doch wenigstens mit Steinböllern wiederholt wurden.

Man ließ zugleich alle Verschanzungen mit Leuten besetzen. Die englischen Schiffe befanden sich um acht Uhr gegenüber der Spitze des alten Kastells. Da sie nun den Santos-Inseln sehr nahe waren, schickten sie zwei Schaluppen ab, um auf dem flachen Strand der südlichen Insel an Land zu gehen. Die Einwohner, die dort zurückgeblieben waren, empfingen sie aber so gut, daß sie unverrichteter Dinge wieder abziehen mußten. Darauf segelten sie so weit, bis sie von den Kanonen des Kastells und des Forts nicht mehr erreicht werden konnten.

Ihre Flotte bestand aus 45 Segeln, unter denen sich neun Kriegsschiffe befanden, nämlich eines von 90 Kanonen, zwei von 80, eines von 76 und

vier von 60 Kanonen, sowie aus der Fegatte Antego mit 24 Kanonen, sowie 18 Kauffahrerschiffen, die gleichfalls Kanonen führten. Die übrigen Schiffe waren Barken, Brigantinen und andere kleine Fahrzeuge, von denen einige gar keine Kanonen hatten. Nachdem sie das Kap umsegelt hatten, näherten sie sich dem Land. Diese Bewegung veranlaßte den Statthalter, mit seinen Freiwilligen und allen Reitern zu Pferde zu steigen, um den Feind entlang des Ufers zu begleiten und sich ihm zu widersetzen, wenn er vielleicht irgendwo eine Landung versuchen wollte.

Gegen Mittag teilte sich ihre Flotte. Die Kriegsschiffe blieben mit einer Barke vor Baillif still liegen und hatten ein jedes vier bis fünf Schaluppen oder Boote am Hinterteil befestigt. Unterdessen segelten die übrigen Schiffe weiter, als ob sie an der Siedlung, die zwei Meilen südlich von Baillif liegt, an Land gehen wollten. Der Statthalter folgte mit seiner Reiterei diesem abgeschickten Teil der Flotte. Inzwischen blieb der Königliche Leutnant auf der Anhöhe nahe am Fluß der Väter stehen, um bei der Hand zu sein, sich einer feindlichen Landung zu widersetzen.

Die Kriegsschiffe näherten sich gegen zwei Uhr dem Land. Als ich sie auf Schußweite herankommen sah, ließ ich vom Turm eine Kanone abfeuern, aber dieser Schuß erreichte sie nicht, und deshalb kamen sie noch näher heran, weil sie wohl meinten, sie könnten ungestraft unsere Verschanzungen in Augenschein nehmen, da wir anscheinend nur kleine Kanonen hatten. Bei den übrigen Batterien wiederholte sich das gleiche. Als wir sie aber auf einen halben Schuß weit und noch näher vor uns sahen, begannen wir aufs neue und miteinander um die Wette, sie zu begrüßen. Sie erhielten viele Schüsse, ohne uns zu antworten. Unterdessen segelte ihre Barke so nahe ans Ufer, wie es ihr nur möglich war, und fuhr auf das Kastell zu, vermutlich in der Absicht, auszukundschaften, ob unsere Verschanzungen bis dorthin mit Verteidigern besetzt wären. Man versuchte, sie dabei keineswegs zu hindern, wie das leicht möglich gewesen wäre, da man die Vorsicht gebraucht hatte, die Fahnen in den Laufgräben aufgepflanzt zu lassen sowie fünf bis sechs Mann von jeder Kompanie, um den Feind zu täuschen und Gerät und Waffen ihrer Kameraden zu bewachen. Diese Kundschafter kehrten also wieder zurück und waren wohl überzeugt, daß die ganze Küste besetzt sei, obwohl unsere Truppen ihre Stellungen verändert hatten, je nachdem sich der Feind bewegte.

Wir haben aber niemals recht erfahren können, was sie mit dieser Bewegung wohl beabsichtigten, ob sie nur unsere Stärke erforschen wollten oder in der Tat entschlossen waren, im Bezirk von Baillif zu landen; denn ihre regulären Truppen befanden sich alle auf den Kriegsschiffen. Als sie aber bemerkt hatten, daß wir gut Wache hielten, suchten sie das hohe Meer zu erreichen, und nachdem alle Schiffe wieder zu ihnen gestoßen waren, entfernten sie sich beinahe völlig aus unserem Gesichtsfeld. Sie feuerten auch während unserer Kanonade auf sie, die etwa anderthalb Stunden dauerte, keinen einzigen Schuß ab. Später erfuhren wir erst, daß sie dabei genug Volk verloren und viele Kugeln von uns bekommen hatten.

Am Montag näherte sich die feindliche Flotte dem Land und segelte an der Küste der kleinen Goyaven-Insel entlang. Sie hielt sich diesmal ganz zusammen, die Schaluppen waren mit Volk gefüllt, daß wir glaubten, sie wollten, wie es schon im vorigen Krieg geschehen war, wieder in der Barkenbucht landen. Daraufhin marschierte der Statthalter bis zum Einwohner-Grund und ließ den Major mit seinen Freiwilligen, den bewaffneten Negern und der Kompanie von der kleinen Goyaven-Insel vorausziehen, mit dem Befehl, auf der Höhe der Barkenbucht stehenzubleiben. Ich dagegen nahm eine Anzahl Neger, die man mit Äxten und Faschinenmessern abgeschickt hatte, und ließ alle Bäume entlang der Straße und der Fußpfade, die an das Ufer der Bucht hinausführten, abhauen. Dadurch wurden die beschwerlichen Zugänge völlig unpassierbar gemacht. Als nun der Feind sah, daß wir unbeweglich auf der Höhe dieser Bucht stehen blieben, und überdies noch viele Truppen im Einwohner-Grund gewahr wurde, segelte er wieder ins offene Meer hinaus. Der Statthalter, der Königliche Leutnant und die Freiwilligen zogen sich nun nach Basse-Terre zurück, ich blieb mit dem Major und den übrigen Truppen im Einwohner-Grund stehen.

Am Dienstag, dem 20., benachrichtigten uns die zur Wache ausgefahrenen Boote, daß die feindliche Flotte wieder gegen das Land steuere und sich, wie tags zuvor, an der Goyaven-Küste ausbreite. Man ließ dem Statthalter sogleich durch einen Reiter Nachricht geben und ihm melden, daß man inzwischen unsere Posten wieder wie tags zuvor besetzen wolle. Der Statthalter befahl uns, auf unseren Posten stehenzubleiben und ja keinem Menschen zu gestatten, in die Barkenbucht hinabzusteigen, da zu befürchten sei, es könne sonst jemand von den unsrigen dem Feind in die Hände fallen. Dessen Absicht schien nämlich

darin zu bestehen, uns auf die Goyaven-Seite zu locken, um uns dann entweder durch eine in unserem Rücken vorgenommene Landung abzuschneiden oder einige Gefangene zu machen, von denen er sichere Nachrichten einholen konnte. Er befahl auch noch dem Major, einen Offizier und vier bis fünf Mann auf einem möglichst sicheren und für den Feind nicht begehbaren Weg abzuschicken, um alle Einwohner, die sich noch in ihren Häusern aufhielten, herauszuholen und sie zu zwingen, sich ohne Verzug auf die Anhöhe in Sicherheit zu bringen. Der Feind kam dem Land immer näher, wobei er sich von der Barkenbucht bis zur Goyavenbucht ausbreitete, doch als er wahrnahm, daß wir unbeweglich auf unserem Posten stehenblieben und er uns mit seiner List nicht herauslocken konnte, setzte er endlich gegen drei Uhr nachmittags 4–500 Mann in der Goyavenbucht ans Land. Der Offizier, den man am Morgen abgeschickt hatte, befand sich mit seinen Leuten und drei bis vier bewaffneten Negern, die sich ihm unterwegs angeschlossen hatten, noch auf der Anhöhe, auf der das Pfarrhaus stand, und beobachtete den Feind. Da er nun sah, daß die Engländer sich zerstreuten, weil sie niemanden fanden, der ihnen Widerstand leistete, und die Häuser, die um die Kirche herumstanden, zu plündern begannen, hielt er es nicht für ausgeschlossen, einige davon einzufangen. Zu diesem Zweck verteilte er seine wenigen Leute paarweise und sagte ihnen, wie sie sich zu verhalten hätten, vor allem aber befahl er, nicht eher zu feuern, als bis sie sich ihres Schusses ganz sicher seien.

Kaum hatte er diese Anordnungen getroffen, als ein Haufen von 40 bis 50 Mann gegen das Pfarrhaus anrückte. Er wartete solange, bis sie auf der halben Anhöhe waren, wo sich der Weg krümmte, dann gab er zweien seiner Leute das Zeichen zum Feuern, die auch so sicher schossen, daß ein jeder seinen Mann erlegte. Daraufhin unternahmen die Engländer eine Schwenkung, doch fast zur gleichen Zeit fielen zwei weitere Schüsse, die den gleichen guten Erfolg hatten. Die übrigen sechs Mann schossen einer nach dem andern mit ebensolchem Glück, so daß kein einziger Schuß vergeblich war.

Da die Engländer niemanden sahen, weil unsere Leute hinter den Bäumen verschanzt waren, schossen sie ihre Gewehre nach der Gegend ab, aus der das Feuer gekommen war, und stiegen möglichst rasch den Hügel vollends hinauf bis zur Pfarrwohnung. Unsere Leute hatten sich aber schon höher hinauf verzogen und schossen aus dem Hinterhalt auf sie, so oft sich nur eine Gelegenheit dazu bot. Das Pfarrhaus, das aus

Stein aufgeführt war, bot den Engländern vor den weiteren Angriffen unserer Leute endlich Sicherheit. Sie gingen hinein, um etwas auszuruhen, plünderten alles, was sich fand, und steckten es zuletzt in Brand. Bei ihrem Abzug ließen sie etwa 20 Leute hinter dem brennenden Haus stehen, wohl in der Hoffnung, ihre unsichtbaren Angreifer würden kommen, um das Feuer zu löschen, und dabei in ihren Hinterhalt geraten. Der Offizier, der eine solche Absicht vermutete, ließ sie ruhig am Feuer stehen, bis er selbst auf einem ziemlich großen Umweg mit seinen Leuten hinter einer Hecke von Orangenbäumen angelangt war, die 30 Schritt vom Pfarrhaus entfernt lag. Danach ließ er Feuer geben, wodurch vier Engländer getötet, die übrigen aber veranlaßt wurden, den Platz so rasch wie möglich zu verlassen. Die Engländer, die unten am Hügel stehengeblieben waren, gingen abends wieder zu den Schiffen, nachdem sie vorher die Kirche, das Wachhaus und die umliegenden Häuser in Brand gesteckt hatten.

Die Engländer hatten sich wieder auf die hohe See zurückgezogen, wir aber kehrten ebenfalls zurück und sprachen unterwegs von dem Scharmützel zu Goyaves, als uns Pater Gassot, mein ehemaliger Kamerad auf der Schule und im Kloster und nun Pfarrer an der Kirche, die noch immer brannte, begegnete. Das Feuer, das auch sein Wohnhaus verzehrte, hatte ihn im höchsten Grad gereizt, so daß er den Statthalter aufs schärfste anfuhr und behauptete, dieser sei an dem ganzen Unglück schuld. Der Statthalter antwortete ihm sehr zurückhaltend, man habe wegen der großen Entfernung seines Kirchspiels unmöglich Hilfe leisten können, da die Truppen dann leicht hätten abgeschnitten werden können. Er werde aber seinen Schaden in Kürze wieder ersetzen und verspräche ihm, dafür Sorge zu tragen, sobald die Ruhe nur einigermaßen wieder hergestellt sei. Zu meinem Unglück wollte ich den Worten des Statthalters noch etwas hinzufügen, doch wurde ich auf der Stelle für meine Absicht bezahlt; denn mein Ordensbruder hätte mich beinahe ins Gesicht geschlagen und verwies mir mit aller Verbitterung meine angebliche Nachlässigkeit. Dann fügte er mit prophetischem Ton hinzu, Gott würde mich gewiß strafen, daß ich seine Kirche im Gegensatz zu den übrigen Bezirken der Insel so wenig befestigt hätte. Ein solches Verbrechen könne nicht anders als durch mein Blut gebüßt werden.

Ich erkundigte mich sodann, ob er nicht gewarnt worden sei, alle Heiligen Gefäße zu entfernen, und ob er es getan habe? »Allerdings«,

antwortete er darauf, »da ich stets befürchtete, was sich jetzt zugetragen hat.« »Gehen Sie!« sagte ich daraufhin. »Nachdem sie aus ihrer Kirche herausgenommen haben, was dort hätte geschändet werden können, warum haben Sie dann nicht auf der Türschwelle zu ihrer Verteidigung das Leben aufgeopfert, statt sie einfach zu verlassen?« Alle lobten meine Antwort, die ihn derart traf, daß er uns verließ. Wir setzten unsere Reise ungestört fort und blieben im Wachhaus der Magdalenen-Schanze über Nacht.

Am folgenden Morgen sahen wir das feindliche Geschwader unserem Posten gegenüber etwa zwei Meilen von uns entfernt auf hoher See liegen. Aus der großen Anzahl von Schaluppen, die zum Admiralsschiff fuhren, nachdem vorher auf die Stange des Besanmasts ein Wimpel aufgesteckt worden war, schlossen wir, daß sie miteinander berat-schlagten. Es dauerte bis gegen zwei Uhr nachmittags, worauf die Flotte begann, sich dem Land zu nähern. Der Statthalter ließ sogleich dem Major befehlen, seine Truppen vom Einwohner-Fluß bis zur Vadelorchebucht aufzustellen, da der Feind augenscheinlich dort landen wollte. Gegen fünf Uhr abends näherte sich die Fregatte Antego der Küste, um zu beobachten, was dort vorging. Sie befand sich nur auf einen halben Flintenschuß entfernt, als plötzlich eine Windstille einfiel und sie von der Flut gegen das Land getrieben wurde, ohne daß ihr weder die Schaluppe noch das Boot Beistand leisten und sie wieder vom Land wegziehen konnten, weil unsere Leute beständig nach ihnen feuerten. Endlich war sie gezwungen, zwischen der Vadelorchebucht und der östlichen Spitze des Einwohner-Grundes Anker zu werfen. Man wird sich leicht vorstellen können, daß unsere Leute mit dem Schießen nicht zögerten. Der Tambour wollte auf dem Verdeck schlagen und uns gleichsam Trotz bieten, allein es geschah nur, um Abschied von seiner Kompanie zu nehmen, denn er wurde auf der Stelle erschossen. Später erfuhren wir durch einen Gefangenen, der von dieser Fregatte stammte, daß sie bei dieser Gelegenheit 37 Mann verlor.

Am Donnerstag, dem 22., näherten sich bei Tagesansbruch einige Schiffe und viele Barken dem Land und eröffneten aus ihren Geschützen heftiges Feuer, um dadurch unsere Leute, die auf die Fregatte schossen, zum Rückzug zu zwingen, und dieser Gelegenheit zu verschaffen, ihre Anker zu lichten und sich wieder mit der übrigen Flotte zu vereinen. Acht ihrer Schaluppen, die mit Truppen besetzt waren, näherten sich der Einwohner-Bucht, als ob sie darauf landen

wollten. Es konnte dies nur eine List sein, oder sie hatten wirklich Befehl, an diesem Platz eine Landung zu versuchen. Der Major, der sich dort aufhielt, ließ sie bis auf einen Pistolenschuß weit herankommen, dann aber ein so heftiges und anhaltendes Feuer eröffnen, daß sie sich zuletzt zurückziehen mußten, nachdem das Gefecht eine gute Stunde gedauert haben mochte. Unsere Leute kamen hier aus ihren Verschanzungen heraus, rückten bis ans Ufer vor und feuerten völlig ungedeckt auf sie. Die englische Flotte führte tagsüber nur verschiedene Wendemanöver aus, um uns zu beunruhigen und unsere Leute zu ermüden. Da aber der Statthalter fest entschlossen war, nur die Gegend vom Fluß bis zum Kastell mit Truppen besetzt zu halten, ließen wir sie spazierenfahren, ohne uns weiter darum zu bekümmern. Gegen acht Uhr abends entfloh ein portugiesischer Neger vom britischen Admiralsschiff, schwamm durch die Bucht und kam oberhalb des Kastells an Land. Man führte ihn sogleich zum Statthalter, dem er hinterbrachte, daß am nächsten Morgen bei Tagesanbruch der Feind an eben der Stelle, an der er selbst an Land gestiegen war, dann in einer etwas südlicheren Bucht und noch an einer weiter entfernt liegenden Stelle landen wollte. Der Posten, an dem sich der Statthalter damals aufhielt und wo der Neger an Land gestiegen war, hieß die Bucht des Dicken Franzosen, der etwas südlichere Platz war die Vadelorchebucht und der entfernteste schließlich die Einwohner-Bucht.

Als man ihn nun befragte, wie er dies alles in Erfahrung gebracht habe, antwortete er, er sei der Diener des Admirals und während des Kriegsrats in der Kajüte anwesend gewesen, um Getränke zu servieren. Als Beweis für die Wahrheit seiner Worte zeigte er die Schlüssel zum Geldkästchen des Admirals, eine silberne Petschaft und einige Juwelen, die er mit sich fortgenommen hatte. Nach seinen Angaben war er vor sechs Jahren durch List an der Küste Brasiliens entführt worden und habe nicht eher Gelegenheit finden können, zu den Katholiken zu entfliehen. Der Statthalter beschenkte ihn und nach seinem Vorbild auch die übrigen Anwesenden, das Beste jedoch, was er erhielt, war das Versprechen seiner Freiheit. Man führte ihn nach dieser Unterredung ins Kastell, um sich seiner Person zu versichern. Dieser Bericht des Negers setzte uns nicht wenig in Verlegenheit. Es war nämlich schwer zu glauben, daß der Feind gerade diesen Platz zur Landung gewählt haben sollte, da es doch viel bequemere gab. Man hielt es daher nur für eine List, uns dorthin zu locken, während sie den eigentlichen Angriff

bei der Savanne und am Fluß der Väter unternehmen würden. Nach dieser vorgefaßten Meinung änderte der Statthalter erneut die Verteilung der Posten und sah sich dadurch hintergangen. Er schickte zwei Reiter ab, die Truppen kommen zu lassen, die sowohl in der Vadelorchebucht als noch weiter südlich standen. Mir dagegen befahl er, sie bei der großen Furt über den Duplessis-Fluß zu erwarten, um sie dann gleich nach ihrer Ankunft oberhalb dieses Flusses zu postieren. Nachdem ich sie längs des Flusses ordnungsgemäß eingeteilt hatte, kehrte ich wieder zur großen Furt zurück, wo ich an der Landstraße, in einen geliehenen Mantel gehüllt, mich ein wenig durch den Schlaf erholte.

Da ich beunruhigt war, daß die Kompanien, die sich in der Vadelorchebucht aufhielten, nicht rechtzeitig eintreffen könnten, schickte ich ein paar Neger dorthin, um von ihnen Nachricht einzuholen. Auch fertigte ich einen der beiden Reiter an den Statthalter ab und meldete ihm, daß sich die Truppen noch nicht hatten sehen lassen, obwohl es bereits vier Uhr morgens war. Das geschah Freitag, dem 23. März. Der abgeschickte Reiter kam in vollem Galopp wieder zurück und brachte mir vom Statthalter den Befehl, ich solle ihn benachrichtigen, wenn sie innerhalb einer Stunde nicht eingetroffen seien. Gegen fünf Uhr kam dann der Major vorbei, der mir sagte, er habe nichts von den Reitern gesehen, die ihm der Statthalter gesandt hatte. Seine drei Kompanien würden also ohne ausdrücklichen Befehl ihren Posten nicht verlassen, trotzdem wollte er auf meine Bitte gleich wieder zurückkehren, um sie kommen zu lassen. Unterdessen ließ ich dem Statthalter diesen ärgerlichen Zufall melden.

Da ihm nun die Bedeutung des oberen Postens am Fluß bekannt war, der, wenn er verloren gehen sollte, dem Feind Gelegenheit bot, uns im Rücken anzugreifen, sandte er mir sogleich die beiden Kompanien, die in der Mitte seines Postens standen, damit ich den oberen besetzen konnte. Dabei ließ er mir sagen, daß ich die drei Kompanien nach ihrem Eintreffen an die große Furt des Duplessis-Flusses stellen und ihm dafür jene schicken sollte, die sich schon dort befanden. Während ich die drei Kompanien, die er mir gesandt hatte, in ihre Stellungen führte, beobachtete ich im Einwohner-Bezirk einen dichten Rauch und kurz danach einen ähnlichen in der Vadelorchebucht. Gleichzeitig feuerte das englische Admiralsschiff eine Kanone, einige Minuten darauf eine zweite und ungefähr eine halbe Stunde später eine dritte ab. Die Engländer waren in der Nacht im Einwohner-Bezirk an Land gestiegen

und hatten einige Häuser angezündet, um ihrem Admiral ein Signal zu geben, daß sie jetzt an Land seien, und vielleicht auch, um uns auf diese Seite zu locken und abzuschneiden.

Sobald nun der Admiral den letzten Kanonenschuß hatte abfeuern lassen, sah man 32 mit Truppen besetzte Schaluppen auslaufen, die sich in guter Ordnung näherten, um in der Bucht des Dicken Franzosen zu landen. Aber die Posten auf der rechten und die Kanonen auf der linken Seite eröffneten ein so lebhaftes Feuer, daß sie gezwungen waren, sich gegen die Mündung des Duplessis-Flusses zu wenden, um den Schutz eines kleinen Vorgebirges, das am Ende der Bucht lag, zu gewinnen. Hier wurde aber von dem Offizier, den ich mit 25 Mann dort hingestellt hatte, so stark und anhaltend auf sie gefeuert und auch so viel von ihrem Volk getötet, daß sie zwei- bis dreimal wieder umkehren mußten. Endlich ging vom Admiralsschiff eine Schaluppe ab, die mit einer großen Flagge versehen war und auf deren Hinterteil ein Offizier mit dem Säbel in der Faust stand, der sie zwang, ans Ufer zu fahren und auf das Land zu springen. Danach schickte er die Schaluppen sogleich wieder zurück, die nach zwei- bis dreimaligem Hin- und Herfahren 1.500 oder 1.600 Mann ausschifften. Inzwischen erhielt ich die Nachricht, daß unsere drei Kompanien auf der Anhöhe jenseits des Flusses auftauchten. Ich lief eilig zu einer Furt und winkte ihnen, daß sie zu mir kommen sollten, was sogleich geschah. Da sie von dem Klettern über die steilen Hügel ganz ermüdet waren, ging ich einstweilen voraus, um zur großen Furt zurückzukehren und schleunigst die zwei Kompanien zum Posten des Statthalters abzuschicken, die nun durch die mir folgenden ersetzt werden sollten.

Als ich unterwegs auf die See hinausblickte, zogen mich plötzlich die Neger, die mich begleiteten, vom Pferd herunter, und gleichzeitig wurde heftig nach uns gefeuert, wodurch viele Äste ringsherum abgeschlagen wurden, ohne daß uns jedoch das mindeste passierte. Dieses Feuer stammte von einem Haufen Engländer, die den Gipfel des Berges hinaufkletterten und einen Platz suchten, der nicht so gut bewacht wurde wie die anderen, an denen sie unser Feuer verspürt hatten. Ich begab mich dann zur großen Furt, wo unsere Leute einen Haufen von 4–500 Mann zurückließen, die auf der anderen Seite des Stromes standen und heftig herunterfeuerten, doch ohne uns weiter Schaden zuzufügen. Unsere Leute dagegen, die durch eine gute Verschanzung gedeckt wurden, schossen zwar langsam, aber desto sicherer. Endlich

konnten die Feinde diese Kurzweil nicht mehr länger aushalten und waren gezwungen, sich unter einige verfallene Mauern auf den Bauch zu legen, um sich zu schützen und unseren Schüssen nicht weiter ausgesetzt zu sein. Mit Vergnügen hörten wir, daß man sich in der Bucht des Dicken Franzosen und bei der Verschanzung an der Spitze der Bucht tapfer herumschlug, doch da überbrachte mir ein Reiter den Befehl, ich solle schleunigst die Posten am Fluß aufheben und auf die Anhöhe abziehen lassen, weil der Posten beim Dicken Franzosen vom Feind genommen war. Ich fragte ihn, ob er diesen Befehl schriftlich ausweisen könne, da der Statthalter versprochen hatte, mir entweder zu schreiben oder doch wenigstens seine Petschaft zu schicken, wenn sich etwas Außerordentliches zutragen sollte. Da nun der Reiter nichts von alledem aufweisen konnte, hielt ich mich nicht an den Befehl, doch inzwischen kam der Major, der mir die Eroberung des Postens meldete, worauf sich unsere Truppen ohne Verzug entfernen mußten. Wie ich nun den Hügel vollends hinaufstieg, mußte ich die ganzen Salven der Engländer aushalten, die inzwischen wieder aufgestanden waren und erkannten, daß wir aufgehört hatten zu feuern. Ich setzte aber meinen Weg fort, obgleich ihre Kugeln um mich herumflogen. Als ich nun die Anhöhe bei der Bucht erreicht hatte, sah ich, daß die Verschanzung zur Linken mit Truppen besetzt war, die auf den Feind schossen. Ich freute mich darüber und glaubte, unsere Leute hätten wieder frischen Mut gefaßt und den Feind zurückgetrieben. Daher spornte ich mein Pferd an, um dem Statthalter zu melden, daß im Wald zwei Kompanien zur Verfügung stünden. Doch ich hatte noch keine 100 Schritte zurückgelegt, als ich eine Menge Volk sah, die mitten durch die Baumwollbäume hindurch den Hügel hinaufstieg. Ich meinte immer noch, daß es unsere Leute wären, ohne darauf zu achten, daß die meisten rot gekleidet waren, näherte mich ihnen und rief, sie sollten einschwenken, da sie Unterstützung bekämen. Glücklicherweise versperrte mir aber eine Hecke den Weiterweg, und ich merkte jetzt erst, daß es die Engländer waren, und stieg rasch vom Pferd, auf das sich mein kleiner Neger setzen mußte, dem ich damit zu entfliehen befahl, aber dieses Kind wollte mich nicht verlassen, bis ich es zuletzt mit Drohungen dazu zwang.

Die Engländer, von denen ich nur einen Pistolenschuß weit entfernt war, riefen mich mehrfach an, doch verstand ich von ihren Worten nicht mehr, als daß sie mir gutes Quartier geben wollten. Ich beeilte mich aber

und versteckte mich in einem Gebüsch links der Straße und entwich, während die Engländer damit beschäftigt waren, mit ihren Säbeln die Stauden abzuhauen, um sich einen Durchgang zu öffnen. Schließlich erreichte ich unsere Leute, die noch beim Zurückgehen kämpften und manchmal stehenblieben, um die Engländer aufzuhalten und den übrigen Truppen die nötige Zeit für den Rückzug zu verschaffen. Von einem Offizier hörte ich, daß der Statthalter meinetwegen sehr besorgt sei und ich mich möglichst rasch nach dem Ort Baillif begeben sollte. Noch ein Stück weiter fand ich meinen kleinen Neger, der mit dem Pferd auf mich wartete. Ich bestieg es sogleich und erreichte den Ort, in dem ich den Statthalter traf, der hier seine Soldaten sammelte.

Das ganze Gefecht hatte nicht länger als anderthalb Stunden gedauert und die Engländern doch mehr als 350 Mann gekostet, die in der Bucht des Dicken Franzosen erschossen waren. Ebenso hoch belief sich auch die Zahl der Verwundeten, ohne das Volk zu rechnen, das sie in ihren Schaluppen eingebüßt hatten. Unterdessen verteilten sich die englischen Schiffe entlang den Verschanzungen an der Savanne und beschossen sie, so gut es nur ging. Es befand sich auch eine holländische Barke bei ihnen, die zehn Kanonen führte, mit denen sie unaufhörlich feuerte und die bis an die Brandung herankam. Sie hatte auf dem Vorderkastell zwei Trompeter stehen, die sich munter hören ließen, um uns zu verspotten. Unsere Leute, die sich durch diese Prahlerei beleidigt sahen, schossen nach ihnen und töteten oder verwundeten sie, da man sie fallen sah und keine Trompeten mehr blasen hörte.

Ich begab mich nun zu unserem Fluß, wo ich den Major fand, der die Schanzen mit Truppen besetzen ließ. Ich sah, daß sich der Kanonier von unserem Turm entfernt und die stählernen Stifte zum Vernageln der Kanonen mitgenommen hatte. So stieg ich also mit dreien unserer Neger und einem Diener hinauf und begann, unsere Kanonen spielen zu lassen. Ein englisches Schiff von 70 Kanonen legte sich gerade vor mich hin. Es mochte aber nicht viele Leute an Bord haben oder seine Munition sparen; denn es eröffnete kein so starkes Feuer, als es möglich gewesen wäre, da niemals mehr als drei Kanonen auf einmal gegen mich abgefeuert wurden. Wir befanden uns so nahe beisammen, daß wir miteinander reden konnten. Als man dort glaubte, meine Kanonen unbrauchbar gemacht zu haben, rief mir einer der Matrosen sogar in französischer Sprache zu: »Weißer Vater, haben wir getroffen?« Ich richtete sogleich meine Kanone, und der Schuß ging durch eine

Stückpforte der Konstabelkammer, wo er eine ziemliche Verwüstung anrichtete. Sofort antwortete ich: »Ist dieser gut geraten?« »Ja, ja«, versetzte man darauf, »wir wollen dich sogleich wieder dafür bezahlen!« Sie schickten mir auch in der Tat drei so gut gerichtete Kugeln, daß sie nur zwei bis drei Fuß weit über unseren Köpfen den Turm überkreuzten und wir den Wind davon ganz nahe empfanden.

Ich bediente sie noch neun- bis zehnmal mit meiner Kanone und stieg dann vom Turm herab, um mit dem Statthalter zu reden. Er befahl mir, die Kanone zu vernageln und den Turm zu verlassen. Da es mir aber an Nägeln fehlte, ließ ich nur drei Patronen und ebenso viele Kugeln in die Kanone laden, noch eine vierte Kugel aber einen Fuß weit vom Mundloch hineinstecken, alles gut mit Werg umwickeln und recht fest einstampfen. Dann wurden noch Pulverpatronen auf der Batteriebettung ausgestreut und die vorhandene Munition in die Hauptwache gebracht.

Nun ist es eine Tatsache, daß man bei solchen Gelegenheiten das Kanonenfeuer der Schiffe am allerwenigsten zu fürchten hat; denn es verursacht zwar ein großes Getöse, aber desto weniger Schaden. So hatte auch das Schiff, das vor mir gelegen war, mehr als 100 Kanonenschüsse abgegeben, wovon jedoch kein einziger traf. Vielleicht würde es seinen Zweck besser erreicht haben, wenn es weiter entfernt gewesen wäre. Da aber eben an diesem Ort die Wellen heftig anschlugen, schwankte es zu stark und konnte keinen geraden Schuß tun. Wir verloren bei diesem Gefecht keinen einzigen Mann und kamen mit ein paar leicht verwundeten Einwohnern davon.

Ich überquerte mit dem Statthalter und seinen Truppen den Fluß der Väter. Inzwischen steckte der Feind eine Fahne auf die Batterie Santo Domingo und stellte sich in unserer Savanne in Schlachtordnung. Drei von seinen Leuten, unter denen sich auch ein wegen seiner Religion entflohener Franzose befand, hatten sich aus dem Glied entfernt und wollten in unserem Kloster plündern, doch fielen sie uns dabei in die Hände. Man brachte sie zum Statthalter, der sie in die Wachstube der Festung schickte und Befehl gab, sie mit niemandem sprechen zu lassen. Unterdessen hatten die Engländer unsere Zuckersiederei besetzt und dort vor den Flintenschüssen, die von den Schanzen aus auf sie abgegeben wurden, Sicherheit gefunden. Einer ihrer Offiziere stieg in das oberste Stockwerk unseres Reinigungshauses und steckte den Kopf zum Fenster hinaus, um zu beobachten, was bei uns vorging. Ein

Neger, der das beobachtete, sagte es uns, als wir eben zu Mittag speisten, und es wurde ihm befohlen, den Mann herabzuschießen, sobald er sich wieder sehen lassen sollte. Dies geschah auch, und er traf so gut, daß der Leib des Offiziers auf dem Fenster liegenblieb. Nachdem wir gespeist hatten, verließ ich Herrn Lefèvre und ging ans Ufer hinunter, um dort zu erwarten, welche Beschlüsse die Ratsversammlung, die eben mit dem Statthalter tagte, fassen würde. Gegen vier Uhr kam der Major wieder zurück und sagte, daß der Statthalter mit mir sprechen wolle. Ich ging zu Fuß und ließ mein Pferd am Zügel führen, da acht bis zehn Schiffe oder Barken in der Nähe vor Anker lagen, die uns beschossen und mir hätten Schaden zufügen können, wenn ich zu Pferde gewesen wäre. Weil ich aber zu Fuß ging, schützte mich die Höhe der Verschanzung vor jeder Gefahr. Ich fand den Statthalter auf dem Waffenplatz, wo er mir sagte, daß der Entschluß gefaßt worden sei, die Truppen, die den Strand besetzt hielten, wieder zurückkommen zu lassen und dafür verschiedene Schanzen zu besetzen, weil die Engländer, die nun einmal am Land waren, uns an Stärke übertrafen und auch geübtere Truppen hatten. Er berichtete mir auch, daß ihm die zwei Kriegsgefangenen bei einem Verhör versichert hätten, es befänden sich auf der Flotte nicht mehr als fünf Regimenter, die eben aus England eingetroffen seien. Sie hätten am Gefecht bei Vigos teilgenommen und ziemliche Verluste erlitten und seien auch durch die Siamesische Krankheit und die Ruhr dezimiert worden. In einer zu Marie-Galante durchgeführten Musterung hätten diese fünf Regimenter nur noch 1.800 Mann gehabt. Man habe von allem Schiffsvolk 600 Mann herausgezogen, dazu noch das Regiment Bregeis mit 450 Mann sowie etwa 1.200 Flibustier. Ferner habe der französische Flüchtling angezeigt, daß zwischen dem General der Flotte und General Codrington heftige Spannungen bestünden, und man wette auf der Flotte, daß die Truppen bei ihrer Landung zurückgetrieben würden. Während wir das besprachen, brachte man zwei irische Überläufer, die das gleiche bekräftigten und noch hinzusetzten, mindestens ein Drittel der Truppe würde durchgehen, wenn man sie nur wissen lassen könnte, daß die Überläufer nach Frankreich zurückkehren dürften.

Die Jesuiten ließen die größeren Gerätschaften aus ihrer Kirche in ihr festes Kastell bringen, darunter auch zwei große hölzerne, vergoldete Figuren, des Heiligen Ludwig und des Heiligen Ignazius. Im vorangegangenen Krieg waren diese in der Kirche verblieben, von den Englän-

dern weggenommen und auf eine Barke geladen worden, um sie nach Antego zu führen. Glücklicherweise war diese Barke aber von einem unserer Korsaren aufgebracht und die Figuren den Jesuiten zurückgegeben worden, die sie wieder in ihre Nischen setzten. In diesem Krieg lief es aber anders; denn der Zwingerturm wurde getroffen, und die Statuen sowie alles andere, was man hineingebracht hatte, verbrannte. Der Statthalter hatte mir dringend geraten, meine Briefschaften und wichtigen Dinge ebenfalls dort aufzuheben, allein ich weiß selbst nicht, durch welche geheime Ahnung ich bewogen wurde, nur eine Bücherkiste hineinzustellen, die ebenfalls in Rauch aufging.

Der Major erhielt den Befehl, die Truppen bei Sonnenuntergang abmarschieren zu lassen. Dieser Rückzug erfolgte in tadelloser Ordnung, und der Major bewies dadurch, daß er sein Handwerk verstand. Als die Engländer unsere Leute auf dem Marsch sahen, wollten sie sogleich angreifen und wählten die Stelle neben unserer Zuckersiederei, um den Fluß zu überqueren. Hier aber hatte Herr Lefèvre ausgesuchte Leute aufgestellt, und diese feuerten ganz langsam einer nach dem andern. Die Kompanien, die in den benachbarten Winkeln standen, unterstützten sie ebenfalls, so daß die Engländer zuletzt weichen und sich mit ansehnlichen Verlusten zurückziehen mußten.

Am Sonntag, dem 24. März, kam der Königliche Leutnant de Malmaison ins Kastell. Er hatte es bereits vor 12 Jahren mit solcher Tapferkeit verteidigt, daß wir sicher waren, er werde bei dieser Gelegenheit nicht weniger Ruhm erwerben. Als gegen zehn Uhr die auf einer Anhöhe ausgestellte Schildwache das Zeichen von der Annäherung des Feindes gab, wurde eine Kanone abgefeuert, um den Vortrupp und die Neger zu benachrichtigen, daß sie sich in den Ort zurückziehen sollten. Man stellte sie dann auf den Waffenplatz vor dem Kastell in Schlachtordnung, und der Statthalter befahl der Negerkompanie, Herrn Lefèvre zu gehorchen und hinter der Mauer des Jesuitenkollegs auf den Feind zu lauern, um möglichst einige Gefangene einzubringen, ohne sich dabei jedoch in ein Gefecht einzulassen.

Der im Anrücken begriffene Feind marschierte in zwei Kolonnen. Eine davon zog am Ufer entlang und wurde durch die Schiffe unterstützt, die andere dagegen rückte über die Anhöhen 500 Schritt weit vom Meerufer entfernt vor. Sie marschierten in guter Ordnung, bemächtigten sich auch des Fleckens vom Heiligen Franziskus, überquerten jedoch den Kräuterfluß nicht, der diesen von der Ortschaft

Basse-Terre scheidet. Herr Lefèvre marschierte auf den Anhöhen und zündete alles Zuckerrohr an, das auf dieser Seite stand. Nun wehte ein ziemlich frischer Landwind, und das Feuer verbreitete sich rasch nach allen Seiten. Der Feind staunte über diese Feuersbrunst und glaubte, man wolle ihn angreifen, ordnete sich und blieb die ganze Nacht unter Gewehr stehen. Unsere Leute näherten sich ihm zwar im Schutze der Nacht und feuerten einige Male, man konnte ihn aber nicht dazu bringen, den Platz zu verlassen, wo er so fest geschlossen hielt, daß keine Möglichkeit bestand, einige Gefangene zu erhaschen.

12. Kapitel

Fortsetzung des Berichts über die Verteidigung von Guadeloupe

Am Sonntag, dem 25., setzten sich die Engländer in der Ortschaft Basse-Terre fest. Am nächsten Morgen beobachtete man, daß sie im Hofbezirk des Jesuitenklosters eine Batterie errichteten, da wir aber den genauen Platz nicht kannten, faßten wir den Entschluß, die Mauer mit Kanonen niederzuschießen. Zwei Überläufer zeigten uns dann aber den Platz, wo sie arbeiteten. Wie sie uns versicherten, hatten unsere Kanonen ihnen bereits mehr als 50 Mann getötet oder verwundet, darunter auch einige Offiziere, deren Verlust sehr bedauert würde. Am Mittwoch ließ mich Herr de Malmaison zum Mittagessen einladen, und ich blieb fast den ganzen Nachmittag bei ihm. Ich weiß selbst nicht, was uns bewog, in den Zwingerturm hinaufzusteigen, doch von dort aus sahen wir mehrere Offiziere, die in einem steinernen Gartenhaus in einer Ecke des Jesuitengartens zu Tisch saßen. Der Königliche Leutnant ließ sogleich den Kanonieren befehlen, drei bis vier Kanonen dorthin zu richten und sie auf einmal abzuschießen. Das geschah auch und verursachte im Gartenhaus eine grausame Verwüstung. Der Staub erlaubte uns anfangs nicht zu sehen, was darinnen vorgegangen war,

nachdem er sich aber gelegt hatte, sahen wir das Gartenhaus leer und stark beschädigt. Viele Leute aber waren damit beschäftigt, Tote oder Verwundete daraus weg und in die unteren Gebäude zu tragen, in denen die Patres ihre Küche und ihren Speisesaal hatten.

Herr Lefèvre überfiel mit seinen beiden Haufen eine Kompanie Engländer, die den Gras-Fluß hinaufmarschierte, um entweder Kundschaft vom Land einzuziehen oder sich nach Lebensmitteln umzusehen. Anfangs glaubten die Engländer, sieben oder acht unserer Neger erhaschen zu können, die sich zeigten und dann flüchteten, um sie in einen Hinterhalt zu locken. Bei der Verfolgung sahen sie sich auf einmal von allen Seiten umringt, verteidigten sich aber so tapfer, daß ein anderer englischer Trupp herbeieilen und sie wieder befreien konnte. Sie hinterließen aber 18 Tote und sieben Verwundete auf dem Platz, denen unsere Neger vollends den Rest gaben, um ihre Kleider zu erhalten. Es ist unglaublich, wie durch diesen kleinen Vorteil der Mut unserer Truppen, besonders der Neger, gesteigert wurde. Die Neger unserer Plantage hatten ihre Zuflucht größtenteils auf die Anhöhen von Marigot genommen. 15 bis 20 von ihnen waren bewaffnet, um die übrigen zu verteidigen, und etwa 30 dienten in der Neger-Kompanie. An ähnliche entfernte und unzugängliche Plätze hatten unsere Leute auch Frauen, Kinder, Alte und Schwache gebracht. Die Bewaffneten dagegen hielten beim Eingang des Holzes Wache und gingen auf Streife aus, von der sie niemals mit leeren Händen zurückkehrten. Donnerstag abend kamen zwei der Neger und meldeten dem Superior, daß die Engländer unsere Zuckersiederei und alle anderen Gebäude zu Marigot niedergebrannt hätten und allen Vermutungen nach würden sie auch die im Hohlweg versteckten Siedekessel herausnehmen. Am nächsten Morgen besuchte mich unser Superior in meiner Hütte, um sich mit mir zu beratschlagen, wie wir diese Kessel am besten in Sicherheit bringen könnten. Wir gingen zum Statthalter und erreichten, daß uns Herr Lefèvre mit seinen beiden Kompanien zugewiesen wurde. Ich wollte ihn begleiten, doch der Statthalter hielt das nicht für ratsam. Herr Lefèvre marschierte also ohne mich ab und postierte seine Leute an der Mauer des Gartens gegenüber der Stelle, wo die Engländer arbeiteten, um unsere Kessel herauszunehmen. Hier ließ er ein so mörderisches Feuer auf sie eröffnen, daß sie gezwungen waren, ihre begonnene Arbeit aufzugeben und sich zurückzuziehen. Unser Verlust bestand also in fünf Kesseln, die sie bereits vor Ankunft des Herrn Lefèvre fortgenommen hatten.

Man brachte darauf die übrigen an einen sicheren Ort, wo wir sie nach dem Abzug des Feindes wiederfanden. In zwei Tagen kamen 11 Überläufer, die einhellig aussagten, daß sich viele Kranke unter ihren Truppen befänden, und wenn sie nicht fürchteten, unterwegs auf bewaffnete Neger zu stoßen, würde es noch weit mehr Ausreißer geben.

Am Montag, dem 2. April, öffneten die Engländer ihre bisher verborgen gehaltene Batterie. Nachdem einer von ihnen uns zugerufen hatte: »Guten Tag, ihr Herren Franzosen!«, begannen sie die »Katze« des Kastells zu beschießen. Ihre Batterie hatte anfangs nicht mehr als fünf Kanonen, die zwölf- und achtzehnpfündige Kugeln schossen, doch verstärkten sie diese bis auf 11 Kanonen von verschiedenem Kaliber. Sie war innerhalb der ersten Ringmauer des Jesuitenklosters aufgeworfen und lag von der »Katze« ungefähr 450 Schritt weit entfernt. Rechts und links warfen sie zu ihrer Sicherheit Brustwehren auf, hinter denen ihre Musketiere standen, die ebenso stark wie vergeblich auf das Kastell und die »Katze« feuerten. Unsere Kanonen, die sehr gut bedient wurden, minderten gar bald das Feuer der ihrigen, und es wurden noch an eben diesem Tag zwei ihrer Kanonen zerschmettert. Nicht weniger schädlich waren ihnen unsere Musketiere, die an den Brustwehren des Kastells saßen. Aber schon am nächsten Tag hatten sie das Glück, einer unserer metallenen Kanonen zu zerschmettern, die auf der »Katze« stand, einem unserer Kanoniere das Bein abzuschießen, einen Soldaten zu töten und ein paar andere zu verwunden. Das war der größte Schaden, den uns ihre Batterie zugefügt hatte, da ihre Kanoniere trotz eines ziemlich lebhaften Feuers dermaßen schlecht zielten, daß ich öfters gesehen habe, wie von 11 Schüssen nicht ein einziger das Bollwerk traf. Man nahm die zerbrochene Kanone weg und setzte an ihre Stelle ein eisernes Stück.

Noch an eben diesem Tag erhielten wir Nachricht von der Ankunft des aus Martinique erwarteten Entsatzes im Hafen Sainte-Marie zu Capesterre, der dann am folgenden gegen Mittag zu uns kam. Er bestand aus zwei Seekompanien, jede 60 Mann stark, vier Kompanien Landmiliz und sechs Kompanien Flibustier. Diese zwölf Kompanien umfaßten insgesamt 820 Mann, wovon 120 im Hafen zu Sainte-Marie zurückgelassen wurden, um die Barken zu bewachen, den Posten vor feindlichen Überfällen zu sichern und die Gefangenen und Überläufer, von denen man keinen im Lager behalten wollte, zu verwahren.

Befehlshaber dieser Hilfstruppen war Herr von Gabaret, der neue Generalleutnant der Inseln und Statthalter von Martinique. Dieser Mann war bereits mehr als 60 Jahre alt, schwach und kränklich, und bei diesem Alter und seiner hinfälligen Gesundheit kaum geeignet, einen solchen Auftrag zu übernehmen. Dabei bildete er sich ein, seine Ankunft werde die Engländer in Schrecken versetzen und sie nötigen, die Belagerung aufzuheben, wie dies vor 12 Jahren geschehen war, als der verstorbene Generalstatthalter der Inseln den Vater des Generals Codrington zum Abzug gezwungen hatte. In dieser schmeichelhaften Einbildung ließ er den Engländern seine Ankunft durch zwei Trompeter, ebenso viele Pfeifer und mehrere Tamboure ankündigen. Diese Spielleute mußten auf der Anhöhe hinter dem Kastell, wo sie von der feindlichen Batterie gesehen werden konnten, gezwungenermaßen hin und her spazieren und sich hören lassen. Das große Getöse erschreckte die Feinde aber keineswegs, vielmehr bemerkten wir, daß ihre Batterien noch niemals so gut bedient worden waren, und ihre Musketen feuerten heftiger als an anderen Tagen. Aber man wollte so viele tapfere Truppen nicht müßig stehen lassen, aus Furcht, ihr Eifer könnte wieder erkalten. Deshalb wurde beschlossen, mit 1.200 Mann einen Ausfall zu wagen, um die feindliche Batterie zu erobern und die Engländer nicht nur aus dem Ort, sondern womöglich von der ganzen Insel zu vertreiben. Ein Teil der Truppen sollte dabei oberhalb des Kastells den Gallionen-Fluß überqueren, während die anderen auf der Straße entlang des Meeresufers nachfolgten. Am Gründonnerstag wurden 800 Mann zusammengezogen, die die Batterie in der Savanne der Barmherzigen Brüder angreifen sollten. Die Truppen, die längs der Verschanzungen am Strand postiert waren, hatten sich hinter dem Gallionen-Fluß versammelt und standen in Bereitschaft, um sich jenen anzuschließen, die aus dem Kastell marschieren mußten. Nachdem man nun lange genug gewartet hatte, ließ man endlich nachfragen, weshalb denn diese 800 Mann noch nicht über den Fluß vorgerückt wären. Da kam es endlich heraus, daß unsere Generale vergessen hatten, sich zu erkundigen, ob man den Strom überhaupt passieren konnte. Weil aber keine Furt anzutreffen war, habe man den ganzen Anschlag auf ein anderes Mal verschoben, da es zu spät war, bei der oberen Furt den Fluß zu überqueren. Unter solchen Umständen mußten wir also unsere geplanten Heldentaten unterlassen und uns unter großem Ärger auf unseren Generalleutnant wieder ins Lager zurückbegeben.

Landschaft auf den karibischen Inseln (Moca)

Von diesem Tag an hat sich bis Mittwoch, dem 10. April, weiter nichts Merkwürdiges zugetragen, da nur die Neger noch manchmal ausrückten, um den Feind zu beunruhigen. Die Engländer nutzten aber die Zeit besser als wir, da sie uns durch ihr unablässiges Geschützfeuer noch zwei Kanonen im Bollwerk zerschmetterten, drei Mann töteten und noch fünf oder sechs verwundeten, ohne der übrigen Verwüstungen zu gedenken, die sie dadurch anrichteten.

Auf einer der Terrassen vor dem Kloster der Jesuiten hatten die Engländer eine Batterie für zwei Kanonen errichtet, um unseren Zwingerturm zu zerstören. Es war aber ein vergebliches Unternehmen, das ihnen nicht den mindesten Nutzen bringen konnte, da die Zerstörung des Turms keinerlei Zugang zum Kastell eröffnet hätte. Ungeachtet solcher Überlegungen sollte trotzdem auf Befehl des Herrn von Gabaret dieser Turm gesprengt und das Kastell verlassen werden. Er befürchtete nämlich, daß die Feinde es im Sturm erobern und dann die ganze darin liegende Besatzung über die Klinge springen lassen könnten. So ließ er gegen sieben Uhr abends durch einen Major Herrn Auger sagen, er solle bis auf zwei Kompanien alle Truppen aus dem Kastell ziehen und dieses völlig verlassen, sobald sich nur die Engländer im mindesten zum Sturm rüsteten. Sobald diese Entscheidung ruchbar wurde, erregte sie große Ablehnung sowohl unter den Truppen wie unter den Einwohnern. Alle Vorstellungen der Stabsoffiziere konnten ihn aber nicht davon abbringen. Endlich ging ich am Mittwoch in Begleitung der vornehmsten Offiziere der Landmiliz auf Bitten des Statthalters zu Herrn von Gabaret und beschrieb ihm so lebhaft die Unordnung, die entstehen mußte, wenn die Einwohner so vor den Kopf gestoßen würden, daß er zuletzt einwilligte, das Kastell besetzt zu halten. Er erklärte aber, die Einwohnerschaft müsse die Gefahr mit den Truppen teilen und ein Teil der Landmiliz wieder dahin zurückkehren. Der Befehl wurde ausgefertigt, und ich überbrachte die Nachricht dem Statthalter und weiter ins Kastell. Da ich den Weg dorthin ritt und der Neger mir zu Fuß nicht folgen konnte, band ich mein Pferd an eine Palisade des Kastells. Aber eine Kanonenkugel, die das Balkenwerk des Zwingerturms traf, warf einige Schindeln herab, das Pferd scheute, riß den Zaum ab und lief davon. Ich eilte ihm sogleich nach, ohne zu bedenken, welcher Gefahr ich mich dadurch aussetzte. Ein zweiter Kanonenschuß brachte es jedoch zum Stehen, ich fand Zeit, es wieder einzufangen und ins Kastell zurückzureiten.

Dieser verdrießliche Zufall minderte ein wenig die Freude, die der Königliche Leutnant empfand, als er von mir vernahm, daß die Truppen das Kastell wieder besetzen sollten. Er fragte mich nach dem genauen Verlauf dieser Angelegenheit, und als ich ihm alles erzählte, sagte er: »Seien Sie versichert, noch ehe vier Tage herum sind, werden wir uns in der gleichen Verlegenheit befinden. Herr von Gabaret wird nämlich aus Groll gegen Herrn Auger und mich den Zwingerturm sprengen und das Kastell räumen lassen.«

Ich kehrte danach zum Statthalter zurück, wo ich alle unsere Offiziere von der Landmiliz antraf, die sich höchst erfreut darüber zeigten, daß die Truppen das Kastell wieder besetzten. Ich sagte dem Statthalter, Herr de Malmaison wolle die Nachricht nicht glauben, und er antwortete mir, daß er es ebenso wenig glaube und dafür gute Gründe habe. Kaum hatten wir uns danach zur Tafel gesetzt, meldete man ihm, sein Neffe, Herr Domonville, sei eben durch einen Kanonenschuß getötet worden. »Gott lasse ihm Barmherzigkeit widerfahren«, war seine Antwort, »wer in den Krieg zieht, hat wohl kein anderes Schicksal zu erwarten. Ich bin zwar über seinen Tod betrübt, tröste mich aber damit, daß er im Dienst des Königs gestorben ist.«

Wir standen vom Tisch auf, um nähere Einzelheiten zu erfahren, als ein Neger hereinkam, der uns in größter Einfalt sagte, Herr Domonville lebe, weil ihm die Kugel in den Leib gefahren sei. Zu einer anderen Zeit hätte ich über diesen Einfall des Negers gelacht, aber trotzdem hatte er recht; denn wenn die Kugel den Kopf getroffen hätte, wäre er verloren gewesen. Wir fanden ihn an der Straße sitzen. Er konnte noch nicht reden und kaum Atem holen. Die Kugel lag einige Schritt weit von ihm entfernt und war 18 Pfund schwer. Nachdem sie den Zwingerturm gestreift hatte und über den Fluß in unser Lager geflogen war, rollte sie auf dem Erdboden fort, wobei sie verschiedene Sprünge machte und zuletzt den Unterleib des Herrn Domonville traf, der glücklicherweise nur mit einer ziemlich schweren Quetschung davonkam.

Eine arme Negerin, die 200 Schritt entfernt das Essen kochte, war jedoch nicht so glücklich wie er. Eine Kanonenkugel traf nämlich einen Stein, von dessen herumfliegenden Trümmern sie getötet wurde. Mich hätte am Osterdienstag beinahe ein gleiches Schicksal erreicht; denn eine Kugel, die bis in das Kastell geflogen war, ging ganz in meiner Nähe zu Boden, während ich die Beichte eines vor mir knienden Mannes anhörte. Die Steintrümmer, die von der Kugel in die Höhe geschleudert

wurden, richteten meinem Beichtkind Beine und Schenkel recht übel zu.

Am Donnerstag, dem 12. April, ließ Herr von Gabaret alle Offiziere der Landmiliz, die Räte und die Superioren der Klostergemeinden auffordern, sich in der Zuckersiederei der Barmherzigen Brüder einzufinden, wo er ihnen etwas sehr Wichtiges vorzutragen hätte. Ich war eben im Kastell, als man den Offizieren der Landmiliz diese Nachricht hinterbrachte, und wir merkten sofort, was er eigentlich beabsichtigte. Herr de Malmaison, der es zu Recht sehr übel aufnahm, daß er nicht dazu eingeladen worden war, ersuchte mich, der Versammlung beizuwohnen. Aus dem gleichen Grund konnte ich mich aber nur schwer dazu entschließen.

Ungeachtet der vielen und heftigen Widersprüche von seiten der Offiziere, wurde zuletzt in dieser Versammlung, die man mit dem Namen eines Kriegsrats beehrte, doch noch beschlossen, das Kastell zu verlassen. Die Engländer erfuhren es noch in der gleichen Nacht durch zwei Überläufer aus einer unserer Kompanien. Sie mochten aber diese Nachricht entweder nicht für wahrscheinlich halten oder denken, es könne eine List dahinter verborgen sein, kurz, sie blieben auf ihrem Posten stehen und begnügten sich, ihr Pulver und Blei gegen den Zwingerturm und das hohe Bollwerk zu verschwenden, wo sie doch weiter keinen Schaden mehr anrichten konnten.

Am Freitag, dem 13. April, ließ man dem Königlichen Leutnant durch einen Major die vom Kriegsrat gefaßte Entschließung überbringen und zu gleicher Zeit Herrn Binois befehlen, die Lunten an die Mine zu legen, um den Zwingerturm und die kleine Seite des Bollwerks damit zu sprengen. Herr de Malmaison, der ebenfalls das Kastell verlassen und sich zum Generalleutnant begeben hatte, tat zwar sein Bestes, die Ausführung des am vorangegangenen Tag gefaßten Beschlusses zu hintertreiben, als er aber erkannte, daß nichts auszurichten war, kehrte er wieder ins Kastell zurück und ließ von allen Offizieren, die sich noch dort aufhielten, eine förmliche Protestation unterschreiben und sie dem Generalleutnant übersenden.

Ich speiste mittags bei ihm, und während wir an der Tafel saßen, meldete man uns, daß zwei englische Kriegsschiffe die Anker gelichtet hätten und sich dem Gallionen-Fluß näherten. Kurz darauf begannen die feindlichen Batterien, die seit beinahe drei Stunden geschwiegen hatten, ein außerordentliches Feuer zu eröffnen. Wir sahen auch, daß

die beiden Schiffe heftig auf die Verschanzungen kanonierten, die am Gallionen-Fluß und am Meerufer errichtet waren. Daraus schlossen wird, daß die Engländer möglicherweise beabsichtigten, einen Sturm zu wagen. Herr de Malmaison ließ also Branntwein unter die Soldaten verteilen, sie sollten nur auf den Banketten der Brustwehr sitzenbleiben und sich nicht sehen lassen, um den Feind in der Vermutung zu lassen, die Truppen seien schon größtenteils abgezogen worden. Dieser aber wollte sich nicht reizen lassen, sondern begnügte sich nur damit, viel Pulver und Kugeln umsonst zu verbrauchen, ohne jemanden weder im Kastell noch in den Verschanzungen zu treffen. Gegen Abend kehrten die beiden Schiffe wieder auf ihre vorigen Plätze zurück, und das Feuer ihrer Batterien nahm ebenfalls ein Ende. Sobald nun die Nacht angebrochen war, mußten die vier Kompanien Seeleute das Kastell verlassen. Bei dieser Gelegenheit liefen abermals drei Soldaten davon und versicherten dem Feind, daß unsere Truppen abzögen. Herr de Malmaison blieb mit vier Kompanien von der Landmiliz noch im Kastell zurück.

Am Sonntag merkte zwei Stunden vor Tagesanbruch die Schildwache auf dem hohen Bollwerk, daß sich ihnen etwas auf dem Boden kriechend näherte. Sie schossen also, und nachdem man die Brustwehr sogleich mit Volk besetzt hatte, feuerte man danach. Als es Tag wurde, fand man etwa 20 Schritte vom Graben entfernt zwei erschossene Personen, die sogleich von einigen Negern ausgeplündert und entkleidet wurden. Dann wurde die Lunte gezündet, man verließ das Kastell und begab sich in die Verschanzungen, die auf der anderen Seite des Gallionen-Flusses lagen.

Unser Kastell war nunmehr neutral, denn wir hatten es verlassen und die Engländer wagten nicht, sich ihm zu nähern, bevor nicht die Minen gesprungen waren. Ihre verzögerte Wirkung setzte unseren Generalleutnant nicht wenig in Verlegenheit. Er schickte deshalb Herrn Binois und einen Goldschmied, der bei uns das Amt eines Feuerwerkers versah, mit noch einigen Waghälsen zurück und versprach ihnen große Belohnung, wenn sie die Lunten in der Mine, die gelöscht zu sein schienen, wieder anzünden würden. Sie gelangten zwar hin, konnten sich aber gerade noch rechtzeitig hinter einer Mauerwand retten, die den unterirdischen Gang abschloß, hinter dem das Feuer nicht anging. Das war ein besonderer Glücksfall für sie, da sie sonst unter dem eingestürzten Mauerwerk begraben worden wären. Doch stürzten von dem Gewölbe, das in die Luft flog, doch Steine auf sie herab und

verwundete einige. Etwas später sprang gerade um acht Uhr auch die Mine des hohen Bollwerks.

Gegen zehn Uhr drangen die Engländer in das Kastell und verschanzten sich sofort an der Seite des Gallionen-Flusses. Um die Mittagszeit traf auch General Codrington mit einer größeren Anzahl von Offizieren dort ein. Ein Überläufer, der abends zu uns herunterkam, versicherte, daß sich alle Offiziere nicht genug verwundern konnten, warum wir das Kastell in einem so guten Zustand verlassen hätten. Er fügte auch noch hinzu, daß man die Belagerung aufgehoben hätte, wenn nicht am Donnerstag die zwei Überläufer gekommen wären. Die Kapitäne hatten nämlich schon viele Leute verloren, und der Admiral wollte die noch übriggebliebenen Matrosen schonen, unter denen sowieso die Rote Ruhr und die Siamesische Krankheit wüteten.

Nachdem ich den englischen General in unser Kastell hatte einziehen sehen, wollte ich vom Statthalter Abschied nehmen und nach Capesterre gehen, um dort auszuruhen, doch er hielt mich mit den Worten zurück, ich hätte ja versprochen, ihn nicht zu verlassen, vielleicht würden wir künftig mehr Glück haben und das Ende besser als der Ausgang sein. So erklärte ich mich also bereit, zu bleiben und wie gewöhnlich zu dienen.

Zuerst begaben wir uns in eine Verschanzung, die oben an der Savanne, etwa 800 Schritt weit vom Meeresufer entfernt lag. Herr Auger meinte, er glaube nicht, daß der Generalleutnant diesen Posten aufgeben werde, der so vorteilhaft und leicht zu verteidigen sei. Trotzdem ließ dieser, eben als man begonnen hatte, die Befestigungen noch zu verstärken, dem Statthalter sagen, man solle den Posten aufgeben und sich weiter zurückziehen. Dieser neue Befehl verdroß Herrn Auger aufs heftigste. Er hatte seinen Unwillen zwar bisher verborgen, konnte aber jetzt nicht mehr an sich halten, und auch die Offiziere der Landmiliz waren seiner Meinung. Sein Zorn wollte sich eben entladen, doch nachdem er etwas auf die Seite gegangen und eine Zeitlang ganz allein herumspaziert war, kehrte er zurück und sagte den Offizieren, man müsse zwar gehorchen, doch würde er von nun an für nichts mehr gutstehen, da der Feind jetzt Herr der Insel sei, wenn er nur die Vorteile richtig nütze, die man ihm einräume. Das Merkwürdigste war aber, daß man bei der Aufgabe dieses Postens alle Gebäude der Religiosen von der Charité und der Madame Cherot in Brand steckte, obwohl man doch dem Feind 4–500 Häuser im Ort und in den

verlassenen Plantagen unverletzt preisgegeben hatte. Der Statthalter von Marie-Galante, Herr de Boisferme, der mit dem Generalleutnant angekommen war, tat sich bei diesem Unternehmen besonders hervor; denn er setzte alles in Flammen und verwüstete mit seiner einzigen Hand ebensoviel, als ob er ein Dutzend gehabt hätte.

Niemals ist wohl größerer Eifer und unverständlichere Übereilung gesehen worden. Ich selbst wäre bei dieser Gelegenheit bald mitverbrannt, da ich auf einem Bett im Dachzimmer dieses Hauses eingeschlafen war. Alle Gebäude ohne Ausnahme wurden in Asche gelegt, und mit ihnen verbrannten zugleich alle Arzneimittel und Gerätschaften des Hospitals, aber auch alle kleinen Waffen, die man aus dem Kastell gerettet hatte, viele mit Granaten angefüllte Körbe, Pulver, Blei, Lunten und anderes Kriegsgerät. Aber auch ein ansehnlicher Vorrat von Mehl und gesalzenem Fleisch ging dabei ebenso zugrunde wie zahlreiche Kaufmannsgüter, die an diesen scheinbar sicheren Ort gebracht worden waren. Man hätte diese Sachen niemals im Stich lassen oder sie in ein anderes Lager bringen sollen, wo sie bei dem bald auftretenden Mangel gute Dienste geleistet hätten.

Am Sonntag, dem 15. April, standen wir also am Eingang des Holzes, das die innere Schanze deckte. Herr de Malmaison wurde mit einer Verstärkung von 60 Mann zu den drei Flüssen geschickt. Der Generalleutnant logierte sich in eine große Hütte ein, die man hatte aufrichten lassen, um Kriegsgerät darin zu verwahren. Herr Auger dagegen nahm sein Quartier in einer der umliegenden kleinen Hütten. Tags darauf führte er mich in das Gallionen-Lager, wo unsere sieben Kompanien völlig ungedeckt und ohne die geringste Verschanzung standen. Er ließ sofort die Offiziere rufen und sagte ihnen, daß sie sich doch wenigstens durch eine aufgeworfene Schanze Deckung verschaffen sollten. Sie gaben zur Antwort, ihre Sklaven seien im Walde und nicht gewohnt, derartige Arbeiten zu verrichten. Wenn also die Engländer einen Angriff wagen sollten, würden sie und ihre Leute standzuhalten wissen. Überhaupt wollten sie keine Arbeit mehr übernehmen, es genüge ihnen, wenn sie nur Baracken hätten, um gegen Wind und Wetter geschützt zu sein. Dieser Wortwechsel dauerte sehr lange, und der ganze Bereich, der über 500 Schritt lang war, wäre ungeschützt geblieben, wenn nicht Herr Auger den Adjutanten und einige Sergeanten abgeschickt und ihnen befohlen hätte, alle erreichbaren Neger zusammenzutreiben und sie schanzen zu lassen. Diese Verschanzung

wurde von mir abgesteckt, und ich blieb mit dem Statthalter bis zum Abend an diesem Platz, dann kehrte ich in sein Quartier zurück, um dort zu übernachten. Am nächsten Morgen kehrten wir noch einmal in das Gallionen-Lager zurück, wo die Arbeiten aber nicht vorankamen, weil die Einwohner über das Verhalten des Generalleutnants ungemein verärgert waren und weder selbst daran arbeiten noch die Neger dazu antreiben wollten. In der Mitte des Lagers befand sich ein kleiner Hügel, auf dem man eine nach drei Seiten hin offene Hütte errichtet hatte, die als Kapelle diente. Die Einwohner errichteten mir daneben eine Baracke und ersuchten mich, bei ihnen zu bleiben. Da mich auch Herr Auger bat, nahm ich also hier meinen Aufenthalt. Wir hatten 300 Schritte vor uns eine Feldwache, 25 Mann stark. Nachts wurden noch zwei andere, jede 30 Mann stark, 150 Schritt weit von unseren Baracken aufgestellt, in denen wir ebenso ruhig schliefen, als ob wir keinen Feind vor uns gehabt hätten.

Am Sonntagmorgen ersuchten mich drei Einwohner von unserem Bezirk, ihnen beim Statthalter für zwei bis drei Tage Urlaub zu erwirken, damit sie ihre Häuser besuchen konnten. Ich erlangte die Genehmigung ohne besondere Mühe, und da ich ihnen bei diesem Spaziergang Gesellschaft leisten wollte, nahm ich sieben von unseren bewaffneten Negern und einen weißen Bedienten mit mir. Jeder der drei Einwohner hatte einen bewaffneten Neger bei sich, so daß wir also 15 Mann stark und alle gut bewaffnet waren. Anfangs wollten wir den oberen Weg auf den Anhöhen wählen, da wir aber einen von unseren Negern trafen, der eben zu mir unterwegs war und einige Holztauben und Seeschwalben brachte und der die Uferstraße gewählt hatte, nahmen wir den gleichen Weg und kamen gegen drei Uhr bei unserer Plantage zu Marigot an. Nun hatte mir eben dieser Neger auch gesagt, daß dort etwa 25 von unseren Negern seien, die Getreide mahlten. Diese wollte ich besuchen und schickte ihn inzwischen in die erste Hütte, um uns dort ein Abendessen zubereiten zu lassen. Ich fand, daß unsere Leute sehr auf der Hut waren. Sie hatten zwei Feldwachen aufgestellt, die auf Bäumen saßen, um ein weites Blickfeld zu haben. Obwohl sie mich schon lange erkannt hatten, riefen sie mich trotzdem an und befahlen mir, stehenzubleiben. Ich mußte also gehorchen; denn sie wollten vorher wissen, wer meine Begleiter seien, weil sie nämlich befürchteten, es könnten Engländer sein, die mich gewaltsam mitschleppten, um sie desto leichter ausheben zu können.

Mir bereitete diese Vorsicht viel Freude. Ich ging bis abends in der Gegend herum spazieren und wartete auf unsere Nachbarn, die nach Hause gegangen waren und sehr vergnügt wieder zurückkamen. Sie hatten dort alles unbeschädigt und ihre verborgenen Schlupfwinkel in gutem Zustand vorgefunden. Von da gingen wir zu den Hütten, wo unsere Leute eine gute Abendmahlzeit von zahmem Geflügel, wilden Tauben und Seeschwalben zubereitet hatten. Dann wurden Feldwachen ausgestellt, und wir legten uns zum Schlafen.

Am Montag, dem 23., besuchte ich einige Lager unserer Neger, die ich sehr gut eingerichtet und mit allem wohl versehen vorfand. Es wunderte mich nur, daß ihre Kinder inzwischen so wild wie die Hasen geworden waren. Vor dem Krieg waren sie auf mich zugelaufen, sobald sie mich nur gesehen hatten, jetzt aber flohen sie, und ihre Eltern hatten viel Mühe, ihnen die Furcht zu nehmen. Ich verteilte dann etwas Geld unter sie, das ich bei mir hatte, und wir blieben den ganzen Tag auf der Jagd. Abends kam einer von unseren Leuten, der in den Plantagen am Meeresufer gewesen war, um dort Erbsen zu suchen, und meldete uns, daß die Engländer die Fensterrahmen in unserer Kirche herausrissen. Deshalb legten sich unsere Leute vor Anbruch des nächsten Tages dort in den Hinterhalt. Die Engländer kamen tatsächlich noch einmal. Es waren unbewaffnete Matrosen, von denen nur ein einziger eine Flinte hatte, auf den man schoß und ihn tötete. Den übrigen dagegen wurde das Leben zugesichert, wenn sie sich nur ergeben wollten. Als sie sich dazu aber nicht bequemten, wurden noch einige getötet oder verwundet. Nun lag in der Nähe ein Schiff vor Anker, das zwar einige Male mit Kanonen nach unseren Leuten feuerte, die sich aber trotzdem dadurch nicht hindern ließen, die Toten auszuziehen. Diese kleine brüderliche Züchtigung machte die Feinde so vorsichtig, daß sie nie mehr kamen, um unsere Kirche zu plündern.

Nach dem Mittagessen verließen wir unsere Plantage, um wieder in das Lager zurückzukehren. In der Ferne sahen wir unsere Negerkompanie, die von einem Streifzug zum Meeresufer zurückkam. Da sie uns nicht gesehen hatten, feuerten wir zweimal mit der Flinte und gaben uns dadurch zu erkennen. Sie antworteten mit drei Flintenschüssen, wir noch einmal mit zwei. Das war unser Losungszeichen. Endlich wurden sie uns gewahr, und ich winkte ihnen, daß sie warten sollten. Zwischen uns lag der sogenannte Fluß der Väter, der unten an einem hohen Sandufer vorbeifloß. Im Hinaufsteigen hörten wir plötzlich schnell

hintereinander drei Flintenschüsse. Da wir uns nicht vorstellen konnten, was das wohl zu bedeuten hatte, ließ ich zwei unserer Leute vorausgehen, denen wir mit der nötigen Vorsicht folgten. Dabei stellte sich heraus, daß die Neger eben drei erst gefangene Engländer umgebracht hatten. Ich verwies ihnen diese Handlung aufs schärfste, sie entschuldigten sich aber damit, daß diese drei Leute nicht hätten marschieren wollen, doch ich hegte keinen geringen Ärger, daß ich nicht früher angekommen war, um ihnen, besonders aber einem jungen hübschen Burschen von 18 bis 20 Jahren, das Leben retten zu können. Dieser war wohl ein Steuermann; denn man fand in seiner Rocktasche zwei sehr schöne Seekompasse, die ich den Negern abkaufte. Die Neger mochten aber an eben diesem Tag bereits mehrere umgebracht haben, da sie sieben Monturen und ebenso viele Gewehre mit sich führten. Seit dem Tod des tapferen Lefèvre gab es nur noch diese einzige Kompanie, welche die Engländer beunruhigte. Diese hielten deshalb ihre Leute möglichst in ihrem Lager zurück, da die meisten, die hinausgingen, um sich nach Kräutern oder anderen Erfrischungen umzusehen, von den Negern entweder gefangengenommen oder gar umgebracht wurden.

Die Neger versteckten sich zu diesem Zweck unter den abgebrannten Zuckerrohrstengeln und in den Hecken an den Landstraßen. Sie trugen dabei weiter nichts als Unterhosen aus blauer Leinwand, eine Patronentasche, ihr Bajonett und ihre Flinte. Wenn nun ein Trupp vorübermarschierte, der stärker als der ihrige war, hielten sie sich still. Sobald der Feind aber nur an eine günstige Stelle kam, wählte jeder seinen Mann, auf den er schoß, und warf sich gleich danach auf den Bauch nieder, um frisch zu laden. Sie setzten ihr Feuer auf eine so ungestüme Art fort, daß die anderen völlig in Verwirrung gerieten, weil sie meistens gar nicht entdecken konnten, woher es kam.

Am Donnerstag desertierte ein Engländer und kam eine Stunde vor Tagesanbruch in das Lager, in dem Herr Colart kommandierte. Er verlangte, schleunigst zum Statthalter gebracht zu werden, und verriet diesem, daß bei Anbruch der Nacht ein Trupp von 1.000 Mann in 25 Schaluppen, die von der Fregatte Antego unterstützt würden, ausgefahren sei, um den Posten an den drei Flüssen wegzunehmen. Sogleich wurden einige Hundert Mann von unseren Truppen, Neger und Freiwillige in aller Eile dorthin geschickt. Sie kamen zur gleichen Zeit wie die Engländer zu den drei Flüssen; denn obwohl diese 12 Stunden vor unseren Leuten aufgebrochen waren, hatte sich doch ihre Fahrt

durch einen stürmischen Wind und die gegen sie laufende Flut verzögert. Da sie nun die See zu stürmisch fanden, um landen zu können, und auch die Truppen und die Verteidigungsmaßnahmen sahen, die man dort getroffen hatte, kehrten sie wieder um, nachdem sie noch einige Zeit lang auf Sichtweite von uns stehengeblieben waren. Doch wollten sie wohl ihre Reise nicht ganz vergeblich gemacht haben und setzten daher 200 Mann an der Spitze des alten Kastells an Land. Die Wache dort, die nicht stark genug war, ihnen das zu verwehren, hatte ihre Zuflucht auf die Anhöhen genommen. Sie verbrannten also die Kapelle, nachdem sie vorher die heiligen Gegenstände, die sie dort fanden, nach ihrer Gewohnheit auf mancherlei Weise entweiht hatten. Die beiden Kanonen, die auf der Spitze standen, wurden von ihnen vernagelt, die Lafetten aber und das Wachhaus sowie zwei weitere danebenstehende Häuser verbrannt. Als sie nun noch weiter vorrücken und ein Haus plündern wollten, das ihnen ansehnlicher als die übrigen zu sein schien, gerieten sie in einen Hinterhalt, den ihnen die Wache dieses Postens in einem Hohlweg errichtet hatte, und es wurden gleich beim ersten Angriff 20 von ihnen niedergeschossen und eine noch größere Zahl verwundet. Daher kehrten sie schneller wieder zurück, als sie gekommen waren. Sie konnten noch froh sein, daß sie nicht weitermarschiert waren, da Herr von Saint Amour, der mit den besten Fußgängern seines Haufens beinahe zur gleichen Zeit die Höhe erreicht hatte, auf sie zu feuern begann und ihnen so zusetzte, daß sie unter Zurücklassung ihrer Verwundeten, die danach keines Wundarztes mehr bedurften, sich wieder einschifften. Eine von ihren Schaluppen, die umgeschlagen war, scheiterte an der Küste, und der größte Teil ihrer Besatzung ging dabei zugrunde.

Am Sonntag schossen unsere bewaffneten Neger, die sich unterhalb der Plantage der Barmherzigen Brüder in einen Hinterhalt gelegt hatten, einige Engländer tot, die aus ihrem Posten am Hirselager gekommen waren. Als aber die englische Wache dieses Postens einen Ausfall gegen die Neger unternahm und sie zurücktrieb, diese aber von verschiedenen Seiten her Hilfe bekamen, wurde das Gefecht mit wechselndem Glück fortgesetzt, bis zuletzt die Engländer eine Verstärkung von 300 Mann erhielten und unsere Leute zu weichen begannen. Da gab ich ihnen den Rat, die Engländer von der Seite her anzugreifen, was auch unverzüglich von mehr als 200 Mann ausgeführt wurde, mit denen sich noch viele Flibustier vereinigten. Als unsere Leute diesen

Beistand ankommen sahen, trieben sie die Engländer mutig in die Flucht und begleiteten sie unter einem fortdauernden Feuer bis zu den Verschanzungen, mit denen sie ihren Posten umgeben hatten. Dann blieben sie noch mehr als zwei Stunden auf eine halbe Flinte Schußweite im Angesicht dieser Verschanzungen stehen, ohne daß die Engländer das Herz gehabt hätten, noch einen Ausfall zu unternehmen und ihre Toten und Verwundeten zu holen. Sie hinterließen 85 Tote auf dem Kampfplatz und noch weit mehr Verwundete. Uns dagegen waren in diesen Gefechten nur vier Mann totgeschossen und 11 verwundet worden.

Gleich in den ersten Tagen, als die Engländer an Land gegangen waren, hatte ich etwas ausprobiert, das mir schon vor langer Zeit gelehrt worden war, um keinen Mangel an Lebensmitteln zu leiden, wenn man vom Hause entfernt ist. Man muß nur jederzeit eine Kalbs-, Kuh- oder Ochsenleber, in Salz und Wasser oder in Wein mit wohlriechenden Kräutern abgekocht, bei sich führen. Es kann nichts Besseres oder Nahrhafteres gefunden werden, als eine auf solche Art zubereitete Leber. Sie ersetzt Brot und Fleisch, und ein Stück von der Größe einer Faust reicht aus, eine Person für 24 Stunden lang zu sättigen. Ich bemühte mich daher, in meiner Baracke sowohl für die Neger, die mir aufwarteten, als auch für mich selbst jederzeit einen Vorrat davon zu haben, und wenn ich außerhalb des Lagers irgendwo hinging, trug ich immer ein solches Stück Leber bei mir. Wir mußten nämlich oft lange warten, bis sich feindliche Haufen zurückgezogen hatten, die uns an Stärke übertrafen. Bei solchen Gelegenheiten konnte ich sicher sein, daß ich mit meinem Stück Leber gewiß nicht verhungern würde.

Immer wieder trafen Überläufer bei uns ein, die uns versicherten, daß eine weitaus größere Zahl kommen würde, wenn sie nicht befürchteten, unterwegs bewaffnete Neger zu treffen. Wenn nämlich diese Neger jemanden sahen, der mit einem Rock bekleidet war, gerieten sie leicht in Versuchung, ihn deswegen umzubringen.

Am Donnerstag, dem 3. Mai, nahmen die Engländer einen Pflanzer gefangen, dessen Plantage im Einwohner-Revier lag. Weil dieser Mann krank war oder zumindest dafür gelten wollte, um nicht in den verschanzten Zwinger gehen zu müssen, hatte er sich mit seinen Sklaven auf der Anhöhe des Reviers gelagert. Hier war er so unvorsichtig, einigen von ihnen übel zu begegnen, die dann aus Verdruß zu den Engländern überliefen. Sie führten diese dann an den Ort, wo sich ihr

Herr befand, und erreichten damit, daß er mit seinen übrigen Negern, einer großen Summe Geld und seinem sämtlichen Hausgerät gefangen wurde. Man brachte ihn sofort zum General Codrington, der ihn mit einer guten Sicherheitswache wieder nach Hause schickte. Bei seiner Gefangennahme merkten die Engländer, die seit ihrer Landung noch nicht in diesem Revier gewesen waren, daß sich dort in den Plantagen genügend Lebensmittel, auf den Anhöhen aber eine Menge Vieh befanden. Um alles abzuholen und die Häuser in diesem Gebiet zu verbrennen, schickten sie 150 Mann ab, die von einem Major angeführt wurden. Am Montag gab uns ein Überläufer von dem Aufbruch dieses Trupps Nachricht. Man schickte ihm sogleich die Negerkompanie und Freiwillige entgegen, mit denen sich noch viele Einwohner aus diesen Revieren vereinigten, um ihre Güter zu verteidigen und die Engländer am Niederbrennen der Häuser zu hindern.

Am Dienstag abend steckten sie die Unterkünfte in der Festung und die Häuser des Ortes vom Kastell bis zum Waffenplatz in Brand. Daraus erhellte sich zur Genüge, daß es ihnen nun mit ihrer Einschiffung ernst war. Da man jedoch von ihrer Schwäche durch die bereits erlittenen Verluste und die ausgebrochenen Krankheiten unterrichtet war, beschlossen die Einwohner, sie so zu ängstigen, daß sie ihre Einschiffung beschleunigten und ihnen keine Zeit mehr blieb, die anderen Gebäude anzuzünden. Die Offiziere begaben sich daher zum Statthalter und ersuchten ihn, beim Generalleutnant die Erlaubnis für sie zu erwirken, einen Ausfall gegen den Feind zu unternehmen, um ihn vollends zu vertreiben. Herr Auger gab sich deswegen alle nur erdenkliche Mühe, da außer dem allgemeinen Wohl auch sein eigener Vorteil damit verbunden war, weil das Niederbrennen seines eigenen Hauses verhindert werden konnte. Der Ausfall wurde beschlossen und die dazu nötigen Truppen bestimmt. Wir stellten uns in größter Stille einen starken Flintenschuß weit von der Mauer auf, die sie um den Flecken gezogen hatten, und blieben in der Erwartung, daß unsere Anführer verabredungsgemäß den Posten angreifen würden, die ganze Nacht unter Gewehr stehen. Doch statt des erwarteten Signals ließ uns der Generalleutnant, der inzwischen anderen Sinnes geworden war, bei Tagesanbruch sagen, wir sollten nur wieder ins Lager zurückkehren.

Die Engländer, die uns entdeckten und die Gefahr erkannten, in der sie geschwebt hatten, steckten noch am Abend des gleichen Tages die von ihnen geräumten Häuser vollends in Brand. Am Freitag, dem 18.

Mai, gingen sie dann unter Segel. Ihre Barken und Kauffahrer-Schiffe waren die ersten, die die Segel fertigmachten. Dann sahen wir die Schaluppen der Kriegsschiffe, die sich allen übrigen Schiffen an Bord legten, um Leute zu übernehmen, die ihnen helfen sollten, da ihre eigenen Mannschaften so schwach waren, daß sie unmöglich ihr großes Tauwerk allein regieren konnten.

Als einige von unseren Negern ins Kastell kamen, pflanzten sie dort die weiße Flagge auf, die gleichsam jedem zum Signal diente, einzupakken und wieder nach Hause zu gehen. Unser Generalleutnant war bereits mit Tagesanbruch nach Sainte-Marie abgereist, um sich dort einzuschiffen. Die Häuser standen noch alle in Brand, als wir in den Ort kamen, aber es war schon zu spät, um das Feuer zu löschen. Ein englisches Schiff von 70 Kanonen, das im Gallionen-Fluß vor Anker lag, erwartete ebenfalls noch Beistand, um die Anker aus dem Grund zu heben, weil sie diese mit den wenigen noch übrigen Leuten nicht an Bord bringen konnten. Dem Schiff fiel es nun ein, mit seinen Kanonen einige Flintenschüsse zu beantworten, die von unseren Truppen gleichsam im Vorübergehen nach ihm abgefeuert worden waren.

Die Erbitterung wuchs auf beiden Seiten, und unsere Leute, von denen sich inzwischen gegen 100 Mann in der Schanze versammelt hatten, ließen die Schaluppen, die ihm Volk zuführten, nicht an das Schiff kommen und zwangen dessen schwache Mannschaft, sich so lange zwischen den Verdecken einzuschließen, bis sie von ihren Kameraden aus der verdrießlichen Lage befreit werden konnten. Inzwischen waren die anderen Schiffe abgesegelt und schon über drei Meilen vom Ufer entfernt, während unsere Leute sie immer noch eingeschlossen hielten.

Gegen drei Uhr nachmittags kam aber der General mit seiner ganzen Flotte wieder zurück. Als er unsere Leute am Ufer stehen sah, ließ er einige Schaluppen abgehen, die sich dem Land näherten, wohl um Truppen abzusetzen. Diese Absicht gaben sie aber bald auf, als sie gewahr wurden, daß unsere Leute am Strand in Bereitschaft standen, sie bei einer Landung entsprechend zu empfangen. Daher mußten sie ihren Kurs bis zu dem Schiff festsetzen, das im Gallionen-Fluß eingeschlossen war. Es konnte sich aber trotz des Beistandes immer noch nicht segelfertig machen, sondern mußte seine Ankertaue kappen und mit Einbruch der Nacht, als der Landwind zu wehen anfing, aufs Geratewohl ins hohe Meer hinaustreiben.

Auf solche Art verließen also die Engländer Guadeloupe, nachdem sie 56 Tage lang an Land gewesen waren. In dieser ganzen Zeit wurden uns aber nicht mehr als 27 Mann totgeschossen und ungefähr 50 verwundet. Die Verluste der Engländer dagegen waren mit den unseren zahlenmäßig gar nicht zu vergleichen, und obwohl wir wußten, daß sie sehr hoch gewesen sein mußten, hätten wir sie doch niemals richtig eingeschätzt, wenn uns nicht ein irischer Sergeant, der zu uns überlief, nachdem der Feind schon unter die Segel gegangen war, darüber berichtet hätte. Er hatte sich schon zwei Tage lang mit seiner Frau und noch einem anderen Soldaten in einer Höhle des Gallionen-Flusses verborgen gehalten und auf die Abfahrt der Engländer gewartet, um dann hervorzukommen. Seine Frau ließ sich als erste sehen, und sie holte ihren Mann, nachdem sie sicher war, daß er nichts mehr zu befürchten hatte. Er war ein verständiger Mann und ein guter Katholik. Nach seinen Angaben hatte er mehr als zehnmal versucht zu desertieren, doch sein Hauptmann, der so etwas vermutete, ließ ihn so genau beobachten, daß er dazu keine Gelegenheit fand. Zuletzt hatte er sich in diesem Loch versteckt, von wo aus er häufig die Kameraden vorbeigehen sah, die ihn aufspüren sollten. Deswegen und aus Furcht vor den Negern war er so lange Zeit darin geblieben und hatte sich nicht herausgetraut.

Wie er uns versicherte, hatte er an der erst fünf Tage zuvor abgehaltenen Musterung teilgenommen und war nachher beim Generalmajor gestanden. Er hatte ihn auch laut dieses Unternehmen verfluchen hören, das ihn, seit sie an Land gegangen waren, 1.964 Mann gekostet habe. Davon seien mehr als 1.000 getötet worden, darunter drei Oberste, zwei Schiffskapitäne, ein Major sowie 27 Hauptleute, Leutnante oder andere Offiziere. Die anderen dagegen seien an Krankheiten gestorben, durchgegangen oder gefangen worden. Der Sergeant setzte noch hinzu, daß die Schiffe und Barken mit Kranken und Verwundeten überfüllt seien.

Wir hatten 76 Überläufer und 35 Gefangene. Sie dagegen hatten 15 bis 16 von unseren Soldaten, die ausgerissen waren, und ungefähr 80 Neger mit fortgenommen. Auf ihrer Batterie fanden wir fünf eiserne Kanonen und eine weitere auf dem Waffenplatz, die aber zerbrochen und unbrauchbar waren. Verbrannt hatten sie vier Pfarrkirchen und ebenso viele Kapellen, 29 Zuckersiedereien, etwa ebenso viele kleine Plantagen, vier Ortschaften, ferner die Klöster der Kapuziner, Karmeliter, der

Barmherzigen Brüder, das unsrige und das Haus der Jesuiten. Sie hatten also nichts stehen lassen als die Kirchen der Jesuiten und der Kapuziner, wobei erstere, wie man behauptet, ihre Erhaltung einzig und allein einem katholischen Obersten zu danken hatten, der darin begraben worden war, während die Kapuzinerkirche ihnen als Pulvermagazin diente.

Mit gutem Grund läßt sich behaupten, daß auf beiden Seiten sehr große Fehler begangen worden waren. Die geringe Erfahrung unseres Generalleutnants und die Spannungen, die zwischen ihm und unserem Statthalter herrschten, haben öfters die Kolonie und die Insel ihrem Untergang nahe gebracht.

Auf der anderen Seite dagegen hat die Uneinigkeit zwischen dem General Codrington, dem Befehlshaber der Flotte und den Obersten sie daran gehindert, unsere Verwirrung richtig auszunutzen. Wenn wir daher das ausgestandene Übel größtenteils uns selbst beizumessen hatten, so verdankten wir doch auf der anderen unsere Rettung hauptsächlich den Engländern, die von den gleichen Leidenschaften regiert wurden.

Gerade um die Zeit, als sie abzogen, begannen unsere Einwohner krank zu werden. Häufig bekamen sie die Rote Ruhr vom Wasser aus dem Gallionen-Fluß, das eine abführende Wirkung hat, sowie durch das frische Fleisch, das die meisten von ihnen nicht so gewohnt waren wie das gesalzene. Das Blut der geschlachteten Tiere, der Kot und die toten Leiber der Engländer, die man ohne Begräbnis liegen ließ, brachten eine ganz erstaunliche Menge großer Mücken hervor, die Menschen und Pferde quälten und durch die das Fleisch sofort in Fäulnis geriet, wenn sie sich nur einen Augenblick darauf gesetzt hatten. Wir bekamen fast alle Halsweh und geschwollene Drüsen infolge der schweren Arbeit und der großen Hitze, der wir ohne Unterlaß ausgesetzt waren. Das beste jedoch, was dieser Einfall der Engländer bewirkte, war die Tatsache, daß unsere jungen Leute, die anfangs das Feuer ein wenig scheuten, sich zuletzt so gut daran gewöhnten, daß sie es gar nicht mehr achteten und ebenso munter wie zu einer Jagd hineingingen.

Nachdem ich die feindlichen Batterien und die von ihnen aufgeworfene Mauer besichtigt hatte, ging ich zufällig in ein kleines Haus oberhalb des Waffenplatzes, das einer guten Betschwester gehörte. Es war von den Engländern nicht in Brand gesteckt worden, weil vermutlich einer

von ihren Ingenieuren darin logiert hatte; denn ich fand neben vielen Rissen und schriftlichen Aufsätzen unter anderem auch die Grundrisse von unseren meisten Verschanzungen dort, was mir höchst angenehm war. Von hier ging ich in unsere Plantage nach Marigot hinauf, wo ich abends zusammen mit einem unserer Religiosen und unseren Nachbarn einige Vögel verzehrte, die ich am Morgen aufgelesen hatte. Diese Vögel waren bei ihrer Rückkehr ins Gebirge von der großen Helle geblendet worden, die durch die vielen brennenden Häuser entstand, und da sie nun beinahe ganz blind dadurch wurden, fielen sie zu Boden und man sammelte mehr als 300 von ihnen ein.

Nachdem die Engländer abgezogen waren, besuchte ich den Superior unserer Mission. Ich sagte ihm bei dieser Gelegenheit, daß ich dringend der Ruhe bedürfe, und bat ihn um Erlaubnis, mich etwa 14 Tage lang bei dem Pfarrer in Capesterre aufhalten zu dürfen.

Als nun Herr de Rochefort, den ich bereits anderweitig erwähnt habe, erfuhr, daß ich in Capesterre war, schrieb er mir und bat mich, einige Zeit bei ihm zuzubringen, und er schickte mir für die Reise sogar ein Pferd. Ich ritt also zu ihm und blieb dort 15 Tage, dabei erholte ich mich völlig von den ausgestandenen Beschwerden bis auf einen bösen Hals und geschwollene Mandeln, unter denen ich noch beinahe drei Monate lang litt.

Die Plantage des Herrn de Rochefort ist eine der schönsten zu Capesterre auf der Insel Guadeloupe. Sie ist etwa 7.000 Schritte lang und beinahe 2.000 Schritte breit. Alle Zuckerrohrfelder waren quadratisch angelegt, jedes mit einer Seitenlänge von 150 Schritt, die dazwischen liegenden Gänge waren nach der Schnur gezogen und mit kleinen Erbsensträuchern besetzt. Da das angebaute Gebiet völlig eben war, hatte die Plantage dadurch ein so schönes Ansehen gewonnen, daß man sich darüber nur freuen konnte. Ein starker Bach lief mitten hindurch, und ein kleiner Fluß bildete die Grenzscheide zwischen hier und dem nächsten Landgut Saint-Germain, das ein Herr Hovel unter dem Namen Hovel-Burg zu einem Marquisat hatte erheben lassen.

Aller Wahrscheinlichkeit nach sind diese Felder ursprünglich entweder von den alten Indianern oder ihren Nachfolgern, den Kariben, urbar gemacht und angebaut worden; denn man fand dort nur wenige dicke Bäume, obgleich der Erdboden dazu gut tief und locker ist. Ich habe das ganze Gebiet durchwandert und auf allen unseren Inseln keinen Platz gefunden, der besser zur Anlage einer Kakao-Plantage

geeignet wäre als dieser. Da ich meine Gedanken darüber Herrn de Rochefort mitteilte, stimmte er mir nicht nur zu, sondern würde meine Ideen auch verwirklicht haben, wenn er nicht bereits unter der Krankheit gelitten hätte, an der er zwei Jahre danach starb.

Da ich während meines Aufenthalts nicht ganz und gar müßig sein wollte, steckte ich einen Kanal ab, um den Lezard-Fluß teilweise durch diese Plantage zu leiten. Damit schuf ich die Möglichkeit, zwei Wassermühlen zu errichten, mit deren Hilfe die gegenwärtigen Einkünfte des Gutes ohne besondere Mühe und Unkosten verdoppelt oder gar verdreifacht werden konnten. Der Lezard-Fluß führte reines, gutes Wasser in solcher Menge, daß man gern zwei Kubikfuß tief herausnehmen konnte, ohne daß man es überhaupt merkte.

Am Dienstag, dem 12. Juni, kehrte ich wieder in unser Kloster nach Baillif zurück. Hier stellte ich fest, daß unsere Väter in Strohhütten wohnten, die sie bei unserer Plantage in Marigot hatten errichten lassen, und ließ daher sogleich auch für mich eine aufschlagen. Obgleich es unserem Superior nicht an Verstand fehlte, besaß er doch viel zu wenig Kenntnis des Landes, als daß es ihm möglich gewesen wäre, die Unordnungen, die der Krieg in unseren Gärten verursacht hatte, zu beseitigen. Er bat mich daher, ihm dabei Beistand zu leisten, und ich stimmte ihm unverzüglich zu.

Wir machten den Anfang mit der Wiederherstellung unserer Töpferwerkstätte. Die Engländer hatten nämlich die Töpfe und Formen aller Zuckerfabriken, in die sie eingedrungen waren, zerschlagen. Wir glaubten also, einen guten Absatz dieser Ware zu erzielen, da sie unbedingt nötig ist, um weißen Zucker herstellen zu können. Ich ließ auch sehr viel Manioc pflanzen und das verbrannte Zuckerrohr erneuern. Gleichzeitig wurden Bäume gefällt und das Bauholz geschlagen, das zur Errichtung einer Mühle und einer Zuckerfabrik benötigt wurde, um ein Zuckerrohrfeld, das unversehrt stehengeblieben war, entsprechend nutzen zu können. Die Zimmerleute waren selten, zugleich aber teurer und gröber, als sie vor dem Einfall der Engländer gewesen waren. Deshalb beschloß ich, die Mühle und die übrigen notwendigen Gebäude selbst aufrichten zu lassen. Ich bezeichnete also alles dazu erforderliche Holz, maß es aus und ließ es dann von unseren Negern mit solcher Geschwindigkeit schlagen, daß wir neun Wochen nach Abzug der Engländer in unserer Plantage zu Marigot schon wieder Zucker zu sieden begannen. Als dies geschehen war, mußte auch die Zuckersiede-

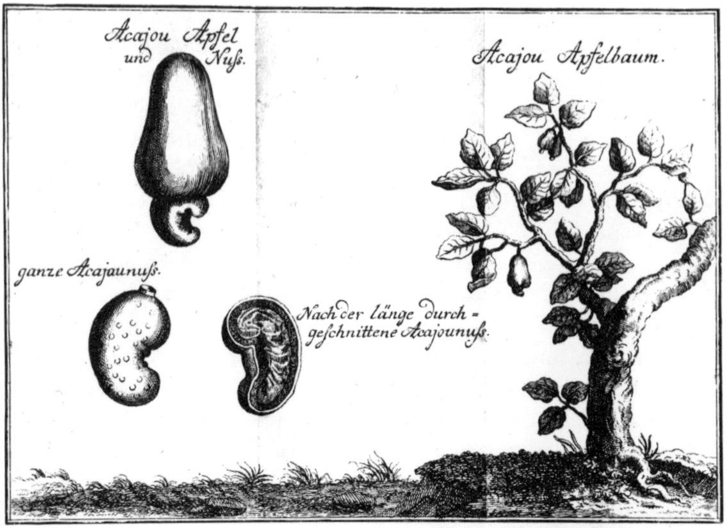

rei in Baillif wiederhergestellt werden. Da wir aber dort eine Wassermühle benötigten, deren großes Rad wenigstens 22 Schuhe im Durchmesser haben mußte, ging ich in den sogenannten Biergarten und ließ dort einen Baum behauen, den unsere Väter schon vor 14 Jahren hatten fällen lassen. Es war ein Acajou, dessen Stamm eine ansehnliche Länge aufwies. Da man seine dicken Äste bereits abgeschlagen hatte, war nur der etwa 25 Fuß lange Stamm übriggeblieben.

Der Baum, den wir auf den Inseln Acajou nennen, ist der gleiche, der bei den Spaniern auf dem Festland und den großen Inseln Zedernbaum heißt. Ich weiß aber nicht, welche Bezeichnung die richtige ist; denn ich habe niemals die Zedernbäume des Libanons gesehen, die aber nach allen Beschreibungen keineswegs den spanischen Zedernbäumen ähneln. Der Name Acajou ist ein karibisches Wort, der Baum wächst sehr hoch und sehr schnell, obwohl er mehr eine trockene und magere als eine gute Erde benötigt. Man benötigt ihn für viele Arbeiten, da er zu allem geeignet erscheint. Es werden Balken, Dachsparren, Planken und Hausgerät aus ihm gefertigt, und er scheint von allen Bäumen am besten geeignet zum Bau von Booten und Pirogen. An diesem Baum kann man noch zwei weitere wichtige Eigenschaften feststellen, einmal nämlich seinen angenehmen Geruch und zum andern, daß sein Holz nicht

vermodert. Für letztere Eigenschaft kann ich allerdings nicht bürgen, sie hängt möglicherweise damit zusammen, daß es mit einem harzigen, sehr scharfen und bitteren Saft gefüllt ist, der Würmer und Holzläuse abhält, den Baum anzufressen. Was aber den guten Geruch betrifft, so kann man ihn erst genießen, bis der Baum vollkommen ausgetrocknet und die erwähnte Feuchtigkeit verdunstet ist, da das Holz bis dahin den übelsten und ekelhaftesten Geruch aufweist, den man sich nur immer denken kann. Obwohl unser Acajou-Baum schon vor 14 Jahren gefällt worden war, lag er an einem dermaßen frischen und feuchten Platz, daß ich ihn noch ganz grün und ebenso übelriechend fand, als ob er erst seit 24 Stunden umgehauen worden wäre.

Der Stamm und die Äste des Acajou-Baumes sondern von Zeit zu Zeit Brocken eines reinen, hellen und durchsichtigen Harzes aus, das in der Luft hart wird. Man kann es wie den arabischen Gummi verwenden, und wenn man sich die Mühe geben wollte, Einschnitte in die Bäume zu machen, so könnte ein ansehnlicher Vorrat davon gezogen werden.

Der Acajou-Gummi erinnert aber auch an eine andere Gummiart, der von einem Baum stammt, den die Neger nur das Faßtaubenholz nennen, der bei den Gelehrten aber der Zuckerbaum aus dem Gebirge heißt. Zu bestimmten Jahreszeiten gibt er entweder von selbst, oder wenn Einschnitte hineingemacht werden, einen Gummi ab, der anfangs flüssig und hell ist, danach aber dick und hart wird. Dann bekommt er eine graue, etwas schmutzige Farbe und einen angenehmen, herben, gewürzartigen Geruch. Man nennt ihn zu Saint-Domingue den »Schweinebalsam«. Ein Jäger hatte nämlich einmal ein wildes Schwein verwundet und beobachtet, daß dieses Tier bei einem solchen Baum stehen geblieben war und mit seinen Hauern die Rinde geritzt und an dem heraustropfenden Saft die Wunde gerieben hatte. Als er zum zweiten Mal geschossen und das Tier erlegt hatte, suchte er aufmerksam die erste Wunde und stellte fest, daß sie völlig mit dem aus dem Baum herausgedrungenen Saft benetzt war. Da er meinte, es könne ein bisher unbekannter Balsam sein, machte er sogleich einen Versuch an seinem Hund, der vom Schwein einen starken Hieb in den Schenkel bekommen hatte. Er rieb dessen Wunde mit dem Balsam ein und beobachtete zu seinem Vergnügen, daß das Tier innerhalb von 24 Stunden vollkommen geheilt war.

Herr Auger, der seine Bestallung zum Statthalter der Schildkröteninsel

sel und der Küste Saint-Domingue erhalten hatte, reiste zu Ende des Monats September ab, um von seiner neuen Stelle Besitz zu nehmen. Zur gleichen Zeit ergaben sich auch bei unseren Missionen einige Veränderungen. Pater Cabasson, der schon seit vier Jahren Generalsuperior war und sich Hoffnung gemacht hatte, in diesem Posten auf weitere vier Jahre bestätigt zu werden, mußte zu seiner größten Verwunderung vernehmen, daß der General unseres Ordens den Pater Bedarides für dieses Amt ernannt hatte. Unsere alten Patres fanden ihn zwar dazu noch ein wenig jung, obgleich er schon 35 Jahre zählte, doch wurde dieser eigentliche oder vermeintliche Mangel durch große Verdienste und solche Eigenschaften wettgemacht, die ihn eines viel wichtigeren Amtes würdig erscheinen ließen. Sobald er nur seine Stelle angetreten hatte, schrieb er mir und teilte mit, daß er mich zu Martinique dringend benötigte, um unser neues Gebäude zu vollenden und das bleierne Dach zu reparieren, das von der starken Sonnenhitze auf allen Seiten Sprünge und Schäden erhalten hatte.

Ich verließ also Guadeloupe am Mittwoch, dem 3. Oktober 1703. Die Barke, mit der ich reiste, blieb zwei Tage lang bei der Plantage der Madame Ouvernard liegen. Dieser mußte ich versprechen, daß Pater Beaumont, der schon seit 30 Jahren verstorben war, bald wiederkommen und sie besuchen werde. Es wäre eine vergebliche Arbeit gewesen, wenn man sie von seinem Tode hätte überzeugen wollen. Sie habe ihn nicht sterben sehen, und er habe ihr versprochen wiederzukehren. Wir tranken daher zusammen freudig auf seine Gesundheit und seine Rückkehr. Die beiden Tage verbrachte ich mit Jagen und Fischen, da ich in guter Gesellschaft war, hatte ich keine Langeweile.

Am Sonntag, den 6. Oktober, kam ich gegen Abend nach Martinique und erfuhr gleich als ich an Land stieg, daß ich von unseren Vätern zum bevollmächtigten Syndikus der Mission erwählt worden war. Diese Nachricht betrübte mich ungemein; denn ich hätte lieber jede beliebige Pfarre übernehmen als mich in solche Verwirrung einlassen wollen. Überdies wußte ich, daß unser Kloster schwer verschuldet und die Plantage in Verfall geraten war. Der Generalsuperior unserer Missionen hielt sich in Capesterre auf. Man ließ ihm meine Ankunft melden und mitteilen, daß ich keineswegs die Stelle des Anwalts annehmen wolle. Er kam sogleich und wußte mich so zu überreden, daß er meine Einwilligung erzwang. Ehe wir uns aber in unsere Plantage im S. Jacobsgrund zu Capesterre begaben, verlangte er, daß ich ihn nach Fort

Royal begleiten solle, wo er Herrn de Machault, dem Generalstatthalter der Inseln, seine Aufwartung machte.

Ich blieb etwa fünf Tage in unserem Kloster auf dem Ankerplatz, um zu sehen, wie der neue Bau vorangetrieben werden konnte. Dann bat ich den Generalsuperior, eine Versammlung aller Ordensangehörigen einzuberufen, um ihre Meinung zu hören, da ich entschlossen war, nichts zu unternehmen, was nicht vorher gebilligt worden war. Sie versammelten sich also, und ich beschrieb ihnen den Zustand des Gebäudes und bat sie, nun zu erklären, was geschehen solle. Aber anstatt mir Verhaltungsbefehle oder doch wenigstens einige gute Ratschläge zu geben, beschlossen sie einmütig, alles meinem Gutdünken zu überlassen und mir darüber eine förmliche, allgemeine Vollmacht auszufertigen. Sie wurde aufgesetzt und vom Generalsuperior und der ganzen Versammlung unterschrieben. Danach ging ich in unsere Plantage im S. Jacobsgrunde, wo ich alles in großer Unordnung antraf. Es waren ein paar Monate verflossen, seit der frühere Syndikus 20 Neger übernommen hatte, die den Ausschuß einer Ladung der Guineischen Handelsgesellschaft bildeten. Sie hatten ihn nichts desto weniger 9.500 Pfund gekostet, obgleich zwei Drittel darunter so alt waren, daß sie bereits graue Haare auf dem Kopf hatten, was das sicherste Zeichen eines hohen Alters bei den Negern ist. Überdies waren sie zu allem Unglück noch nicht bezahlt. Ich fand außerdem das Kloster mit vielen Schulden beladen, man hatte versäumt, Manioc zu pflanzen, und seit meiner Abreise nach Guadeloupe nicht die mindesten Reparaturen an den Gebäuden vorgenommen. Es war also nötig, gleich zu Beginn eine neue Mühle zu errichten, alle Häuser frisch zu decken, das Holz schlagen zu lassen, das wir für das neue Gebäude am Ankerplatz benötigten.

In den ersten Tagen des Jahres 1704 ließ ich wieder Zucker herstellen. Unser Zuckerrohr war aber so vernachlässigt worden und die Ratten hatten eine solche Verwüstung darin angerichtet, daß ich sieben Monate arbeiten mußte, um soviel Zucker herstellen zu lassen, wie das sonst in zwei Monaten geschehen war. Mein Verdruß wurde noch durch die erwähnten 20 Neger vergrößert, die man unlängst eingekauft hatte. Da sie schon bejahrt waren, erwiesen sie sich überaus ungeschickt bei der Arbeit, die alten Neger des Klosters wollten sich auch nicht mit ihnen abgeben. Außerdem erhängte sich der jüngste unter ihnen am Schwungrad der Mühle, als man eines Tages keinen Zucker verfertigte. Die

Ursache seiner Verzweiflung sollen, wie man mir sagte, die Schmerzen gewesen sein, die ihm das Herausziehen der Chiquen verursachte und von denen er sich zu befreien glaubte, wenn er nach dem Erhängen wieder in sein Land zurückkehrte. Das Merkwürdigste dabei war aber, daß er sich mit einer fingerdicken Liane erdrosselte, ohne nur eine Schleife daran gemacht zu haben. Einer unserer alten Neger, der ihn von der Mühltafel herabspringen sah, lief sogleich hin, um es zu verhindern, aber obwohl er keine 200 Schritt entfernt gewesen war, fand er ihn schon tot, als er ihn erreichte. Ich war aus manchen Gründen über dieses Unglück sehr betrübt, besonders aber, weil man den Unglücklichen, dessen Sprache man noch nicht verstand, weder hatte unterrichten noch taufen können. Dadurch wäre nämlich das Unglück ohne Zweifel verhindert worden, weil die Neger, wenn sie einmal Christen sind, selten eine solche verzweifelte Tat begehen.

13. Kapitel

See- und Jagdabenteuer des Verfassers

Am 10. Dezember erlebten wir zu Martinique ganz unverhofft einen heftigen Schreck. Wir hatten nämlich schon seit ein paar Tagen Nachricht, daß ein starkes englisches Geschwader zu Barbados angelangt war. Auf diese Nachricht hin hatte der General einige Korsaren abgeschickt, um nähere Kundschaft einzuziehen. Einer von unseren Korsaren kam am Morgen des 10. wieder zurück und berichtete, daß die feindliche Flotte sogleich eintreffen werde und ihn eine Fregatte so verfolgt habe, daß er die englischen Schiffe weder genauer beobachten noch ihre Zahl feststellen konnte. Sein Bericht entsprach der Wahrheit. Das ganze feindliche Geschwader kam zwei Stunden nach seiner Ankunft zum Vorschein und näherte sich in guter Ordnung bis auf eine Kanonenschußweite dem Fort Royal. Wir zählten 22 große Kriegsschiffe, ebenso viele Lastschiffe, 17 Barken, sechs Gallionen und einige

doppelte Schaluppen. Die Bestürzung unseres Generals bei diesem Anblick läßt sich leicht vorstellen; denn wie hätte er ihnen die Spitze bieten sollen, wenn dieses Geschwader 4–5.000 Mann Landungstruppen gehabt hätte! Man schoß auf der ganzen Insel Alarm und griff zum Gewehr. Glücklicherweise zeigte die feindliche Flotte aber keine Absicht, eine Landung zu wagen, sondern setzte ihren Lauf fort, indem sie nahe an der Küste vorbeisegelte. Einige ihrer Schaluppen landeten an einem abgelegenen Platz, wo sie einen Gefangenen machten, und in einer anderen benachbarten Bucht plünderten und verbrannten sie einige Häuser und eroberten eine mit Zucker beladene Barke. Gegen zwei Uhr nachmittags erschien dieses Geschwader vor dem Kastel Saint-Pierre auf eine starke Kanonenschußweite und hatte wenige Segel aufgespannt. Man verlor es aber bei der hereinbrechenden Nacht aus dem Blickfeld.

Am Freitag, dem 2. Tag des Jahres 1705, reiste ich mit unserem Generalsuperior zum Fort Royal, um dem Generalstatthalter die üblichen Neujahrsglückwünsche abzustatten. Der General ersuchte mich, ihm mitzuteilen, wann ich bereit wäre, wieder nach Guadeloupe zu reisen, damit er einem unserer Korsaren Befehl erteilen könne, mich dorthin zu führen. Obwohl ich dazu seiner Empfehlungen nicht bedurft hätte, da alle unsere Flibustierkapitäne meine guten Freunde waren, nahm ich diese mir erzeigte Höflichkeit mit gebührendem Dank an und versicherte, daß ich unmittelbar nach dem Dreikönigsfest abreisen wolle. Darauf erkundigte er sich sogleich, ob irgendein Korsar segelfertig sei, und als er nun vernahm, daß Kapitän Daniel mit seinem Schiff auslaufen wollte, ließ er ihm sogleich befehlen, mich zu erwarten und nach Guadeloupe zu führen.

Am Mittwoch, dem 7. Januar, bewirtete ich mittags Kapitän Daniel, seinen Hochbootsmann, den Schiffsschreiber und den Wundarzt. Gegen vier Uhr nachmittags gingen wir an Bord und bereiteten uns vor, am folgenden Tag zu Guadeloupe das Frühstück einzunehmen. Die Barke, die er führte, war sehr gut besegelt, hatte 90 Mann tüchtiges Volk und sechs Kanonen. Das war mehr, als man brauchte, um eine spanische Gallione oder ein englisches Schiff von 40 Kanonen anzugreifen. Wir legten vor dem Predigerviertel an, wo unsere Flibustier nach ihrer löblichen Gewohnheit immer etwas zu tun haben, besonders jene, die noch mit etwas Geld versehen sind, da die eigentlichen Gesetze des Flibustierhandwerks es nicht erlauben, solches mit sich aufs Meer

zu nehmen und sie es daher aufs schnellste im Wirtshaus ausgeben. Kapitän Daniel versammelte gegen neun Uhr abends seine Mannschaft und ließ alle Segel aufspannen. Bis zur Hälfte des Kanals zwischen Dominique und Martinique ging unsere Fahrt vortrefflich, dann legte sich aber der Wind und wir gerieten in eine völlige Windstille. Unser Steuermann sagte uns voraus, daß wir von einem plötzlichen Sturm überfallen würden. Er ließ also das große Segel einziehen, untersuchte die Schiffsseile, an denen die Kanonen befestigt waren, und verstärkte die Taue, die das Boot hielten.

Kaum war er fertig, als wir von einem Wirbelsturm überfallen wurden, der so heftig wütete, daß er gleich zu Beginn unser großes Segel zerriß und wir noch von Glück reden konnten, daß nicht auch der Mast brach. Wir trieben anfangs ohne Segel weiter, danach aber mit einem Stück des Besansegels von der Größe eines Tischtuchs. Obwohl ich als einer der besten Schläfer auf See galt, ging es doch so ungestüm her, daß ich kein Auge schließen konnte. Auch wurde meine Matratze völlig durchnäßt, da uns die Wellen alle Augenblicke von vorn bis hinten zudeckten. Ich setzte mich auf dem Hinterteil des Kastells nieder, in einen Regenmantel gehüllt und um den Leib einen dicken Strick, beinahe wie ein Affe befestigt, aus Furcht, ich könnte durch den Anprall einer Welle oder durch die heftige Bewegung des Schiffes über Bord geworfen werden. Unsere Matrosen folgten schweigend den Befehlen ihrer Offiziere und arbeiteten aus Leibeskräften. Das Meer schien ganz feurig zu sein, der Anblick des finsteren Himmels hatte etwas Schreckliches. Ich konnte meine Hände nicht sehen, wenn ich sie vor Augen hielt, aber wenn die Blitze aufleuchteten, sah ich bei ihrem Schein alle Bewegungen unserer Leute. Kapitän Daniel reichte mir eine Flasche mit Branntwein, aus der ich einen kräftigen Schluck nahm, wobei ich aufpassen mußte, mir mit der Flasche nicht die Zähne einzustoßen. Dieses Getränk, von dem ich niemals ein Liebhaber war, schien mir damals ganz vortrefflich zu sein. Es erwärmte mich wieder, nachdem ich ganz zu Eis gefroren war; denn das Meerwasser hat in heißen Ländern die Eigenschaft, daß es außerordentlich kalt ist, und ich hatte keinen trockenen Faden mehr auf dem Leib.

Gegen vier Uhr morgens fiel ein heftiger Regen, und der Wind ließ nach. Mit anbrechendem Tag rief einer unserer Matrosen: »Land vor uns!« Wir sahen es auch tatsächlich einige Augenblicke später ganz deutlich, und ebenso ein Schiff, das an der Küste lag. Sogleich erhob

sich ein heftiger Wortwechsel unter den Leuten. Einige meinten, es sei eine bisher noch nicht gesehene und vielleicht erst neu entstandene Insel, der Kapitän und der Steuermann dagegen behaupteten, daß es nur die kleine Insel Aves sein könne. Wir ankerten dort gegen sieben Uhr morgens, etwa eine Viertelmeile neben dem gestrandeten Schiff. Der Regen hörte gegen acht Uhr morgens auf, und das Meer war um zehn Uhr so ruhig, als ob es nicht den geringsten Sturm gegeben hätte. Unsere Leute wechselten die Kleider, und durch einige Schlucke Branntwein wurden die erschöpften Kräfte bald wieder angeregt. Wir verrichteten unser Gebet und frühstückten dann mit großem Appetit. Während des Essens wurde Rat gehalten, und gleich darauf gingen der Kapitän, der Quartiermeister und so viele Leute, wie das Boot nur fassen konnte, alle gut bewaffnet, an Land.

Dort erblickten wir zehn bis zwölf Mann, die Engländer zu sein schienen. Sie hatten sich an das gegenüberliegende Ufer begeben und schienen uns durch ihre Gebärden um Hilfe anrufen zu wollen. Unsere Leute sprangen an Land und schickten das Boot ab, noch mehr Volk zu holen. Ich war beim dritten Transport, und wir befanden uns dann über 150 Mann stark an Land. Die Engländer erzählten uns, daß sie schon seit elf Tagen hier waren, 11 Männer, sowie zwei vornehme Damen von der Insel Barbados und acht Sklaven beiderlei Geschlechts. Wir hörten von ihnen, daß sie wegen eines dicken Nebels, der ihnen das Land verbarg, gestrandet waren. Ihr Schiff kam aus England, hatte unterwegs in Barbados angelandet und die beiden Damen aufgenommen, die das Heilige Christfest in Antego mit ihren Anverwandten zubringen wollten, wenn ihnen nicht dieses Unglück begegnet wäre.

Der Kapitän und der Steuermann dieses Schiffes, die entweder große Esel waren oder einen Vorteil erhofften, wenn das Schiff verloren ging, hatten sich mit den tüchtigsten Matrosen in die Schaluppe gesetzt und die Passagiere mit den übrigen Matrosen inzwischen hier sitzenlassen, bis sie ein anderes Schiff abholen würde, das sie auf einen von ihren Inseln suchen wollten, von denen sie nicht mehr als etwa 70 Meilen weit entfernt waren. Die Zurückgebliebenen erwarteten sie alle Minuten und hatten uns anfangs für ihre Landsleute angesehen. Auf diese Nachricht hin ließ Kapitän Daniel alles vorbereiten, um das erwartete Schiff zu kapern. Er gab Befehl, die beiden Damen mit ihren Sklaven, den Kisten und allem Übrigen, was sie aus dem gestrandeten Schiff hatten retten können, auf seine Barke zu bringen, wo er ihnen seine eigene Kajüte

überließ und ihnen mit viel Höflichkeit, ja geradezu Ehrfurcht begegnete.

Sie beschenkten mich mit zwei goldenen Ringen. Ich hatte schon zu Barbados und auf den übrigen englischen Inseln, wo ich gewesen war, so viel Entgegenkommen gefunden, daß ich erfreut war, diesen Damen durch alle nur möglichen Dienste meine Erkenntlichkeit zu bezeigen. Aus diesem Grund brachte ich Kapitän Daniel auch dahin, daß er ihnen versprach, sie zu Saint-Christoph oder an irgendeiner anderen von ihren Inseln abzusetzen, ohne sie vorher zu uns zu bringen, und ihnen auch ihre Sklaven wieder zurückzugeben. Nachdem der Preis für die Sklaven festgesetzt worden war, versprach er, mit ihrer Unterschrift zufrieden zu sein, falls man sie an einem Platz an Land setzen würde, wo sie keinen Kredit hätten. So konnten sie mit der Höflichkeit und dem Entgegenkommen der Flibustier durchaus zufrieden sein. Sie gingen an Land, so oft es ihnen beliebte, und es wurde ihnen ebenso pünktlich aufgewartet und ihre Befehle befolgt, als ob sie zuhause gewesen wären. Inzwischen untersuchte man das gestrandete Schiff und begann, es unverzüglich auszuladen, weil sich unsere Leute in den Kopf setzten, es wieder flott zu machen, da es noch ganz neu und für 39 Kanonen gebaut war, von denen es auch 24 führte. Man sagte uns, das Wasser, das innen bis zur Hälfte der großen Luke reichte, sei von außen hineingedrungen und der innere Boden sicher noch ganz unverletzt. Niemals habe ich bereitwilliger arbeiten sehen. Die Gefangenen ließen sich dazu mit unseren Leuten um die Wette gebrauchen. Dabei wurde tapfer geschmaust, und so oft man aus dem Schiffsraum einige fünfeimrige Fässer voll Madeira oder Kanarenwein, sowie viel Cider und Bier in Tonnen oder in Flaschen heraufgebracht hatte, war es ein Vergnügen, das Volk essen, trinken und arbeiten zu sehen. Sobald aber die Nacht anbrach, ließ Kapitän Daniel seine ganze Mannschaft und die beiden Damen wieder auf das Schiff bringen. Die Gefangenen mußten inzwischen in Zelten, die sie aus ihren Segeln gemacht hatten, auf der Insel bleiben.

Am Montag, dem 12., rief unsere Schildwache, die oben auf dem Mast stand, daß sich ein Segel nähere. Es war etwa neun Uhr morgens, und wir hatten eben unser Frühstück verzehrt. Unverzüglich ging jeder zu Schiff und man bot den beiden Damen an, sie an Land zu lassen und danach wieder abzuholen, sobald man nur gesehen habe, worauf es eigentlich ankäme. Sie wollten aber lieber die Gefahr auf sich nehmen

und einem Gefecht beiwohnen, als auf der Insel bleiben. Man ließ sie daher in das Schiffsinnere hinuntersteigen, wo die wenigste Gefahr bestand.

Bald erkannten wir, daß es die Barke war, die wir erwarteten. Die Höflichkeit erforderte es, ihnen entgegenzugehen und sie zu empfangen. Ehe noch drei Stundengläser heruntergelaufen waren, lagen wir ihnen Bord an Bord, und es kostete uns weiter nichts als ein paar Flintenschüsse, sie zum Streichen der Segel zu zwingen.

Es war eine schöne große Barke, die mit acht Kanonen und 20 Mann besetzt war. Der Kapitän des gescheiterten Schiffes führte sie selbst. Er sagte uns, daß er noch eine Kitse (Quaiche) mit sich führe, die während der Nacht vom Kurs abgekommen sei, aber bald wieder erscheinen müsse. Man brachte sodann 15 von diesen neuen Gästen auf unsere Barke, besetzte die Prise mit 20 der unsrigen und schickte sie nach der Insel, von der wir abgesegelt waren. Inzwischen erschien die Kitse früher als wir es wünschten, denn wir wollten nicht, daß sie zwei Schiffe anstatt eines, mit dem sie ausgesegelt war, erblickte. Zu allem Unglück sah sie aber unsere beiden Schiffe und zauderte nicht. Eine solche Kitse führt nur zwei gerade Masten, der große davon hat zwei viereckige Segel, nämlich ein großes und ein Marssegel. Solche Schiffe können nur mit vollem Wind gut segeln und dienen gewöhnlich zum Lasttransport.

Gegen sechs Uhr abends legten wir uns bei dem gestrandeten Schiff vor Anker. Wir setzten die neuangekommenen Gäste auf der Insel an Land, und gleich am andern Morgen wurde das Schiff noch völlig ausgeladen, um es wieder aufzurichten. Aber alle unsere Mühe war vergeblich; denn nach dem Aufrichten sah man erst, daß es geborsten und der Kiel zerbrochen war. Wir hatten viele vergebliche Arbeit verrichtet, und dementsprechend beklagten wir uns auch bei den Engländern, die behauptet hatten, es könne wieder flott gemacht werden. Sein Ballast bestand einzig und allein aus bleiernen Platten und Barren sowie aus Zinn. Wir schafften ihn auf unsere beiden Barken und nahmen statt der mitgeführten Kieselsteine von diesen Metallen, sowie einige Tonnen Stahl in Stäben, Eisenstangen und eiserne Werkzeuge.

Auf dem Sand hatte man inzwischen die vom Meerwasser durchnäßten Stoffe und Leinwandstücke ausgebreitet, um sie ein wenig zu trocknen, jedoch kann das niemals vollkommen geschehen, wenn sie nicht vorher tüchtig in süßem Wasser ausgewaschen werden. Inzwischen belud man unsere Barke mit allem, was nur hineingebracht

werden konnte, wie zum Beispiel eingesalzenes Fleisch, Madeirawein und Kanariensekt, Bier und Ciderwein, verarbeitetes Zinn und Eisen, Tauwerk, Segeltuch, Kisten voll Hüte und dergleichen Dinge mehr. Nachdem wir nun bis oben an den Rand vollgeladen waren, schien die Insel trotzdem noch mit Kaufmannsgütern übersät zu sein.

Am Donnerstag entdeckten wir die Kitse etwa eine Meile von uns. Wir steckten auf unseren zwei Barken englische Flaggen aus und ließen sie herankommen. Sie legte sich auch ganz still bei der Barke vor Anker, die mit ihr von Saint-Christoph abgesegelt war. Ihr Befehlshaber meinte nämlich, die zwei Barken, die er gesehen hatte, seien befreundete Schiffe gewesen, weil sie ihn nicht verfolgt hatten. Dieser schönen Einbildung gemäß hatte er wieder gewendet, um sich nun kapern zu lassen. Während er inzwischen von seinen Landsleuten mit empfindlichen Vorwürfen und beißendem Spott überhäuft wurde, bedankten wir uns dagegen höflichst bei ihm, daß er sich die Mühe gemacht hatte, uns beim Fortschaffen der Waren behilflich zu sein. Wir waren ihm auch tatsächlich zu großem Dank verpflichtet, da wir sonst einen beachtlichen Teil der Waren den Vögeln zur Bewachung auf dem Land hätten zurücklassen müssen. Dieser frische Fang änderte auch die Pläne unserer Mannschaft. Ursprünglich waren sie nämlich entschlossen gewesen, direkt nach der Insel Saint-Christoph zu fahren, um dort unsere beiden Damen ans Land zu setzen und möglichst das Geld in Empfang zu nehmen, das ihnen für die Auslösung der Sklaven bewilligt worden war. Nun fragten sie die Kapitäne der Barke und der Kitse, ob sie dieses letztere Fahrzeug mit allem, was man hineinladen konnte, loskaufen wollten. Da diese aber zu Saint-Christoph keinen Kredit hatten, entschlossen sie sich, nach der Insel S. Thomas zu gehen, wo sie sicher waren, die Kitse nebst ihrer Ladung verkaufen zu können, falls die beiden Kapitäne keinen Kredit finden sollten, um die Summe zu erlegen, über die man sich geeinigt hatte.

Inzwischen verketteten wir unsere Barken und beluden die Kitse. Man legte alles hinein bis auf die Masten, Segelstangen, Kanonen, Lafetten und Waren, die wir entweder selbst nicht mehr aufnehmen konnten oder für nicht gut genug befanden. Das Beste aus dem gestrandeten Schiff nahm Kapitän Daniel in seine eigene Barke, so zum Beispiel Silberwerk, goldene Gallonen, Spitzen und Tressen, Bänder, Leinwand, seidene und wollene gestrickte Strümpfe, Atlas, indische Stoffe, Brokat, Scharlachtücher und dergleichen mehr, gar nicht zu

rechnen, was unsere Mannschaft sich noch angeeignet hatte. Sie versahen sich mit Hüten, Hutfedern, Perücken, Strümpfen, Bändern und anderen Kurzwaren auf die lächerlichste Art von der Welt. Es war ein Vergnügen, sie daherstolzieren zu sehen, wenn sie einen Hut mit prächtigem Federbusch und eine Perücke auf dem Kopf trugen, breite, seidene, mit Gold durchwirkte Bänder um den Kragen eines blauen gestreiften Hemdes, dabei aber weder Rock, Strümpfe noch Schuhe anhatten.

Das alles taten sie aber nicht, weil sie sich nicht hätten ordentlicher anziehen können, sondern weil es bei ihnen üblich ist, jederzeit Kleidungsstücke zu tragen, die nicht zusammengehören. Ich habe solche Leute öfters zu Martinique und anderswo auf der Straße einherlaufen sehen, mit einem gallonierten Rock, einem Hut mit Tressen und Federn besetzt, und dabei ohne Strümpfe und Schuhe. Ein andermal sah ich sie mit Schuhen ohne Strümpfe oder Strümpfen ohne Schuhe.

Von den Negern vernahmen wir, daß man einige Kisten mit feinen Waren und Silberzeug an einem verborgenen Platz der Insel vergraben habe. Auf diese Nachricht hin beschlossen wir, die Fakturzettel des Schiffes mit dem Verzeichnis der gefundenen Waren zu vergleichen. Da sich nun eine starke Differenz an kostbaren Waren ergab, sagte unser Quartiermeister dem Schiffsschreiber, daß man ihn nach Flibustierart foltern wolle, wenn er nicht das Fehlende sogleich herbeischaffte. Aus Furcht entdeckte er alles, und man benutzte seine Aussage. Als endlich unsere große Barke und die Kitse beladen waren und wir in die unsrige alles, was nur immer hineinging, aufgenommen hatten, ließen wir die große Barke nach Martinique abgehen. Sie wurde mit zehn Flibustier und vier Engländern besetzt, die insgesamt gut mit gesalzenem Fleisch, lebendigen und boukanierten Schildkröten, Madeirawein und Kanariensekt, Ciderwein und Bier versehen waren. Wir selbst gingen am Mittwoch, dem 28. Januar, gegen neun Uhr morgens unter Segel und ließen für jene, die allenfalls nach uns kommen würden, das Schiff und noch viele andere brauchbare Dinge auf dieser Insel zurück.

Wir richteten unseren Kurs nach der Krabben-Insel, um dort Stoffe und leinene Tücher auszuwaschen und sie wieder zu trocknen, ehe wir nach der Insel S. Thomas segelten, wo wir dergleichen Arbeiten nicht verrichten konnten, weil es dort keine Flüsse mit Süßwasser gibt. Auf dieser kleinen Seereise begegnete uns aber weiter nichts Merkwürdiges,

wir wurden lediglich von einer 15–16stündigen Windstille überfallen. Wir konnten also erst am Sonnabend, dem letzten Tag des Januar, gegen Mittag an der Krabben-Insel vor Anker gehen.

Sogleich wurden alle unsere Gefangenen an Land gebracht, und man ließ keinen einzigen auf dem Schiff zurück, sobald wir nur die Anker ausgeworfen hatten. Man behielt auch immer die Boote an Bord und hatte jederzeit eine Wache an Land, um etwaige Pläne der Engländer zu vereiteln, wenn diese versuchen sollten, sich unseres Schiffes zu bemächtigen und uns zurückzulassen. Wir ankerten in einer sandigen Bucht im Süden der Insel vor der Mündung eines Flüsses und beinahe am gleichen Platz, wo ich schon einmal bei meiner Rückkehr von Saint-Domingue 1701 gewesen war. Das Land lag nur einen Pistolenschuß weit von uns entfernt, und wir hatten auf fünfeinhalb Klafter tief einen Grund von weißem Sand.

Die große Menge Krabben, die man auf dieser Insel findet, hat ihr von unseren Flibustier den Namen der Krabben-Insel eingetragen. Sie liegt etwa fünf bis sechs Meilen von der Insel Porto Rico entfernt. Ihr Umfang mag etwa acht bis zehn Meilen betragen, sie ist zwar etwas bergig, doch sind diese Berge weder übermäßig hoch noch steil oder unfruchtbar, sondern haben dazwischen sehr schöne und große Täler, wo mir der Boden ungemein gut vorgekommen ist. Diese Berge sind mit den verschiedensten Arten von Bäumen bewachsen, es entspringen dort Quellen, die viele kleine Flüsse mit klarem und gutem Wasser bilden.

Überall trifft man noch auf die Spuren ehemaliger spanischer Plantagen. Man sieht dort lange Gänge mit Zitronen- und Pomeranzenbäumen besetzt und weitläufige Täler, in denen nichts als weiches Holz und andere Fruchtbäume stehen. Es ist ein sicheres Zeichen, daß diese Gegend einmal bebaut war. Die Jagd ist hier ungemein ergiebig. Zu allen Zeiten werden wilde Tauben, Papageien, Drosseln, Ortolane, See- und Wasservögel, wilde Schweine, Eidechsen und Armadills angetroffen. Es gibt ungemein viele Feigen- und Bananenbäume, an verschiedenen Plätzen habe ich schöne Zuckerrohre und wilde Ignamen gefunden, soviel man sich nur wünscht.

Es ist nur zu bedauern, daß ein so angenehmes Land nicht bewohnt wird und daß es die Staatskunst der Spanier den Europäern nicht erlaubt, sich hier niederzulassen. Doch haben sie das Recht dazu; denn letztlich könnte ein so mächtiges Volk kommen, daß seine Nachbarschaft nicht allein beschwerlich wäre, sondern auch ihre Kolonie zu

Porto Rico in Gefahr bringen würde. Übrigens schien mir dieser Platz sehr gesund zu sein, er hat gutes Wasser, schöne, große und saftige Bäume, und das Wildbret ist hier fett und hat einen sehr guten Geschmack.

Kapitän Daniel ließ nun alle Ballen, die vom Seewasser naß geworden waren, an Land schaffen. Man trug sie an eine Krümmung des Flusses, und alles, was nicht auf Wache stand, begann zu arbeiten, die Waren abzuwaschen und dann zum Trocknen auf den Erdboden auszubreiten.

Sonntag, den 1. Februar, ging ich, nachdem ich vorher das Gebet verrichtet und gefrühstückt hatte, in Gesellschaft meines Negers und eines jungen Kreolen von Guadeloupe, der sich als Reisender auf unserer Barke befand, auf die Jagd. Wir hatten beide Flinten und Bajonette, meinen Neger dagegen ließ ich eine große Machete nehmen, wie man diese Gattung kurzer Säbel zu nennen pflegt, die zwei Fuß lang sind und einen hölzernen Handgriff haben. Jeder, der ins Holz geht, trägt solche Messer bei sich, um die Lianen damit abzuhauen, die den Weg versperren. Ich weiß selbst nicht, wodurch ich bewogen wurde, ihm eine Flasche Branntwein und drei bis vier gebackene Brotfladen mitzugeben, gerade als ob ich es schon im voraus gewußt hätte, daß ich würde draußen schlafen müssen, obgleich das nicht meine Absicht gewesen war. Kapitän Daniel sagte lächelnd zu mir, man erwarte mein geschossenes Wildbret noch zum Abendessen, und wünschte mir eine erfolgreiche Jagd. Wir marschierten etwa anderhalb Meilen weit an dem Fluß hinauf, an dem unsere Leute die Waren auswuschen, und fanden viele Holztauben und Papageien. Ehe noch eine oder zwei Stunden am Nachmittag vergangen waren, hatten wir schon beinahe 50 Stück geschossen und wollten eben wieder umkehren, als wir niedergedrücktes Gebüsch und Spuren von wilden Schweinen entdeckten, die uns noch ganz frisch zu sein schienen. Ich ließ sogleich unsere Vögel in Pakete binden, die wir dann gut bedeckt mit Steinen in den Strom legten, aus Furcht, sie könnten sonst durch die Hitze verdorben werden, wenn man sie in freier Luft gelassen hätte. Auf solche Art wird das Fleisch in unseren heißen Ländern gut erhalten, wenn man sich gezwungen sieht, das Wildbret im Wald liegenzulassen. Wilde Schweine sind, ohne zu verderben, drei bis bis vier Tage lang darin geblieben, weil die Kühlung des Wassers verhindert, daß das Fleisch zu verfaulen beginnt.

Wir folgten der Spur bis gegen fünf Uhr nachmittags und entdeckten

Papagay.
Perique Papagay.
Aras.

schließlich eine Bache mit sieben etwa zwei Monate alten Frischlingen. Ich schoß auf die drei Frischlinge, die mir am nächsten in einer Reihe standen und legte sie zu Boden. Der junge Kreole feuerte dann auf die Bache, aber da er sie nur verwundete, ging sie sogleich auf ihn los. Zu allem Glück sah sie unterwegs ihre drei toten Jungen vor sich liegen und verweilte einen Augenblick, um sie mit ihrem Rüssel umzuwenden. Ich rief zwar dem jungen Mann zu, er solle sein Gewehr frisch laden, allein er war durch das Tier so erschreckt worden, daß er seine Flinte fallen ließ und eiligst entfloh. Mein Neger dagegen stellte seine Flasche auf den Boden nieder und kletterte auf einen Baum.

Inzwischen lud ich mein Gewehr wieder und schoß nach dem Tier, das dadurch zwar erneut verwundet, aber nicht aufgehalten wurde. Es kam also voller Wut schäumend auf mich zu und würde mir, wenn ich mein Handwerk nicht verstanden hätte, gewiß einen schlimmen Streich gespielt haben. Ich stellte mich aber rasch neben einen Baum, steckte mein Bajonett auf die Flinte, und als ich sah, daß es mit seinen Hauern mir einen Fang geben wollte, entwich ich hinter den Baum, der ihn statt meiner empfing. Dann stieß ich sogleich das Bajonett dem Tier zwischen der Schulter und dem Hals bis an das Heft mit solcher Gewalt hinein, daß mir darüber die Flinte aus der Hand sprang, während das Tier noch einige Schritte weiter lief, ehe es niederstürzte. Ich bückte mich, um meine Flinte aufzuheben, und gab mit dem Bajonett dem Tier noch einige Stöße, um es vollends umzubringen. Als sich meine Leute inzwischen auch wieder eingefunden hatten, suchten wir die vier übrigen Frischlinge. Einen davon hielt mein Hund, den anderen hatte er schon erbissen. Die beiden übrigen fanden wir in hohlen Baumstämmen, fingen sie lebendig, banden ihnen die Füße und kamen siegreich wieder auf den Platz zurück, auf dem die Bache tot hingestreckt lag.

Dann tranken wir einen Schluck Branntwein und setzten uns nieder, um auszuruhen, wobei wir darüber nachdachten, was wir anfangen könnten, um die rechte Straße wiederzufinden. Als wir nämlich den Spuren der Tiere nachgegangen waren, hatten uns die vielen Abzweigungen und Umwege dermaßen vom rechten Weg entfernt, daß wir zuletzt nicht mehr wußten, in welcher Gegend wir waren. Ich sah zwar mit Hilfe meines kleinen Taschenkompasses, in welcher Himmelsrichtung etwa unsere Barke lag, doch hatte ich versäumt, mich beim Verlassen des Flusses richtig umzusehen, und außerdem hatten wir diesen und andere kleine Flüsse fünf- bis sechsmal hin und her

überquert, daß ich mich nicht mehr besinnen konnte, wohin wir gehen sollten. Inzwischen war die Sonne schon untergegangen, und da in dieser Gegend keine Abenddämmerung herrscht, wird es, sobald sich dieses Gestirn nur 20–25 Grad tief unter dem Gesichtskreis befindet, so dunkel wie um Mitternacht. Ich entschloß mich daher, hier über Nacht zu bleiben; denn ich wußte, daß wir bei Tagesansbruch den rechten Weg finden oder die Matrosen der Barke uns suchen würden. Ich befahl meinem Neger, dürres Holz abzuhauen, um ein Feuer anzuschüren und das Abendessen zuzubereiten. Unterdessen richteten der junge Mann und ich den Bukan oder Rost, auf den wir die beiden Frischlinge legten, und bis sie gebraten waren, las ich inzwischen, so gut ich konnte, vollends mein Brevier.

Danach wurde ganz vergnügt die Abendmahlzeit eingenommen. Wir verzehrten einen ganzen Frischling, und auch der zweite wurde noch angeschnitten. Wenn man das etwa zuviel finden sollte, so ist zu beachten, daß wir einschließlich meines Hundes unserer vier waren, rechtschaffen gearbeitet und daher auch guten Appetit hatten. Wir tranken Wasser und danach einen Schluck Branntwein. Nachdem wir das Gebet verrichtet und unsere Flinten gerichtet hatten, schliefen wir unter der Obhut und Wache meines Hundes. Es war heller Tag, als ich erwachte, und ich mußte meine Leute und meinen Hund gleichzeitig aufwecken. Wir verrichteten das Morgengebet und wollten uns eben zum Frühstück setzen, als ich zwei Flintenschüsse hörte. Ich sah wohl, daß man uns suchte. Wir beantworteten daher sogleich die beiden Schüsse. Man feuerte zum dritten Male und wir ebenfalls. Dann ließ ich Feuer anschüren, um das Fleisch zu braten, damit unsere Retter gleich frühstücken konnten. Beim Näherkommen wiederholten sie die Schüsse, die wir beantworteten, bis sie uns endlich erreichten.

Kapitän Daniel selbst war mit fünf seiner Leute schon eine Stunde vor Tagesanbruch aufgebrochen, um uns zu suchen. Es war ihm aber ein leichtes gewesen, uns entlang des Stromes hinauf zu folgen; denn mein Neger hatte sogleich die geschossenen Vögel gerupft, die ich ihm zu tragen gab, und die Federn, die auf dem Erdboden verstreut lagen, führten sie bis an den Platz, wo unsere Vögel im Strom verborgen steckten. Danach hatten sie auch unsere Fußstapfen und die Spuren der Schweine gefunden und wohl gesehen, daß wir ausgegangen waren, diese Tiere zu suchen.

Es war schon beinahe zehn Uhr vorbei, als sie uns erreichten, und

ihrer Rechnung zufolge hatten sie mehr als vier Meilen zurückgelegt. Kapitän Daniels Anrede war ein herzhafter Schwur, daß er mich niemals mehr allein und ohne Begleitung einer seiner Leute würde auf die Jagd gehen lassen. Wie er mir versicherte, war er ganz außerordentlich besorgt gewesen, daß ich vielleicht einigen Mulatten von Porto Rico in die Hände gefallen sein könnte. Diese kommen öfters auf die Insel und sind halbwilde Leute, die den ehrlichsten Mann selbst töten würden, bloß um sein Hemd zu erhalten. Ich dankte ihm für seine Sorgfalt und sagte, daß man erst frühstücken müsse, ehe wir zurückkehrten. Er hatte Zwieback, Wein und Branntwein mitgebracht. Dann gab er einigen seiner Matrosen etwas zu essen, belud sie mit den beiden Frischlingen und schickte sie wieder zurück an das Schiff, um Nachricht von uns zu überbringen und sie dort zu beruhigen. Während des Essens erzählten wir unsere Heldentaten und zerlegten dabei das große Stück Wild. Danach traten wir den Rückweg an und jagten dabei weiter, schossen Holztauben, Papageien und Krammetsvögel. Nachdem wir zurückgekehrt waren, wünschte man mir Glück zu meiner ergiebigen Jagd, und wir beschlossen, am folgenden Tag wieder eine zu unternehmen.

Zu diesem Zweck schlossen sich mir vier Flibustier an, die mir Kapitän Daniel mitgab, sowie zwei Engländer. Diesmal schossen wir drei große wilde Schweine und ein Ziegenböckchen und kamen bei Sonnenuntergang wieder zurück, ohne uns verirrt zu haben. Inzwischen hatten unsere Damen das am vorigen Tag geschossenene Wildbret zubereiten lassen und bewirteten uns mit Speisen, die auf englische Art zugerichtet und ungemein wohlschmeckend waren.

Auf diesen zwei Jagden sah und durchstrich ich den größten Teil der Krabben-Insel, und ich wunderte mich jetzt nicht mehr, daß sich die Engländer dort niederlassen wollten. Sie hatten auch allen Grund dazu; denn es gibt kaum einen geeigneteren Platz. Hier fehlte nur ein geeigneter Hafen, aber auf der Seite nach Porto Rico zu lag eine Einbuchtung, die wohl die Stelle eines Hafens vertreten konnte. Am Mittwoch, dem 4., ging ich mit zwei unserer Flibustier und zwei Engländern nochmals auf die Jagd. Ich wurde von Kapitän Daniel ermahnt, mich nicht allzu weit vom Ufer zu entfernen, weil er beabsichtigte, gegen Abend die Anker zu lichten. Wir hörten auch tatsächlich gegen vier Uhr nachmittags seinen Kanonenschuß, worauf wir uns sogleich wieder dem Meere zuwandten, ärgerlich darüber, daß

wir unsere Jagd nicht länger fortsetzen durften, da wir die frischen Spuren von Wildschweinen entdeckt hatten. Allein wir mußten gehorchen und auf das Schiff zurückkehren.

Wir hatten einen Partikulier geschossen, wie man die wilden Eber nennt, die allein herumstreifen. Obwohl man ihm Kopf und Füße abgehauen und die Gedärme ebenfalls weggeworfen hatte, krümmten sich trotzdem zwei unserer Leute, von denen jeder die Hälfte trug, unter dem schweren Gewicht. Ein anderer trug eine gute, fette Ziege, dem vierten hatten wir ein paar Ziegenböcke und den Kopf des Ebers aufgeladen. Ich selbst trug zusammen mit meinem Neger die geschossenen Vögel. Die Sonne wollte eben untergehen, als wir an das Ufer kamen, und alles war bereits eingeschifft. Sobald wir uns nur sehen ließen, lief das Boot aus und brachte uns ebenfalls an Bord. Das Abendessen war schon fertig, man verrichtete das Gebet, und wir setzten uns sogleich zu Tisch. Gegen zehn Uhr wurde Anker aufgewunden, wir gingen unter Segel und folgten der Kitse, die etwa vier Stunden zuvor ausgelaufen war.

Wir erreichten sie auch bald wieder, da sie nur schlecht segelte und überdies noch allzu stark beladen war. Deshalb sahen wir uns gezwungen, sie mit einem Tau hinter uns herzuschleppen. Von dieser Arbeit merkte ich aber nicht früher etwas als am anderen Tag, da ich morgens gegen sieben Uhr erwachte, nachdem ich ungemein fest geschlafen hatte. Inzwischen hatten unsere englischen Damen die Schokolade zubereiten lassen, man trank sie, und ich verrichtete das Morgengebet, danach setzte ich mich zur Tafel, um das Frühstück einzunehmen. Gegen Mittag bekamen wir den sogenannten weißen Felsen zu Gesicht, und abends gingen wir im Hafen von S. Thomas vor Anker.

Man brachte sofort alle Engländer an Land, die über das gute Betragen des Kapitäns ihnen gegenüber höchst erfreut waren. Ich begleitete unsere Damen zum Statthalter, von da gingen wir in das Dänische Kaufhaus, wo man uns auf das beste empfing. Unsere Damen strichen den Kapitän und seine Leute besonders heraus, wobei sie die ihnen von mir geleisteten geringen Dienste ebenfalls nicht vergaßen. Wir wurden dort sehr gut logiert und prächtig bewirtet. Kapitän Daniel kam und speiste am Abend mit uns. Er hatte seinen Gefangenen die Hälfte des zuletzt von uns geschossenen Wildschweines geschenkt, dazu alles, was von den Holztauben und Rebhühnern übriggeblieben war.

Ich fand Herrn Vanbel nicht mehr auf der Insel S. Thomas. Er hatte seine Dienste als Direktor des Dänischen Kaufhauses quittiert und war nach Saint-Christoph zu den Engländern gegangen. Von den Schreibern des Kaufhauses, die unter ihm gedient hatten, vernahm ich, daß er mit dem Verhalten der Engländer wenig zufrieden sein durfte. Obwohl er einen in aller Form ausgefertigten Naturalisationsbrief mit der ausdrücklichen Erlaubnis besaß, sich in englischen Besitzungen an jedem beliebigen Ort aufzuhalten und seine Gerätschaften und Sklaven dorthin bringen zu lassen, hatte man trotzdem sein Schiff angehalten und ihn unter dem Vorwand, seine Papiere seien nicht in Ordnung, eine beträchtliche Summe Geld bezahlen lassen. Aus dieser Probe ist zu ersehen, daß die Engländer in Amerika ebenso geschickte Rabulisten sind wie in Europa.

Unsere Damen kostete es wenig Mühe, das Geld aufzutreiben, das sie für die Auslösung ihrer Sklaven aufbringen mußten. Gleich am folgenden Tag wurde es Kapitän Daniel und seinem Quartiermeister vorgezählt. An Bord unserer Barke war sonst niemand als ein Neger und eine Negerin dieser beiden Damen zurückgeblieben, die man abends, als man eintraf, nicht mehr ausgeschifft hatte. Der Neger setzte sich mit den Gerätschaften seiner Gebieterin ins Boot, die Negerin dagegen wollte unsere Barke nicht verlassen und versicherte Kapitän Daniel, daß sie sich eher ins Meer stürzen würde als zu Leuten zurückzukehren, die nicht von ihrer Religion seien. Sie wäre katholisch und wollte daher auch unter Katholiken sterben.

Ich wußte, daß sie eine Kreolin aus Guadeloupe und von da bei dem Einfall der Engländer im Jahre 1703 entführt worden war. Sie war verheiratet und hatte Kinder. Zu allem Glück befand ich mich eben an Bord, als dies geschah, und hinderte Kapitän Daniel daran, sie binden und mit Gewalt einschiffen zu lassen. Ich erbot mich, der englischen Dame das Geld, daß sie für diese Sklavin an unsere Leute bezahlt hatte, wieder zu erstatten. Kurz, ich brachte es zuletzt soweit, daß mir Kapitän Daniel diese ganze Sache überließ. Daraufhin begab ich mich zu dieser Dame und überreichte ihr die für ihre Negerin ausgelegte Geldsumme. Zur gleichen Zeit stellte ich ihr vor, daß diese arme Sklavin verheiratet sei und Kinder hätte, die sich mit ihrer ganzen Familie bei uns befänden. Sie würde also eine ihrer englischen Großmut angemessene Handlung begehen, wenn sie ihr behilflich wäre, unter Leuten ihres Glaubens zu leben. Die Dame ließ sich meine angeführten Gründe

durchaus gefallen und sagte mir dabei: »Diese Negerin soll keinen anderen Personen mehr dienen, nachdem sie meine Sklavin gewesen ist.« Sie nahm auch das Geld nicht an, das ich ihr überreichen wollte, und schenkte ihr die Freiheit, unter der Bedingung, daß man sie auch freiließe, sobald sie unter den Franzosen sein würde. Ich bat sie daraufhin, ihr doch durch ein in aller Form ausgefertigtes Instrument die Freiheit zu schenken, und verbürgte mich dafür, daß dann ihr Wille pünktlich vollzogen werden solle. Sie ließ sogleich einen Notar rufen, das Dokument wurde aufgesetzt und unterschrieben. Als fast zur gleichen Zeit der Statthalter kam und die Damen besuchen wollte, nahm ich die Gelegenheit wahr, ihn zu bitten, die Richtigkeit des Instruments durch seine eigenhändige Unterschrift und beigedrucktes Siegel zu bekräftigen, wozu er sich auch sogleich bereiterklärte. Außerdem wurde es durch den Vorsteher des Kaufhauses und einen zufällig anwesenden Geistlichen unterzeichnet. Die Dame überreichte es mir dann mit den Worten, daß sie sich nur aus Hochachtung vor meiner Person ihrer Sklavin beraube. Ich bedankte mich, gab ihr die Urkunde zurück und bat sie, sie möge sie der Sklavin selbst übergeben, wenn diese käme, um ihren Dank abzustatten.

Dann schickte ich meinen Neger an Bord, diese an Land zu bringen, doch konnte er sie trotz aller Vorstellungen nicht dazu überreden. Ich mußte also selbst gehen und sie abholen, wobei ich ihr immer wieder versicherte, daß sie nicht mehr bei den Engländern bleiben müsse, sondern frei sein solle. Endlich glaubte sie meinen Worten und folgte mir. Ihre Tränen waren dabei der Ausdruck ihrer Gedanken. Sie warf sich ihrer Gebieterin zu Füßen, küßte diese mehrfach und vergoß nur Tränen, ohne ein Wort vorzubringen. Es war einer der rührendsten Auftritte, die man nur erleben konnte. Die Dame wurde ebenfalls gerührt und begann zu weinen. Sie konnte ihre Negerin kaum vom Erdboden aufheben und ihr sagen: »Ich schenke dir die Freiheit, nutze sie aber richtig, um Gott zu dienen. Schließe mich in dein Gebet ein und bedanke dich bei diesem Pater, der sie dir verschafft hat!« Dann nahm sie den aufgesetzten Freiheitsbrief, überreichte ihn mir und bat mich, dafür zu sorgen, daß die Negerin auch in den Genuß der ihr zustehenden Wohltat gelange. Ich versprach es ihr und sagte der Negerin, sie solle ihrer ehemaligen Herrin dafür Dank abstatten. Sie fiel ihr nochmals zu Füßen, umfaßte sie weinend und sagte schließlich: »Meine verehrte Gebieterin! Ich werde Zeit meines Lebens nicht unterlassen,

Gott anzurufen, ihnen ebenso viele Gnade angedeihen zu lassen, als sie mir erwiesen haben.«

Dann ersuchte ich Madame Stapleton, die Negerin solange bei sich zu behalten, wie wir oder sie in S. Thomas bleiben würden. Bei ihrer Abreise übergab sie ihr dann Kleider und etwas Geld, mir hingegen übersandte sie zusammen mit der anderen Dame ein unerwartetes Geschenk in Erkenntlichkeit der ihnen geleisteten Dienste. Unser Schiffsvolk empfing ebenfalls die Summe, die ihnen als Lösegeld für die Ladung bewilligt worden war, worauf sie sich ihrer Gewohnheit nach herumtrieben, solange sie nur ein paar Münzen in der Tasche hatten.

Am Montag, den 9., reisten endlich die beiden englischen Damen auf einer dänischen Barke ab, die sie nach Saint-Christoph oder nach Antego bringen sollte. Kapitän Daniel stellte ihnen noch einen entsprechenden Paß aus. Man erwies sich gegenseitig viele Höflichkeiten, und die Trennung fiel uns schwer; denn wir waren sehr vergnügt miteinander gewesen und hatten beinah einen Monat lang in einer so vollkommenen Einigkeit und Freundschaft miteinander verbracht, als ob wir vom gleichen Volk und Glauben und schon seit langer Zeit Bekannte gewesen wären.

Als am Dienstag, dem 20., dem größten Teil unserer Mannschaft das Geld ausging, half ich Kapitän Daniel, sie wieder zusammenzutreiben. Wir mußten schließlich das Gerücht unter ihnen verbreiten, man habe Nachricht von einem englischen Schiff, das alle Minuten zu S. Thomas einlaufen würde. Durch diese falsche Zeitung wurden sie bewogen, sich bei finsterer Nacht einzuschiffen. Ich nahm inzwischen vom Statthalter Abschied, ebenso von dem Beamten des Kaufhauses und dem Direktor, bei dem ich bisher logiert hatte, und wir segelten erst gegen Mitternacht ab.

Wir richteten unseren Kurs nach der großen Straße der Jungfrauen. Ich wußte anfangs selbst nicht, warum Kapitän Daniel die Segel einziehen ließ, als wir etwa drei bis vier Meilen weit von Paneston entfernt waren. Schließlich erklärte er seinen Leuten, daß er beabsichtige, diese kleine Insel zu plündern, die man sonst nur die »Große Jungfrau« zu nennen pflegte, da er glaube, dort genug Geld zu finden. Es würde auch nicht viel Mühe bereiten, wenn nur die Engländer zwei Stunden vor Tagesanbruch überfallen würden. Das wurde sogleich beschlossen. Wir legten uns zwischen zwei Inseln vor Anker, um nicht entdeckt zu werden, und verbrachten den Tag, um mit der Angelschnur

zu fischen. Ich hatte zwar bereits auf meiner vorhergehenden Reise bemerkt, daß die Kanäle zwischen den Inseln sehr fischreich sind, allein der Fischfang in diesem Kanal übertraf alles Bisherige.

Bei Sonnenuntergang erblickten wir etwas auf dem Meer, konnten aber nicht genau feststellen, was es war. Wir machten unverzüglich Jagd darauf, und man erkannte gegen zehn Uhr, daß es sich um ein ziemlich großes Schiff handelte. Wir bemühten uns, ihm den Wind abzugewinnen, und hatten uns gegen zwei Uhr nach Mitternacht bis auf einen halben Kanonenschuß genähert. In der Nacht schien es uns wesentlich größer zu sein, als es wirklich war, und man glaubte sogar, Licht zwischen den zwei Verdecken gesehen zu haben, so daß wir dort zwei Batterien vermuten konnten. Um keine Unbesonnenheit zu begehen, blieben wir im Vorteil des Windes liegen, den wir auf einmal gewonnen hatten, und ließen es die ganze Nacht nicht aus dem Blickfeld. Sobald nur die Morgenröte angebrochen war, steckten wir die englische Flagge auf, was von jenen ebenfalls geschah und noch dazu mit einem Kanonenschuß bestätigt wurde. Wir sahen nun, daß es sich bloß um ein mittelmäßiges Schiff handelte, das zwölf Kanonen führte. Darauf ließen wir die falsche Flagge ein- und eine weiße aufziehen und begleiteten dieses Manöver noch mit drei Kanonenschüssen, die wir gegen sie richteten. Eine halbe Stunde lang antworteten sie ziemlich gut, als sie aber sahen, daß wir uns zum Entern anschickten, strichen sie ihre Segel, und der Kapitän kam zu uns an Bord. Er hätte dies früher tun und damit drei Leuten das Leben erhalten sollen, die von uns totgeschossen worden waren. Von unseren Leuten war kein einziger verwundet worden.

Nachdem die Prise an unser Schiff befestigt worden war, nahmen wir unseren Kurs wieder nach der Insel S. Thomas, um sie dort zu verkaufen. Es war ein altes Schiff von 200 Tonnen und nur mit Zucker, Branntwein, Sirup, ungeläutertem Zucker, einigen Ballen Baumwolle, rohen Häuten und zwei Kisten voll Schokolade beladen. Es sollte nach Virginien segeln und dort die eben angeführten Waren ausladen, dafür aber getrocknete und gesalzene Fische, Erbsen, Bretter und Bauholz für die Bewohner von Antego einnehmen. Unterwegs verglich man sich mit dem englischen Kapitän wegen des Lösegelds, das er uns für sein Schiff und die Ladung bezahlen sollte.

Am Freitag ankerten wir noch vor Tagesanbruch eine halbe Meile weit von S. Thomas entfernt. Kapitän Daniel ging mit dem Quartier-

meister und der englische Kapitän mit seinem Schiffsschreiber an Land. Dort empfingen sie teils in bar, teils in Wechselbriefen, die auf Martinique ausgezahlt werden sollten, die vereinbarte Summe von 22.500 Livres und kehrten abends wieder an Bord zurück. Wir behielten den englischen Kapitän zum Abendessen und übergaben ihm danach wieder sein Schiff. Außer einigen gleich anfangs geraubten Kleinigkeiten hatten wir weiter nichts genommen als vier große Fässer Branntwein und eine Kiste mit Schokolade.

Am nächsten Morgen lichteten wir bei Tagesanbruch die Anker, und jeder von uns fuhr seine Straße. Der englische Kapitän begrüßte uns mit fünf Kanonenschüssen, die wir mit dreien beantworteten, wofür er sich wieder mit einem bedankte. Wir nahmen nun wieder Kurs nach der großen Straße der Jungfrauen. Unser Schiffsvolk ließ jetzt von seinem Plan ab, Paneston zu plündern, und das war eigentlich gut so; denn ich hatte von einem meiner Ordensbrüder, der dort vor fünf Jahren in Gefangenschaft gewesen war, erfahren, daß die Einwohner sehr arm waren. Nun begann es uns aber allmählich an Maniocmehl zu mangeln, und Daniel beschloß also, sich zu S. Martin damit zu versehen, und wir gingen am Sonntagnachmittag dort vor Anker.

14. Kapitel

Bericht über die Insel S. Martin und ihre Bewohner

Die Insel S. Martin soll, wie man behauptet, 15 bis 16 Meilen Umfang haben. Sie verfügt weder über Häfen noch Flüsse. Man findet dort nur einige kleine Quellen, die während der Regenzeit Wasser geben, sobald aber die trockene Witterung beginnt, versiegen sie, da sie nur aus zusammengelaufenem Regenwasser bestehen, und man muß sich also mit dem Wasser aus den Zisternen und einigen stinkenden Lachen behelfen. Der Boden schien mir zumindest in den Gegenden, in denen ich war, nicht sonderlich gut zu sein. Man baut dort weiter nichts als

Tabak, Indigo, Erbsen, Manioc an und erzeugt Salz, soviel man nur benötigt, da man es aus den Salzgruben nehmen kann, wo es auf ganz natürliche Weise ohne Mühe und Unkosten entsteht. Die Reede, an der wir anlegten, bot zwar einen guten Ankerplatz, ist aber allen vom Meer kommenden Winden offen, und man würde dort bei stürmischem Wetter oder gar bei einem Orkan wenig sicher sein.

Die Spanier besaßen auf dieser Insel eine Kolonie und eine Schanze, von der man noch einige Überreste sah. Ich weiß aber nicht, was ihnen dieses Kastell und die Besatzung dort nutzen konnten. Sie verhinderten lediglich, daß sich andere Europäer auf der Insel niederließen und ihre Salinen ausnutzten. Das gewonnene Salz ersetzte ihnen aber nicht den hundertsten Teil jener Kosten, die sie aufwenden mußten, um ihren Besitz zu sichern. Da sie aber die Franzosen und Engländer nicht daran hindern konnten, sich gewaltsam zu Saint-Christoph, Antego, Guadeloupe, Martinique und anderen Inseln festzusetzen, faßten sie endlich den Entschluß, die Insel S. Martin zu Beginn des Jahres 1648 zu verlassen. Zu diesem Zweck brachten sie Arbeiter dorthin und zerstörten alle Zisternen, verbrannten die Häuser, sprengten das Kastell, und nachdem das alles so gut wie möglich erledigt war, gingen sie zu Schiff und zogen nach Porto Rico ab.

Ich weiß selbst nicht, wie es kam, daß sich unter ihnen vier Franzosen, fünf Holländer und ein Mulatte befunden hatten. Diese zehn Personen hielten sich während des Abzugs der Spanier im Gehölz versteckt, begegneten dann einander zufällig am Ufer und faßten den Entschluß, die Insel zu bewohnen und sie zwischen ihren beiden Nationen auf die gleiche Art zu teilen, wie Saint-Christoph unter den Engländern und Franzosen geteilt war.

Sie beratschlagten miteinander, wie sie ihr Vorhaben ausführen könnten. Die fünf Holländer verfertigten ein kleines Boot und fuhren damit nach S. Eustache, wo sie dem Statthalter ihrer Nation von den Ereignissen und dem Übereinkommen mit den Franzosen berichteten. Danach sollten sie dem Statthalter des französischen Anteils der Insel Saint-Christoph die Sache in der gleichen Art melden, allein sie taten es nicht. Vielmehr schickte der holländische Oberbefehlshaber einen Offizier als seinen Vertreter mit allem Volk dorthin, das er nur auf der Insel auftreiben konnte, um im Namen der Generalstaaten von S. Martin Besitz zu ergreifen, indem er dadurch die Ansprüche, die sie auf die Insel hatten, wieder anmeldete. Man muß aber wissen, daß die

Franzosen schon seit dem Jahr 1637 eine Kolonie und einen Statthalter zu S. Martin gehabt hatten. Aber die Holländer schlichen sich dort mit List ein, gewannen zuletzt die Oberhand, bauten ein festes Kastell und behaupteten einige Monate lang ihren unrechtmäßigen Besitz, bis der spanische Statthalter zu Porto Rico eine ansehnliche Flotte ausrüsten ließ, mit der er das holländische Kastell angriff und nach einer sechswöchigen Belagerung eroberte. Die Franzosen und Holländer wurden als Gefangene nach Porto Rico und anderen Plätzen gebracht, und die Spanier blieben im Besitz der Insel. Sie legten eine Kolonie und eine Besatzung dorthin, verbesserten die neuen Festungswerke und hielten sich bis zum Jahre 1648. Dann aber verließen sie, wie wir schon hörten, wegen der allzu hohen Kosten die Insel wieder. Auf diese Begebenheiten begründeten nun die Holländer wieder ihre Ansprüche, obgleich das nicht ihr Recht, sondern vielmehr ein neuer Beweis ihrer Treulosigkeit war. Eben deshalb erwarteten die Franzosen, die auf S. Martin geblieben waren, nichts Gutes von den Holländern, als sie vom französischen Kommandeur keine Nachricht erhielten. Sie waren aber zu schwach, um sich Genugtuung verschaffen zu können, und verbargen deshalb klugerweise ihren Unmut, bis sie endlich Gelegenheit fanden, Herrn de Poincy alles zu melden, was vorgefallen war.

Darauf sandte dieser sogleich Herrn de la Tour mit 30 Mann nach S. Martin, um nachzusehen, wie sich die Holländer gegen die Franzosen verhielten. Diese griffen aber zu den Gewehren und hinderten Herrn de la Tour unter dem Vorwand, sie seien die einzigen Herren der Insel, an einer Landung. Da Herr de la Tour nicht genügend Leute hatte, die Rechte der Franzosen zu behaupten, kehrte er wieder nach Saint-Christoph zurück. Nun übergab der Kommandeur seinem Vetter, Herrn de Lonvilliers, 300 tüchtige Leute, ließ ihn die Insel besetzen und ernannte ihn zum Statthalter. Doch befahl er ihm, nach Möglichkeit keine Gewalt anzuwenden, ausgenommen, die Holländer würden nicht gutwillig jenen Teil der Insel zurückgeben, der den Franzosen gehören solle. Herr de Lonvilliers ging, ohne den geringsten Widerstand zu finden, an Land und forderte den holländischen Befehlshaber auf, sich aus dem französischen Bezirk zu entfernen, oder er würde sie gewaltsam dazu zwingen und bei dieser Gelegenheit für ihre Treulosigkeit züchtigen. Die Holländer entschlossen sich aber, zu verhandeln, und die Insel wurde schließlich so geteilt, daß die Franzosen im Besitz der ganzen Küste blieben, die der Insel Anguilla gegenüberliegt,

die Holländer dagegen jenen Teil behielten, auf dem sich das Kastell befand.

Der französische Bezirk war jedoch viel größer, fruchtbarer und gesünder als der holländische. Beide Nationen versprachen, einander wechselweise zu schützen. Dieses Bündnis wurde am 23. März des Jahres 1648 zwischen den Beteiligten auf einem Berg beschlossen, der die zwei Bezirke trennte und deswegen das Gebirge der Einigkeit genannt wurde.

Von dieser Zeit an lebten die beiden Nationen bis zum Krieg von 1688 in einem guten Verhältnis miteinander. Die Auseinandersetzung mit den Engländern zwang aber die Franzosen, alle Bewohner der Insel S. Martin und S. Bartholomeo nach Saint-Christoph zu rufen, um dort die Kolonie zu verstärken und jene Bezirke zu besetzen, die man den Engländern abgenommen hatte. Nachdem uns diese aber wieder von der Insel Saint-Christoph verjagt hatten, zog der Untergang dieser blühenden Kolonie auch den von S. Martin und S. Bartholomeo nach sich. Viele Einwohner dieser beiden Inseln gingen dabei zugrunde, weitere ließen sich an anderen Plätzen nieder, und nur wenige kehrten im Jahre 1698, sobald der Friede zu Rijswijck beschlossen worden war, wieder nach S. Martin zurück.

Man gab ihnen einen Königlichen Leutnant zum Befehlshaber, der solange dortblieb, bis 1702 der Krieg erneut ausbrach. Dann wurde er zurückgerufen, und unsere Generale wollten die Einwohner von S. Martin zwingen, sich in irgendeine andere französische Kolonie abzusetzen. Diese erinnerten sich aber an die unglücklichen Begebenheiten beim letzten Auszug und lehnten es ab, ihren Aufenthaltsort zu verlassen. Sie verglichen sich mit den Holländern, beschworen ihre ehemaligen Verträge und versicherten einander wechselweise ihres Schutzes. Auf solche Art lebten sie in guter Freundschaft untereinander, was sogar die Korsaren beider Nationen tun mußten, die dorthin kamen, um sich mit frischen Lebensmitteln zu versorgen.

Als wir nach S. Martin kamen, hatten die Franzosen dort einen Königlichen Offizier als Oberhaupt, der eigentlich seines Zeichens ein Wundarzt war, außerdem versah er auch noch die Stelle eines Pfarrers. Seit nämlich die Kariben im Jahre 1699 dort einen Kapuziner ermordet hatten, zeigte kein geistlicher Orden mehr Lust, ihnen einen Pfarrer zu überlassen. Anfangs schickten ihnen die Religiosen von Saint-Christoph gelegentlich einen Vertreter ihres Klosters, seitdem die Insel aber

von den Engländern erobert worden war, hatte dieser geistliche Beistand ganz aufgehört. Der Herr Befehlshaber versammelte daher an Sonn- und Feiertagen sein Volk in der Kirche, wo er ihnen dann irgend etwas Geistliches vorlas oder eine Vermahnung an sie hielt, die Gebete hersagte, sie an die Fast- und Feiertage erinnerte und diejenigen brüderlich bestrafte, die ihre Schuldigkeit nicht beobachteten.

Danach verrichtete er auch das Amt eines Richters. Mit Hilfe des Schulmeisters, der ihm anstatt eines Königlichen Prokurators oder Beisitzers diente, und seines Barbiergesellens, der den Gerichtsschreiber vorstellte, entschied er uneingeschränkt und ohne Berufung gegen seine Rechtssprüche zu gestatten, alle Streitigkeiten, die in seiner Statthalterschaft entstanden. Ich bedaure außerordentlich, daß ich seinen Namen vergessen habe und die Nachwelt so nicht mit einem Mann bekannt machen kann, der nach dem Beispiel der Hohenpriester des Alten Bundes in seiner Person das geistliche, weltliche und militärische Regiment vereinigte, ohne Schaden jener Gewalt, den die medizinische Fakultät über den Körper und Beutel seiner Einwohner verliehen hatte.

Der Herr Befehlshaber war also die erste Person, die mich besuchte, als ich an Land gestiegen war. Sein Haus in der Stadt war das ansehnlichste von 18 oder 19, aus denen der Flecken S. Martin bestand. Die Kirche, der Pfarrhof und das Schulhaus lagen einige Hundert Schritt davon entfernt. Er ließ sogleich im ganzen Bezirk melden, daß ein Religiose eingetroffen sei, worauf der Schulleiter sogleich zur Messe läutete. Dazu hatte er eine große, durchbrochene Muschel in die Hand genommen, die einen ebenso starken Ton von sich gab wie ein Jagdhorn. Das war also die Glocke des Kirchspiels und des Rathauses dieser Republik. Obgleich es beinahe vier Uhr war und wir schon Mittag gespeist hatten, wollte er mich trotzdem überreden, die Messe zu lesen, weil es Sonntag war, und er wiederholte mir mehr als zehnmal, daß ich dies »in casus necessitas« – im Notfall – tun dürfe. Ich versprach ihm aber, sie am nächsten Morgen und an allen übrigen Tagen, solange ich auf den Inseln bleiben würde, zu lesen.

Gegen fünf Uhr nachmittags begab ich mich in die Kirche, die ich sehr sauber fand. Ich nahm dann die Heiligen Gefäße, die Bußgewänder und Chorbücher in Augenschein, ließ auch Weihwasser und Oblaten zur Messe verfertigen. Da sich inzwischen ein Teil der Kolonie dort versammelt hatte, hielt ich eine kurze Ermahnung, um sie dadurch zum

würdigen Genuß des Sakraments der Buße und des Heiligen Abendmahls vorzubereiten.

Nachdem wir die Kirche verlassen hatten, besuchten wir den holländischen Kommandanten, der aber in keinem so großen Ansehen stand wie der unsrige; denn er war kein Arzt und hatte einen Geistlichen. Er empfing uns überaus höflich, und wir tauschten unsere Komplimente über einen Dolmetscher aus, bis ich vernahm, daß er besser als unser Schulmeister Latein verstand. Er sprach wenig, weil er viel und häufig trank. Auf seinen Befehl wurden Bier, Madeirawein, Punsch und Honigkuchen aufgetragen. Nach Abschluß des Besuches kehrte ich wieder in die Wohnung unseres Befehlshabers zurück, wo ich meinen Aufenthalt nahm.

Am folgenden Tag ging ich, noch ehe es hell wurde, in die Kirche und blieb dort bis eine Stunde nach Mittag. Ich ließ viele Personen beichten, sang die Messe, hielt die Predigt, verrichtete danach noch fünf bis sechs Taufen und erklärte den Kindern und Negern den Katechismus. Man ließ mir kaum so viel Zeit, um das Mittagessen einzunehmen, als ich schon wieder in die Kirche zurückkehren mußte, wo ich bis zur Nacht verweilte, um Beichten zu hören und zu katechisieren. Bei verschiedenen Kindern, die von dem Befehlshaber nur die Nottaufe empfangen hatten, wiederholte ich die Einsegnung, nachdem ich mich vorher erkundigt hatte, ob von ihm die kirchlich vorgeschriebenen Formen beobachtet worden waren. Am folgenden Tag ließ ich den restlichen Teil der Kolonie beichten, sang die Messe und reichte das Abendmahl allen, die imstande waren, es zu empfangen.

Alle Bewohner dieser kleinen Kolonie, deren Zahl nicht mehr als 200 Seelen trug, setzten mir zu, ich solle mich doch bei ihnen niederlassen. Mein Orden hatte nämlich die ersten Missionare etwa 1648 dort hingeschickt und unterhalten. Man zeigte mir daher eine beachtliche Anzahl Felder, die uns geschenkt worden waren, und machte mir die vorteilhaftesten Versprechungen, um mich zum Bleiben zu bewegen. Die Lage, in der sich diese armen Leute befanden, hätte mich auch durchaus dazu bewogen, und wenn ich frei gewesen wäre, würde ich mich von Herzen gern dem Dienst an diesem Volk gewidmet haben. Allein ich hatte die weltlichen Angelegenheiten unserer Mission zu Martinique zu besorgen. Aus diesem Grund konnte ich ihnen weiter nichts versprechen, als daß ich den Generalstatthalter inständig bitten wolle, die Kapuziner anzuhalten, ihnen entweder einen Geistlichen zu

senden oder von ihren Rechten zurückzutreten, die sie auf diese Insel erlangt zu haben glaubten. In diesem Falle würde ich ihnen selbst jemanden senden.

Die große Andacht unserer Insulaner und die Freudenfeste, die auf die von mir eingesegneten Hochzeiten folgten, bildeten den Grund, daß der Vorrat von Mehl und Erbsen, den Kapitän Daniel benötigte, erst am Samstagabend verladen werden konnte. Ich mußte daher am Sonntag noch einmal die Messe singen, predigen, katechisieren und danach mittags bei dem Herrn Kommandanten speisen, der dazu auch den holländischen Statthalter und seinen Geistlichen sowie den Kapitän und den Leutnant einer Korsarenbarke hatte einladen lassen, die seit ein paar Tagen neben unserem Schiff an der Reede lag. An jedem anderen Ort würden wir einander angegriffen haben, allein aus Ehrfurcht gegen die zwischen beiden Nationen herrschende Neutralität befleißigten wir uns einer friedlichen Gesinnung und waren einig, ja sogar höflich zueinander. Der Engländer grüßte uns, als er sich vor Anker legte, was wir Schuß für Schuß wieder beantworteten. Ein Gleiches wurde bei der Abreise von beiden Teilen beobachtet.

Am 22. Februar 1705 hoben wir gegen sechs Uhr abends den Anker und nahmen unseren Kurs nach der Insel S. Bartholomeo. Das war eine französische Kolonie, die das gleiche Schicksal gehabt hatte, wie jene zu S. Martin. Sie ist um vieles kleiner als diese Insel, verfügt aber über einen vortrefflichen Hafen, in dem alle Schiffe der verschiedensten Größe vollkommen sicher liegen, da sie vor allen Winden außer Gefahr sind und einen überaus guten Ankergrund finden. Gegen die Mitte hin schien es mir ziemlich gebirgig zu sein. Weiter kann ich nichts von ihr sagen, da wir während der Nacht an ihr vorbeisegelten und uns am Montag mit Tagesanbruch stark im Wind der Insel Saint-Christoph befanden.

Ich machte mir Hoffnung, bald nach Guadeloupe zu kommen; denn schließlich hätte ich über eine so lange Reise verdrießlich werden können, wenn mich nicht die unseren Landleuten zu S. Martin geleisteten Dienste über die entstandene Verzögerung wieder getröstet hätten. Zu allem Unglück geschah es noch, daß sich ein Boot von Antego näherte, das nach der Insel Barboude ging und uns für ein Schiff ihrer Nation ansah. Wir ließen sie immer näher herankommen, bis sie nicht mehr zurückkonnten, dann gab man ihnen ihren Irrtum zu erkennen und forderte sie auf, an Bord zu kommen. Anfangs wollten sie zwar

einige Umstände machen, bis sie durch ein paar Flintenschüsse in den Vorderteil ihres Bootes gezwungen wurden, unseren Wünschen zu folgen. Es war mit sechs Weißen und vier Schwarzen besetzt. Sie gingen nach Barboude, um dem englischen General Codrington, der mit seinen guten Freunden eine Spazierfahrt nach dieser Insel unternommen hatte, Briefe zu überbringen. Sogleich faßten unsere Leute den Entschluß, diesen General auszuheben, und ich widerriet ihnen keineswegs dieses Vorhaben. Da man aber nachts hinkommen mußte, machten wir eine Wendung gegen Antego und steuerten, sobald nur die Nacht einfiel, nach der Insel Barboude.

Man darf diese Insel nicht mit Barbados, der schönen englischen Insel, verwechseln. Diese hier liegt nordostwärts von Antego, ist klein, niedrig und hat weder Flüsse noch Häfen. Sie hat nur wenige Einwohner und gehört, wie ich erfuhr, General Codrington, dessen Gutshof sich dort befindet. Man sieht dort viele Hammel und Geflügel, baut Tabak und Erbsen an und pflanzt Baumwolle. Ihr geringer Umfang und der schlechte Boden erlauben nicht, etwas anderes anzubauen oder eine etwas größere Kolonie hinzusetzen.

Unsere Leute, 56 an der Zahl, bestiegen zwei Boote und gingen erst gegen drei Uhr nach Mitternacht unter Führung zweier unserer Gefangener, denen man die Hände auf dem Rücken gebunden hatte, an Land. Sie stießen auf ein kleines Wachhaus mit sechs Mann, die sie gefangennahmen und mit Stricken banden. Von ihnen erfuhren sie, daß General Codrington bereits am vorhergegangenen Tag bei Sonnenuntergang nach Antego abgereist war. Diese Nachricht ärgerte unsere Mannschaft nicht wenig, besonders jene, die von der Insel Guadeloupe stammten und schon gehofft hatten, sich von ihm ihre Häuser, die ihnen im Jahr 1703 auf seinen Befehl niedergebrannt worden waren, bezahlen zu lassen. In Ermangelung des Herrn hielten sie sich an seine Güter. Sein Haus wurde geplündert, und man entführte ihm ein Dutzend Sklaven, sowie einige arme irische Knechte, die man aus dieser harten Dienstbarkeit befreite, indem sie mit uns eingeschifft wurden. Ich glaube, die ganze Insel wäre geplündert und in Asche gelegt worden, wenn man nicht ein Schiff erblickt hätte, das unser Schiffsvolk bewog, sich schleunigst wieder an Bord zu begeben.

Es war ungefähr Mittagszeit, als wir am Mittwoch, den 25. Februar, ihm entgegensteuerten. Je näher wir ihm kamen, desto ansehnlicher erschien es uns. Wir zählten auf seinem Verdeck und bei den Schanzen

32 mit Lafetten versehene Kanonen. Es mochte aber auch eine weitere Batterie haben, von der wir nur einige Stückpforten geöffnet sahen. Kurz, dieses Schiff war für uns eine schwere Arbeit. Kapitän Daniel zeigte sich deshalb sehr unschlüssig. Die meisten seiner Leute meinten, man solle diesen Gegner in Gottes Namen fahren lassen und sich nach einer anderen Beute umsehen. Während der Zeit aber, in der wir uns beratschlagten, befreite er uns selbst aus der Ungewißheit, in der wir schwebten; denn er begann auf uns zu feuern, obwohl wir noch weit von ihm entfernt waren, und ließ dadurch seine Furcht nur allzu deutlich erkennen.

Nun rief der Kapitän aus: »Das Schiff ist unser, es ist ein Kauffahrer! Lustig, mein Pater«, sprach er zu mir, »laßt uns geschwind beten und danach drei Schluck Branntwein trinken!« Er hatte es noch nicht richtig gesagt, als schon alles erledigt wurde. Ich verrichtete das Gebet, man beichtete, und ich erteilte die Absolution nach einer vorhergegangenen kurzen Ermahnung. Dann wurden Wein und Branntwein herbeigeschafft, jeder legte sich auf den Bauch nieder und ließ den Engländer schießen. Dieser hatte einen großen Wimpel aufgesteckt und führte am Hinterteil eine fliegende Flagge, vorn aber den Union Jack. Kapitän Daniel stand hinten allein aufrecht, um das Steuerruder zu regieren, der Quartiermeister dagegen vorn.

Schließlich erhielten wir einen Schuß unter Wasser, wovon ein paar unserer Matrosen durch die Splitter leicht verwundet wurden. Kapitän Daniel vollzog eine Wendung, um zu sehen, wozu sich das Schiff entschließen würde. Anfangs setzte der Engländer zwar seinen Kurs fort, drehte sich aber dann wieder gegen uns. Wir wendeten uns ebenfalls, worauf er die Flucht antrat. Endlich legten wir uns an steuerbord längsseits und begannen, ihm mit unseren beiden Streichkanonen, deren jede sechs Pfund schoß, und mit dem lebhaften Feuer aus dem kleinen Gewehr ziemlich einzuheizen.

Sobald sich nur ein Engländer auf den Planken blicken ließ, wurde er ohne Verzug zu Boden gestreckt, und wenn sich nur das Geringste in den Stückpforten rührte, feuerten wir gleich zehn Flinten hinein. Ehe noch zwei Stunden vergangen waren, schossen wir ihm beinahe alles Tauwerk entzwei, so daß seine Segel herumflatterten. Trotzdem wurden uns ein Mann totgeschossen und fünf bis sechs andere verwundet.

Kapitän Daniel entschloß sich daher zum Entern. Alles wurde vorbereitet, und wir steuerten hinaus, um uns bei steuerbord an das

Schiff zu legen, als wir sahen, daß es die Flagge strich. Wir hörten sogleich auf zu feuern. Der Kapitän setzte sich nebst seiner Frau Gemahlin in die Schaluppe, um uns einen Besuch abzustatten. Mir wurde aufgetragen, sie zu empfangen, da Daniel andere Dinge zu erledigen hatte und man sich leicht vorstellen kann, daß dies auf die höflichste Art von der Welt geschehen sollte. Der Kapitän des englischen Schiffes war ganz leicht am Arm verwundet worden, unser Wundarzt bemühte sich eifrig, seine Wunde zu untersuchen, die er aber nicht weiter gefährlich fand, weil es nur eine Fleischwunde war. Ich versäumte nicht, ihm ein Nachtlager in der Kajüte des Kapitäns Daniel anzuweisen, seine Frau dagegen, die ich so gut als möglich tröstete, ließ ich in der meinigen schlafen.

Unterdessen war Daniel mit 50 unserer Leute auf das eroberte Schiff gegangen. Er fand dort noch 22 Engländer frisch und lebendig, 14 Verwundete und 8 Tote. Letztere wurden sogleich ins Meer geworfen, die anderen dagegen vom Wundarzt verbunden. Von den 22 übrigen wurden 10 in unsere Barke geschickt, 12 aber zusammen mit 40 Mann von uns und dem Quartiermeister auf dem Schiff zurückgelassen. Kapitän Daniel ließ alles, was dem englischen Kapitän und seiner Gemahlin gehörte, zur Seite bringen und übersandte es ihnen ohne Verzögerung. Die Gefangenen durften ihre Sachen ebenfalls behalten, und man begegnete ihnen mit größter Höflichkeit. Sie verdienten es auch in der Tat, weil sie uns hätten weit mehr zusetzen können, da sie auf einem Schiff fuhren, das ehemals 56 Kanonen geführt hatte und noch mit 32 bestückt war. Sie wären durchaus in der Lage gewesen, sich unseres Fahrzeuges zu bemächtigen.

Unsere Prise war übrigens mit 380 Pipen Madeirawein und einigen trockenen Waren beladen. Es war beinahe sieben Uhr, als sich das Schiff ergab, wir segelten daher die Nacht über nur mit halbem Wind, um während dieser Zeit die entzweigeschossenen Taue wieder zu knüpfen und alles in Ordnung zu bringen, die Luken aber wurden vernagelt. Donnerstags steuerten wir kurz vor Tagesanbruch nach Antego, um zwischen dieser Insel und dem großen Sack von Guadeloupe durchzusegeln. Am Freitag, dem 27., setzte man mich nach einer Seefahrt von 52 Tagen zusammen mit meinem Neger auf der kleinen Goyaveninsel an Land, und dabei hatte ich nur 30 Meilen zurücklegen wollen. Meinen Koffer ließ ich noch an Bord des Korsarenschiffes zurück und nahm weiter nichts mit mir als einen karibischen Korb, in dem meine Wäsche

und Kleidung waren. Bei meinem Ordensbruder, Pater Gassot, dem Pfarrer dieses Kirchspiels, blieb ich über Nacht und ging dann am folgenden Tag in unser Kloster zu Baillif.

15. Kapitel

Letzte Beschäftigung des Verfassers auf Martinique und Rückkehr in die Heimat

Als ich in Martinique angekommen war, hörte ich vom Tod Kapitän Lamberts, eines der tapfersten und glücklichsten Korsaren-Kapitäne, die Amerika seit langen Zeiten gehabt hatte. Obwohl er im Scharmützel zu Saint-Christoph einen Arm verloren hatte, nahm er trotzdem an der Verteidigung von Guadeloupe teil und zeichnete sich dort durch verschiedene rühmliche Taten aus. Er besaß weit mehr Vermögen, als er benötigte, um bequem leben zu können, und seine guten Freunde gaben ihm daher den Rat, nicht mehr zur See zu fahren, allein seine Tapferkeit erlaubte ihm nicht, unnütz herumzusitzen, wenn er glaubte, seinem Vaterland einen Dienst leisten zu können.

Er rüstete deshalb eine Barke aus, die sechs Kanonen führte und mit 80 Mann besetzt war. Mit ihr machte er etwa zwei Jahre lang nicht nur viele Prisen, sondern unternahm auch häufig Landungen an der Küste der englischen Inseln, wo er zahlreiche Sklaven und ansehnliche Beute fortführte. Aber schließlich begegnete ihm am letzten Januar dieses Jahres ein englischer Korsar, der sowohl eine stärkere Mannschaft als auch mehr Kanonen führte. Diesen griff er mit solcher Tapferkeit an, daß sich der Engländer nach einem beinahe vierstündigen Gefecht ergeben wollte und bereits die Flagge gestrichen hatte, als einer der feindlichen Matrosen, der noch eine geladene Pistole in der Hand hielt, sie abfeuerte und damit den Kapitän Lambert so in den Kopf traf, daß er einige Minuten danach starb. Dieser unglückliche Schuß rief Verwirrung unter seinem Schiffsvolk hervor, und als der Engländer das gewahr

wurde, zog er seine Flagge erneut auf und entkam glücklich. Danach wurde der Körper meines Freundes nach Martinique gebracht und am 3. Februar in unserer Kirche auf dem Ankerplatz begraben. Sein Tod wurde von der ganzen Kolonie, die ihn hoch geschätzt und geliebt hatte, beweint. Selbst die Engländer, die er gekapert hatte, beklagten ihn und ließen ihm das Lob widerfahren, daß sie niemals einen Mann gekannt hatten, der tapferer, edelmütiger und rechtschaffener gewesen sei.

Bald nach dem Tod Lamberts starb auch der junge Neger, der mein Bedienter war. Er wurde nur 16 Jahre und sechs Monate alt, besaß aber für seine Jugend mehr Verstand, Ordnungssinn und Treue als mancher ältere Mensch. Obwohl er die Besorgung des ganzen Hauswesens und die Aufsicht über alle anderen Bedienten hatte, wußte er seine Zeit und Beschäftigungen so gut einzurichten, daß es schien, als habe er gar nichts zu tun. Seine Geistesgegenwart und seine Sorgfalt waren bewundernswert. Er starb am 13. Juli in christlicher Gesinnung, die ich bei einem Kind heroisch nennen kann, da er jene tröstete, die er über seinen Tod betrübt sah, und versprach ihnen, sich ihrer zu erinnern, wenn sich Gott seiner erbarmte. Ich liebte ihn zärtlich wegen seiner guten Eigenschaften, trotzdem besaß er ebensoviel Einbildung und Eigenliebe, wie nur bei einem Neger angetroffen werden kann.

Ich hatte ihn eigentlich mit nach Europa nehmen wollen. Damals hatten nämlich der Zustand der Mission, die beständige Verletzung unserer Freiheiten, die himmelschreienden Ungerechtigkeiten, die man gegen uns beging, und die geringe Anzahl von Religiosen, die wir noch besaßen, in uns den Entschluß reifen lassen, einen der Unsrigen nach Europa zu senden, um auf irgendeine Art allen diesen Schwierigkeiten abzuhelfen. Das Los war auf mich gefallen, und ich war trotz meiner anfänglichen Weigerung für diese Aufgabe ausgewählt worden. Der Generalsuperior bestellte mich durch ein Patent zu seinem Kommissar für ganz Frankreich, die Mission aber erteilte mir eine weitläufige, vor Notar und Zeugen ausgefertigte Vollmacht, die alles guthieß, was ich in den mir aufgetragenen Geschäften ausführen würde. Man gab mir einen Wechselbrief von 2.000 Francs, und meine guten Freunde beschenkten mich außerdem mit Geld, Zucker, Schokolade, Konfitüren und anderen Landesprodukten, damit ich in Frankreich wieder Geschenke machen konnte. Auch ließ man das Schiff, das für meine Überfahrt bestimmt war, mit einem guten Vorrat von Lebensmitteln beladen.

Ich nahm von einigen Bekannten Abschied, die um das Geheimnis dieser Reise wußten, im übrigen hielt man sie geheim, aus Furcht, unsere Feinde könnten sie auf irgendeine Weise zu verhindern suchen. Deshalb reiste ich am Sonnabend, den 8. August, um drei Uhr morgens aus unserem Kloster auf dem Ankerplatz in einem Boot ab, das mich nach Fort Royal brachte, wo das Schiff vor Anker lag, das ich besteigen sollte. Unser Generalsuperior führte mich dorthin, und wir ließen sogleich meine Gerätschaften an Bord schaffen. Dann begaben wir uns zu den Kapuzinern, bei denen wir mittags speisten und den Tag bis gegen fünf Uhr abends zubrachten. Dann begleitete mich der Generalsuperior ans Schiff, das mich nach Frankreich bringen sollte.

Dieses war mit 24 Kanonen bestückt und würde wohl 40 geführt haben, wenn es nicht hätte Kaufmannsgüter hätte übernehmen müssen. Der Befehlshaber oder Kapitän hieß Herr de Gauteaulme und war einer der rechtschaffendsten und höflichsten Seeleute, die ich jemals gekannt habe. Unser Schiffsvolk bestand aus 85 Köpfen, lauter Provençalen, bis auf einen alten Steuermann aus der Gegend von Rochelle. Als Schiffsprediger hatten wir Pater Comte, einen Franziskaner, der ein überaus verständiger Mann war.

Das Schiff gehörte den Herren Maurellet aus Marseille und nahm einen von ihnen wieder mit nach Frankreich zurück, nachdem er sich verschiedene Jahre in Martinique aufgehalten und dort den wichtigen Handlungsgeschäften vorgestanden hatte, die seine Brüder betrieben. Das übrige Geschwader bestand aus 14 anderen Schiffen, unter denen sich eines von 40 Kanonen befand, der »Sencelar«, das für die Rechnung der Assiento-Kompagnie Neger nach Carthagena geführt hatte. Dieses Schiff gehörte dem König. Sein Kapitän erbot sich, die Flotte zu begleiten, allein er spannte die Saiten zu hoch und verlangte dermaßen außerordentliche und ungewöhnliche Bedingungen, daß die übrigen Kapitäne sie ihm nicht bewilligten. Außerdem waren zwei Schiffe mit 32 Kanonen und eins mit 28, das unsrige hatte 24, das kleinste 14 Kanonen. Alle unsere Kapitäne versprachen, sich wechselweise zu verteidigen. In der Nacht vom Sonnabend zum Sonntag gingen wir etwa zwei Stunden vor Mitternacht unter Segel, und gegen zehn Uhr morgens verloren wir das Land aus dem Gesicht. Am 12. erreichten wir eine kleine unbewohnte Insel zwischen Porto Rico und Saint-Domingue.

Ein englisches Schiff, das von einer Barke begleitet wurde, wollte sich unserem Geschwader nähern, da aber unser Befehlshaber ein Signal

gegeben hatte, zogen wir alle unsere Segel ein, während einige unserer Schiffe ihnen nachjagten. Nach drei Stunden vereinigten sie sich wieder mit uns, worauf wir ohne Verzug unsere Segel setzten und unseren Kurs fortsetzen. Am 13. verließen wir die Kanäle und kamen ins offene Meer. Am 14. trennte sich gegen Abend unsere Flotte. 11 Schiffe segelten nach Norden, wir hingegen nordostwärts. In unserer Gesellschaft befanden sich noch zwei andere Schiffe, eines davon war eine holländische Prise mit 28 Kanonen und 80 Mann Schiffsvolk, das andere stammte aus Marseille und war eine kleine Fregatte mit 14 Kanonen. Unsere drei Kapitäne hatten verabredet, sich gegenseitig beizustehen. Am 19. passierten wir den Wendekreis, zwei Tage später erblickten wir ein Schiff und verfolgten es bis zum Einbruch der Dunkelheit, ohne es jedoch einholen zu können. Wahrscheinlich änderte es in der Nacht seinen Kurs, um uns zu entkommen; denn am anderen Morgen sahen wir nichts mehr von ihm. Am 26. erblickten wir die Bermudas, die wegen der Stürme gefürchtet sind, die dort häufig aufkommen, wir aber hatten Glück und segelten mit schwachem, doch ausreichendem Wind an ihnen vorbei.

Von diesem Tag an ist uns bis zum 19. September weiter nichts begegnet, was verdient hätte, aufgezeichnet zu werden. Wir hatten fast beständig ein ruhiges Meer, die Winde waren im allgemeinen schwach und veränderlich, verschiedentlich kam es zu verdrießlicher Windstille, während der wir von unserem Kurs abgetrieben wurden und alles wieder verloren, was wir bisher durch die Führung unseres Kapitäns und seiner Steuerleute gewonnen hatten. Wir brachten die Zeit mit Fischfang zu, und am Abend ließ man unsere Matrosen tanzen. Da es lauter Provençalen waren, kann man sich leicht vorstellen, daß sie Pfeifen und Tamburin dabei nicht vergaßen. Man braucht diese keineswegs zum Tanz zu bitten. Sobald sie nur die Trommel hörten, waren sie schon alle auf dem Verdeck. Ich glaube, daß der Klang dieses Instruments sogar Kranke gesund gemacht und Tote aufgeweckt hätte! Während einige tanzten, machten die anderen Luftsprünge, und wir sahen Schiffsjungen und Matrosen, die es mit berühmten Seiltänzern aufgenommen hätten.

Am Dienstag, dem 20., befanden wir uns gegen neun Uhr morgens ungefähr drei Meilen von Terzera entfernt, das wir linker Hand liegen ließen. Wir spannten wenig Segel auf, um irgendeinen gutherzigen Portugiesen zu veranlassen, uns in Augenschein zu nehmen. Er wäre

sicher nicht davongekommen, ohne uns Wein und Konfitüren zu geben. Allein sie waren klüger, als wir meinten, und ließen uns ihre Stadt ohne Widerspruch betrachten. Am 20. bekamen wir Madeira zu Gesicht, wohin uns die Windstille und die Strömung geführt hatten. Wir besuchten die Herren Casineri, die uns bestens bewirteten und am nächsten Tag mittags auf unserem Schiff speisten. Wir hatten schon beinahe den Entschluß gefaßt, die kleine Insel Porto Santo, die ganz nahe bei Madeira liegt und der Krone Portugals unterworfen ist, zu plündern. Es war aber ein Glück für diese armen Portugiesen und auch für uns, daß sich Herr Maurellet diesem Plan widersetzte; denn wir hörten später zu Cadiz, daß sie erst kurz zuvor durch einen französischen Korsaren geplündert worden waren. Eine Landung dort würde uns also nicht den geringsten Vorteil gebracht, sie aber gänzlich zugrundegerichtet haben. Am 5. Oktober bekamen wir das afrikanische Festland zu Gesicht und entdeckten am nächsten Morgen bei Tagesanbruch ungefähr drei Meilen vor uns ein kleines Schiff. Wir setzten ohne Furcht unseren Kurs fort, den es ebenfalls hielt. Da wir es für ein marokkanisches Raubschiff hielten, hofften wir, es aufzubringen und es samt seiner Mannschaft zu Cadiz zu verkaufen. Endlich kam es uns näher, ohne jedoch den dabei erhaltenen Vorteil des Windes zu verlieren. Es manövrierte wie ein Korsar, der angreifen wollte, als es aber sah, daß wir uns teilten, um es zwischen unsere drei Schiffe einzuschließen, setzte es alle Segel und gewann dadurch einen Vorsprung. Doch bald hatten wir es wieder eingeholt und waren auch nur noch einen halben Kanonenschuß weit entfernt, als wir unser Vormarssegel fallen ließen, wodurch drei von unseren Matrosen ins Meer fielen. Man mußte also wenden, um unsere Leute aufzufischen und uns wieder auszubessern.

Das verfolgte Schiff kam unverzüglich auf uns los, und unsere beiden Begleiter, die wohl wußten, daß wir ungeachtet dieses unglücklichen Zufalls durchaus mit ihm anbinden konnten, suchten ihm beide den Wind abzugewinnen, damit es nicht mehr entweichen könne. Es sah aber wohl, in welche Gefahr es geraten würde, wenn es seinen Kurs noch weiter gegen uns richtete, wendete daher über den Wind und suchte seinen Vorteil zu behalten. Da es sehr gut segelte und wenig beladen war, kam es gut voran und ließ uns weit zurück. Den ganzen restlichen Tag über und die darauffolgende Nacht war es etwa eine Meile von uns entfernt.

Am 7. verfolgten wir es den ganzen Tag, da es gleich uns seinen Lauf nach dem Vorgebirge richtete, daß es uns noch mehr in der Meinung bestärkte, daß es ein marokkanisches Raubschiff wäre. Nun hatten aber diese Seeräuber damals nur drei Schiffe, wovon das größte nicht mehr als 24 Kanonen führte. Sie sind zwar stark und voll besetzt und bisweilen furchtbar, wenn es zum Entern kommt, allein ihre Wut vermindert sich bald, wenn man sich ihnen nähert, aus Kanonen mit Kartätschen auf sie schießt und das Ganze mit gutem Musketenfeuer und einigen Feuertöpfen unterstützt. Dann sieht man, wie sich das ganze Mohrenpack eilfertigst in die Lücken stürzt und sich der Gnade und Ungnade derjenigen übergibt, die ihnen so einheizen. Trotzdem muß man sehr vorsichtig dabei verfahren und ihnen nicht zu nahe kommen, um nicht in Gefahr laufen, verbrannt zu werden, falls es ihnen in den Sinn kommen sollte, ihr Pulver anzuzünden, wie das Renegaten zu tun pflegen. Besser ist es also, ihnen den Mast abzuschießen; wenn sie Wasser eindringen sehen, ergeben sie sich und kommen an Bord. Während der Nacht verloren wir aber unseren Marokkaner.

Am 8. fanden wir uns vor dem Eingang der Meerenge von Gibraltar. Wegen des starken und widrigen Windes und der ungestümen See konnten wir jedoch unmöglich hineinfahren. Jedermann weiß, daß diese Meerenge zwischen Europa und Afrika von den Ost- und Westwinden regiert wird. Wenn sie schwach und beständig wehen, kann man hineinsegeln, sonst ist aber nicht daran zu denken.

Tanger war geschleift und befand sich in den Händen der Mauren. Gibraltar dagegen gehörte den Engländern. Nachdem wir den ganzen Tag hindurch und zum Teil auch die Nacht über auf eine Veränderung des Windes gewartet hatten, entschlossen wir uns endlich, in Cadiz einzulaufen. In der Nacht vom 8. zum 9. verloren wir unsere beiden Begleiter. Ein dicker Nebel hinderte uns daran, die aufgesteckten Laternen zu sehen. Am 10. hoben wir bei Tagesanbruch die Anker und liefen in die Bucht von Cadiz ein. Gegen neun Uhr morgens, am 64. Tag, seitdem ich mich eingeschifft hatte, ankerten wir vor der Stadt, etwa 300 Schritt weit vom Land entfernt. Unsere beiden Begleiter waren verwegener gewesen als wir und zur Nachtzeit in die Bucht eingelaufen. Nahe bei uns lag noch ein anderes großes Schiff aus Marseille, das 50 Kanonen führte, von Carthagena in Westindien kam und eine große Ladung Kakao, Cochenille, Vanille und andere Landesprodukte führte. Sobald die Spanier nur erfahren hatten, daß unsere drei Schiffe Kakao

führten, schlossen sie daraus, sie müßten von der Küste Neuspaniens kommen, worauf einige prompt behaupteten, man solle sie einziehen, weil Spanien durch unseren Handel völlig zugrundegerichtet würde. Ja, man müsse uns ein für allemal aus den Inseln jagen, die wir damals in Besitz hatten. Obwohl wir uns damals in einer sehr mißlichen Lage befanden, weil die Verbündeten eben im Begriff waren, Barcelona und das übrige Katalonien zu besetzen und ihre Eroberungen noch viel weiter zu treiben, mißachteten wir trotzdem ihre Drohungen, da uns nur zu gut bekannt war, daß auch die ganze Macht der spanischen Monarchie nicht imstande war, uns aus Martinique zu vertreiben. Sobald wir nur vor Anker gegangen waren, kam ein Boot, das die spanische Flagge führte, an unser Schiff. Ein ziemlich grobschlächtiger und noch dazu schlampig gekleideter Offizier, der darin saß, verbot uns, jemand an Land zu setzen, bevor nicht die Ärzte aus der Stadt und die Beamten von der Sanitätskommission das Schiff in Augenschein genommen hätten. Als er aber sah, daß alle vollkommen gesund waren, versicherte er, daß er deren Ankunft beschleunigen wolle, damit wir sobald als möglich die Erlaubnis zum Aussteigen erhielten. Wir beschenkten ihn daraufhin mit einigen Realen, damit er sich seines Versprechens umso eher erinnere. Dann kam ein anderer Offizier, der uns bei Strafe der Beschlagnahme verbot, Handel zu treiben oder auch nur etwas von unseren Waren zu verkaufen. Er ließ vier Mann in kleinen Kähnen zurück, um uns zu beobachten und zu verhindern, daß wir verbotene Waren einführten. Zwei dieser Kundschafter setzten sich auf unsere Ankerbojen, als man sie von diesem Platz vertrieb, beklagten sie sich über unsere schlechte Lebensart und drohten, sich dafür zu rächen, wir fanden aber bald ein Mittel, sie freundlicher zu machen, wobei keiner von uns zu kurz kam.

Die Fischer und anderen Leute, die den ankommenden Schiffen entgegenzufahren pflegen, versäumten nicht, uns verschiedene Lebensmittel zu bringen, da die Spanier voraussetzten, daß alle Schiffe, die von einer langen Reise zurückkommen, von allen Bedürfnissen entblößt seien. Sie verwunderten sich daher im höchsten Grad, als sie unsere Käfige mit Geflügel und auf dem Deck die Hammel, Schweine und Ziegenböckchen sahen, die ausreichten, um noch eine weitere Reise nach Amerika zu unternehmen. Aus diesem Grund kauften wir von den Spaniern weiter nichts als Früchte, Pfirsiche, Äpfel und Birnen, besonders aber die ganz vortrefflichen Weintrauben.

Mittags aßen wir bei guter Zeit, da wir die Ärzte erwarteten, die gegen zwei Uhr zusammen mit einem Wundarzt und ein paar Beamten aus der Stadt kamen, sie entschuldigten sich über ihr spätes Kommen und erklärten, man bediene sich dieser Vorsicht erst seit einiger Zeit wegen eines aus Amerika gekommenen Schiffes, das eine ansteckende Krankheit eingeschleppt habe. Und sie hatten auch nicht ganz unrecht; denn es war tatsächlich die sogenannte Siamesische Krankheit, die bei uns viele Menschen weggerafft hatte und von der man nicht wollte, daß sie sich hier ebenfalls ausbreite. Man gab ihnen das Verzeichnis des Schiffsvolks, das man aufs Verdeck steigen ließ, und sie fanden, daß wir alle gottlob vollkommen gesund waren. Man trug ihnen eine prächtige Auswahl von den Konfitüren der Inseln auf, wobei sie unsere Kreolen mit der ihnen eigenen Artigkeit bedienten. Die Herren Ärzte waren darüber ganz entzückt und so großmütig, nichts für ihre Kontrolle anzunehmen. Als sie wieder ans Land zurückkehrten, ließ man ihnen zu Ehren fünf Kanonen abfeuern. Am 10. Oktober des Jahres 1705 ließ ich mich gegen fünf Uhr nachmittags an Land bringen. Und damit beschließe ich meine Nachrichten aus Amerika.

WORTERKLÄRUNGEN

Aquavit — Lat. aqua vitae; Trinkbranntwein.

Arda — Auch: Ardra; westafrikanisches Königreich an der Guinea-Küste.

Armadill — Gürteltier.

Bandelier — Über der linken Schulter getragener Lederriemen mit Patronentasche.

Barbados — Franz. Barbade; östlichste der Antillen-Inseln, seit 1605 in britischem Besitz.

Brandhemd — Feuerhemd; Stücke alten geschwefelten Segeltuches, die man an feindliche Schiffe anbindet und in Brand zu stecken sucht.

Benin — Bedeutendes westafrikanisches Königreich an der Guinea-Küste (nicht zu verwechseln mit der heutigen Republik Benin; das alte Benin gehört heute zur Republik Nigeria).

Besansegel — Das Segel am hintersten Mast (Besanmast).

Bramsegel — Segel an der zweitobersten Verlängerung der Masten.

Brevier — Das Andachtsbuch der katholischen Geistlichen mit den täglichen Gebeten.

Brigantine — Franz. »Schonerbrigg«; kleineres Schiff mit zwei Masten.

Bukanier — Vom karibischen Wort »buccan« = Rost zum Trocknen bzw. Rösten des Fleisches; jene Gruppe der Flibustier (s. d.), die Handel mit gedörrtem Fleisch und Häuten trieben.

bukanieren — Trocknen oder Rösten von Fleischstücken bzw. Fleisch.

Conificiers — Koniferen, Nadelhölzer.

Cartagena — Hafenstadt in Kolumbien am Golf von Darien.

Cassave — Auch: Kassave; stärkereiches Nahrungsmittel aus der Knolle des Cassave- oder Maniocstrauches (s. d.).

Cassia	Kassie; Piniazeenart, hier die tropische Röhrenkassie mit 30-60 cm langen stabförmigen Früchten, deren Mus als Abführmittel diente.
Canaris	Kühlkrüge.
Chique	Sandfloh.
Cider	Apfelwein.
Couy	Ausgehöhlter halber Kürbis, der als Becher oder Topf verwendet wird.
Dominique	Dominica; Insel zwischen Martinique (s. d.) und Guadeloupe (s. d.), seit dem 17. Jh. französisch und seit 1759 britisch.
Epian	Syphilis.
Falconett	Kanone.
Flibustier	Von engl. Flibutor (Freibeuter); französischer Name der mit Kaperkonzessionen ausgestatteten Freibeuter, ursprünglich reine Piraten.
Fockmast	Vormast bei den Schiffen.
Franc	Französische Münze.
Fühlkraut	Sensitive epinense; Mimosenart.
Fuß	Längenmaß, hier: Pariser Fuß von 0,325 Meter.
Gallione	Galeone; Typ des großen spanischen Kriegs- und Handelsschiffes von etwa 800 t.
Grenada	Insel der Kleinen Antillen, 1650 von den Franzosen besetzt, 1762 von den Engländern erobert.
Guadeloupe	Westindische Insel, 1493 von Kolumbus entdeckt, 1635 von französischen Flibustiern besetzt.
Guinea	Landschaft an der Westküste Afrikas zwischen Senegal und Kamerunberg.
Guineische Handelskompanie	Die mit dem Sklavenhandel aus Guinea beauftragte französische Gesellschaft.
Habit	Ordensgewand.
Havana	Havanna; Hauptstadt der Insel Kuba.
Igname	Yamswurzel; stärkereiche Knollen, die als Nahrungsmittel dienen.
Indianisches Holz	Auch indisches Holz; allgemeine Bezeichnung für Campecheholz, Blauholz, aber auch Guajakholz.

Juda	Eigentlich Weidah oder Quidah; Königreich an der Guineaküste, in dem als heiliges Tier eine Schlange verehrt wurde.
Kalebasse	Flasche oder Schale aus den kürbisgroßen Früchten des Kalebassenbaumes.
Kapuziner	Mitglieder des Franziskanerordens.
Kartätsche	Aus starkem Papier gefertigte und mit Kugeln, gehacktem Blei u. ä. gefüllte Hülse als Artilleriegeschoß.
Konstabler	Büchsenmeister.
Konvent	Versammlung der stimmberechtigten Mitglieder eines Klosters, ganz allgemein auch dessen Insassen.
Koromandelküste	Küstenstrich auf der Ostseite Vorderindiens.
Korvette	Vollgetakeltes schnellsegelndes Kriegsschiff.
Krammetsvogel	Drossel.
Kreole	Eigentlich Bezeichnung für alle in Lateinamerika von europäischen Eltern Geborene. Von Labat aber auch als »schwarze Kreolen« für die in Lateinamerika geborenen Kinder schwarzer Sklaven gebraucht.
Lafette	Geschützlade; das Schießgestell des Geschützes.
Latanblätter	Blätter der Latania (Samtpalme).
Lattich	Korbblütlerpflanze.
Liane	Kletterpflanze.
Livre	Französische Münze; als Rechnungs- und Münzeinheit im Jahr 1779 vom Franc (s. d.) abgelöst.
Madeira	Inselgruppe im östlichen Atlantik, deren Dessertweine (Madeirawein) sehr beliebt waren.
Martinique	Insel der Kleinen Antillen (vgl. Einleitung).
Manioc	Maniok, Cassave (Kassave); amerikanisches Wolfsmilchgewächs, dessen getrocknete Knollen ein Mehl liefern, das für Brei und Fladen verwendet wird.
Meile	Wegmaß; die hier gebräuchliche Französische Meile entsprach 2.000 Toisen = 3.898 Meter.
Mercurius	Quecksilber

Mina (Mine-Neger)	Landschaft an der westafrikanischen Goldküste, die nach dem portugiesischen Fort Elmina benannt ist.
Ortolan	Ammer (Unterfamilie der Finken).
Palmachristi	Palma Christi; Ricinus (Wunderbaum). Das aus dem Samen gewonnene Öl dient als Abführmittel.
Pataten	Franz. »Kartoffel«.
Perspektiv	Kleines Fernrohr.
Petschaft	Handstempel zum Siegeln.
Philipp V.	König von Spanien 1700–1746 (vgl. Einleitung).
Piment	Pfefferkorngroße Früchte des Pimentbaumes (Gattung der Myrtazeen), die ein beliebtes Küchengewürz liefern.
Pipe	Flüssigkeitsmaß (für Wein zwischen 490 und 530 Liter).
Piroge	Einbaum der Kariben.
Pistole	Spanische Goldmünze.
Pitte	Pita; Agavenfaser.
Platillas	Besondere Gattung weißer feiner Leinwand, wie sie besonders in Anjou hergestellt wird.
Podagra	Gicht.
Pomeranze	Citrusfrucht (Orangenart).
Porto Rico	Puerto Rico; Insel der Großen Antillen, die bis 1898 in spanischem Besitz war.
Portulac	Portulak; Suppen- und Gemüsepflanze (Kohlportulak).
Prämonstratenser	Chorherrenorden.
Profeß	Ordensgelübde.
Prokurator	Sachwalter; in Klöstern der für die wirtschaftlichen Belange zuständige Pater.
Provinzial	Vorgesetzter einer Ordensprovinz.
Quartier bitten	Um Gnade bitten; ergeben.
Raa	Waagerechte Segelstange.
Raffinerie	Anlage für die Reinigung des Rohzuckers.
Raffinierer	Facharbeiter in der oben genannten Anlage.
Real	Spanische Silbermünze.
Religiose	Angehöriger eines geistlichen Ordens.

Renegat	Abtrünniger, Apostat.
Rijswijck	Ort des Friedensschlusses 1697 zwischen Frankreich einerseits und England, Spanien, den Niederlanden und dem Reich andererseits.
Riß	Plan, Skizze, Zeichnung.
Rocherfort	Französische Hafenstadt an der Mündung der Charente in den Atlantik.
Rochelle	La Rochelle; französische Hafenstadt am Atlantik.
Rote Ruhr	Amöbenruhr; auf den Dickdarm beschränkte diphteritische Erkrankung.
Rote Tiere	Milbenart (Spinnentiere).
Roucou	Aus dem Roucoustrauch (Orleangewächs) gewonnener orangegelber Farbstoff.
Rute	Altes deutsches Längenmaß.
Ruyter	Michael de Ruyter (1607–1676) war holländischer Admiral (über die Begebenheit vom 8. August 1674, von der Labat erzählt, liegen widersprüchliche Berichte vor).
Saint-Christoph	Auch: Saint Christopher, Westindische Insel, die 1623 von den Engländern, 1625 auch von den Franzosen besiedelt wurde, seit 1713 britisch.
Saint-Domingue	Westlicher Teil der Insel Santo Domingo = Haiti, die zu den Großen Antillen gehört. Er kam im Frieden von Rijswijck (s. d.) an Frankreich, der Ostteil blieb spanisch (im Text wird zwischen diesen beiden Teilen durch Verwendung der beiden Namen unterschieden).
S. Thomas	Westindische Insel, seit 1671 britisch.
Schritt	Wegmaß, gewöhnlich 80 cm.
Siamesisches Übel (Krankheit)	Mal de Siam; zeitgenössische Bezeichnung für Gelbfieber.
Skorbut	Mangelkrankheit bei Seereisen, hervorgerufen durch das Fehlen von Vitamin C.
Sou	Französische Kupfermünze.
Superior	Der Obere, Vorgesetzte in Klöstern.
Surate	Stadt in Indien, Hauptort für die englische Ostindische Handelskompanie.

Syndikus	Bevollmächtigter für die Rechtsgeschäfte, Rechtsbeistand.
Taffia	Tafia; Rum.
Te Deum	Kirchlicher Hymnus (Te Deum laudamus) bei Dankgottesdiensten.
Terra Sigillata	Tongefäße.
Theriak	Altes Universalheilmittel aus vielen Stoffen.
Toise	Längenmaß (vgl. Meile).
Unschlitt	Talg.
Unze	Feingewicht für Edelmetalle und Münzen.
Ventuse	Schröpfkopf, Blutegel.
Weißer Vater	Anspielung auf das weiße Ordensgewand der Dominikaner (vgl. Einleitung).
Zagaye	Assagaie; Keule.

LITERATUR

ARCINIEGAS, GERMÁN: *Karibische Rhapsodie. Biographie eines Meeres.* München, 1960.

BLOND, GEORGES: *Musketiere des Meeres.* Herrsching, 1975.

EXQUEMELIN, ALEXANDRE OLIVIER: *Das Piratenbuch von 1678.* Neubearbeitung von R. Federmann. Tübingen, 1968.

GIROD, FRANCOIS: *La vie quotidienne de la societé créole. Sainte-Dominique au XVIII*^e^ *siècle.* Paris, 1972.

LABAT, JEAN-BABTISTE: *Voyage aux Iles de l'Amérique* (Antilles). Paris, 1931 u. 1979.

LEIRIS, MICHAEL: *Contacts de civilisations en Martinique et en Guadeloupe.* Paris, 1955.

OPPENS, EDITH: *Karibik. Mittelmeer der neuen Welt.* München, 1978.

306
308
Septen.
22
20
18
16
Occidens
CUBÆ INSULÆ PARS
Baracca
Por. Abſconſus
Tortuges
P. Nativ-idad
Patino
Vallis Parad
HISP
Aſcabat
Cuſpis maiaci
P.S.Nicolao
Guanabo
Caitriito
Cacit
C. Tiburon
Guac, rima
Criſtoval
Cavana
Yaguimo
Cayas
P. Marco
Yagnana
Nabazza
Caijo
Hermanos
Alta velo
Merri,